트럼프를 당선시킨 PC의 정체

트럼프는 미국 사회에 만연한 "정치적 정도(Political Correctness, PC)"라는 문화적 병리현상 때문에 당선되었다

트럼프를 당선시킨 PC의 정체

홍지수 지음

들어가는 말

2016년 미국 대통령 선거에서 CNN(종일 클린턴 방송, Clinton News Network), 〈뉴욕타임스(NYT)〉(더럽고 역겨운 똥덩이, Nasty Yucky Turd), 〈워싱턴 포스트(WP)〉(워싱턴 응가, Washington Poop), ABC(클린턴의 영원한 뒷배, Always Backing Clinton), NBC(개소리 일색, Nothing But Crap), CBS(클린턴 나팔수, Clinton Broadcasting System), 〈LA 타임스(LA Times)〉(환상의 나라 머저리 소식지, Lala land Asshole Times)와 같은 미국 주류언론이 조작한 따끈따끈한 가짜뉴스(Fake News)는 태평양을 가로질러 실시간으로 한국 주류언론에도 여과 없이 보도되면서 확대 재생산되었다. 이번 미국 대통령 선거를 보도하면서 전 세계 주류언론은 너나 할 것 없이 맨 정신을 잃고 기자 정신으로 단단히 무장한 채 치사하게 팩트(fact)로 경쟁하지 않고 선동과 날조와 상호 표절로 당당하게 승부를 겨루었다. 주류언론은 대중기만무기(Weapons of Mass Deception, WMD)로 전락했다.

워싱턴 D.C. 정치 늪지대에서 뒹구는 의사당의 세금 먹는 하마 538마리는 민심은 뒷전이고 지들끼리 영역다툼 하느라 날 새는 줄 몰랐다. 언론인 크리스토퍼 히친스의 말에 따르면 민주당과 공화당은 기름 잔뜩 낀 비대한 엉덩이의 좌우 양쪽 볼기짝처럼 서로 유착되어있고, 좌우라는 점만 다를 뿐 분간하기 힘들 정도로 똑같다. 트럼프 말마따나 정치라는 늪에 찬 썩은 물을 빼야 한다(drain the swamp). 정치는 영화배우하기에는 외모가 한참 딸리는 못생긴 인간들이 뛰어드는 3류 연예계라는 말도 있지만, 생김새가 흉측하면 노트르담의 척추장애우('꼽추'라고 하면 비하하는 표현이라고 할까봐 이렇게 썼다)처럼 마음이라도 고와야 할 텐데 심성이 추하기는 한 술 더 뜨고 하는 짓마저도 눈뜨고 봐주기가 힘들다. 정치인과 주류언론에 대한 미국 국민들의 신뢰와 호감도는 거의 바닥이다. 마크 트웨인(Mark Twain)이 그랬다. 정치인과 기저귀는 자주 갈아줘야 한다고. 똑같은 이유로. 전적으로 동감한다.

한국의 언론계, 정치계, 학계도 형체를 알아보기 힘들 정도로 '부패한' 힐러리 클린턴(Hillary 'Rotten' Clinton)이 미국 대통령 선거에서 당선되는 건 따 놓은 당상이라고 여기다가 트럼프 당선이라는 청천벽력이 떨어지자 유색인종, 성소수자, 무슬림, 유대인, 여성, 이민자 등 온갖 사회적 소수자와 약자는 긁어모아서 모조리 혐오하는 인종말단이 대통령이 됐다고 호들갑 떠는 미국 주류언론의 가짜뉴스에 잠시 관심을 보이다가, 천박하고 격조 없기 이를 데 없는 트럼프를 대통령으로 뽑은 미국인들은 상스럽고 무식한 인간들이 틀림없다며 혀를 끌끌 차고 말았다. 아무런 심층 분석도 복기(復碁)도 반성도 없었다.

그래서 소는 누가 키우나 하는 답답한 심정에 나라도 나서야겠다는 생각이 들어 졸필이긴 하나 이 책을 끄적거리게 되었다. 평범한 미국 국민들이 오죽하면 트럼프를 찍었을까 하는 생각이 들어 도대체 그들이 어떤 심정으로 트럼프를 찍었는지, 요즘 이 코딱지만 한 반도에서 서로 못 잡아먹어 아귀다툼 하는 사이에 바깥세상은 어떻게 돌아가는지 내가 읽은 책과 유튜브에서 주워들은 정보를 바탕으로 사이버 저잣거리에서 쓰는 말로 썰을 풀려고 한다. 미국 주류언론이 보도하는 가짜뉴스보다 훨씬 밑바닥 정서에 가까운 정보다. 누군가가 기만이 만연한 세상에서는 진실을 말하는 게 혁명이라고 했다.[1] 진실은 고사하고 사실조차 누락하고 삭제하고 편집하고 왜곡하는 주류언론의 기만이 만연한 이번 미국 대통령 선거 보도에서는 유튜버의 동영상이 훨씬 사실에 가까웠다.

들어가는 말과 나오는 말을 뺀 본문 내용은 전부 내 생각이 아니라 사이버 공간과 내가 본 책에서 주워듣고 인용한 내용이다. 이 책 뒤에 참고문헌 목록과 참고한 웹사이트 주소, 그리고 유튜브에서 보

1) 조지 오웰(George Orwell)이 한 말이라고 알려져 있지만, quoteinvestigator.com에 따르면, 조지 오웰 이전에도 한 두 단어는 다르지만 비슷한 말을 한 이들이 있고 따라서 누가 한 말인지 확실하지 않다.

고 인용한 인물들 이름을 알파벳 순서로 나열해 놓았으니 관심 있는 독자들께서는 검색해보시기 바란다. '형설지공을 쌓으며 학문에 정진하고 후학들을 양성하는' 교수, '자기는 돌보지 않고 오로지 국민과 국익을 위해 불철주야 고민하는' 정치인, '정론직필로 사실을 보도하고, 목에 칼이 들어와도 권력을 감시하고 비판하는' 언론인 가운데 '인용 오류와 누락'으로 도배된 짜깁기 논문으로 학위를 받고 사회지도층 행세하는 분들도 간혹 있는데, 이 글은 내 글이 아니라고 까놓고 고백하는 정도면 양심적이라고 자부한다. 그래도 일일이 주석을 달지 않은 데 대해 비판을 하신다면 달게 받겠다. 다만 표절 경력이나 혐의가 있는 사람의 비판은 사절한다. 지적(知的)으로 정직하지 못한 사람은 지적(指摘)질할 자격이 없다. 표절했는지 여부는 본인이 가장 잘 알리라고 생각된다. 따라서 섣불리 지적질했다가 개망신 당하시는 불상사는 없기 바란다.

트럼프는 미국 사회에 만연한 "정치적 정도(Political Correctness, PC)"라는 문화적 병리현상 때문에 당선되었다. 우선 PC의 유래에 대해 살펴보고, PC 문화가 미국의 학계, 언론계, 문화계, 정치계에 얼마나 만연해 있는지 구체적인 사례들을 들어 소개한 다음, 트럼프 당선에 지대한 공헌을 한 두 거물 정치인, 힐러리 로덤 클린턴과 버락 후세인 오바마의 발자취를 간략하게 더듬어보겠다. 마지막으로 미국과 더불어 서구문명의 또 다른 한 축인 유럽에 PC 문화가 얼마나 팽배해 있는지 네덜란드, 덴마크, 영국, 스웨덴의 사례를 통해 알아보겠다.

정치 얘기를 해야 하므로 이념적 성향을 구분하는 용어가 필요한데 통상적으로 쓰이는 “진보, 리버럴, 보수” 이런 용어는 쓰지 않겠다. 이 세 단어는 미국 정치에서 본래 의미를 잃은 지 오래다. 이른바 “진보(progressive)”는 역사를 통해 파산한 이념임이 반복해서 증명된 사회주의에 아직도 매달리는 퇴행(regressive)성을 보이고, “리버럴(liberal)”은 자신과 다른 의견은 무조건 억압하는 매우 반자유적(illiberal)인 행태를 보이고 있으며, “보수(conservative)”는 리버럴의 공격이 두려워 보존해야 할 가치를 포기하고 기회주의적 행태를 보인 지 오래 되었기 때문이다. 따라서 프랑스 혁명 후 국민공회에서 자코뱅 세력과 지롱드 세력이 우연히 좌우로 나뉘어 앉게 된 데서 유래했고 따라서 특별한 가치판단이 내포되지 않고 공간적으로 상대적 위치를 뜻하는 개념인 좌익, 우익으로 분류하겠다. 그리고 정치적 목적을 달성하는 수단으로 폭력을 쓰는 집단이 아닌 한 극우, 극좌라는 표현은 삼가겠다.

차례

제3장 유럽의 PC

제1장

정치적 정도

(Political Correctness, PC)

1. 블라디미르 레닌(Vladimir Lenin)

'정치적 정도'라는 용어의 역사는 20세기 초 러시아로 거슬러 올라간다. 1917년 사회주의 혁명으로 제정 러시아를 무너뜨린 블라디미르 레닌은 다른 혁명동지들을 제치고 소련 당권을 장악해야 했다. 레닌은 혁명운동이 정도를 벗어나지 않도록 하려면 혁명이론이 있어야 한다고 보았고 객관적 지식과 진실은 부르주아 계급이 노동자 계급을 착취하기 위해 만들어낸 편견이므로 이를 거부하고 노동자 계급의 이익에 충실해야한다는 논리를 정당 정신(politicheskaya partiinost, political party spirit/truth)으로 규정했다. 레닌은 권력을 유지하고 목표의식에서 벗어나지 않으려면 '정당 정신'을 두고 당내에서 갑론을박과 내분이 발생하지 않도록 해야 한다고 생각했고 따라서 당 노선인 정당 정신에서 한 치도 벗어나지 않는 이념적 순도와 정통성을 뜻하는 정치적 정도(politicheskaya pravilnost', political correctness)를 내세웠다.

정치적 정도에서 벗어난다 함은 반역적 언행에만 국한된 게 아니었다. 특정한 인종, 민족. 지주 자영농, 귀족 등 타고난 특징이나 출신 성분만으로도 반역자로 간주되었다. 1920~30년대 소련공산당 정권은 이런 이들을 "개개인은 아무 죄도 없어도 모든 죄의 원흉인 적대계층에 속한 사람들"로 간주해 감금, 고문, 학살했다. 쿨락(Kulak, 제정 러시아 시대의 부농)에 대한 탄압이 그 한 사례다. 19세기 후반 농노에서 해방되어 귀족들이 소유하던 토지를 배분받은 자영농들 가운데 극소수가 매우 높은 생산성을 보이면서 곡창지대인 우크라이나를 비롯해 러시아 전역에서 대부분의 식량을 생산하게 되었다. 제1차 세계대전과 러시아 혁명이 마무리된 후인 1920년대 초 레닌은 집단농장을 구축하기 위해 성공적인 소수 자영농들을 반사회적 분자로 지목했다. 레닌은 지식인 집단을 부농이 거주하는 지역으로 파견해 부농에 대한 지역주민들의 적개심과 질투를 부추겨 이들의 재산을 몰수하라고 선동했고 부농과 그 가족들은 살해, 강간당하거나 엄동설한에 허허벌판인 시베리아로 유배되어 사망했다. 대부분의 식량생산을 담당하던 소수 부농이 숙청당하면서 식량부족으로 600만 명에 달하는 우크라이나인들이 굶어죽었다. 특정한 제도나 집단 전체에 낙인을 찍으면 대대적인 변화를 실행하기가 훨씬 쉬워진다.

레닌과 뒤이은 스탈린의 폭정 하에서 정치적 정도(이하 PC)를 벗어난 이들에게 어떤 보복이 가해졌는지는 수없이 많은 회고록과 문학작품을 통해서 잘 알려져 있다. 가장 대표적인 회고록은 알렉산드르 솔제니친(Aleksandr Solzhenitsyn)의 《수용소군도(The Gulag Archipelago)》다[2]. 1918년에 설치되어 1956년까지 유지된 소련의 강제노동수용소의 참상을 폭로한 책으로 저자 본인과 220명이 넘는 다른 죄수들의 경험을 바탕으로 하고 있다. 1945년 2월 군복무 중이던 솔제니친은 친구 니콜라이 비트케비치(Nikolai Vitkevich)에게 보낸 편지에서 스탈린을 비판했다가 이 서신을 가로챈 소련 당국에 적발되어 강제노동수용소에서 8년을 복역했다. 서구진영의 친 소련 성향 지식인들은 소련 강제노동수용소와 그 안에서 벌어진 참혹한 인권유린을 스탈린이 마르크스주의를 자의적으로 왜곡해 개인숭배를 추진한 결과 생긴 일탈행위로 간주했고, 레닌이 살아있었다면 지상낙원의 약속이 실현되었을 것이라며 어떻게든 레닌을 변호하려고 안간힘을 썼다. 하지만 솔제니친은 강제노동수용소가 이론적 법적으로 레닌의 정치적 구상에서 비롯된 시설로서 소련 정치체제에 내재된 근본적인 결함을 적나라하게 보여주는 제도임을 자료로써 입증하면서 서구 친 소련 인사들이 늘어놓은 변명을 여지없이 무너뜨렸다. 수용소의 수감자는 정치범과 일반범죄자(강도, 강간, 살인범 등)로 구분되었는데 일반범죄자들은 수용소를 관리 감독하는 역할을 했다. 소련은 정치범은 적대세력으로 보았지만 일반범죄자는 제정 러시아와 자본주의 하에서 억압받은 피해자이자 공산주의 친화 세력으로 보았기

2) "Gulag"은 소련 관료조직 명칭인 "Glavnoe Upravlenie ispravitel'no-trudovykh LAGerei" 앞 글자를 딴 용어로서 교화노동수용소 관리국(Main Administration of Corrective Labor Camps)이라는 뜻이다.

때문이다. 스탈린이 사망할 무렵인 1953년, 소련 공산당 정권의 신경에 거슬리는 농담을 했다는 이유만으로 강제수용소에 던져진 사람만도 20만 명이 넘었다. 당시 서구사회는 그런 소련을 비웃었다. 하지만 지금은 서구사회에서 단지 농담 한마디 잘못했다가 인생이 파괴되고 일정한 특징을 타고난 집단을 싸잡아 매도하는 현상이 나타나고 있다. 물론 서구사회에는 강제노동수용소는 없다. 아직은. 솔제니친은 당시에 맞서 싸우지 않은 이유에 대해 맞서 싸울 만큼 자유가 소중한지 깨닫지 못했다고 답했다. 서구사회는 지금까지 누려온 자유를 너무 당연시 여기고 있지는 않는지 생각해볼 때가 되었다.

PC는 교육, 정신의학, 윤리, 인간의 행동까지 정치적으로 통제해 삶의 모든 국면이 이념적 정설에 부합하게 만든다는 점에서 전체주의의 특징을 보인다. 소련 공산주의 체제는 정치적 정도를 벗어나는 인물은 정신질환의 징후를 보인다고 여겼고 감금만이 유일한 치료방법이라고 보았다. 중국 공산당서기장 마오쩌뚱도 "정치성향이 올바르지 않으면 영혼이 없는 셈이다(Not to have a correct political orientation is like not having a soul)"라고 했다. 마오쩌뚱의 《어록(Little Red Book)》은 공산주의 사상의 정도를 걷기 위해 따라야 할 지침들로 가득하다.

PC의 폭력성을 다룬 문학 작품으로는 1949년에 출간된 조지 오웰(George Orwell)의 《1984》가 있다. 조지 오웰은 영국 사회가 스탈린

통치 하에 놓이게 되는 상황을 가상하고 이 작품을 썼다. PC는 이 작품에 나오는 새 말(Newspeak)과 다르지 않다. 《1984》에 등장하는 전체주의국가 오세아니아(Oceania)는 국가이념인 잉속(Ingsoc, English Socialism, 영국 사회주의)에 부합하는 새 말을 공식 언어로 채택하고 2050년 무렵까지 헌 말(Oldspeak, Standard English, 표준영어)을 새 말로 완전히 대체하기로 한다. 새 말은 잉속의 세계관과 사상 외에 다른 모든 사상의 표현은 불가능하다. 따라서 새 말이 헌 말을 완전히 대체하게 되면 잉속의 원칙에 어긋나는 생각은 말 그대로 생각조차 불가능해진다. 생각을 표현하려면 말에 의존해야 하기 때문이다. 새 말은 오세아니아의 독재자 빅브라더(Big Brother)와 당(The Party) 체제를 위협하는 사상을 완전히 제거하기 위해 만들어진 철저히 통제된 언어다.

오세아니아의 진실부(The Ministry of Truth)는 "현재를 장악하면 과거를 장악하고 과거를 장악하면 미래를 장악하게 된다"라는 당의 노선에 부합하도록 문서와 역사를 조작한다. 진실부 문서국에서 서기로 일하는 윈스턴 스미스(Winston Smith)는 예전 신문기사와 사진을 수정하면서 당을 배반한 인물들을 삭제하고 당의 노선에 맞게 역사를 수정하고 조작하는 업무를 하지만, 빅브라더가 늘 감시하고 사상경찰(Thought Police)이 사실상 머릿속까지 들여다 볼 수 있는 상황에서 아직 예전의 기억이 살아있는 그는 늘 신변의 위협을 느낀다. 그러다가 마침내 용기를 내 당을 무너뜨리려는 비밀혁명조직에 가담하게 된다. 이 윈스턴 스미스라는 인물에 비유되는 실존인물이 있다. 바로 1970년 서방세계로 망명한 소련의 전직 KGB 요원 유리 베즈메노프(Yuri Bezmenov)다. 그는 G. 에드워드 그리핀(G. Edward Griffin)과의 인터뷰에서 소련의 이념적 체제 전복(ideological subversion)전략에 대해 털어놓았는데 공교롭게도 바로 이 해가 1984년이었다.

인도주재 소련 대사관에서 근무한 베즈메노프의 공식적인 업무는 '연구조사와 문화 선전(research and cultural propaganda)'이었지만 이 조직에서 실제로 한 일은 인도의 출판계, 언론계, 연예계, 학계, 재계, 정계 등에서 여론에 영향력이 있는 인물들에 대한 방대한 자료를 수집해 소련에 협조적인 친소련 인사와 적대적인 인사로 분류한 다음 적대적인 인사들은 무자비하게 인격살인을 해서 사회적으로 매장하는 일이었다. 베즈메노프는 자신과 친한 언론인을 포함해 친 소련 인사들이 대거 소련 공산당의 숙청대상에 오른 사실을 알고 환멸을 느꼈고 이 사실을 다양한 경로를 통해 인도 당국에 알리려고 했지만 아무도 믿으려 하지 않았다. KGB 요원으로 상당히 풍요로운 생활을 하고 있었던 그는 서방으로 망명해서 소련에 대한 진실을 얘기해봤자 서방세계의 좌익들에게 외면당하고 인격살인을 당할 게 뻔하다는 생각에 한동안 갈등하다가 결국 1970년에 서방으로 망명하게 된다. 그는 인터뷰에서 서방세계에서 좌익이 학계, 문화계, 연예계, 언론계를 장악한 현실에 대해 다음과 같이 말했다.

"소련의 공산주의를 찬양하는 이상주의적인 쓸모 있는 바보(useful idiots)들이 몽상에서 깨어나면 이들은 소련의 가장 위험한 적이 된다. 소련 KGB는 요원들에게 이들은 '정치적 매춘부(political prostitute)이므로 신경 쓰지 말고 목표를 높게 잡아라, 주로 영향력이 있는 주류 보수 언론계, 더럽게 부유한 영화계, 이른바 지식인들이 있는 학계 등에 침투해 냉소적이고 자기중심적이며 천진난만한 표정으로 입에 침도 바르지 않고 거짓말을 할 능력이 있는 인물들을 포섭하라'고 했다. 도덕적 원칙도 없고 탐욕스럽거나 자기가 중요한 인물이라는 과대망상에 시달리는 인물들이 바로 KGB의 포섭대상이었다.

서구진영에서 마르크스-레닌주의로 사상이 오염된 좌익은 서구사회에서 동요를 일으키는 단계까지만 쓸모가 있을 뿐 목적이 달성되고 나면 전부 벽 보고 서서 총살당할 인간들이다. 미국의 학계 교수들, 인권운동가들, 페미니스트들은 체제전복 과정에서 사회에 동요를 일으키는 데만 쓸모가 있고 그 이후에는 필요 없다. 그 이유는 이들이 공산주의의 실상에 대해 너무 많이 알고 있기 때문이다. 이들은 공산주의 혁명이 일어나면 자기들이 권력을 잡으리라고 생각하지만 절대 그런 일은 없다. 권력은 그들보다 더 철저한 공산주의자들의 몫이며 서방세계에서 공산주의에 동조하는 자들은 혁명 후에는 모두 총살감이다. 미래에 이들이 평등과 사회 정의를 내세운 이상적인 사회가 현실에서 어떤 모습인지를 목격했을 때 엄청난 심리적 충격을 받고 절망하게 되면 소련의 적으로 돌아서기 때문이다. (펜타곤 극비문서를 공개한) 대니얼 엘스버그(Daniel Ellsberg)나 더럽게 부유한 제인 폰다(Jane Fonda)같이 미국의 국방정책을 비판하는 반정부인사들은 마르크스주의 혁명이 일어나면 바퀴벌레처럼 짓이겨질 인간들이다.

KGB의 주업무는 첩보(espionage)활동이 아니다. KGB가 첩보활동에 투자하는 시간, 자금, 인력은 전체의 15퍼센트 정도에 불과하고 나머지는 이념적 전복(ideological subversion), 적극적인 조치(active measure), 또는 심리전(psychological warfare)이라는 점진적인 과정을 실행하는 데 쏟아 붓는다. 적국의 국민이 지닌 현실에 대한 인식을 바꾸어서 아무리 합당한 정보를 제공해도 자기 자신, 가족, 공동체, 국가의 이익 수호에 부합하는 분별 있는 판단을 못하도록 만드는 게 목적이다. 이러한 대대적인 세뇌공작 과정은 매우 시간이 오래 걸리는데 크게 네 단계로 나뉜다.

첫 번째 단계는 인식혼란(demoralization)[3]으로 15~20년이 걸린다. 한 세대를 교육을 통해 세뇌하는 데 걸리는 기간이다. 3세대에 걸쳐 미국 애국주의의 기본적 가치에 노출시키지 않고 말랑한 학생들 뇌에 마르크스-레닌주의를 집중적으로 주입해 세뇌시켜야 한다. 60년대에 대학을 다닌 어설픈 지식인들이 현재 미국의 정부, 기업, 언론

3) 'Demoralization'은 한 마디로 정의하기 어려운 단어로서 사전적 정의는 다음과 같이 여러 가지가 있다. 첫째, 도덕적 선이나 진실을 외면하거나 도덕성을 타락시키다, 둘째, 사기를 꺾다, 셋째, 정상적인 기능을 파괴하다, 넷째, 혼란에 빠뜨리다.

매체, 교육계를 완전히 장악했는데, 이들을 없앨 방법은 없다. 이들의 사상은 이미 오염되어 있고 특정한 자극에 특정한 유형으로 반응하도록 프로그램화되어 있다. 인식혼란 단계를 거친 이들에게는 아무리 명명백백한 진실인 진짜 정보를 들이대도 인식과 생각이 바뀌지 않는다. 사회에서 이들을 제거하려면 자국의 이익을 수호하는 애국적인 이념과 상식을 바탕으로 새로운 세대를 교육시키는 방법뿐이다.

인식혼란 단계는 미국에서 지난 25년 동안 대체로 완성되었다고 본다. 소련이 세운 목표치를 훌쩍 능가하는 엄청난 성공을 거두었다. 소련인이 아니라 미국인이 자국인을 세뇌시키는 데 성공했다. 세뇌된 이들은 진짜 정보에 노출되어도 소용없다. 진짜 정보를 소화할 능력이 없고 사실은 무의미하다. 원본 문서와 사진을 들이대도 소용없다. 억지로 소련 집단수용소에 끌고 가서 실상을 두 눈으로 똑똑히 보게 해줘도 믿지 않는다. 따라서 미국은 이미 정신적으로 오염된 세대의 볼모로 잡혀있다. 지금 당장 신세대를 새로 교육시키기 시작한다고 해도 현실에 대한 인식을 제대로 하게 만들려면 앞으로 15~20년이 걸린다."

위에서 말한 인식혼란 단계의 완성에 크게 기여한 학문적 사조가 두 가지 있다. 프랑크푸르트학파와 포스트모더니즘(Postmodernism)이다. 이 두 학문적 사조에 대해 간단히 살펴보도록 하겠다.

2. 프랑크푸르트학파(The Frankfurt School): 신좌익(The New Left)의 창시자

마르크스는 유럽에서 전쟁이 일어나면 각국의 노동자들이 합심해 혁명을 일으키게 되리라고 예언했다. 그러나 1914년 제1차 세계대전 일어나자 유럽의 노동자들은 계급의식을 바탕으로 연대하지 않고 각자 자기 나라를 위해 전쟁터로 나가 서로 싸웠다. 1917년 러시아에서 마르크스주의 혁명이 일어나긴 했지만 혁명의 주체는 노동자 계층이 아니라 지식인, 변호사, 전문적인 혁명가 등이었고 이 혁명은 서유럽으로 확산되지도 못했으며 따라서 다시 한 번 마르크스의 예언이 틀린 것으로 드러났다. 1차 대전 종전 무렵 마르크스주의자들은 마르크스주의의 오류를 분석하기 시작했고, 이탈리아의 안토니오 그람시(Antonio Gramsci)와 헝가리의 기외르기 루카치(György Lukács)는 서구문명이 노동자계급의 눈을 가려 마르크스주의에서 말하는 진정한 계급 이익(class interest)을 깨닫지 못하게 하므로 마르크스주의 혁명이 일어나려면 서구문명을 파괴해야 한다는 결론에 도달했다.

그람시는 사람들에게 영향력이 있는 기관과 제도들을 장악해서 사람들이 자기 자신과 자신이 속한 문화에 등을 돌리게 만들어야 한다며, 언론매체, 할리우드, 교육기관, 공직 등을 장악해야 한다고 했다. 또 문화 헤게모니는 계급 지배를 달성하는 수단이고 문화의 변화를 통해 공산주의자를 탄생시켜야 정치혁명이 가능하다고 주장했고 따라서 교육계와 언론계에 종사하는 지식인들을 이용하는 데 초점을 맞추었다.

루카치는 1919년에 이미 서구문명을 파괴하는 전략을 실행하는 데 착수했다. 루카치는 당대의 문화적 모순을 해결하는 유일한 방법은 혁명으로 사회를 파괴하는 길뿐이며 전 세계적으로 가치체계를 전복시키려면 기존의 가치를 붕괴시키고 혁명가들이 새로운 가치를 창조해내는 방법밖에 없다고 주장했다. 루카치는 '누가 우리를 서구문명으로부터 구원해줄 것인가'라는 질문을 가슴에 품은 채 헝가리 볼셰비키 정부인 벨라 쿤(Béla Kun) 정권 하에서 문화담당관이 되어 문화테러리즘 정책의 일환으로 급진적 성교육 프로그램을 실행해 헝가리 사회의 도덕적 가치관을 파괴하는 데 착수했다. 루카치는 아동들의 성적 윤리관을 훼손시키면 가부장적 가족제도와 교회에 큰 타격을 입힐 수 있다고 생각하고 급진적인 성교육 프로그램을 학교에서 실시했다. 루카치는 학교에 자유연애(성적 문란)와 성관계에 대한 강의를 만들고 성행위를 생생하게 묘사한 안내책자를 배포했으며 학생들에게 그리스도교의 도덕윤리관과 일처일부제와 부모와 교회의 권위를 거부하고 조롱하라고 부추겼다. 그러나 헝가리 노동자계층은 루카치가 서구전통문화를 공격하는 데 분노했고 정권은 오래가지 못했다.

한편 독일에서도 서구문명에 대한 마르크스주의적 비판이 시작되었다. 곡물무역을 하는 백만장자의 아들 필릭스 바일(Felix Weil)은 모스크바의 마르크스-엥겔스 연구소를 본 따 마르크스주의 사상을 연구할 공공정책 연구소를 설립했는데, 본래 마르크스주의 연구소(Institute for Marxism)라고 하려다가 사회조사연구소(Institute for Social Research)로 이름을 바꿨고 프랑크푸르트 대학교와 제휴관계를 맺고 있던 이 연구소는 결국 프랑크푸르트 학교(Frankfurt School)로 불리게 된다. 이 학교는 1924년에 개교했지만 이미 1923년부터 20여명의 마르크스주의자들이 모여 마르크스 연구 세미나를 일주일에 한 번 열었는데 그중 한 사람이 루카치였고 문화에 대한 루카치의 글이 이 세미나의 바탕이 되었다. 프랑크푸르트 학교가 개교하면서 이 세미나에 참가한 사람들 가운데 절반 이상이 프랑크푸르트 학교에 적을 두게 되었고 루카치의 지도하에서 마르크스주의를 경제 용어에서 문화 용어로 전환하기 시작했다.

프랑크푸르트 학교의 초대 총장은 마르크스주의자이자 경제학자인 오스트리아인 칼 그륀버그(Carl Grünberg)다. 그의 지도하에서 학교는 유산계급사회의 사회적 경제적 하부구조(substructure) 분석에 초점을 두었으며 노동자운동과 같은 전통적인 마르크스주의 주제를 주요 연구대상으로 삼았다. 그러나 1930년대에 그와는 전혀 생각이 다른 젊은 마르크스주의자 막스 호르크하이머(Max Horkheimer)가 총장으로 취임하면서 소련의 마르크스주의와는 상당히 다른 새로운 마르크스주의를 개발하기 시작했다. 자본주의가 경제적 풍요를 가져오자 호르크하이머는 노동자계급의 혁명이 일어날 가능성은 없다고 보고 이를 대체할 방안을 강구하면서 문화적 상부구조(superstructure)에 관심을 집중하기 시작했다. 호르크하이머는 "우리는 총으로 혁명을 일으키지 않는다. 차츰차츰, 한 해 두 해, 세대에서 세대를 거쳐 점진적으로 교육기관, 공공조직에 침투해 그들을 마르크스주의자로 만들어 보편적인 평등주의로 나아가게 만들 것이다"라고 했다. 호르크하이머는 다음과 같은 질문을 던졌다. 과연 노동자계급을 대신할 집단이 있는가? 이 문제에 대한 해답은 1960년대에 가서야 찾게 된다.

프랑크푸르트 학교는 전통적 마르크스주의 관점에서 본 하부구조와 상부구조의 관계에 의문을 제기하면서 마르크스주의와 프로이트(Freud)의 정신분석학을 접목하는 데 집중했다. 전통적 경제적 마르크스주의에서는 노동자계급이 억압을 받는다고 본 반면 프랑크푸르트 학교는 서구문명에서는 모두가 끊임없이 심리적 억압을 받고 있는데 이를 해결하고 자본주의를 전복하려면 정치적 혁명이 아니라 문화적 사회적 혁명이 일어나야 한다고 보았다. 호르크하이머는 문화 연구를 촉진하기 위해서 테오도르 아도르노(Theodor Adorno)와 급진적인 마르크스주의 사회심리학을 바탕으로 한 정신분석학자 에리히 프롬(Erich Fromm)을 초청했다. 프롬은 성적 해방과 젠더 정치학(Gender Politics)의 창시자이다. 그는 여성성과 남성성은 본질적인 생물학적인 차이가 아니라 사회에서 수행하는 서로 다른 기능에서 비롯된다고 보았다. PC라는 퍼즐을 구성할 조각이 또 하나 탄생했다.

1932년 헤르베르트 마르쿠제(Herbert Marcuse)가 사회조사연구소에 합류했는데, 그는 1950년대와 60년대에 마르크스주의를 문화적 용어로 해석하는 작업을 완성했고 이는 신좌익(The New Left)의 사상의 토대가 되면서 프랑크푸르트학파에서 가장 중요한 인물이 되었다. 1930년대에 프랑크푸르트학파가 시작한, 자유민주주의와 자본주의에서 노동자계급을 대체할 집단을 물색하는 작업을 마르쿠제가 완성한 셈이다. 호르크하이머, 아도르노, 프롬, 마르쿠제는 비판이론(The Critical Theory)를 제시했다. 비판이론은 서구문명의 토대를 이루는 모든 제도(그리스도교, 가족제도, 가부장제, 자본주의, 권위, 도덕, 애국심, 관습 등)를 무자비하게 비판해 붕괴시키는 것이 목적으로서, 오늘날 동성애자, 유색인종, 젠더, 지역문화 등 '연구(studies)'가 붙은 모든 정체성 학문(Identity Studies) 분야의 바탕이 되었으며, 대학가의 이러한 학과들은 PC를 사회에 확산시키는 진지가 되었고 비판이론은 모든 교육기관에서 규범이 되어버렸다. 해체주의가 문학을 파괴할 대상으로 삼았다면 비판이론은 사회를 파괴할 대상으로 삼았고 국가는 다문화주의의 실행으로 약화되었다. 프랑크푸르트학파는 미래상을 제시하지 않고 단지 현재의 자본주의, 유산계급이 번성하는 자유민주주의를 파괴하는 데 집중했다. 프랑크푸르트학파는 비판이론이 추구하는 목적이 뭔지 구체적으로 밝힌 적이 없고 오직 무엇에 반대하는지만 밝혔으며 자신들의 이념을 체계화라는 틀에 가두기를 거부하고 간단한 정의로 규정되기도 거부했다.

어쩌다가 독일 마르크스주의자들이 미국에 오게 되었을까? 1933년 독일에서 나치가 집권하자 구성원 대부분이 유대인이던 사회조사연구소는 독일을 탈출해 뉴욕으로 이전했고 컬럼비아대학 총장의 도움으로 미국 대학에 둥지를 틀면서 독일 사회와 문화를 공격하는 대신 그들을 받아준 미국 사회와 문화를 공격하는 쪽으로 방향을 틀었다. 그들은 비판이론을 미국사회에 적용했고 '연구'가 붙은 각종 학문 분야와 편견에 대한 연구를 양산해냈다. 이러한 연구들은 1950년에 절정에 달했는데 테오도어 아도르노의 책 《권위주의적 성격(Authoritarian Personality)》이 막대한 영향을 미쳤다. 이 책에서 그는 미국인들은 파시스트적인 기질이 다분하고 미국 전통문화를 지지하는 사람은 누구든지 심리적으로 불안정한 사람이라고 주장했다. 그는 또 부모와 자녀가 서로에 대해 느끼는 애착, 가족에 대한 자부심, 그리스도교, 전통적인 성역할과 성에 대한 태도, 애국심을 병리현상이라고 낙인찍었다. 오늘날 신좌익이 그들의 주장을 반박하는 사람들을 나치, 극우, 파시스트라고 낙인찍고 감수성 훈련(sensitivity training), 편견퇴치 훈련(anti-bias training), 무의식적 편견

교정(unconscious bias re-training), 다양성 훈련(diversity training)과 같은 정신치료가 필요하다고 주장하는 까닭은 바로 이 때문이다. 제2차 세계대전 종전 후 호르크하이머와 아도르노는 독일 프랑크푸르트대학으로 돌아갔지만 마르쿠제는 미국에 남았다.

마르쿠제는 브랜다이스대학과 UC 샌디에이고에서 교수로 재직하면서 호르크하이머와 아도르노가 1930년대에 시작한 지적인 작업을 완성하는 데 매진했고 1950년대와 60년대에 프로이트의 이론과 마르크스 이론을 통합하는 작업을 이어나가면서 신좌익의 정신적 지주가 되었다. 호르크하이머가 30년대에 제기한 의문(혁명의 주체로 노동자계급을 대체할 집단은 누구인가?)에 답을 한 사람은 매우 능수능란한 마르크스주의자인 마르쿠제였다. PC 연대 세력을 구성하는 억압받는 피해자 집단(학생, 여성, 흑인, 성소수자 등)을 탄생시킨 사람이 마르쿠제다. 60년대 학생운동에 주입된 프랑크푸르트학파의 사상 가운데 핵심은 프랑스 성해방운동의 부활이었다. 마르크스주의는 1950년대에 파산해 혁명을 일으킬 노동자계급이 사라졌고 사람들은 역사상 그 어떤 체제보다 물질적 풍요를 많은 이들에게 누리게 해준 자본주의에 만족했다. 따라서 마르크스주의자들은 새로운 혁명의 원천을 발굴해야 했고 그 가운데 하나를 성적 억압으로부터의 해방으로 삼고 이를 학문적으로 정당화하는 이론을 개발했다. 마르쿠제는 《에로스와 문명(Eros and Civilization)》에서 성적 행동에 대한 제약을 비판하면서 '다양한 형태의 도착(polymorphous perversity)'을 내세우며 인간에게는 이성애적 성적 취향이라는 제한된 개념을 초월하는 성적 표현이나 성적 쾌락을 발현할 잠재력이 있다고 주장했다. 그는 생물학적인 번식과 무관한 다양한 형태의 성과 나르시시즘을 바탕으로 한 계몽적이고 행복한 사회 구현이 유토피아로 가는 열쇠라고 주장했다.

1960년대 말 마르쿠제가 제시한 "억압적 관용(Repressive Tolerance)"라는 개념은 좌익의 이념 외에는 그 어떤 이념도 허용하지 않는 PC 문화 형성에 지대한 공헌을 했다. 마르쿠제는 《순수관용비판(A Critique of Pure Tolerance)》이라는 에세이집에 수록된 "억압적 관용"이라는 에세이에서 다음과 같이 주장한다. 자유로운 사회에서는 억압을 포착하기 어렵기 때문에 사회구성원 대부분은 무의식적으로 억압을 받아들이고 기꺼이 복종한다. 자유로운 사회가 소수에게 관용을 베푸는 이유는 그들의 투쟁의식을 약화시키려는 기만이다. 표현의 자유를 허용하면 오류가 전파되므로 표현의 자유는 그 자체로서 선이 아니다. 진실을 소유한 혁명적 소수는 다수를 재교육시켜 오류에서 해방시켜야 하므로 해로운 의견을 억압할 권리가 있다. 따라서 좌익, 체제전복, 혁명적 폭력은 허용하되 우익, 기존의 사회 제도, 반사회주의 정서를 허용하지 않는 새로운 형태의 억압적 관용이야말로 진정한 관용, 즉 해방적 관용(Liberating Tolerance)이며 억압적 관용을 통해서만 진실에 도달하게 된다는 주장이다. 이러한 개념은 필연적으로 전체주의적 사고를 낳게 된다. 마르쿠제는 프랑크푸르트학파의 사상을 전파하는 주요 통로 역할을 했고 그를 통해서 신좌익은 나머지 프랑크푸르트학파를 만나게 되었다. 1960년대에 학생들은 프랑크푸르트학파의 이론을 학생운동의 정신적 원천으로 삼았다. 프랑크푸르크학파의 사상은 학계의 급진적 다문화주의와 이를 실천하는 PC 문화의 산파역할을 했고 여전히 미국사회에서 강인한 생명력을 유지하고 있다.

3. 포스트모더니즘(Postmodernism):
문화라는 가면을 쓴 마르크스주의

1960년대 말 무렵부터 소련과 중국의 공산 전체주의 체제의 잔혹함이 만천하에 드러나면서 마르크스주의를 지적으로 방어하기가 어려워지자 마르크스주의자들은 포스트모더니즘을 개발하기 시작했다. 포스트모더니스트들은 대부분 프랑스 지식인들로서 1960년대에 학생운동에 참여한 마르크스주의자들이다. 좌익은 마르크스주의와 포스트모더니즘이 연관되었다는 주장은 황당한 음모라고 주장하지만 그렇지 않다. 대부분의 포스트모더니스트들은 분명히 자신이 마르크스주의자라고 밝혔다. 포스트모더니즘도 프랑크푸르트학파처럼 경제적 억압을 문화적 억압으로, 경제관계를 권력관계로 슬쩍 바꿔치기하고 마르크스주의 대신 포스트모더니즘이라는 간판을 내걸었을 뿐이다. 좌익이 모두 포스트모더니스트는 아니지만 좌익진영에서 사실상 담론을 주도해나가는 세력은 포스트모더니스트들이다.

포스트모더니즘은 세상을 억압받는 집단과 억압하는 집단으로 양분한다. 억압받는 집단은 선하고 억압하는 집단은 악하며, 개인은 그저 이 두 집단 중 한쪽에 소속된 구성원일 뿐이다. 마르크스주의와 마찬가지로 포스트모더니즘의 적, 즉 억압의 주체는 '그리스-로마 문명과 유대-그리스도교에 바탕을 둔, 제국주의적이고 폭력적이며 가부장적이고 탐욕에 물든 자본주의적' 서구문명이다. 따라서 서구문명을 대표하는 상징들과 서구문명이 이룬 업적들을 해체하고 비판하고 권좌에서 끌어내려야 한다. 억압자에 대한 비판은 정당하고 피억압자에 대한 비판은 "정치적 정도를 벗어난 증오 발언(politically incorrect hate speech)"이므로 논리적으로 반박할 가치도 없다고 여긴다.

포스트모더니즘은 피억압 집단의 규정을 바탕으로 한 정체성 정치(identity politics)를 개발했는데, 이 이념의 바탕이 되는 전제들은 개인주의에 정면으로 배치된다. 포스트모더니즘은 여성, 소수인종, 동성애자 등을 각각 공동의 이해를 지닌 집단으로 본다. 그리고 한 집단이나 문화를 외부와 단절된 폐쇄된 상자로 보고 그 상자 속에는 내부적 갈등이 존재하지 않으며 그 안에서 이루어지는 담론에는 보편적인 개념과 기준이라는 잣대를 들이대 비판할 수 없다고 주장한다.

그러나 이런 극단적 상대주의의 보호를 받지 못하는 대상이 있다. 바로 포스트모더니스트 자신들이 속한 서구문명이다. 서구문명은 그 어떤 문명보다도 여성, 성소수자, 소수인종의 권리를 존중하고 민주주의적인 규범을 따르는 문명인데도 그들은 서구문명이 억압적이라고 폄하한다. 포스트모더니스트들은 그들이 피억압자로 규정한 집단에 대한 정당한 비판에 논리적으로 반박하지 않고 그런 비판을 여성혐오(misogyny)이고 인종차별(racism)이며 동성애혐오(homophobia)이고 이슬람혐오(islamophobia)이고 제국주의(Imperialism)적인 사고라고 매도한다. 그러면서 여성을 억압하고 동성애자와 이교도를 처형하고 정교분리가 기반인 민주주의를 거부하는 전체주의적 집단이라 해도 포스트모더니즘이 피억압자로 규정한 집단이라면 비판에서 면제된다. 또 포스트모더니즘이 피억압자로 규정한 집단의 구성원이라도 집단사고에서 조금이라도 벗어나 독자적인 사고를 하는 사람은 "억압을 내면화(internalized oppression)"했다거나 억압주체가 개인의 자유라는 날조된 정보로 세뇌시켜 "허위의식(false consciousness)"에 가득 차있는 자들이라고 폄하한다.

"인종차별"이나 "성차별"이라는 낙인은 개인을 초월해 기관, 제도, 문학, 언어, 역사, 법, 관습, 문명 전체에 확대 적용된다. 마르크스주의가 부르주아라는 경제계급 전체를 인민의 적으로 규정하듯이 "제도적 인종차별(institutional racism)"은 제도 전체, 백인이라는 집단 전체를 인종차별주의자로 규정한다. 계급투쟁이 마르크스주의자들의 무기라면 "인종차별"과 "성차별"은 포스트모더니즘 신좌익이 휘두르는 전가의 보도다. 오늘날 이성애자 백인 남성은 소련 공산정권의 적대계층에 준한다. 본인은 개인적으로 그 누구도 억압해본 적이 없어도 이성애자 백인 남성이면 태생이 유죄다. 이런 식으로 사람들의 사고가 조건화되면 폭력은 더 이상 필요 없다. 대다수가 사회가 규정한 자신의 위치를 인식하고 따르는 안정적인 전체주의에 도달하게 된다. 마르크스주의에 따르면 진실은 이성적인 탐구를 통해 성립되는 것이 아니라 계급에 따라 결정되고 포스트모더니즘에서는 여성, 유색인종, 성소수자의 관점에 따라 결정된다. "피억압자"인 여성, 유색인종, 성소수자는 억압이라는 고통을 겪었기 때문에 억압주체인 이성애자 백인남성보다 훨씬 분명히 진실을 직시한다고 본다. 프롤레타리아가 부르주아보다 훨씬 도덕적 지적으로 우월하다는 마르크스주의의 복사판이다.

오늘날 반인종차별주의(anti-racism), 페미니즘(feminism), 구조주의(structuralism), 포스트모더니즘(Postmodernism) 등 온갖 "이념(-isms)"이 학계, 문화계, 언론계, 정치계 등 사회 전체를 장악하고 있고 이러한 도그마는 인간의 언어, 사고, 행동을 엄격히 통제하고, 소련이 반체제인사들을 정신병자 취급했듯이, 이러한 도그마에서 벗어나는 사람은 정신적으로 불안정하므로 치료가 필요한 사람으로 취급받는다. 단순히 국가권력이 폭력을 행사하고, 사상을 검열하고, 강제수용소가 존재한다고 전체주의가 아니다. 전체주의는 개인이 사적인 견해나 관점을 지니지 못하고 독자적으로 사고하지 못하게 된 정신 상태를 말하며 사람들이 이런 상태가 되면 독재자 한 사람이 모든 걸 통제하지 않아도 사회는 전체주의화 된다.

좌익이든 우익이든 논리적으로 타당한 주장을 제시해도 인종차별주의자나 성차별주의자라는 소리를 들으면 바로 무릎을 꿇고 자아비판을 한다. 인종차별 혐의는 무죄추정의 원칙이 적용되지 않는다. 무죄로 판명되기 전까지는 유죄고, 무죄판명을 받기란 거의 불가능하며 혹 받는다고 해도 의심의 눈초리에서 완전히 벗어나지 못한다. "인종차별주의자"라는 비난을 받을까봐 아무도 "다양성은 소중한 가치"라는 주장을 비판하지 못한다. 그러나 다양성은 그것이 낳을 결과를 감당하지 않아도 되는 사람들이 누리는 지적 사치다. 다문화사회는 본질적으로 갈등에 취약하다. 그 때문에 인종별, 문화별로 분쟁과 갈등을 해결하는 데 주력하는 정부관료 집단이 늘어나고 사회적 재원과 에너지가 엄청나게 소모된다.

모더니즘은 과학과 보편적 진리를 통해서 보다 나은 세상을 구현하려한 반면 포스트모더니즘은 각자 나름의 준거의 틀을 통해 주관적인 결론을 내려야 한다고 본다. 포스트모더니즘의 시각에서 보면 절대적 진리란 존재하지 않으며 의미는 보는 사람에 따라 달리 해석된다. 이와 같이 어떤 담론도 다른 담론보다 우월하지 않다고 주장하고 나면 과학의 담론은 미신보다 나을 것 없고, 의미는 해석하기 나름이라고 주장하고 나면 모든 의미가 치열한 논쟁과 분석과 비판으로부터 자유로워지며, 희망 사항은 엄연한 사회적 사실로 격상된다. 포스트모더니즘이 주장하는 바와 같이 절대적 진실이란 존재하지 않고, 이성(reason)과 논리(logic)는 지배세력이 자기 이익을 영속시키는 데 쓰는 억압의 도구라면, 서로 생각이 다를 때 이성적이고 논리적인 대화로 차이를 해소하기 불가능하다. 니체가 명료하게 말했듯이, 진실이 없는 곳에는 오직 권력만 있을 뿐이다(Where there is no truth, there is only power).

포스트모더니즘은 주도면밀한 정치적 행위이며 좌익에게 유리한 정치적 담론이라는 사실은 90년대에 학계에서 급부상한 '문화연구(Cultural studies)'를 통해 증명된다. 사회역사와 사회학을 재조합한 이 학문은 과거에 존재했고 현재에 존재하는 온갖 사회적 제도와 관행을 자유자제로 해석하는데 주로 문학 전공자들, 여성학자들이 관여한다. 고급문화나 부르주아의 산물은 무엇이든 무자비하게 공격하고 통속적인 대중문화는 사력을 다해 옹호한다. 탈구조주의자의 회의론과 상대주의도 나타난다. 어떤 텍스트도 "특별한 지위"를 누리지 않으며 어떤 담론도 다른 담론보다 윤리적, 미적, 역사적으로 진실에 가깝다고 할 수 없다. 포스트모더니스트들은 그들이 비판하는 대상에게서는 가치, 권위, 타당성, 명분을 내세우고 이해받을 권리를 박탈하는 한편, 사실상 하찮은 문제는 신조어로 화려하게 치장해 심오한 의미를 지닌 진지한 이론으로 격상시킨다.

마르크스주의와 달리 이러한 문화적 상대주의 또는 다문화주의가 특히 교활하고 반박하기 어려운 이유는 이 이념이 서구문명의 도덕적 지적 기반을 악용하기 때문이다. 다문화주의는 겉으로는 서구문명의 가치를 추구한다고 표방하면서 사실은 그 가치를 왜곡하고 체계적으로 훼손시킨다. 오늘날 우리는 다양성은 장점이고, 관용은 미덕이라고 끊임없이 세뇌를 당한다. 다문화주의 혁명은 사회 모든 분야에서 가치를 전복하고 있다. 판사는 법복을 입고 판사석에 앉아서 법대로 판결을 내리지 않고 스스로 사회의 변혁을 꾀하는 사회운동가 역할을 하면서 법치를 훼손하고, 지식을 자유롭게 탐구하는 요람이어야 할 대학은 소련 공산 전체주의에 맞먹을 정도로 사상과 표현을 검열하고 있다. 또한 다문화주의는 집요하고 끈질기게 평등을 추구하면서 셰익스피어와 랩 음악의 가사는 "똑같이 타당한 시각"을 지닌 텍스트로 취급하고 일탈적이고 범죄적인 행동은 그저 "색다른 생활방식"으로 여긴다.

다문화주의는 마르크스주의처럼 노골적으로 표현을 억압하고 검열하는 대신 은밀한 방식으로 여론을 조작한다. 영화나 TV 드라마에 끊임없이 성차별과 인종차별 모티프를 삽입해 여성, 성소수자, 유색인종은 긍정적인 롤 모델로 묘사하고 이성애자 백인 남성은 덜 떨어지고 사악하고 편협하고 타락한 인물로 묘사한다. "마르크스주의 예술가는 현상이 아니라 당위를 제시해야 한다(The Marxist artist must show the world not as it is but as it ought to be)"라고 한 독일 극작가이자 연출가 베르톨트 브레히트(Bertolt Brecht)[4]의 원칙을 충실히 실천

4) 1933년 독일 나치를 피해 미국으로 이주한 그는 1947년 할리우드에 침투한 공산주의를 조사하기 위해 열린 미국 하원 청문회에 증인으로 출석해 자신은 공산주의자가

하고 있다. 사회의 해악인 자본가를 타도하는 강건한 프롤레타리아를 묘사한 소련식 사회주의 리얼리즘(socialist realism)의 복사판이다.

다문화주의자는 마르크스주의자처럼 자신이 추구하는 목표에 대한 반론을 용납하지 않는 절대주의자인 동시에 적으로 지목한 대상을 공격하기 위해서 다른 모든 이념들을 포용하는 상대주의자다. 다문화주의자는 반대세력은 모두 색출해 제거해야 하며, 일단 다문화적 낙원을 건설하고 나면 어떤 대가를 치르더라고 이를 방어하려 한다. 이런 사회는 전체주의를 향해 나아가게 된다. 강제노동수용소는 없지만, "이성애자 백인남성의 패권적 담론"에 사로잡힌 이들을 재교육시키고 감수성 훈련, 인종차별과 성차별 정서 퇴치 훈련을 시킬 시설이 생겨난다. 소련 공산당이 감시하는 경성 전체주의가 아니라 우리 두뇌가 스스로 교도관 역할을 하는 연성 전체주의가 된다. 우리는 자유로운 사고를 해야 한다는 짓눌림에서 해방되어 PC 문화를 위반하는 이단자가 될 능력조차 상실하게 된다.

다문화주의를 21세기 판 전체주의라고 한다면 결국 다문화주의도 소련처럼 붕괴되리라는 데 희망을 걸어야 할까? 다문화주의는 서구문명이 일시적으로 겪는 위기인가 아니면 보다 근본적이고 회복 불가능한 어떤 현상인가? 냉전시대에도 서구진영에 소련 공산 전체주

아니라고 증언했지만 청문회 이후 얼마 지나지 않아 미국을 떠나 공산주의 동독으로 이주했다.

의를 옹호하는 세력이 있었지만 그래도 서구진영은 소련을 위협으로 인식했다. 하지만 오늘날 서구진영은 다문화주의를 소련 같은 위협으로 인식조차 하지 않거나, 인종차별주의자로 낙인찍힐까봐 입을 다물기 때문에 다문화주의가 표방하는 목적과 전제에 대해 아무도 이의를 제기하지 않는다. 다문화주의는 절대로 인종적 문화적 갈등의 해결책이 되지 못한다. 오히려 다문화주의는 우리가 이미 20세기에 목격한 처참한 지옥으로 가는 길이다. 이성을 잃은 인간이 자신과 다른 이들을 위해 구축한 지옥으로 말이다.

인문학자들도 자연과학자들 못지않게 타당한 자료를 철저히 검토하고 치열한 논쟁을 통해 결론에 이르는 전통을 유지해왔지만, 포스트모더니즘의 상대주의와 '텍스트는 해석하기 나름'이라는 원칙에 따르면, 인문학자들은 자신들이 내린 결론은 틀렸다고(즉, 정 반대 주장이 옳다고) 말할 방법조차 없다. 포스트모더니즘이 주장하는 바와 같이 특정한 텍스트는 이론상으로는 수없이 다양한 방법으로 해석될 수 있지만 인간이 지닌 생물적인 제약과 타인들과 공존해야한다는 사회적 현실은 실제로 가능한 해석의 수를 제한한다. 그런데 해석 방법의 무한함을 주장하는 포스트모더니즘은 또 한편으로는 특정 텍스트의 관점을 통해 어느 권력집단이 이득을 보는지 밝히는 해석방법 만을 강요하는 모순된 태도를 보인다. 포스트모더니즘이 문학 비평에서 혁명을 일으킴으로서 역사에 소중한 족적을 남기게 되리라고 주장하는 이들도 있지만 그저 순수하게 문학을 사랑하고 문학비평에서 영감이나 심오한 해석을 얻기를 희망한 많은 사람들은 철저히 실망하고 돌아선다.

포스트모더니즘에 대한 비판이 일자 사회과학자들은 자연과학의 계량적인 방법론과 수학적 모델을 차용하면서 반격에 나섰다. 포스트모더니즘을 신랄하게 비판하는 한 학자는 다음과 같이 비꼬기도 했다. "수학교과서에서 그리 복잡해 보이지 않는 부분을 베낀 다음 사회학이나 인문학 관련 참고문헌 몇 가지를 나열하고 자기가 제시한 공식이 실제로 인간의 행동과 연관이 있는지 여부와 상관없이 그럴듯한 제목만 붙여주면 인간의 집단적 행동을 설명하는 정밀한 과학이 되었다." 그러나 이런 이론은 너무나도 뻔한 상식을 고통스러울 정도로 상세히 설명하거나 억지춘향식의 황당무계한 논리를 낳았다.

포스트모더니즘의 야심은 문학과 예술을 분석하는 방법을 바꾸고 사회과학에 새로운 방법론을 도입하는 데 그치지 않았다. 오늘날 우리가 살고 있는 세상에서 과학이 중심적인 위치를 차지하고 과학은 우리 삶을 뒷받침하는 물질적 여건을 형성하는데 중요한 역할을 한다고 볼 때 포스트모더니즘이 과학을 향해 비판의 총구를 겨누는 것은 시간문제였다. 그러나 인문학, 사회과학, 철학, '연구(studies)'라는 이름이 붙은 각종 '학문' 등을 비롯해 학계에서 엄청나게 세를 확장해 온 포스트모더니즘에게 과학은 난공불락이었다. 철저한 자료와 물리적 증거로 뒷받침되고 계량적 방법론과 수학적 모델을 통해 가설을 검증하거나 부정하고 동료학자들의 분석과 비판을 견뎌내야 하는 자연과학이라는 담론에는 포스트모더니즘의 '상대주의', '텍스트는 해석하기 나름'이라는 주장이 끼어들 여지가 없다. 게다가 포스트모더니즘은 자연 과학 텍스트를 '해체'할만한 전문적인 지식과 역량이 없다. 그렇지만 포스트모더니즘은 자연과학에 대한 공격을 주저하지 않고 있다.

포스트모더니즘이 특히 반감을 지닌 과학 이론은 생물학과 진화론이다. 역사적으로 볼 때 진화론에 대해 본능적으로 반감을 보여 온 진영은 우익 진영에서 성서의 정통 교리를 옹호하고 성서를 문자 그대로 해석하는 집단이었다. 이들은 진화론에 맞서기 위해 창조론에 과학의 옷을 입혀 "지적설계론(Intelligent Design Theory)"을 내세웠다. 그런데 묘하게도 포스트모더니즘도 지적 설계론을 주장하는 이들 못지않게 진화론에 대해 반감을 보인다. 진화 생물학은 인간과 동물이 하나의 조상에서 갈라져 나왔고, 여러 인종, 남성과 여성은 오랜 세월에 걸쳐 각자 처한 환경에 따라 적응하고 진화하면서 유전적으로 기질적으로 서로 다른 특성을 지니게 되었다고 본다. 지적 설계론자들에게는 인간과 동물의 조상이 같다는 사실이 탐탁지 않다면 포스트모더니스트에게는 인종, 남녀 간에 생물학적으로 차이가 있다는 사실이 탐탁지 않다. 포스트모더니즘은 사람은 모두 똑같이 평등하게 백지 상태로 태어나며 서로 다른 집단들 간의 차이나 젠더 정체성(gender identity), 성적 지향성(sexual orientation) 등은 모두 사회화를 통해 형성되는 사회적 구성물(social construct)이라고 보기 때문이다. 비판이론과 포스트모더니즘의 기둥으로 손꼽히는 사회학 개념이 바로 이 사회적 구성주의(Social Constructionism)다. 언어가 모든 것의 중심이고 언어는 본질적으로 불안정하며 생각보다 훨씬 우리 삶에서 중요한 역할을 하고, 우리가 보통 자연적인 현상이라고 여기는 인간의 경험들은 대부분 사실상 인간이 이름 짓기(naming)를 함으로써 비로소 존재하게 된 구성물이라는 주장이다.

최근에는 사회적 구성주의를 법제화하는 움직임까지 나타나고 있다. 최근 성소수자에 젠더퀴어(gender queer)가 추가되었다. 젠더퀴어는 젠더 정체성(gender identity)이 남성이나 여성으로 분명히 구분되지 않는 모든 젠더(non-binary gender)를 아우르는 표현으로서 다음과 같은 부류가 젠더퀴어에 해당된다. 젠더 정체성이 중첩되거나 분명히 구분되지 않는 이, 바이젠더(bigender), 트라이젠더(trigender), 팬젠더(pangender) 등 두 가지 이상의 젠더를 지닌 이, 젠더가 없는 이(agender), 여러 젠더를 오가는 젠더유동적인(genderfluid) 이, 제3젠더(third gender)나 기타 젠더(other-gender)처럼 자신의 젠더를 특정한 이름으로 규정하지 않는 이들이 모두 젠더퀴어에 해당한다. 생물학적 성과 젠더가 일치하는 사람들은 따로 시스-젠더(cis-gender, 'cis'는 '~와 같은 쪽의'라는 뜻의 접두사다)라고 불린다. 농담 같은가?

2014년 페이스북은 사용자들에게 50여 개의 젠더 정체성 가운데 선택할 수 있도록 하겠다고 발표했고, 2016년 미국 뉴욕시 인권위원회는 시민들이 31개의 젠더 정체성에서 선택할 수 있도록 하고 개인이 선택한 젠더 정체성을 존중하지 않는 기업에는 성차별로 10만 달러 이상의 벌금을 추징하겠다고 발표했다. 2017년 6월 캐나다에서는 C-16이라는 법안이 상원에서 통과되었다. 성소수자의 인권을 보호하고 차별을 금지한다는 취지에서 추진되는 이 법안에는 생물학적 성, 젠더 정체성, 젠더의 표현, 성지향성은 서로 독립적으로 존재한다는 구절이 포함되어있다. 이 법안에 따르면 상대방이 선택한 젠더를 지칭하는 대명사로 그 사람을 호칭하지 않는 사람은 최고 25만 달러까지 벌금을 물게 되고 벌금을 물지 않으면 구속된다. 개인이 주관적으로 원하는 젠더를 선택할 수 있다는 뜻이다. 생물학을 완전히 무시하고 모든 정체성은 문화적 사회적 구성물이라는 포스트모더니즘의 주장을 법제화하는 황당한 법안이다. 게다가 정부가 표현을 억압하는 단계를 넘어 이제 임의로 만든 대명사 즉, 특정한 표현을 강요하는 단계에 이르렀다. 이 법안의 내용이 발표되고 나서 로런 서던(Lauren Southern)이라는 여기자가 이 법안이 얼마나 황당한 법안인지 시험하기로 했다. 금발에 상당히 매력적인 외모의 이 여성은 완벽한 여성 옷차림을 하고 한 병원에 가서 의사에게 "나는 내 젠더가 남녀로 양분되지 않는 비이분법적 젠더(gender non-binary)니까 그렇게 진단서를 써 달라"라고 했더니 의사가 그 자리에서 진단서를 써주었다. 이 진단서를 들고 신분증을 발급하기 위해 관공서에 간 서던은 관공서 직원에게 의사의 진단서를 보여주면서 자신이 남성이라는 느낌이

드니까 신분증에 남성이라고 명시해달라고 했고 관공서 직원은 서던의 요청대로 남성이라고 명시된 신분증을 발급해주었다. 또 2017년 8월 캐나다 정부는 자신의 젠더 정체성을 남녀로 분류하지 않는 사람들은 여권에 성별을 'X'로 기재하도록 하겠다고 발표했다.

토론토대학의 조던 B. 피터슨(Jordan B. Peterson) 심리학과 교수는 임상 심리학자로서 캐나다 정부가 추진하는 이 법안에 대해 공개적으로 강력한 이의를 제기하면서 좌익으로부터 트랜스포비아(transphobia)로 낙인이 찍혔고 극성스러운 좌익 운동가들이 학교 측에 항의해 학교 당국으로부터 학교의 안전한 분위기를 해친다는 경고 서신을 두 차례 받았다. 하지만 피터슨 교수의 입장을 강력히 지지한다는 서신이 학교에 쏟아져 들어오면서 학교 측도 피터슨 교수를 더 이상 건드리지 않게 되었다. 피터슨 교수는 위의 젠더 정체성 법안 추진과 비슷한 현상이 일어나고 있는 서구지역의 세계 각국에서도 수없이 많은 이메일을 받고 있는데 겨우 2통을 제외하고 모두 자신의 입장을 지지하는 이메일이고, 트랜스젠더들로부터 받은 이메일 가운데서도 한 통만 제외하고는 모두 자신의 입장을 지지하는 이메일이라고 말한다.

피터슨 교수는 생물학적 성(biological sex), 젠더 정체성(gender identity), 젠더 표현(gender expression, 옷차림, 행동 등을 말함), 성적 경향 또는 성적 지향성(sexual proclivity, sexual orientation), 이 네 가지

기질이 각각 독립적으로 존재한다는 주장은 새빨간 거짓말라고 말한다. 예컨대 생물학적인 남성(여성)이 자신의 정체성을 남성(여성)이라고 여기고 남성(여성) 복장을 하고 남성(여성)으로 행동하고 이성애자일 확률은 매우 높다. 다시 말해서 이 네 가지 기질의 상관관계(correlation)는 99퍼센트 이상으로 사실상 완벽한 상관관계다. 이 상관관계에 들어맞지 않는 극소수의 존재를 부인하는 게 아니라 이 네 가지 기질이 독립적으로 존재한다는 C-16 법안의 주장이 궤변이라는 뜻이다.

피터슨 교수는 포스트모더니즘에서의 정체성은 문제가 많은 개념으로서, 개인에게는 성 말고도 여러 가지 정체성이 있고 이러한 정체성들은 인간이 이 세상에서 살아가면서 제 기능을 하도록 도와주는 도구들이라고 말한다. 또 개인의 정체성은 오로지 개인의 주관에 따라, 기분에 따라 마음대로 결정하는 게 아니라 다른 사람들과의 상호작용과 협상을 통해 형성된다고 말한다. 그런데 C-16법안은 '내가 하는 게임이 있는데 게임의 규정은 언제든 내가 바꿀 수 있어. 네가 내 규정을 따르지 않으면 법적 강제력을 동원할 거야' 라고 말하는 셈이다. 이 법안은 이 법안을 통해 도우려는 사람들에게 전혀 도움이 되지도 않으며 오히려 그 법으로 보호하려는 사람들의 주장을 묵살하는 모순이 생긴다. 예컨대, 동성애자와 트랜스젠더는 각각 자신의 성적 지향성과 젠더 정체성은 타고난 기질로 자신의 힘으로 어쩔 수 없다고 말한다. 그런데 C-16 법안은 생물학을 완전히 무시하고 생물학적 성, 젠더 정체성, 성적 지향성 사이에는 아무 상관도 없다고 주장하고 있다. '본질적으로 나는 분명하게 분류되지 않는 사람이다'라고 주장하려면 주장에 설득력이 있어야 하고 그렇게 타고 났다는 게 가장 강력한 설득력을 지닌 주장이다. 그런데 자기 기분에 따라 내키는 대로 정체성을 정할 수 있다고 규정한 이런 비현실적인 법안으로 어떻게 소수자를 보호하겠다는 건가? 젠더 정체성이 개인의 힘으로 어쩔 수 없는 기질이 아니라 사회적 문화적 구성물이며 상황에 따라 끊임없이 변한다고 하면 동성애자를 이성애자로 바꾼다는 전환치료(conversion therapy)나 동성애는 타고나는 게 아니라 선택이라는 그리스도교 근본주의자들의 주장은 어떤 근거로 비판할 수 있는가? 비과학적인 이 법안은 소수자를 보호하기는커녕 성 정체성은 사회적 구성물이라는 좌익이념의 제단에 트랜스젠더를 제물로 바치는 셈이다.

피터슨 교수는 최근 교수 생활을 시작하고 처음으로 정부에 응모한 연구기금을 받지 못하게 되었다. 피터슨 교수는 그동안 단 한 번도 정부 연구기금 수혜대상에서 탈락한 적이 없었는데 최근 캐나다 정부가 추진하는 위의 법안에 대해 반대 입장을 밝혔기 때문에 괘씸죄에 걸린 것이다. 그러자 캐나다의 대안언론 〈레블 미디어(Rebel Media)〉는 피터슨 교수의 연구를 지원하기 위해 크라우드 펀딩(crowd funding) 모금운동을 펼쳐 24시간 만에 피터슨 교수의 1년 치 연구자금의 164퍼센트를 모았다. 피터슨 교수는 토론토 대학의 허락을 받고 유튜브에 올린 자신의 강의 동영상이 세계적으로 폭발적인 인기를 모으면서 네티즌들이 보낸 기부금이 쌓이자[5] 비싼 등록금을 내고 대학에 입학하지 않아도 저렴한 비용으로 누구나 들을 수 있는 온라인 인문학 강좌를 기획하고 있다. 포스트모더니즘이 점령한 대학 인문학 강의를 되찾아 오겠다는 야심찬 계획이다. 피터슨 교수는 또한 IT 전문가와 협력해 새로운 웹사이트를 만들고 있다. 고등학교와 대학에서 제공하는 강의의 학문분야, 대학교, 교수이름, 강의 안내서를 입력하면 인공지능이 콘텐츠의 언어분석을 통해 그 강의가 포스트모더니즘-신좌익 성향인지 여부를 판단할 수 있는 웹사이트이다. 좌익 이념으로 세뇌하는 강의 수강생의 수를 줄여 강의 자체를 고사시킴으로써 좌익의 이념 전파의 자금줄을 원천적으로 차단하는 게 목표다.

피터슨 교수는 토론토대학 인사부가 직원들에게 "무의식적 편견 퇴치 훈련(anti-unconscious bias training)"을 의무적으로 받도록 한 규정에 대해서도 임상 심리학 전문가의 소견으로 도저히 용납할 수 없는 매우 위험한 조치라며 신랄하게 비판한다. 피터슨 교수는 무의식적 편견을 지녔는지 여부를 판단하는 데 쓰인다는 테스트의 신뢰성과 타당성이 검증된 바도 없고 학교 당국은 직원 개인의 무의식적 인지구조를 가지고 장난칠 권리와 자격도 없다고 말한다. 사람들은 누구나 남보다 자기 가족, 자기 사회, 자기 나라를 우선시 하고 온갖 편견과 내집단(ingroup)선호도를 지니고 있고 어떤 편견은 생존과 직결

5) 페트리언(Patreon)이라는 기금모금 웹사이트에서 현재 피터슨 교수는 한 달에 7만 달러에 육박하는 기금을 모금하고 있다.

되기도 한다.

캐나다에서 의회 표결을 앞둔 “89 법안(Bill-89)”이라는 것도 있다. 미성년자인 자녀가 자신이 동일시하는 성 정체성을 부모가 인정하지 않거나 성전환(gender reassignment)에 필요한 치료를 허락하지 않으면 아동학대로 간주해 자녀는 아동보호국의 보호 하에 놓이게 되고 위탁가정에 맡겨지도록 하는 법안이다. 정체성의 혼란을 겪기 마련인 성장기에 있는 자녀들에게 원상복구가 불가능한 의료 수술을 허용하라고 강제하는 내용의 법안인데 이는 미래에 심각한 사회적 부작용을 초래할 매우 위험한 발상이다.

캐나다의 권위 있는 임상 심리학자 켄 저커(Ken Zucker) 박사는 정신병원에서 젠더 디스포리아(Gender Dysphoria) 클리닉을 운영해왔다. 저커 박사는 젠더 디스포리아 증상이 있는 아동들이 십대 후반이 되면 대부분은 결국 생물학적으로 타고난 성에 적응하게 되고, 심지어 젠더 디스포리아 증상 자체도 사라지게 되며, 일부는 동성애자로 밝혀지고 트랜스젠더는 아주 극소수에 불과하므로 부모들에게 정체성의 혼란을 겪는 자녀들을 섣불리 성전환 수술시키지 말고 십대 후반까지 기다리라고 권고해왔다. 그런데 오랜 세월 임상연구를 해온 전문가인 저커 박사의 이러한 주장에 대해 급진 좌익들이 강력히 항의하자 병원 측은 저커 박사를 해고했고 저커 박사는 부당해고로 병원을 상대로 법적 소송을 걸었다.

2016년 미국 웨스트버지니아대학은 "젠더-중립적(gender-neutral)이고 비이분법적 젠더 정체성을 지닌 이들을 지칭하는 대명사들을 수록한 안내서를 발표했는데 "(f)ae, e/ey, he, per, she, they, ve, xe, ze/zie"와 같이 자의(恣意)적인 대명사가 열거되어 있고 이외에도 대명사는 더 추가될 수 있다는 단서조항을 달아놓고 있다. 그러면서 타인이 선택한 젠더 대명사로 호칭하지 않으면 제 9조(Title IX)[6]를 위반할 소지가 있다고 명시하고 있다. 2017년 4월, 하버드 대학의 BGLTQ 학생사무소(무슨 이유인지는 모르나 성소수자들을 통상적으로 일컫는 명칭인 LGBTQ를 쓰지 않고 이렇게 부르고 있다)는 학교당국의 승인을 받고 "트랜스포비아를 퇴치하고 젠더 다양성을 제대로 인식"시키기 위한 내용을 담은 안내서를 학생들에게 배포했다. 이 안내서에는 "생물학적 성은 두 가지 이상이 있고, 젠더는 유동적이고 계속 변할 뿐만 아니라, 한 사람의 젠더 정체성도 다양한 방식으로 표현되고 날마다 바뀔 수 있다. 고정불변의 이분법적 양성(fixed binaries)과 생물학 본질론(biological essentialism)은 트랜스젠더를 혐오하는 잘못된 정보이고 조직적인 폭력(systemic violence)에 상응한다"라고 적혀있다. 젠더 전쟁에서 포스트모더니즘 좌익이 이긴다면 진화생물학과 진화심

6) 1972년에 입법화된 제 9조는 연방정부로부터 재정적 지원을 받는 교육기관들이 성차별을 금지하도록 명시한 조항이다. 2016년 오바마 정권 하에서 법무부와 교육부는 제 9조의 보호대상에 트랜스젠더 학생들을 포함시킨다고 발표하면서 "제 9조에 따라 학교당국은 설사 학적부에 기재된 학생의 성과 그 학생이 동일시하는 젠더 정체성이 다르다고 해도 학생의 의견을 존중해야한다. 법무부와 교육부는 학교 교직원들에게 트랜스젠더 학생의 젠더 정체성에 부합하는 대명사와 이름을 사용하도록 한다는 데 합의했다"라고 발표했다.

리학 같은 학문 자체가 성소수자에 대한 차별을 바탕으로 한 학문으로 매도당하고 금지될지도 모를 일이다.

2017년 5월 《설득력 있는 사회과학(Cogent Social Sciences)》이라는 학술지에 제이미 린지(Jamie Lindsay)와 피터 보일(Peter Boyle)이 쓴 〈사회적 구성물로서의 개념적 남근(The Conceptual Penis as a Social Construct)〉이라는 제목의 논문이 실렸다. 이 논문에 따르면, "남근과 남성성은 상호연관이 없는 구성물이다. 개념적 남근은 신체해부학적인 기관이 아니라 고도로 유동적인 사회적 구성물로 이해해야 한다…남근은 여성과 젠더 소수자 집단에 대한 차별과 강간의 근본적 원인이며 기후변화를 야기하는 개념적 동인(動因)이다." 다음과 같은 구절도 있다. "쩍벌남(Manspreading, 다리를 쩍 벌리고 앉아있는 남성)의 행위는 주변의 공간을 강간하는 행위에 상응한다."

그런데 며칠 후 잡지 〈스켑틱(The Skeptic)〉에 위의 논문은 완전한 날조라는 기사가 실렸다. 위의 두 저자가 본명을 밝히고 투고한 기사였다. 철학자 피터 보고시언(Peter Boghossian) 박사와 수학자 제임스 린지(James Lindsay) 박사는 남성성은 본질적으로 사악하고 이 세상의 모든 사악함의 뿌리가 남근이라는 주류 젠더 이론에 영합하는 내용으로 논문을 채우면 분명히 채택되리라고 확신했다면서 "현상과 당위 사이에는 깊은 간극이 있다(There is a deep gap between what is and what ought to be)"라는 철학자 데이비드 흄(David Hume)의 주장이 증명된 셈이라고 말한다. 두 저자는 포스트모더니즘과 탈구조주의에서 주로 쓰는 불가해한 특수용어(jargon)로 논문을 가득 채웠고, 논문 내용 가운데 유의미하거나 논리적으로 타당한 구절이 없도록 만전을 기했으며, 저자 본인들도 무슨 말인지 전혀 이해하지 못하는 내용으로 일관된 학문적으로 전혀 가치 없는 헛소리라고 말했다. 두 저자는 이 논문을 심사한 심사위원들이 놀랍게도 평가항목마다 매우 높은 점수를 매겼는데, 논문에 첨부된 일부 참고문헌은 웹사이트 "포스트모던 제너레이터(Postmodern Generator)"에서 인용한 존재하지도 않는 가짜 논문들이라고 밝혔다. 학문적 이론이라는 가면 뒤에 도덕적 정치적 편향성을 숨긴 포스트모더니즘 학계가 얼마나 부패하고 학문적으로 나태한지 보여준다.

생물학적 성과 젠더는 생물학과 무관하고 사회적 억압이 만들어낸 허구라는 좌익의 망상 때문에 서구사회의 청년들은 인식의 혼란을 겪고 있다. 생물학이 모든 것을 결정하지는 않지만 생물학을 거론하지 않고 성과 젠더를 논한다는 것은 어불성설이다. 생물학적 성과 젠더는 타고난 본성과 문화적 학습이 얽히고설킨 복잡한 문제다. 남성의 생식기와 여성의 생식기를 모두 지니고 태어나는 남녀추니(hermaphrodite)처럼 아주 희귀한 사례를 제외한다면 인간의 신체를 구성하는 모든 세포의 유전자는 남성 아니면 여성으로 암호화 되어 있고 이는 태어나서 죽을 때까지 결코 변하지 않는다. 자신의 타고난 생물학적 성과 다른 젠더 정체성을 지녔다고 주장하는 소수자들을 법적으로 보호하고 존중해야 하지만 생물학적 성을 바꾼다는 것은 과학적으로 불가능하다. XY 염색체와 XX 염색체, 생식기도 사회적 구성물이라고 여기지 않는 한은 말이다.

오늘날 서구 사회는 "증오 발언" 이나 "증오 범죄" 관련 법률을 만들어 특정 집단을 나머지 국민과 분리해 특별히 더 강력하게 법적으로 보호를 하려 하는데 그렇게 되면 그 집단을 영원히 피해자로 간주해 과거에 묶어두게 되고 새로운 특권층이 형성되며 정부를 끌어들여 표현의 자유를 제한하는 전체주의로 흐르게 된다. 문화비평가 카밀 팔리아(Camille Paglia) 박사는 이렇게 말한다. "증오할 자유는 사랑할 자유 못지않게 보호되어야 한다. 그 증오가 표현을 넘어 행동으로 이어지기 전 까지는 법이 개입해서는 안 된다. 인간이 지닌 감정의 극단을 온전히 경험할 자유를 누리지 못한다면 인간은 다시는 위대한 예술을 창조하지 못한다. 예술은 금기를 깨는 파격을 전제로 하기 때문이다."

생물학 외에도 포스트모더니즘은 끊임없이 자연과학계에 침투하려고 시도해왔다. 이를 극명하게 보여주는 사례가 하나 있다. 현대 과학에 대한 포스트모더니즘의 조직적인 비판이 학계, 강의실, 학술지와 서적, 학자들의 대화에 침투하기 시작하자 이에 공개적으로 대응을 해야겠다고 판단한 두 과학자 폴 그로스(Paul Gross)와 노먼 레빗(Norman Levitt)은 과학에 시비를 거는 학계의 좌익을 비판하는 《고

차원의 미신(Higher Superstition)》이라는 책을 출간했다. 이에 발끈한 학계의 좌익은 두 학자가 뼛속까지 반동적인 보수주의자로서 이 책을 출간한 데는 좌익을 매도하려는 숨은 의도가 있다고 주장했다. 좌익의 이러한 주장이 맞을지도 모른다고 본 물리학자 앨런 소칼(Alan Sokal, 소칼 본인도 좌익이다)은 이 책을 직접 읽고 나서 오히려 두 학자의 주장이 설득력이 있다는 결론을 내리게 되었다. 아니, 소칼 자신이 직접 조사를 해본 결과 두 학자가 주장한 것보다 사태가 훨씬 심각하다고 확신하게 되었다. 반골정신으로 무장한 지적 전통이 이성을 잃어가고 있다는 증거를 직접 확인하고 망연자실한 소칼은 물리학 연구를 잠시 제쳐두고 몇 주 동안 논문을 하나 써서 1994년 겨울 상당히 권위 있는 문화 연구 학술지 《사회적 텍스트(Social Text)》에 제출했다.

논문을 제출할 당시 소칼은 모르고 있었지만, 당시 《사회적 텍스트》는 앤드루 로스(Andrew Ross) 교수의 지도하에서 "과학 전쟁(science wars)"이라는 특별 호를 준비하고 있었다. 과학을 비판하는 탈구조주의자, 다문화주의자, 페미니스트들을 적극적으로 변호하고 이들을 비판하는 사람들, 특히 그로스와 레빗을 깎아내리는 게 목적이었다. 《사회적 텍스트》의 편집자들은 옳다구나 하고 소칼이 제출한 논문을 덥석 받아 물었다. "경계 넘나들기: 양자 중력의 변형적 해석학(Transgressing Boundaries: The Transformative Hermeneutics of Quantum Gravity)"이라는 제목의 논문이었다. 제목만 보면 상당히 그럴듯한 내용 같지만 사실 이 논문은 소컬이 지어낸 헛소리였다. 1996년 5월 이 논문이 실린 《사회적 텍스트》가 발간되고 며칠 후 잡지 〈링구아 프랑카(Lingua Franca)〉에 소칼이 기고한 글이 하나 실렸다. 《사회적 텍스트》에 자기가 기고한 논문은 완전히 날조한 가짜이며 사회과학계와 좌익에게 이성을 되찾으라고 경종을 울리기 위해서 쓴 글이라고 했다. 그동안 "진보" 진영에서 정치적 담론의 방향을 좌지우지하며 앞서가는 시대의 지성으로 추앙받던 좌익의 이른바 "유명인사"들은 개망신을 당했다. 이 사건이 그 유명한 "소칼의 날조(Sokal Hoax)" 사건이다. 이에 대해 포스트모더니스트들은 다음과 같은 궤변을 늘어놓았다. "그것 봐라. 우리가 주장한 대로 텍스트는 해석하기 나름이라는 사실이 증명되었지 않은가."

서구문명을 '남근논리중심적(phallogocentric)'인 가부장적 위계질서라고 비판하는 포스트모더니즘의 간판 인물 자크 데리다(Jacque Derrida)는 모든 가치체계는 배타적이라고 주장한다. 미의 기준을 세우면 추한 사람이 소외되고 지능의 기준을 세우면 지능이 낮은 사람이 소외된다. 특정한 가치를 받아들이고 실천하는 사람에게 보상을 하는 체계는 그 가치에 따라 행동하지 못하는 사람들을 필연적으로 배제하고 소외시키게 된다. 거기까지는 맞다. 그러나 데리다는 한 발 더 나아가서 가치체계를 구축하는 목적 자체가 특정 부류를 배제하기 위해서이고 그 가치체계에서 이득을 보는 계층이 가치체계를 정당화하기 위해서 자체적인 언어와 어휘와 개념적 기제를 만들어낸다고 사기를 친다. 그러면서 가치체계는 어떤 사람은 상부에 위치하고 어떤 사람은 하부에 위치하게 만든다고 주장한다. 바로 이 지점에서 마르크스주의가 등장한다. 마르크스주의가 부르주아를 억압자로 프롤레타리아 피억압자로 보았듯이 포스트모더니즘은 가치체계의 상층부는 억압자로 하층부는 피억압자로 본다. 어떤 가치체계를 중심으로 사람들과 조직화하고 협력하려면 개인의 일부를 포기해야 하고 집단이 추구하는 동질적인 목표를 달성하기 위해서 구성원들은 동질적인 행동을 해야 하며 그렇게 하지 못하는 사람은 배제되므로 데리다의 주장은 부분적으로는 맞는 말이다. 그러나 모든 가치체계와 사회적 구조에는 현명한 군주(wise king)와 폭군(tyrant)이라는 양면이 존재한다. 그런데 데리다는 가치체계에는 오직 폭군적인 요소만 있다고 보는 오류를 범하고 있다.

가치체계는 삶에 의미를 부여한다. 삶에서 나아가야 할 방향이나 추구해야 할 목표가 없으면 아무 것도 다른 것에 우선하지 않으므로 삶은 무의미해진다. 고통은 인생에 내재되어 있고 벗어날 방법도 없는 인간의 숙명이다. 이에 맞서려면 목표를 향해 노력하는 방법 밖에 없다. 문제는 개인이 목표 지향적인 가치구조 안에서 노력을 해야 하기 때문에 제약을 받게 되고 자신의 일부를 억누르고 다른 사람들 일부를 배제하게 된다. 가치체계의 배타성과 다른 사람들을 그 체계에 포용하려는 욕구 사이에는 끊임없는 긴장관계가 존재한다. 그런데 가치체계를 파괴해버리면 달성하려고 노력해야할 목표도 없고 삶은 무의미해지므로 모든 것이 밋밋하고 무감각해지고 오로지 고통만 남게 된다. 포스트모더니즘에는 바로 이러한 깊은 허무주의가 내재되어 있다. 반대로 가치체계가 너무 경직되어 있으면 가장 성공한 사람들, 오직 상층부에 위치한 사람들을 제외한 나머지와 그 가치체계에서 배제된 사람들 사이에서는 고통이 만연하게 된다. 이는 만성적인 실존적 문제로서 절대로 사라지지 않으며 인간의 사회적 상호작용에 내재되어 있다. 따라서 가치체계가 지닌 이 두 기질을 동시에 유념해야 하고 사회를 비판할 때 둘 가운데 한 측면만 비판하면 반쪽짜리 비판이 된다. 가치라는 개념 자체를 비판하는 포스트모더니즘에는 바로 이러한 문제가 내재되어 있다.

논리, 객관적 증거, 사실, 이성적 사고, 가치 추구보다는 상대주의, 다양성, 다문화주의, 감정(feeling), 주관, 배려, 공감, 포용을 내세우는 포스트모더니즘은 오늘날 학계 전반에서 맹위를 떨치고 있다. 객관성은 상호주관성(inter-subjectivity), 즉 합의(consensus)로 대체되고 진실, 사실, 가치는 타협을 통해 합의 가능한 것으로 변질된다. 그런데 진실보다 합의를 우선시하고 주관론(subjectivism)과 상대주의(relativism)를 신봉하는 이들이 우익의 시각만큼은 절대로 용인하지 않고 철저히 검열하는 이중성을 보인다. 포스트모더니즘-신좌익이 말하는 합의는 우익이 좌익의 주장을 일방적으로 수용하는 상태를 일컬을 뿐이다. 포스트모더니즘의 본질적인 문제는 온정적이고 친화적인 기질만 강조하고 성실하고 책임감 있으며 목표지향적인 기질은 폄하하는 경향이 강하다는 점이다. 사람에게는 포용과 친화성뿐만 아니라 자기향상과 상승욕구도 필요하다. 즉, 노력해서 달성하고자 하는 목표가 있어야 하고 목표가 있으려면 가치의 위계질서가 있어야 한다.

포스트모더니즘은 전체를 아우르는 이야기(overarching narrative)를 거부하는데 이는 가치와 관련된 복잡한 문제이다. 인간이 자신의 현재 위치와 지향하는 위치에 대한 이야기 안에는 목표라는 가설이 포함되어 있다. 포스트모더니즘은 어떤 이야기도 다른 이야기보다 낫다고 할 수 없고 애초에 그런 타당한 이야기도 존재하지 않는다고 주장한다. 포스트모더니즘은 논리적이고 일관성 있는 존재 방식을 추출해낼 수 없다고 말하면서도 스스로는 마르크스주의라는 이야기에 의존해 삶을 조직화하는 모순을 저지르고 있다. 포스트모더니즘은 모든 가치체계를 비판하면서 스스로는 마르크스주의라는 가치체계 밑으로 기어들어가 이를 전체를 아우르는 이야기로 삼는다. 포스트모더니즘은 마르크스주의에 의존하지 않고는 존재할 수 없다. 마르크스주의를 버리면 아무것도 남지 않기 때문이다. 가치판단은 행동의 전제조건이다. 아무것도 없으면 어떤 기치를 내세우고 그 기치 아래 사람들을 불러 모을 방법이 없다. 행동으로 실천하라고 주장하려면 행동을 뒷받침하는 철학이 있어야 하는데 모든 가치를 비판하면 그런 철학을 내세우기가 불가능하다. 어느 하나가 다른 하나보다 낫다고 말할 수 있어야 사람들에게 행동으로 실천하라고 할 수 있는데 가치의 위계질서에 대한 비판이 바로 포스트모더니즘의 핵심이기 때문에 그렇게 말하기가 불가능하다.

포스트모더니즘은 본질적으로 서구의 개인주의적 자본주의적 문명은 타락해 구제불능이고 본질적으로 최대한의 권력을 지닌 사람들에게만 혜택이 가도록 구축된 체제라고 가정한다. 성차별적, 인종차별적, 가부장적, 자본주의적 서구문명 체제는 이성애자 백인 남성들이 오직 자신들의 이익을 추구하기 위해 구축한 체제로서 이 체제가 제대로 작동하고 유지되도록 하기 위해 구축된 논리, 합리성, 대화와 같은 바람직한 요소들은 오직 권력에 눈이 먼 상층부 소수가 세계를 지배하고 권력을 유지하려는 욕구에서 나온 부산물에 불과하며 이와 관련해 창출된 부는 억압에서 비롯된 결과라고 본다. 부분적으로는 맞는 말이지만 지금까지 인간이 창조한 사회 가운데 폭압적인 측면, 타락한 측면이 없는 사회는 없었다. 그런데 포스트모더니즘은 서구문명을 비판할 때 여러 가지 개념적 오류를 범한다.

서구문명을 제대로 평가하려면 지금까지 존재해온 모든 문명들과 비교 평가해야 타당한데 포스트모더니즘 좌익이 권력을 잡았을 경우에 구축할 가상의 이상향과 서구문명을 비교한다. 마르크스주의 이상향은 이를 추구한 마오쩌뚱, 스탈린, 폴 포트, 카스트로 등 모든 정권을 통해 참담한 실패로 판명되었다. 1억 명 이상이 그 이념 때문에 죽었는데 더 이상 무슨 증거가 필요한가? 라고 반박하면 그들이 추구한 마르크스주의는 진정한 의미의 마르크스주의가 아니라며 포스트모더니즘 좌익이 권력의 고삐를 쥐면 과거에 마르크스주의 하에서 살인마로 변한 10여 개 정권에서 일어난 일은 절대 일어나지 않으며 현재의 끔찍한 서구문명보다 훨씬 바람직한 유토피아를 구축하게 된다고 주장한다. 포스트모더니즘 하에서는 모두가 발맞춰 유토피아를 향해 행진한다는 것이다. 그나마 인류가 이 정도라도 애써 구축해놓은 서구문명이라는 구조를 가상의 이상향 때문에 침몰시키려는 어리석은 짓을 하고 있다. 마르크스주의 이상향이 실현되면 어떤 모습인지 이미 처절하게 끔직한 경험을 했으면서 말이다. 정말 경악스럽고 오만하고 자기도취적이다. 나는 선하므로 내가 권력을 잡으면 다르리라는 생각이 세상에서 가장 위험한 신념이고 그런 신념을 지닌 인간은 반드시 독재를 한다. 똑같은 행동을 반복하면서 결과가 다르기를 바라는 것은 광기(insanity)다. 절대 권력은 좌우를 막론하고 반드시 부패한다.

포스트모더니즘 좌익이 추구하는 유토피아와 비교하면 서구문명은 끔찍한 체제일지 모르지만 유토피아를 구축하겠다고 주장하는 사람들이 초래할 체제보다는 훨씬 낫다. 서구문명에는 결함도 많지만 인류 역사상 그 어느 문명도 그토록 짧은 기간 동안 그토록 많은 이들에게 그토록 많은 혜택을 누리도록 해준 문명은 없다. 서구문명은 억압으로 점철되었고 백해무익하다는 주장은 말도 안 된다. 물론 서구사회에도 편견 때문에 자격 있는데도 그에 합당한 지위를 누리지 못하는 사람들도 있다. 그러나 노력과 능력이 성공을 예측해주는 강력한 변인이라는 점은 서구문명이 지닌 강력한 장점이며 다른 문명에서는 그나마 노력과 능력도 별 소용이 없는 경우가 많다. 물론 서구사회의 최상층부가 모두 지적이고 근면하다는 뜻은 아니며 노력과 능력 말고도 성공에 영향을 미치는 요인은 많다. 그러나 세계적으로 인구의 이주 방향을 살펴보면 대부분 비서구사회에서 서구사회로 이동하지 그 반대의 경우는 매우 드물다는 사실은 서구사회는 결함 못지않게 많은 장점이 있음을 시사한다.

20세기에 서구진영의 좌익은 공산주의 정권의 만행을 지지하거나 애써 축소했다. 칠레에서 군사쿠데타를 일으켜 사회주의 정권을 뒤엎고 정권을 잡은 독재자 피노체트가 저지른 반정부인사에 대한 탄압은 비난하면서 소련과 그 위성국가들에서 자행된 무자비한 만행에는 침묵하는 이중적인 태도를 보였다. 서방 진영을 향해서는 핵무기를 폐기하라고 요구하면서도 소련의 핵무기는 순전히 방어가 목적이라고 주장하는 이중성을 보였다. 그들은 공산주의는 철저히 부패했다는 사실과 공산주의의 선전에 담긴 진보적인 수사는 모두 거짓이라는 사실이 만천하에 드러나도 이를 믿지 않았다. 20세기에 마르크스의 프롤레타리아 혁명이 실패해 역사의 뒤안길로 사라진 지금 21세기에 서구문명에 대한 가장 큰 위협은 마르크스주의에서 파생된 프랑크푸르트학파와 포스트모더니즘을 기반으로 한 신좌익과 이슬람이다. 이슬람은 여성, 유대인, 동성애자, 이교도, 무신론자, 자유사상가들을 포용하는 시늉조차 하지 않는다. 이란, 아프가니스탄, 가자지구 등 이슬람이 장악하게 되는 곳이면 어디에서든지 서구의 신좌익이 피억압자로 규정한 집단을 숙청한다. 그런데도 신좌익은 문화적 상대성이라는 미명 하에 이슬람을 변호하느라 온갖 변명을 늘어놓기 바쁘다. 폭력을 옹호하고 자기가 속한 서구문명에 대한 증오로 가득한 서구진영의 신좌익은 자기들이 억압주체로 규정한 서구문명에 맞서는 집단이라면 어떤 집단도 지지한다. 서구의 신좌익은 서구문명의 가치인 개인의 자유, 표현의 자유, 물질적 풍요를 한껏 누리면서 서구문명에 대한 증오를 쏟아낸다.

어쩌면 PC의 역사는 레닌의 볼셰비키 혁명보다 훨씬 오래전인 프랑스 혁명으로 거슬러 올라가는지도 모른다. 에드먼드 버크(Edmund Burke)가 프랑스 혁명을 일으킨 급진주의자들을 묘사한 다음 구절은 그로부터 200여 년이 지난 오늘날 신좌익의 행태를 묘사하는 데도 여전히 유효하다.

"그들은 타인이 지닌 지혜를 존중하지 않는다. 하지만 그들 자신이 지닌 지혜에 대해서는 완전히 확신에 차있다. 그들은 확신만으로도 구체제를 파괴할 명분은 충분하다고 여긴다. 단지 구체제라는 이유만으로 구체제를 파괴하고 서둘러 새로운 체제를 구축하면서 그 체제가 오랜 세월동안 존속할지 여부에 대해서는 아랑곳하지 않는다. 과거에는 아무런 업적도 이루어지지 않았다고 생각하고 오직 새로운 발견에 온 희망을 건 그들에게 존속성 따위는 중요하지 않기 때문이다."

4. 서구 좌익과 이슬람 극우의 연대

미래에는 반파시스트가 파시스트가 된다고 누군가가 오래 전에 예언했다. 가치의 상대주의, 문화적 상대주의라는 PC 이념으로 무장한 신좌익 가운데는 실제로 자신들을 안티파(ANTIFA, anti-fascist)라고 부르는 집단도 있다. 대략 18세에서 29세 사이의 백인 청년들로서 이들은 복면을 하고 시위를 하면서 기물을 파손하고 자신과 다른 이념을 지닌 사람들을 상대로 폭력을 행사한다. 극좌는 극우와 통한다. 좌에서 우까지의 정치 스펙트럼은 일직선이 아니라 말발굽 형태다. 왼쪽 끝은 오른 쪽 끝과 위태로울 정도로 가까워진다. 포스트모더니즘-신좌익이 억압주체로 규정한 서구 문명과 자본주의에 대한 증오로 가득 찬 신좌익은 인권, 개인의 자유, 소수자 보호라는 중요한 가치들을 무시하는 전체주의 체제인 이슬람을 문화적 상대성과 다문화주의라는 명분으로 변호하고 이슬람 세계 내에서 벌어지는 인권 유린과 개인의 자유 말살을 못 본척한다. 신좌익은 자유를 누리기 위해 서구 사회로 이주한 후에도 생명에 대한 위협을 무릅쓰고 공개적으로 이슬람을 비판하고 개혁을 주장하는 수많은 무슬림 윈스턴 스미스들의 절규에는 귀를 닫고 재갈을 물리려고 한다. 그리고 이들을 응원하고 지지하는 사람들을 인종차별주의자이고 이슬람혐오자라고 낙인을 찍는다. 무슬림은 인종이 아니라고 해도 소용없다. 포스트모더니즘을 토대로 한 신좌익은 탈근대(Post-Modern)를 넘어 현실을 부정하고 사실을 외면하는 탈현실(Post-Reality)과 탈사실(Post-Fact) 단계에 도달했다. 자유민주주의를 바탕으로 한 서구문명과 자본주의에 대한 증오라는 공감대를 바탕으로 서구사회의 신좌익과 이슬람 극우 전체주의는 불순한 동맹을 맺은 셈이다. 그러나 나의 적의 적이라고 해서 항상 내 친구가 되지는 않는다.

위키피디아(Wikipedia)나 구글(Google)로 '파시즘(Fascism)'을 검색해보면 이를 "우익(right-wing)"이라고 단정적으로 묘사한다. 사실상 파시즘은 좌익일 수 없다는 뜻이다. 그러나 파시즘이라는 단어가 어떻게 탄생했는지 어원을 추적해보면 사실이 드러난다. 파시즘의 어원은 이탈리아어로 "막대기 묶음(bundle of sticks)"을 뜻하는 파쇼(Fascio)로서 (사회주의자인) 독재자 베니토 무솔리니(Benito Mussolini)가 쓴 말이다. 개별적인 막대기들(개인들)을 한 묶음으로 단단히 엮어 절대 부러지지 않는 위대한 사회주의를 건설한다는 무솔리니의 정치적 구상이 담긴 표현으로 이 묶음에서 이탈하는 막대기는 꺾어버리겠다는 위협이 담겼다. 무솔리니가 이끈 당은 이탈리아어로

"Partito Socialista Italiano(이탈리아 사회주의 당, The Italian Socialist Party)"다. 파시즘과 더불어 좌익이 극우로 간주하는 나치는 독일어로 "Nationalsozialistische Deutsche Arbeiterpartei(국가사회주의 독일노동자당, National-Socialist German Workers' Party)"이다. 첫 두 음절 "Nati"의 독일어 발음을 따 나치(Nazi)라고 불리게 되었다. 나치즘은 공산주의와 자본주의를 모두 거부하고 아리아인의 우월성을 바탕으로 한 새로운 사회주의를 추구했다.

프리드리히 A. 폰 하이에크(Friedrich August von Hayek)에 따르면, 파시즘과 나치즘은 그 이전부터 부상하고 있던 사회주의에 대해 자본주의자들이 보인 반작용이 아니라 사회주의 추세가 나은 필연적인 결과다. 소련이 집단농장 실현의 걸림돌인 부농(kulak)을 인민의 적으로 지목해 숙청했듯이 독일 나치는 자본주의를 대표한다고 간주된 유대인을 증오했다. 즉, 독일의 반유대인 정서와 반자본주의는 뿌리가 같다. 또 나치독일에서 "우익"과 "좌익"의 갈등은 좌우의 갈등이 아니라 사실상 사회주의에서 어김없이 발생하는 여러 파벌들 간의 갈등이었다. 이탈리아 파시즘도 사회와 개인의 경제적, 사회적, 영적 잠재력을 실현할 이상적인 주체는 국가라는 사상을 토대로 한 이념으로서 사회주의에 가깝다. 파시스트가 공산주의자에 대해 적개심을 보인 이유는 파시스트가 자본주의자여서가 아니라 공산주의자를 경쟁자로 보았기 때문이다.

이론적으로나 실제적으로나 공산주의와 파시즘은 구조적으로 매우 비슷하다. 공산주의와 파시즘 모두 일당 통치 하에 공동의 목적을 중심으로 민중이 일사불란하게 단결한 상태를 지향한다. 두 체제 모두 수단방법을 가리지 않고 반대세력을 제거하고 여러 당들 간의 질서정연한 토론 대신 통치 엘리트계층 내에서의 은밀한 논의를 통해 의사를 결정한다. 두 체제 모두 본질적으로 혁명적 체제이므로 법의 준수는 선택사항이고 헌법적 제약은 고려사항이 아니다. 즉, 의회주의와 헌법에 기초한 형태의 정부에 대해 강한 반감을 보인다. 또 두 체제는 반대 세력을 경멸한다. 정치에서 가장 중요한 문제는 반대세력과의 관계이다. 즉, 개인 간의 갈등은 결사의 자유를 통해 집단 간의 갈등과 경쟁으로 이어지고 집단들은 결국 권력을 두고 경쟁하게 되는데 이 경쟁을 어떻게 관리할 것인지 해결해야 한다. 그런데 두 체제가 추구하는 정치의 목적은 반대세력과의 타협과 공존이 아니라 반대 세력을 제거해 갈등이 발생할 여건 자체를 없애버리는 것이다.

무솔리니 정권하에서 탄압받고 옥고를 치렀다는 이유로 좌익이 영웅으로 떠받드는 안토니오 그람시(Antonio Gramsci)의 사상은 무솔리니의 파시즘이 표방한 코포라티비즈모(Corporativismo, 'corpus(복수는 corpora)'는 라틴어로 신체, 총체를 뜻함)와 다르지 않다. 수많은 세포들로 구성된 신체가 하나의 유기체로 기능하듯이, 사회는 수없이 많은 기구들, 조직들, 이해집단들로 구성되어있고, 당은 이들 곳곳에 침투해 당 지도부의 엄격한 규율을 준수하게 만드는 게 바로 정치라는 개념이다. 이탈리아 파시스트는 이 개념을 통해 대중을 공동의 목적 하에 하나로 결집하고 당에 통치원리와 권력을 부여했다. "제도권에 침투하는 대장정(Long march through the institutions)"을 통해 지식인이 민중에게 권력을 행사하고 민중은 지식인의 권위를 수용하는 사회 질서, 즉 그람시가 품은 야심을 파시스트가 먼저 실현한 셈이다. 좌익이 파시스트를 끊임없이 적으로 규정하는 이유는 바로 이 때문이다. 자신이 품은 의도를 적의 의도라고 규정하는 방법만큼 자신의 진의를 숨기기에 좋은 방법이 있겠는가?

독일 나치즘과 이탈리아 파시즘이 정치적으로 공산주의와 정반대 이념이라는 규정은 현대 역사를 피상적으로밖에 이해하지 못한 데서 비롯된다. 사실상 서로 경쟁하는 세력들 간의 평화로운 공존과 타협을 기반으로 한 정치의 정반대 지점에 위치하는 전체주의라는 점에서 공산주의, 나치즘, 파시즘은 같다. 또 세 체제 모두 일정한 특징을 공유하는 집단 전체를 사회의 모든 악의 근원으로 지목해 공격하고 단죄한다. 나치즘은 유대인, 공산주의는 부르주아계급, 포스트모더니즘-신좌익은 그들이 억압주체로 지목한 그리스도교도와 백인남성을 증오한다. 물론 차이점도 있기는 하다. 공산주의가 공식적으로 내세우는 이념은 평등과 해방인데 비해 파시즘은 우월과 승리를 강조한다. 그러나 다른 모든 점에서 두 이념은 서로 매우 닮았다. 좌익은 역사적으로 공산주의가 낳은 처참한 결과는 공산주의 이론을 제대로 실현하지 않았기 때문이라고 변명한다. 그런 논리에 따르면 파시즘에 대해서도 똑같은 변명이 가능하다. 순전히 이론적인 공산주의를 '실제로 존재한' 파시즘과 비교하는 수법, 즉 상상 속의 천국과 현실의 지옥을 비교하는 수법은 소련이 선전선동에 써먹었고 지금도 여전히 좌익이 단골로 써먹는 기만전술이다.

이러한 좌익의 선전선동에 설득당한 많은 사람들(심지어 우익 진영에서도 대부분이 이런 선동에 넘어간다)이 나치즘, 파시즘과 공산주의는 정치적으로 양극단에 위치한다고 생각하게 되었다. 이러한 선동에 따라서 진정한 악인 파시즘에 오염되지 않기 위해 지식인들이 취해야 할 유일한 노선은 좌익이라는 결론에 도달하게 된다. 따라서 결과적으로 좌익은 나치즘과 파시즘은 극도로 혐오하는 동시에, 실현된다면 나치즘과 파시즘 못지않은 끔찍한 폭정으로 이어질 이상향인 사회주의를 실현하기 위해 전력을 다하는 모순을 보인다. 좌익이 꿈꾸는 세상과 우익이 바라보는 세상은 환상과 현실로 양분된다. 우익이 바라보는 현실을 좌익은 모욕적이고 잔인하고 가혹하다고 본다. 하지만 역사적으로 인류의 대학살이라는 참사를 낳은 것은 좌익의 환상이다. 히틀러는 인종불평등을 명분으로 유대인 600만 명을 학살했고 레닌, 스탈린, 마오쩌뚱, 폴포트는 평등을 명분으로 1억 명 이상을 학살했다. 요즘 성차별, 인종차별 철폐, 평등과 사회 정의를 내세우는 대학가나 좌익의 시위에는 망치와 낫이 그려진 구소련 국기가 자주 등장하는데, 이는 스와스티카가 그려진 나치의 깃발을 내세우는 행동과 다르지 않다는 사실을 이들은 까맣게 모르고 있다. 역사에 대한 무지와 자신이 세상을 바꾸겠다는 오만이 복합적으로 작용하면 치명적인 결과를 낳는다.

“이슬람은 평화의 종교다(religion of peace).” 무슬림의 테러공격으로 전 세계가 발칵 뒤집힐 때마다 좌우를 막론하고 서구진영의 여러 지도자들이 앞 다퉈 한 목소리로 하는 말이다. 이슬람은 종교인가? 이슬람은 종교이긴 하지만 단순한 종교가 아니다. 이슬람에는 종교, 국가(정치 체제), 사회(사회적 질서)가 혼재되어 있고 정교의 분리는 생각조차 할 수 없는 개념이다. 이슬람에서 사회적 질서는 신의 계시이고 국민이 아니라 신이 사회를 지배하므로 이에 대해 의문을 품거나 대체하려 해서도 안 되며 쿠란과 쿠란에서 파생된 법률인 샤리아(shariah), 선지자 무하마드의 언행록인 하디스(Hadith)는 이러한 사회적 질서를 정당화한다. 그러나 사회는 끊임없이 변하기 때문에 사회질서를 규정한 지침에 없는 새로운 상황이 발생하게 되며 그런 상황은 어떻게든 수습되어야 하는데 이슬람은 7세기에 머물러있기 때문에 이런 새로운 상황을 해결하고 수습할 능력이 없다. 게다가 이슬람은 서구사회의 헌법과 샤리아 법이 충돌할 때는 샤리아 법이 우선한다고 본다. 21세기에 아직도 7세기에 만들어진 지침을 고수하는 이들과 이 지침과 정면으로 배치되는 21세기 서구의 가치들을 존중하는 이들의 충돌은 불가피하다.

그럼 이슬람은 평화의 종교인가? 이슬람이 말하는 평화는 좌우를 막론하고 서구진영 정치 지도자들이 말하는, 서로 존중하고 공존하는 평화가 아니다. 이슬람이 말하는 평화란 이슬람 제국의 지배아래 모두가 복종하는 상태를 뜻한다. 쿠란에는 타키야(Taqiyya)라는 개념이 있다. 적대적인 환경이나 상황에서 무슬림이 자기 자신과 종교를 보호하기 위해서, 또 이슬람을 전파하기 위해서는 거짓말을 해도 된다는 규정이다. 이슬람은 자신이 열세인 환경에서는 평화를 내세우지만 세력을 확장하면 폭력적으로 변한다. 현재 프랑스 인구의 12퍼센트에 달한 무슬림과 미국 인구의 1퍼센트에 불과한 무슬림이 보이는 행동은 매우 다른 이유는 바로 이 때문이다. 이슬람의 양대 산맥인 수니(Sunni)파와 시아(Shia)파를 비롯해 많은 분파들이 경우에 따라 이러한 기만적 언행을 허용하고 받아들인다. 불분명한 단어를 이용해 의도적으로 모호함을 유지하는 타우리아(Tawriya)라는 개념도 있다. 두 가지 서로 다른 의미를 지닌 단어를 써서 상대방이 믿고 싶은 대로 믿게 만드는 동시에 자신의 진짜 의도를 포기하지 않는 방법이다. 바로 "이슬람은 평화의 종교"라는 주장과 비슷하다. 이슬람은 '복종(Submission)'이라는 뜻이다. 이슬람에 복종할 때 비로소 평화를 누릴 수 있다는 뜻이다.

타키야와 타우리야를 잘 보여주는 사례가 있다. 1993년 팔레스타인해방기구(Palestine Liberation Organization, PLO)의 야세르 아라파트(Yasser Arafat) 의장이 이츠하크 라빈(Yitzhak Rabin) 이스라엘 총리와 오슬로(Oslo) 평화협정을 체결한 후 한 군중집회에 참가해 오슬로 협정을 후다이비야 조약(The Hudaybiya Pact)에 비유하자 군중이 환호성을 터뜨렸다. 후다이비야 협정은 628년 무하마드가 메카의 쿠라이시(Quraysh) 부족과 체결한 평화조약으로서 무하마드는 군사력을 키운 후 이 조약을 위반했다. 파키스탄에서 캐나다로 이주한 무슬림으로 〈무슬림 캐나다 회의(Muslim Canadian Congress)〉라는 단체를 창립한 타레크 파타(Tarek Fatah)는 캐나다 상원 국가안보국방위원회에 증인으로 출석해 캐나다를 비롯해 전 세계 거의 모든 모스크들이 겉으로는 평화와 관용과 포용을 외치지만 금요일마다 열리는 예배는 무슬림들이 (이교도를 비하하는 저속어인) 쿠파(Kufaar)를 무릎 꿇게 해달라는 기도로 시작된다고 말한다.

물론 세계에는 많은 무슬림들이 평화롭게 살고 있고 이슬람을 개혁해야 한다고 목소리를 높이는 무슬림들도 있다. 그러나 이슬람을 개혁하려면 우선 이슬람은 평화의 종교가 아니라는 점을 인정해야 한다. 이슬람 세계에서 막강한 영향력을 발휘하고 여론을 선도하는 인물들은 모스크에서 신도들을 대상으로 비무슬림들에 대해 끔찍한 저주를 쏟아내며 설교를 하고 온갖 언론매체에 출연해서는 평화와 포용을 가장하는 이들이지 공개적으로 이슬람 개혁을 주장하는 무슬림들이 아니다. 이슬람이 말하는 평화는 모두가 이슬람 앞에 무릎을 꿇고 이슬람이 세계를 평정한 상태이고 테러는 폭력이 아니라 이슬람이 추구하는 평화로운 상태에 도달하는 과정에서 행하는 정의로운 행위이다.

이슬람 이전의 아라비아는 다문화사회였다. 이교도인 메카(Mecca)인들은 무하마드가 새로운 종교인 이슬람을 전파하도록 내버려 두었지만 무하마드가 자신들의 종교를 비판하고 폄하하자 결국 13년 만에 그를 축출했다. 쫓겨난 무하마드는 유대인과 이교도들의 정착지인 메디나(Medina)로 향했고 이들도 무하마드가 이슬람을 전파하도록 허용했다. 그러나 무하마드가 이 두 지역을 점령한 이후 유대인과 이교도들은 메카와 메디나에 발도 들여놓지 못하게 되었다. 다문화사회의 관용을 이용해 세력을 확장한 이슬람은 일단 권력을 잡자 다문화사회를 파괴했다.

무하마드가 메카 시대에 내놓은 가르침 가운데 이단(Infidel)에 관한 장(수라 109장, 6편)에는 "그대에게는 그대의 종교가 있고 내게는 나의 종교가 있다"라는 구절이 있다. 그리스도교, 유대교, 이교도 등 다른 종교들과의 평화로운 공존을 의미한다고 해석될 수 있다. 이렇게 메카 시대에 무하마드는 평화를 부르짖었지만 메디나로 이주한 후에는 이교도들을 상대로 폭력을 부추기는 가르침을 설파한다. 이렇게 메카 시대와 메디나 시대의 가르침 사이에 모순이 생기자 쿠란(수라 2장 106편)에 다음과 같은 구절이 등장한다. "우리가 파기하거나 잊는 내용은 무엇이든 더 낫거나 비슷한 것으로 대체된다. 알라는 만물을 관장한다는 사실을 그대는 모르는가?" 이것이 메카 시대의 평화로운 가르침은 메디나 시대의 폭력적인 가르침으로 대체된다는 파기의 법칙(The Law of Abrogation)이다. 메디나 시대의 가르침은 폭력으로 가득하다. 수라 9장, 5편은 다신교주의자들은 모조리 색출해 체포하고 죽이되, 이 가운데 회개하고 기도하고 희사(zakat)하는 사람은 살려주라고 하고 있다. 수라 9장, 12편에는 믿지 않는 자들의 마음에 공포심을 불어넣고 머리를 치고 손가락 끝을 모조리 잘라내라고 한다. 쿠란 도처에는 이런 구절들이 산재해있다.

쿠란은 늘 군사적인 정복에 초점을 두고 있고 궁극적인 목표는 이슬람이 세계를 지배하는 칼리파트(Caliphate), 즉 이슬람 국가(Islamic State) 건설이다. 그런데 이슬람 지도자들은 서구사회와 대화할 때 파기된 메카 시대의 쿠란 구절들을 인용하면서 이슬람은 진정으로 공존을 원하며 지하드(jihad)는 성전이 아니라 내적인 자기수양을 말한다며 서구 언론, 정치인, 유명 인사들을 속인다. 대부분의 서구사회는 바로 이런 메카 시대의 구절을 인용하면서 타키야라는 기만전술을 쓰는 이슬람 지도자들의 주장을 믿고 이슬람은 평화를 상징한다고 생각한다. 무하마드는 메디나 시대뿐만 아니라 생애 말년에도 다음과 같은 말을 한다. 사히 무슬림 32권 하디스 75에는 "나는 아라비아 반도에서 유대인과 그리스도교도들을 축출하고 무슬림 외에는 아무도 남겨놓지 않으리라"라는 구절이 수록되어 있다.

테러를 저지른 당사자가 범행 직전에 쿠란을 인용하고 "알라후 아크바르(Allahu Akbar, 아랍어로 '신은 위대하다'라는 뜻)!"를 외쳐도, 이슬람을 옹호하는 좌익은 테러범들의 행위는 끔찍하지만 이슬람과는 전혀 상관없고 빈곤이나 사회적 소외감 등 사회경제적 원인에서 비롯된 개인의 처절한 절규라고 변명을 한다. 그러나 테러를 저지른 무슬림들 가운데는 서구사회에서 태어난 이민 2-3세, 중산층 가정 출신에 고학력자가 상당히 많다. 따라서 그들의 범행은 사회경제적 원인만으로는 설명되지 않는다. 오사마 빈 라덴은 사우디아라비아 명문가 출신으로 유능한 공학자였고 9/11 테러범들 가운데 대다수가 중산층이었다. 이들의 범행은 빈곤과 소외감이 아니라 확고한 신념에서 비롯되었다고 밖에는 달리 설명할 도리가 없고 그 신념은 이슬람이다.

이슬람을 옹호하는 좌익은 또한 테러는 무슬림만 저지르는 게 아니라며 1995년 미국 오하이오 연방정부 건물에 폭탄을 터뜨린 백인 테러범 티모시 멕베이(Timothy MacVeigh)나 2011년 노르웨이 오슬로에서 총기난사로 테러를 일으킨 백인 안데르스 브레이비크(Anders Breivik)를 거론한다. 이 두 백인 테러범 아니었다면 좌익들이 어찌 무슬림들의 테러를 변명할 수 있었을지 모르겠다. 인정한다. 백인 가운데도 테러범이 있다. 그리고 모든 무슬림이 테러범은 아니다. 그러나 테러범의 압도적인 다수는 무슬림이고 직접 테러를 저지르지는 않아도 테러범들의 행동에 심정적으로 공감하는 무슬림들도 상당히 많다는 사실은 부인 할 수 없다. 좌익은 또한 끔찍한 테러 사건이 일어날 때마다 무슬림 테러범들을 비판하기보다 "이슬라모포비아 역풍(Islamophobia backlash)"이 불어 무고한 무슬림이 다치면 안 된다고 목소리를 높인다.

이슬람을 옹호하는 좌익은 극단적인 무슬림은 소수에 불과하고 압도적인 다수는 온건한 무슬림들이라고 주장한다. 과연 그럴까? 유럽에서 대표적인 이슬람 학자로 추앙받는 타리크 라마단(Tariq Ramadan)의 생각을 들여다보자. 그는 유럽과 이슬람 세계를 잇는 가교역할을 할 중요한 인물로 인정받으며 누구 못지않게 자유주의자라고 여겨진다. 2003년, 당시 프랑스 내무부장관이던 니콜라 사르코지가 타리크 라마단에게 본인이 온건한 무슬림이라는 사실을 증명해 보이라며 "무슬림 여성들의 히잡 착용을 철폐하고 불륜을 저지른 여성들을 돌로 치는 관습에 반대한다고 선언하라"라고 요구했다. 라마단은 첫 번째 요구는 거절했고 두 번째 요구에 대해서는 유럽과 이슬람 세계 간의 대화를 위해 "잠정적인 중단"을 선언할 수는 있다고 했다. 유럽에서 많은 무슬림들이 따르는 온건한 지도자의 입장이 이렇다. 세계 무슬림 인구의 90퍼센트를 차지하는 수니(sunni)파 무슬림들이 강연장을 가득 채운 자리에서 한 설교자가 청중에게 묻는다. 청중은 대부분 이슬람 전통 복장이 아니라 후드티를 걸치고 야구 모자를 쓰는 등 보통 서양 청년들이 입는 평상복 차림이다. 남녀는 분리해서 앉아야 하고, 불륜을 저지른 여인은 돌로 쳐야 한다는 구절 등등 쿠란에 명시된 모든 사항을 말 그대로 실천해야 한다고 생각하는 사람 손들라고 하니까 거의 모두가 손을 든다. 이 설교자는 서구사회에서 급진적 무슬림과 온건한 무슬림을 구분하는 쓸데없는 짓을 한다고 비웃는다. 무슬림은 그냥 무슬림일 뿐이라면서.

2010년 현재 전 세계 그리스도교도 인구는 31.4퍼센트, 무슬림 인구는 23.2퍼센트다. 현재 신도 수가 16억 명 정도인 이슬람은 세계에서 가장 빠른 속도로 성장하는 종교로서 2070년에는 세계 종교 인구의 32.2퍼센트를 차지하면서 그리스도교도 수를 넘어서게 된다. 그럼 이 가운데 온건한 무슬림은 얼마나 될까? 무슬림 전체를 성향에 따라 동심원으로 분류해보자. 가장 핵심에 폭력적인 극소수 지하디스트(jihadist) 집단이 있다. 이 집단에만 해도 이라크-시리아 이슬람국가(The Islamic State of Iraq and Syria, 이하 ISIS) 20만 명, 알카에다 10만 명, 보코하람, 헤즈볼라 5만 명 등이 속한다. 극소수만 해도 전 세계에 혼란을 초래할 능력이 충분하다.

위의 핵심을 둘러싸는 두 번째 동심원은 이슬람주의자(Islamist) 집단으로 하마스, 무슬림 형제단 등이 이에 속한다. 이들은 직접 테러를 일으키지는 않으나 자기가 거주하는 사회 체제 내에서 이슬람을 다른 사람들에게 강요한다. 이들은 정부를 교체하고 민주주의를 이용해 원하는 바를 얻으려고 한다. 이들이 추구하는 목적은 지하디스트들과 같다. 다만 폭력이 아니라 정치적 문화적 체제를 이용해 목적을 달성하려 한다는 점에서 전술이 다를 뿐이다. 2006년 팔레스타인은 투표에서 하마스에게 권력을 안겨주었다. 하마스는 급진 테러리스트 집단으로 민주주의를 이용해 정당성과 정치권력을 얻는다. 이집트인들은 2012년 무슬림 형제단(Muslim Brotherhood)에게 권력을 안겨주었다.

여기서 무슬림 형제단에 대해 좀 더 자세히 살펴볼 필요가 있다. 1928년 이집트 카이로에서 결성된 무슬림 형제단은 오늘날 정치적 이슬람의 창시자로 알려져 있고 정치조직이지만 알카에다, 하마스를 비롯해 많은 테러집단을 양산해냈다. 무슬림 형제단의 조직원들은 이슬람 전통복장에 긴 턱수염을 기른 고리타분한 행색이 아니다. 고학력자인 그들은 깨끗하게 면도를 하고 말끔한 양복차림을 한 서구 신사의 모습이다. 그러나 겉모습만으로 이들이 의식까지도 서구화된 사람들로 여겨서는 절대로 안 된다. 지난 20세기 동안 막강한 이슬람주의자 조직으로 부상한 무슬림 형제단은 이슬람 제국의 영광을 되찾고 칼리파트를 재건하는 궁극적 목적을 달성하기 위해 폭력적 비폭력적 수단을 모두 사용하는 조직으로서 알카에다와 하마스 같은 테러 조직들을 양산해냈고 오늘날 서구 사회에 있는 수많은 무슬림 단체들이 무슬림 형제단과 연계되어있다. 무슬림 형제단은 서구 사회의 법과 개방성과 민주주의, 그리고 관용, 종교간 대화(interfaith dialogue), 다양성과 같은 유행어를 이용해 목적달성을 추구한다. 또 정부 조직과 사회의 각계각층에 무슬림을 침투시켜 서구 사회의 내부 사정과 정책 수립집행 과정을 파악하고 이를 자신들의 목적 달성에 이용한다.

1991년 무슬림 형제단은 서구지역에 이슬람 정부를 수립할 토대를 마련하기 위한 포괄적인 계획을 담은 〈프로젝트(The Project)〉라는 문건을 만들었다. 미국 뉴저지주에 거주하는 테러리스트로 의심되는 자의 자택에서 발견된 이 문건은 2007년 미국 법무부가 미국 역사상 최대 규모의 테러리즘 재판에 증거로 제출했다. 수천만 달러에 달하는 자금을 해외 테러 활동에 지원한 CAIR 재단(The Holy Land Foundation)을 상대로 미국 정부가 소송을 건 사건으로 미국 무슬림과 무슬림 단체들에 대해 108건의 유죄선고가 내려진 재판이었다. 이 문건에는 서구문명을 파괴하고 알라의 종교가 다른 모든 종교를 상대로 승리하는 대 성전(grand jihad)을 수행하는 게 무슬림 형제단의 사명이라고 적혀있고 무슬림 형제단의 전위부대라고 할 북미주재 무슬림 단체들 29개의 명단이 담겨있다. 이 명단에 수록된 단체들 가운데 네 단체를 잠깐 살펴보자.

첫째, 북미이슬람협회(Islamic Society of North America, ISNA)라는 단체는 중동정책과 관련해 오바마 대통령에게 자문을 했고 이 조직의 회장은 오바마가 중동을 순방할 당시 연설문을 작성했다. 여우에게 닭장을 지키라고 하는 정도가 아니라 아예 여우를 닭장으로 끌어들인 격이었다. 둘째, 무슬림 학생협회(Muslim Students' Association, MSA)가 미국 전역의 대학가에 설립한 지부의 수는 민주당과 공화당의 전국 지구당 수를 합한 것보다 많다. 셋째, 〈팔레스타인을 위한 이슬람협회(Islamic Association for Palestine, IAP)〉는 북미-이슬람 관계협회(Council on American-Islamic Relations, CAIR)의 전신으로 CAIR는 미국 국무부에 따르면 미국 무슬림형제단의 회원이었고 지금도 회원이다. CAIR는 인권 운동을 하는 온건한 조직임을 표방하지만 자세히 들여다보면 그렇지가 않다. CAIR는 법적으로 기소는 되지 않았지만 주요 테러관련 재판에서 공동모의자로 드러났고 이에 따라 미국 연방수사국은 CAIR와의 협력 관계를 단절했다. CAIR 같은 조직은 급진적 이슬람을 비판하는 무슬림들을 위협해 입을 막으려 한다. 예컨대 이슬람 개혁을 주장하는 파키스탄 출신 캐나다인 라힐 라자(Raheel Raza)가 급진적인 무슬림들이 여성을 잔인하게 학대한다는 사실을 폭로한 여성들에 관한 다큐멘터리 〈명예 일기(Honor Diaries)〉를 제작해 상영하려 했지만 CAIR가 이슬람을 혐오하는 내용이라며 격렬하게 항의하는 바람에 무산되었다. 넷째, 〈북미이슬람신탁협회(North American Islamic Trust, NAIT)〉는 미국에 있는 모스크의 90퍼센트의 담보신탁증서를 소유하고 있다. 2016년 오바마가 방문해 '관용'에 대해 연설한 모스크도 NAIT 소유이고 ISNA와 연관되어있으며, 이 모스크의 이맘(imam)은 예멘으로 가 알카에다의 조직원으로 일하다가 살해되었고 이 모스크의 신자들은 정부건물을 폭파할 테러를 모의하기도 해 미국연방수사국의 감시를 받기도 했다.

두 번째 동심원을 에워싼 세 번째 동심원에 속하는 무슬림들은 폭력적인 테러도 일으키지 않고 무슬림 형제단처럼 정부를 전복시키려는 정치활동도 하지 않지만 서구사회의 기준으로 보면 급진적인 가치와 관행을 지지한다. 이교도, 여성, 동성애자에 대해 이들은 오늘날 서구사회와는 완전히 다른 가치관을 지니고 있다. 2013년 퓨 리서치(Pew Research)가 세계 29개 이슬람 국가를 상대로 실시한 '세계의 무슬림: 종교, 정치, 사회(The World's Muslims: Religion, Politics and Society)'라는 조사에 따르면 이집트, 아프가니스탄 등과 같은 나라는 조사대상의 79~86퍼센트가 샤리아 법을 지지한다. 이슬람 신앙을 저버리는 사람은 처형해야한다고 믿는 비율은 조사 대상의 27퍼센트로 대략 2억 3천 7백만 명에 달한다. 혼외정사나 혼전 성관계를 한 여성에 대한 명예살인이 정당하다고 생각하는 비율은 조사 대상의 39퍼센트로 3억 4천 5백만 명에 달한다. 서구사회에 거주하고 18세에서 29세 연령대인 무슬림 가운데 민간인에 대한 자살폭탄테러가 정당화된다고 답한 사람은 프랑스 42퍼센트, 영국 35퍼센트, 미국 26퍼센트이다. 샤리아법이 국가의 법으로 채택되기를 바라는 무슬림은 53퍼센트다. 그리고 이 53퍼센트 가운데 52퍼센트(2억 8천 1백만 명)는 채찍질, 손이나 팔을 절단하는 처벌에 찬성하고 51퍼센트(2억 8천 9백만 명)는 불륜을 저지른 배우자를 돌팔매로 죽이는 데 찬성한다. 이 세 동심원에 속하는 사람들 가운데 상당수는 급진주의자들이 아니라 이슬람 교리를 문자 그대로 해석하는 보통 무슬림들이다. 그리고 그들의 생각은 오늘날 자유민주주의 사회가 표방하는 가치에 정면으로 배치된다.

1974년 유엔총회에서 후아리 모하메드 부메디엔느(Houari Mohamed

Boumedienne) 알제리 대통령은 다음과 같이 말했다. "언젠가는 남반구의 남성 수백만 명이 북반구로 이주하는 날이 온다. 그리고 그들은 북반부의 친구가 아니라 정복자로써 이주해서 그들의 자손으로 북반구를 정복하게 된다. 우리 여성의 자궁이 우리에게 승리를 안겨줄 것이다." 1991년 노르웨이에 거주하는 이슬람 종교지도자 물라 크레카르(Mullah Krekar)는 다음과 같이 말했다. "우리가 당신들을 바꿔놓게 된다. 유럽을 보라. 무슬림 인구가 모기처럼 늘어나고 있다. EU 지역에 거주하는 서양 여성의 평균 출산율은 1.4명이지만, EU 지역에 거주하는 무슬림 여성의 출산율은 평균 3.5명이다. 우리의 사고방식이 당신들의 사고방식보다 훨씬 막강하다는 사실이 증명될 것이다." 이들뿐만이 아니다. 많은 이슬람 신학자들이 "이슬람은 폭력이 아니라 헤지라(hegira, 이민), 무슬림 여성의 자궁, 서구사회의 자유를 역이용해서 서구사회를 정복하게 된다"라고 공공연히 말한다. 2017년 벨기에 스트라스부르의 추기경 뤼크 라벨(Luc Ravel)은 다음과 같이 말했다. "무슬림들은 자신들의 높은 출산율에 힘입어 대대적인 인구대체(The Great Replacement)가 일어나리라고 믿는다. 그들은 아주 차분하고 낙관적인 어조로 '언젠가 이 모두, 이 모두가 우리 것이 된다'라고 말한다."

5. 세계에 만연한 친 이슬람 정서

1999년 유엔인권위원회는 이슬람회의기구(Organization of Islamic Conference)의 지원을 받아 파키스탄이 발의한 "종교 비하(Defamation of Religions)"를 반대하는 결의안을 최초로 채택했다. 이 결의안은 회원국들에게 종교를 비방하고 종교에 대한 증오를 부추겨 증오, 차별, 위협, 억압하는 행위를 금지하기 위해 법률이나 헌법으로 적절한 보호 장치를 마련하라고 촉구하고 있다. 2006년부터 여섯 해 연속해서 채택되어 온 이 결의안에 처음에는 이슬람만 포함되었고, 종교의 자유와 표현의 자유를 표방하는 다양한 단체들은 이 결의안이 오히려 불관용과 인권 침해를 심화시킨다며 적극적으로 로비를 해 해마다 이 결의안에 대한 지지표가 줄어들어왔다. 그러자 이슬람회의기구는 이 결의안에 그리스도교와 유대교를 포함시켰고 2011년에 이 결의안은 12표 차로 간신히 통과되었다. 이 결의안을 집요하게 밀어붙이는 이슬람협력기구(Organization of Islamic Cooperation, 이슬람회의기구의 후신)는 57개 이슬람 국가들로 구성되어있는 유엔 최대의 몰표 집단(voting bloc)이다. 문제는 이슬람협력기구의 이러한 주장이 유엔이 1948년에 채택한 "모든 사람은 의견과 표현의 자유를 누릴 권리가 있다"라는 인권선언에 위배된다는 점이다.

유엔인권위원회는 존재하지도 않는 이슬람에 대한 탄압을 두고 결의안을 통과시키는 데 시간과 노력을 낭비하지 말고 진짜 인권 유린에 관심을 보여야 한다. 오늘날 가장 핍박받는 종교 집단은 이슬람 국가에 거주하는 그리스도교도지만 유엔 같은 국제기구나 세계 주류 언론들은 이를 다루지 않는다. 1900년대 초 북아프리카와 중동 지역에서 20퍼센트를 차지했던 그리스도교도가 지금은 4퍼센트로 줄었고 감소는 대부분 2000년 이후에 발생했다. 이집트의 경우 2012년부터 2014년까지 수만 명의 콥트(Copt) 그리스도교도들이 이집트를 떠났고, 떠나고 싶어도 사정이 여의치 않아 떠나지 못하는 이들도 많다. 2011년 설날 이집트 알렉산드리아에 있는 교회 두 군데가 폭파되어 23명의 콥트교도가 숨지고 97명이 부상을 당했으며 최근 몇 년 사이에도 수십 군데의 콥트 교회가 공격을 받거나 완전히 불에 탔다. 2013년 8월 한 달에만도 무슬림 형제단과 그 지지자들이 80개 교회를 공격해 파괴했다. 이집트뿐만이 아니다. 최근 몇 년 사이 나이지리아에서도 수백 개 교회가 파괴되었고 수십 명이 숨졌다. 1990년 이후로 이라크를 떠난 그리스도교도는 거의 100만 명에 달하고 2011년 이후로 시리아에서 살해당한 그리스도교도는 거의 1,000명에 불탄 교회는 85개나 된다. 그리스도교도가 운영하는 가게들도 불타고 그리스도교 소녀들은 납치되어 어린신부나 노예로 팔려가며, 베일을 쓰지 않았다는 이유로 얼굴에 염산 공격을 받기도 한다. 또 무슬림으로 태어났지만 그리스도교로 개종하는 사람은 수감되거나 처형당한다. 한 때 그리스도교도들이 번성했던 알제리, 리비아, 튀니지에는 이제 그리스도교도가 거의 없고 이집트, 이라크, 이란, 레바논에서도 그리스도교도가 사라지고 있다. 온건한 성향의 이슬람 국가로 여겨지는 모로코, 인도네시아, 말레이시아, 카자흐스탄, 우즈베키스탄 같은 나라들에서도 그리스도교도들은 교회를 짓거나 포교를 하지 말라는 압력을 받는다.

왜 이런 일이 일어날까? 그들이 그리스도교도이기 때문이다. 이런 일이 그리스도교도가 아니라 다른 집단에게 일어났다면 이 시대 최대의 인권 유린이라며 언론들이 법석을 떨었을 것이다. 그러나 서구 진영의 주류언론들은 침묵을 지키고 있다. 무슬림이 폭력을 쓰는 이유는 유럽의 식민지주의와 미국의 이른바 제국주의의 핍박을 받아 한이 맺혔기 때문이라는 그들의 논리에 들어맞지 않기 때문이다. 이슬람 진영은 서구 식민지주의와 제국주의라는 두 가지 죄악을 통해 구현된 나라가 이스라엘이라고 생각한다. 이슬람 진영은 제2차 세계대전 후 유럽의 식민지 강대국들이 이슬람 진영에 강요해 탄생했고 현재 미국이 지지하는 나라가 이스라엘이라고 생각한다. 서구진영 대부분의 주류 언론들은 무슬림들의 이런 주장에 공감한다. 미국이 지원하는 이스라엘은 경제적 군사적으로 그 주변 이슬람 국가들을 합한 것보다 강하기 때문에 서구진영 주류언론은 이슬람국가들을 약자로 보고 이들이 미국, 이스라엘, 유럽을 공격할 만한 이유가 있다고 생각한다. 그런데 무슬림이 이슬람 세계의 소수이자 약자인 그리스도교도를 상대로 폭력을 행사한다면 무슬림은 피억압자이고 그리스도교도는 억압주체라는 서구 주류언론의 이분법적인 논리가 무너지게 된다. 따라서 그 논리를 고수하기 위해서 서구사회의 주류언론들은 그리스도교도들이 핍박받는 현실을 보도하지 않고 있다.

유엔 인권위원회가 인간의 자유와 관용을 심각하게 침해하는 나라로 집중적으로 지목하는 나라가 있다. 종교의 자유, 여성과 동성애자의 권리가 존중되고 중동에서 유일하게 유대인과 아랍인이 평화적으로 공존하는 민주주의국가 이스라엘이다. 유엔인권위원회가 채택한 결의안의 38퍼센트가 이스라엘만을 지목해 비판한 결의안이다. 2006년부터 2012년까지의 기간 동안 인권위원회는 이스라엘을 비난하는 보고서를 48차례 발표했다. 같은 기간 동안 시리아 정권의 자국민 대량학살과 고문에 대해서는 9차례, 인종청소를 위협하는 이란 정권에 대해서는 3차례, 수억 명의 국민에게 기본적인 자유도 보장하지 않는 중국에 대해서는 보고서를 단 한 건도 발표하지 않았다. 1949년 유엔이 이스라엘을 회원국으로 받아들였을 때 유엔 회원국은 58개국으로 대부분 친 서방 민주주의 국가들이었다. 오늘날 유엔 회원국은 193개국으로 대부분은 자유민주주의국가도 아니다. 유엔은 제2차 세계대전 후 채택한 자결(self-determination)주의 원칙을 인권 원칙으로 바꾸었다. 유엔은 2001년 남아프리카 더번(Durban)에서 열린 인권회의에서 인종차별, 외국인혐오와 이와 관련된 불관용에 반대하는 선언을 했다. 그런데 이 선언문에는 반 이스라엘 반 유대인 정서를 표방하는 내용이 담겼고 미국과 이스라엘은 회의장을 박차고 나왔다. 최종적인 선언문에 인종차별 혐의가 있다고 명시된 나라는 이스라엘 하나뿐이었다. 이 더번 선언은 여전히 유엔의 반 인종차별주의의 의제의 핵심이다. 게다가 유엔 인권위원회는 인권 문제를 다룰 자격도 없는 사우디아라비아 같은 나라들에게 국제인권감시 심사단을 선정하도록 하고 있다. 2016년 유엔안전보장이사회는 주디어(Judea)와 사마리아(Samaria)에 있는 이스라엘인 정착촌을 금지하는 결의안을 표결에 붙였는데 오바마 정권은 이 결의안에 대해 거부권을 행사하지 않음으로써 결국 결의안을 통과시켰다.

미국국제종교자유위원회(The United States Council on International Religious Freedom)에 따르면 사우디아라비아는 세계에서 가장 가혹한 신성모독 처벌법이 존재하는 나라로서 2006년 이후로 단 한 번도 세계 최악의 종교의 자유 침해국 자리를 놓치지 않았다. 사우디아라비아에서 신성을 모독한 자와 무신론자는 사형에 처해진다. 2013년 라이프 바다위(Raif Badawi)라는 블로거는 "이슬람을 모욕"했다는 이유로 채찍질 1,000대와 10년 형에 처해졌고 그의 변호사는 "국제기구들이 사우디왕국에 적대감을 품게 만들었다"라는 이유로 투옥되었다, 2017년 알 샴리(Al-Shamri)는 무신론자라는 이유로 기소되어 두 차례 재판에서 패소해 사형선고를 받고 마지막 대법원 판결을 앞두고 있다. 2014년 사우디아라비아 내무부는 무신론자와 이슬람 종교의 근본적 교리에 의문을 제기하는 사람을 "테러리스트"라고 지칭한 왕실칙령을 선포했는데도 2015년 유엔은 사우디아라비아를 인권위원회 회원국 자리에 앉혔다.

유엔 경제사회이사회(UN Economic and Social Council)는 2017년 4월 비밀투표를 통해 사우디아라비아를 유엔여권위원회(UN Women's Rights Commission) 회원국으로 선정했다. 사우디아라비아와 함께 회원국으로 선정되어 2022년까지 4년 동안 회원국으로 활동하는 국가 가운데는 알제리, 콩고민주공화국, 가나, 케냐, 이라크 등 자격미달인 회원국들 투성이다. 유엔의 활동을 감시하는 인권 단체인 유엔 감시단(UN Watch)는 "사우디아라비아더러 여성의 권리를 보호하라는 얘기는 방화범을 소방서장으로 임명하는 꼴이다"라며 유엔의 이러한 투표결과를 맹렬히 비난하고 조롱했다. 이러한 결정에 대해 비판이 쏟아지자 유엔 측은 사우디아라비아에게 회원국 지위를 부여함으로써 앞으로 여성이 권리를 존중하고 개선하도록 격려하고 압력을 넣는 효과가 있다고 변명했다. 하지만 사우디아라비아는 유엔 인권위원회에서 의석을 차지한지 오래 되었지만 인권은 전혀 개선되지 않고 있다. 사우디아라비아가 유엔 여권위원회 의석에 눈독을 들인 이유는 세 가지다. 첫째, 여권이 논의되는 자리에 참가해 사우디아라비아가 여성의 권리를 침해하는 나라로 지목되지 않게 하려는 의도이다. 둘째, 유엔 인권위원회에 의석을 차지하고 있다는 사실로써 사우디아라비아가 여권을 존중하는 나라라는 증거로 삼고 합법화하기 위해서이다. 셋째, 사우디아라비아 정부로부터 인권을 유린당하고 구속되어 있는 바다위나 알-샤리 같은 사람들의 사기를 꺾으려는 의도이다. 사우디아라비아 여성은 태어날 때부터 숨질 때까지 인생의 모든 결정을 남성에게 일임해야 하고 간통한 여성은 돌팔매질로 죽음을 당한다. 유엔과 그 산하기구들은 이제 모든 권위와 신뢰를 잃고 조롱거리로 전락했다. 이런 정신 나간 국제기구들은 지원금을 끊고 해체시키는 편이 낫다.

2016년 유엔인권위원회는 미국 내에 여전히 "제도적이고 체계적인" 인종차별이 존재한다며 흑인노예 후손들에게 보상을 해야 한다는 보고서를 발표했다. 세계적으로 일부 이슬람 국가들에서 노예제도는 여전히 시행되고 있다. 예컨대 모리타니 이슬람공화국은 프랑스 식민지이던 1905년 당시 노예제도를 공식적으로 폐지했는데 1980년대에 또 다시 노예제도를 폐지한다고 밝혔다. 공식적으로는 폐지했다고 했지만 사실은 그동안 암암리에 노예제도가 시행되어왔음을 시사한다. 헌법과 샤리아 법이 상충할 때는 샤리아 법이 우선하기 때문에 샤리아 법정에서 노예제도를 폐지한 새 법이 시험대에 오르면 노예보다 노예 소유주의 권리를 우선시했기 때문이다. 노예제도는 1999년까지도 모리타니 이슬람공화국에서 여전히 사회적 문제로 여겨졌으며, 21세기인 현재도 상황이 어떤지는 불분명하다. 유엔 인권위원회는 과거 노예제도에 대한 보상에 집착할 게 아니라 현재 진행형인 노예제도부터 없애든지, 이슬람 국가들 내에서 인권이 짓밟히고 학살을 당하는 이교도들의 실태나 조사해야 한다. 그럼 노예제도의 가해자는 전적으로 서구문명의 백인들뿐인가? 역사는 불완전한 기억과 부족한 자료를 바탕으로 형성되는 확신이다. 지금까지 역사는 승자의 관점에서 쓰인 거짓이라는 정서가 팽배했지만 좌익이 학계를 장악한 요즘의 상황을 보면 역사는 패자의 자기망상이자 문화적 권력을 장악한 생존자의 희망사항이다. 《1984》의 진실부처럼 좌익은 노예제도의 역사도 철저히 왜곡해왔다.

노예제도는 선사시대부터 19세기까지 전 세계 모든 문화권에서 받아들였던 삶의 방식으로 유대교, 그리스도교, 이슬람교 등 모든 종교에서 용인하거나 뒷받침했던 제도다. 이러한 노예제도를 부도덕한 제도로 여기고 종식시킨 주인공은 다름 아닌 영국의 그리스도교도였다. 그런데 노예제도에 맞서 싸우고 노예제도를 종식시킨 백인들만 비난을 받고 있다. 역사를 통틀어 많은 노예들은 백인이나 유럽인이었다. 노예(slave)라는 단어 자체가 동유럽인을 말하는 슬라브(The Slavs)에서 유래했다. 동유럽 슬라브인들은 오랜 세월동안 켈트족, 그리스, 로마, 바바리아인, 오토만 제국 등 모든 정복자들의 노예가 되었다. 고대 그리스는 노예제도에 철저히 의존한 사회였고 플라톤이 주장한 공화국도 노예 노동에 기반을 둔다. 로마법에 따르면 노예소유주가 살해당하면 그의 노예들은 모두 처형당했다. 예수가 탄생했을 때 로마제국 인구의 절반이 노예였고 아테네 인구의 4분의 3이 노예였다.

이슬람은 7세기부터 15세기까지 노예무역을 장악했고 이슬람이 군사적으로 유럽을 점령했던 수세기 동안 무슬림의 노예로 고통 받은 국가들은 유럽 국가들이었다. 1530~1780년 사이에 이슬람이 지배했던 북아프리카에서 무슬림 해적들은 유럽의 선박들을 약탈하거나 유럽 해안 마을들을 침략해서 150만 명의 유럽인들을 노예로 삼았다. 아일랜드의 볼티모어 마을의 사람들이 전부 하룻밤 사이에 해적들에게 약탈을 당하고 체포된 사실도 있다. 무슬림 해적들의 야만적인 노예약탈 활동은 유럽의 해상무역에 엄청난 피해를 주었고 스페인과 이탈리아의 연안지역은 19세기까지 어업이 크게 위축되어 기근에 시달렸다. 7세기부터 지금까지 14세기 동안에 무슬림의 노예무역으로 인한 사망자는 1억 1천 2백만 명이다. 무슬림은 아프리카인을 비롯해 대략 2억 명을 노예로 삼았다. 오늘날 이슬람 국가에 흑인 인구가 없는 이유는 이슬람세계에 유입되는 흑인 남성 노예가운데 상당 비율이 거세당했고 사망률이 매우 높고 출생률은 매우 낮았기 때문이다.

유럽이 노예무역에 합류한 시기는 1519년에서 1815년 까지다. 유럽의 노예무역은 종교개혁을 주장한 마틴 루터의 적수인 성로마제국의 찰스 5세 황제가 1519년에 허가했고 영국의 노예무역은 1631년 찰스 1세가 허가했으며 그의 아들 찰스 2세가 1672년 왕실칙령(Royal Charter)으로 재도입했다. 휴 토머스(Hugh Thomas)의 《노예무역(The Slave Trade)》에 따르면 아메리카 대륙으로 향한 아프리카 흑인들 가운데 4백만 명(35.4퍼센트)이 포르투갈 식민지인 브라질, 250만 명(22.1)이 스페인 식민지인 중남미, 2백만 명(17.7)이 영국령 서인도제도, 160만 명(14.1)이 프랑스령 서인도제도, 50만 명(4.4)이 네덜란드령 서인도제도, 50만 명(4.4)이 북미로 향했다.

1787년 그리스도교도 영국인 윌리엄 윌버포스(William Wilberforce)는 신이 자신에게 노예제도를 폐지하라는 사명을 주셨다고 일기에 적었다. 그로부터 20년에 걸친 그의 노력으로 1807년 노예제도 철폐안이 영국 하원에서 283대 16이라는 압도적인 지지로 통과되었고 1809년 영국정부는 해군을 동원해 노예선으로 의심되는 선박을 수색하고 공해 상에서 외국 선박들도 수색했다. 1814년 비엔나 공회에서 영국대표는 노예무역 폐지를 국제조약에 포함시켜야한다고 주장했고 1815년 모든 유럽 국가들이 이 조약에 서명했다. 1825년 영국의회는 노예무역을 할 경우 사형에 처하는 법안을 통과시켰고 1833년에는 노예제도를 폐지하고 영국의 해외영토에 거주하는 70만 명의 노예들을 해방시킴으로써 윌버포스가 수십 년 동안 품어온 숙원이 마침내 이루어졌다. 하지만 영국 해군이 대서양에서 노예무역에 철퇴를 가하는 동안 동아프리카에서 진행되던 무슬림의 노예무역은 오히려 증가했다.

사하라 사막을 건너는 노예무역은 참혹했다. 무슬림 노예 무역상들은 어린 소년들을 납치하고 거세해서 아랍 지주들의 내시로 팔아넘겼는데 거세 과정에서 출혈로 사망하는 소년들이 많아 생존율은 10분의 1에서 30분의 1에 불과했다. 거세당한 소년들은 시장에서 높은 가격으로 팔렸다. 뜨거운 사하라 사막을 강제로 걸어서 건너던 젊은 여성들은 대부분 이동 중에 사망했고 생존자들은 성노예로 팔렸다.

영국의 제임스 2세가 3만 명의 아일랜드인 죄수를 신대륙에 노예로 팔면서 아일랜드인 노예무역도 시작되었다. 1600년대 중반 무렵 아일랜드인은 주로 안티구아(Antigua)와 몽세라(Montserrat)에 팔려나갔는데 당시 몽세라의 총인구의 70퍼센트가 아일랜드인 노예였다. 아일랜드인 노예는 영국 상인들의 최대 교역품목이었고 신대륙의 초기 노예들은 대부분 백인이었다. 1641년에서 1652년까지 50만 명 이상의 아일랜드 인이 영국인의 손에 죽었고 30만 명이 노예로 팔렸으며 10년 만에 아일랜드 인구가 150만에서 60만으로 급격히 줄었다. 영국의 아일랜드인 노예무역으로 이산가족이 속출했다. 영국은 노예로 팔려가는 아일랜드인 아버지들이 신대륙에 노예로 팔려갈 때 부인과 자녀들을 데리고 가지 못하도록 금지했기 때문에 생계가 막막해진 여성과 아동들이 속출했고 이들도 따로 경매에서 노예로 팔렸다. 1650년대에 10세에서 14세의 아일랜드인 아동 10만 명 이상이 부모와 강제로 헤어져 서인도제도, 버지니아, 뉴잉글랜드에 노예로 팔려갔고 5만 2천 명의 아일랜드 인(대부분 여성과 아동)이 바베이도스와 버지니아에 노예로 팔려갔다.

영국의 식민지였던 미국에 도착한 인구의 절반이 백인 노예였고 이들은 본인은 종신노예이고 노예 신분은 대물림되었다. 미국 남부에서 흑인 노예제도가 절정에 달했을 때 남부 백인 가운데 6퍼센트가 노예를 소유했고 북부의 백인들까지 포함하면 흑인노예를 소유한 백인은 1.4퍼센트에 불과했다. 1830년 미국 인구조사자료에 따르면 사우스캐롤라이나주 찰스턴의 한 작은 마을에서만도 407명의 흑인들도 노예를 소유했다. 또 노예 신분에서 해방된 흑인들 가운데 노예소유주가 28퍼센트에 달했는데 이는 백인 노예소유주의 비율보다 훨씬 높았다.

또 아일랜드인 노예는 백인이지만 흑인 노예보다 낮은 처우를 받았다. 1855년 뉴욕 센트럴파크를 설계한 프레더릭 로 옴스테드(Frederick Law Olmsted)가 앨라배마주를 방문했다가 부두에서 흑인이 화물선박 갑판으로 목화 화물을 던지면 아일랜드인이 이를 받는 광경을 목격하고 어떻게 된 일인지 자초지종을 물었다. 그러자 관계자는 흑인은 몸값이 비싸기 때문에 다치면 손해가 크므로 무거운 짐에 맞아 갑판에서 바다로 떨어질 위험이 있는 일은 아일랜드인에게 시킨다고 답했다. 서로 끊임없이 전쟁을 벌이던 아프리카 부족들은 전투에서 생포한 다른 부족의 흑인들을 해안가로 데리고 가서 유럽인과 아랍인들에게 팔아넘겼는데 아프리카 부족장들이 비싼 가격을 요구했기 때문에 아프리카 흑인 노예가 더 비쌌다.

노예농장주가 아일랜드 노예에게 낙인을 찍고 채찍질하거나 패죽여도 범죄로 여겨지지 않았고 영국인 노예주들은 사적인 쾌락이나 금전적 이득을 위해서 아일랜드 여성들을 임신시켜 출산을 하도록 했다. 노예가 낳은 자녀들도 노예이므로 몸값을 지불하지 않고도 부릴 수 있는 노동력이 증가하는 셈이었다. 아일랜드 여성은 노예 신분에서 해방되어도 그 여성의 자녀들은 여전히 주인의 소유였으므로 여성은 자녀들 곁에 남아 계속 노예 생활을 했다. 영국은 한 세기 넘는 기간 동안 수만여 명의 아일랜드 인을 노예로 강제 이주시켰다.

유럽에서 대서양을 건너 아메리카대륙으로 향한 노예무역에서 팔린 노예들은 3분의 2가 남성으로 대부분 농장 노동 인력으로 투입되었고 이동 중 사망률은 10퍼센트였다. 한편 사하라 사막과 동아프리카에서 이슬람 국가로의 노예무역에서는 여성 노예가 3분의 2를 차지했는데 대부분 성적 노리개로 팔려나갔으며 이동 중 사망률은 80퍼센트에서 90퍼센트에 달했다. 아메리카대륙으로 팔려간 노예들은 대부분 결혼하고 가정을 꾸릴 수 있었고 이들의 후손 수백만 명이 오늘날 브라질과 미국에서 시민으로 살고 있다. 하지만 이슬람 지역에 팔려간 흑인 남자 노예들은 대부분 거세당하고 여자 노예들이 낳은 아이들은 태어나자마자 죽음을 당해 후손들이 거의 살아남지 못했다. 이와 같이 노예제도는 유럽이 노예무역에 관여하기 이전부터 아프리카와 이슬람 국가들에 자생적으로 있었던 제도이고 콜럼버스가 아메리카대륙에 도착하기 훨씬 전에 미국 원주민(Native Americans) 부족들도 널리 시행하고 있던 제도였다. 그리고 흑인뿐만 아니라 백인도 노예제도의 피해자이고 노예에 대한 처우는 그 어떤 지역보다도 이슬람 지역에서 처참했으며 노예제도를 종식시킨 주인공은 영국인 그리스도교도 정치인이었다. 따라서 노예제도는 백인의 인종차별의 문제가 아니라 권력과 착취의 문제로 보아야 한다.

이슬람이 인류문명의 발전에 기여한 바를 실제보다 과도하게 찬양하는 PC 문화도 만연한다. 주로 유럽에서 볼테르(Voltaire)처럼 가톨릭 교단에 대해 비판적이었던 인사들은 인류 역사의 정점은 이슬람 "황금시대(The Golden Age)"의 중심지 바그다드라면서 중세 "암흑시대(The Dark Age)"에 비해 이슬람 문명이 얼마나 눈부신지 보라며 찬사를 보냈다. 오늘날 서구의 좌익도 이슬람 "황금시대"를 과학과 학문이 꽃피었고, 다양성을 존중하고 관용이 넘친 이상향으로 그린다. 특히 8세기 이슬람이 스페인을 무력으로 점령해 새롭게 이름붙인 알-안달루스(al-Andalus)를 무슬림과 비무슬림들이 평화롭게 공존했던 다문화주의 본보기로 거론하면서 과거와 마찬가지로 오늘날에도 이슬람과의 평화로운 공존이 가능하다고 주장한다. 이는 완전한 날조다.

첫째, 서구의 좌익이 그렇게 찬양하는 이슬람 "황금시대"인 750년부터 1250년까지 이슬람 제국은 유럽을 비롯해 이교도국가들을 끊임없이 괴롭히고 이슬람으로 개종하지 않는 사람은 학살했으며 앞서 언급한 바와 같이 150만여 명의 유럽인들을 노예로 삼았으며 방대한 정복지에 흩어져있던 유럽 지식인들을 바그다드로 강제로 이주시켰고 이들이 학문적 성과를 냈다. 이슬람 "황금시대"에 그리스 로마 유물과 문서들이 보존되었다는 주장도 있는데 이슬람은 자기들에게 쓸모 있는 10퍼센트 정도는 보존했지만 90퍼센트는 파기했다. 고전시대의 지적인 유물을 겨우 10퍼센트 보존한 것을 황금시대라고 일컫는다면 그 유물을 100퍼센트 생산해낸 그리스 로마 시대는 뭐라고 불러야 할까? 그나마 로마인 손에 들어가게 된 유산들은 이슬람이 동로마 제국의 수도 콘스탄티노플의 침략했을 때 탈출한 학자들의 손을 거쳐 유럽으로 흘러들어갔다.

둘째, 이슬람이 지배한 알-안달루스에서 그리스도교도와 유대교도는 사실상 아파르트헤이트를 겪었다. 그들은 무슬림과 동등하게 이슬람 법체계의 보호를 받지 못하는 열등한 신분인 디미(Dhimmi)였다. 예컨대, 무슬림은 비무슬림을 모살(謀殺)해도 사형을 당하지 않았지만 비무슬림은 무슬림을 살해하면 정당방위라고 해도 사형을 당했다. 비무슬림들은 공개적으로 종교행위를 할 수 없었고 교회를 신축하거나 개축하지도 못했으며 이슬람의 지배에 복종하고 목숨을 부지하는 대가로 조공, 즉 지지야(jizya)를 바쳐야 하는 하층계급 취급을 받았다. 지지야는 이슬람 지배계급의 소득원이었을 뿐만 아니라 하층계급으로 하여금 자신의 처지를 상기하고 모욕감을 느끼도록 하려는 의도에서 부과되었다. 그리고 이슬람의 지배에 저항하는 현지인들은 처형당하거나 노예가 되었고 저항하는 도시는 불탔다.

셋째, 이슬람 "황금시대"의 지적인 업적도 그리스 로마 문명, 조로아스터교, 유대교, 그리스도교 등 기존의 문명들이 이룬 업적에 거의 전적으로 의존해 이루어졌고 이슬람의 업적으로 알려진 많은 문화적 혁신과 예술, 건축양식들도 기존의 그리스 로마 고전문명과 그리스도교에서 차용한 것들이 대부분이다. 예컨대, 이슬람의 대표적 건축양식으로 여겨지는 편자형 아치(horseshoe arch)는 이슬람이 스페인을 정복하기 전 스페인을 다스리던 서고트 왕국이 이미 사용하고 있었다. 모스크의 원형으로 여겨지는 건축으로서 현재 박물관으로 쓰이는 하기아 소피아(Hagia Sophia)도 그리스도교를 바탕으로 한 동로마제국 때 건축된 성당이다.

넷째, 유럽에서 일어난 과학 혁명의 토대가 된 중요한 수학적 개념들은 거의 모두 이슬람 "황금시대"가 아니라 3세기에서 7세기까지의 기간 동안 인도에서 나왔다. 예컨대, 3세기 인도에서 쓰인 브라미 숫자(Brahmi numerals)는 5세기에 아리아바타와 브라마굽타 같은 인도 수학자들이 사용한 힌두 숫자체계가 되었는데 이 힌두 숫자체계의 명칭이 "아라비아 숫자"로 둔갑했다. 바크샬리 문서(Bakhshali Manuscript, 3세기)는 음수(negative number)를 기술하고 있다. 힌두 천문학자 아리아바타(Aryabhata, 476~550년)는 0을 사용했고 파이(π)를 소수점 이하 다섯 번째 자리까지 계산해냈다. 힌두 수학자이자 천문학자인 브라마굽타(Brahmagupta, 598~670년)는 0이 포함된 수학공식을 최초로 만들어냈고 수학과 천문학 저서에서 대수학(algebra)을 거론했으며 이차방정식 해법을 제시했다. 인도 수학문서인 수리야 프라즈납티(Surya Prajnapti, 기원전 3~4세기)와 자이나교 수도승인 야티브르사바(Yativrsabha, 500~570년)는 무한대(infinity) 개념을 썼다. 조로아스터교의 후예인 바라하미히라(Varāhamihira, 505~587년)는 음수의 대수학적 특성을 기술했고 삼각함수공식을 발견했다. 바스카라(Bhāskara, 600~680년)는 사인(sine) 함수 근삿값을 계산했다. 이슬람 "황금시대"에 수학분야에서 눈부신 업적을 남겼다고 알려진 무하마드 이븐 무사 알 쿠와리즈미(Muhammad Ibn Musa al-Khwarizmi, 780~850년)는 이슬람제국의 중심지인 바그다드에서 힌두어와 그리스어로 된 문서들을 아랍어로 번역하는 업무를 주로 했고 《이항과 소거에 관한 개론(The Compendious Book on Calculation by Completion and Balancing)》라는 중요한 저서를 쓰기는 했지만, 그 내용은 기존의 수학 지식을 집대성했을 뿐, 대수학을 발견하지도 중요한 수학공식이나 이론을 발견하지도 않았다. 수학에 관한 인도의 황금시대가 이슬람 황금시대로 둔갑한 셈이다.

이슬람 제국은 황금시대라기보다는 금싸라기시대 정도 된다. 이슬람 제국은 지리학, 별자리지도 제작, 수학 등에서 일정부분 기여를 하기는 했지만 대부분 기존의 앞선 문명들이 남긴 업적을 도용했을 뿐 창의성을 발휘한 독자적인 업적은 거의 남기지 않았다. 그나마 11세기 말 무렵부터 이슬람 제국에서의 과학의 발전은 급전직하했다. 이슬람 "황금시대"에 쿠란의 해석에 지대한 영향을 미친 이슬람 학자 하미드 알-가잘리(Hamid al-Ghazali, 1058~1111년)가 수학은 악마의 언어라고 주장하면서 부터다. 우주를 설명하는 언어인 수학을 없애버리면 우주를 이해할 수 없다. 그 이후로 이슬람 세계에서 과학의 발전은 멈추었고 오늘날까지 과학계에서는 뛰어난 무슬림 과학자가 거의 탄생하지 못했다.

알-안달루스의 역사를 비롯해 이슬람 제국의 역사만큼 왜곡되고 미화된 역사도 없다. 이러한 날조된 신화는 사우디아라비아를 비롯한 이슬람국가들의 엄청난 재정적 지원을 받는 서구 명문 대학의 이슬람 연구나 다문화이해 프로그램, 재단, 좌익 역사학자들을 통해 적극적으로 전파되고 있다. 이렇게 미화되고 날조된 이슬람 역사 담론에 부합하지 않는 사실은 검열을 당하고 그런 사실을 제시하는 사람은 이슬람혐오자로 낙인이 찍힌다. 오늘날 다문화주의 이념과 이슬람 찬양 일변도의 정서가 만연한 시대에 이렇게 "정치적 정도"에서 벗어난 주장을 하기는 쉽지 않다.

볼테르(Voltaire)는 "누가 당신을 지배하는지 알려면, 비판이 허락되지 않는 대상이 누군지 알아내면 된다"라고 했다. 오늘날 미국을 비롯한 서구진영에서 이슬람은 절대로 비판해서는 안 되는 대상이다. 따라서 서구사회는 이슬람이 지배하고 있다고 해도 과장이 아니다. 그래도 미국은 의회가 표현의 자유를 제한하는 법을 제정하지 못하도록 하는 헌법 제1수정안이 표현의 자유를 보호하고 있지만 이에 상응하는 법이 없는 유럽 여러 나라에서는 "증오 발언(hate speech)"을 금지하는 법이 있고 이 법에 따라 이슬람을 비판하는 사람들이 법적으로 처벌을 받는 사태가 속출하고 있다.

이제 오늘날 가장 중요한 문제에 대해 솔직하게 얘기할 때가 됐다. 이슬람에 대한 비판을 증오발언으로 규정하고, 비판한 사람을 인종차별주의자라며 입막음하면 진실 추구와 표현의 자유와 관용이라는 가치를 포기하고 문화적 상대주의와 PC를 위해 인권 유린을 외면하는 셈이다. 리처드 도킨스(Richard Dawkins)는 그리스도교를 신랄하게 비판하는 《만들어진 신(The God Delusion)》이라는 책을 썼고 할리우드 영화계는 보스턴에서 수십 년 동안 아동들을 성폭행한 사제들을 감싸온 가톨릭 교단의 부패를 폭로하는 〈스포트라이트(Spotlight)〉라는 영화를 제작했지만 이들을 살해하려 하거나 폭탄테러를 자행한 그리스도교도는 없다. 이슬람에 관해서도 이런 책을 쓰고 이런 영화를 제작해도 살해위협을 받거나 테러를 당하지 않는 세상이 되어야 한다. 그리스도교를 비판할 때만 해도 좌익으로부터 영웅 대우를 받았던 도킨스이지만, 2017년 7월 미국 버클리에 있는 KPFA 라디오는 예정되어있던 도킨스의 강연을 취소했다. 도킨스가 이슬람을 비판하는 트윗(tweet)을 날렸다는 이유에서다. 냉전 시대 때 서구사회는 공산 전체주의에 맞서 싸운 알렉산드르 솔제니친, 안드레이 사하로프, 바츨라프 하벨과 같은 반체제 인사들의 용기를 칭송했다. 그런데 오늘날 서구진영의 좌익은 무슬림들 가운데 좌익이라고 할 이슬람 반체제 인사들의 주장을 묵살하고 그들을 서구문명 기득권 세력의 꼭두각시라고 폄하한다. 서구진영이 진정으로 개인의 정치적 사회적 종교적 자유라는 가치를 지키려 한다면 다문화주의와 관용이라는 이름으로 이슬람의 편협함과 시대착오적이고 전체주의적인 퇴행성을 못 본 척 하지 말고 이슬람의 개혁을 주장하는 무슬림들을 지지하고 보호해주어야 한다. 그리고 서구사회에 이주해 정착하는 무슬림들에게는 서구사회에서 공존하려면 서구 사회의 가치를 존중하고 받아들여야 한다는 점을 분명히 인식시켜야 한다. 진정으로 관용을 소중한 가치로 생각하고 이러한 가치를 지키려면 불관용적인 문화는 받아들이면 안 된다. 불관용에 관용을 베풀면 불관용이 확산된다. 이슬람에서도 그리스도교에서처럼 종교개혁이 일어나야 한다. 이슬람은 파멸이냐 개혁이냐 갈림길에 놓였다. 서구사회 또한 마찬가지다. 오늘날 심각한 문제는 이슬라모포비아(Islamophobia)가 아니다. '포비아'는 '비이성적이고 맹목적인 공포심'을 말한다. 그러나 오늘날 이슬람을 경계하고 두려워할 이유는 충분히 존재한다. 절대로 비이성적이고 맹목적인 두려움이 아니다. 오히려 이러한 사실을 못 본척하면서 비이성적이고 맹목적으로 이슬람을 사랑하는 이슬라모필리아(Islamophilia)가 훨씬 심각한 문제다. 냉전시대에 서구의 좌익이 공산 전체주의에 부역한 쓸모 있는 바보(useful idiots)였다면 21세기의 신좌익은 이슬람 전체주의에 부역하는 쓸모 있는 이교도(useful infidel) 역할을 충실히 수행하고 있다.

문화비평가 카밀 팔리아(Camille Paglia) 박사에 따르면, 오늘날 서구사회에서 일어나고 있는 젠더 정체성을 둘러싼 혼돈은 그보다 훨씬 폭넓은 이슈를 둘러싼 사회적 긴장과 불안의 징후다. 다시 말해서 종교, 국가, 가족 등 다른 형태의 정체성들이 와해될 때 사회가 젠더 정체성에 집착한다. 사회가 진보한 증표라고 여겨지는 중성성(androgyny)과 트랜스젠더 현상은 때로는 강력한 사회적 저항과 반작용을 불러일으켜 다시 분명한 남녀 구분으로 회귀하고 이러한 회귀는 수세기 동안 지속되기도 한다. 예컨대, 로마제국 시대는 쾌락과 향락에 탐닉하는 세속적 문화와 공허하고 형식적인 종교 때문에 윤리적인 공백이 생겼고 이 공백은 곧바로 지중해 동쪽 지역에서 시작된 대대적인 영적 운동인 그리스도교가 채우게 되었다.

문화는 젠더 역할을 역동적으로 바꾸기도 한다. 그러나 동서고금을 막론하고 시간적 공간적으로 서로 접촉한 적도 없는 모든 사회에서 젠더 역할은 놀라울 정도로 비슷하다는 사실로 미루어 볼 때 젠더에는 구체적인 사실을 근거로 한 본질적인 상수(常數)가 있음을 시사한다. 오늘날 개인의 자유를 바탕으로 한 민주주의 국가는 모든 종류의 자기표현을 보호할 의무가 있다. 하지만 대부분의 사람들은 혼란스러운 정체성 형성 과정에서 분명히 규정된 젠더 역할이 기준점으로서 유용한 역할을 한다고 생각한다. 젠더에 관한 의문은 오래 전부터 끊임없이 제기되어 왔고 앞으로도 계속 제기될 것이다. 카밀 팔리아는 로마제국의 사례가 보여주듯이 젠더를 둘러싼 지나친 집착과 광풍은 문명이 붕괴될 전조(前兆)이고 유럽과 미국 등 서구문명에서도 지금 비슷한 현상이 일어나고 있다고 말한다. 그리고 로마제국이 멸망할 때와 마찬가지로 지금 서구문명의 경계 밖에는 영웅적인 남성성과 다산(多産)의 여성성을 숭배하는 막강한 세력이 허무주의와 자기혐오에 빠진 서구문명의 공백을 채우기 위해 전열을 가다듬고 있다. 그런데 서구문명은 남성성과 여성성을 모두 지우고 젠더의 중성화에 집착하고 있다. 서구문명이 미몽(迷夢)에서 깨어나 내부 전열을 가다듬고 이 막강한 외부 세력에 맞서 스스로를 지켜내지 못한다면 지금까지 이루어온 눈부신 진보는 순식간에 물거품이 된다. 그렇게 되면 젠더에의 집착은 감히 상상하기도 어려운 정신적 사치가 될지도 모른다. 지금 서구진영은 남근이 100년 후 초래할 기후변화(Climate Change)를 걱정할 처지가 아니다. 정신적 심리적으로 남성들이 거세된 서구사회에서 기후변화보다 먼저 닥칠 문화적 풍토 변화(Cultural Climate Change)를 막을 남근이 남아있을지를 걱정해야 할 처지다.

제2장

미국: 서구문명의 보루(堡壘)

1. 대학: 사상의 자유 시장에서 좌익 이념 독점 시장으로

대학은 다양한 생각이 자유롭게 유통되는 시장이다. 표현의 자유와 정직하고 진지한 토론과 학문추구가 최고의 가치로 여겨진다. 그러나 비판적 사고와 지식 추구를 통해 차세대 민주주의 사회지도자를 길러내는 대학이 이제는 특정 이념을 주입하는 독점시장으로 변질되었다. 민주주의에서 핵심적인 역할을 하는 고등교육기관이 미국의 정신을 훼손하는 사상의 볼모로 잡혔다. 학계에는 다문화주의와 상대주의를 바탕으로 한 온갖 정체성 연구(identity Studies)가 등장했고 집단사고가 만연하면서 자유로운 정신은 편협해졌다. 서구문명과 백인남성으로 대표되는 억압하는 자에 맞서 억압받는 자를 옹호한다는 도덕적 우월감과 사명감으로 무장한 신진 학자들은 사회와 문화를 쪼개고 난도질해 본인도 이해 못하는 해괴한 전문용어와 장광설로 포장했다. 1987년 시카고 대학의 철학과 교수 앨런 블룸(Allan Bloom)은 《편협해지는 미국인의 사고(The Closing of American Mind)》

에서 학계를 장악해가고 있는 지적인 상대주의는 미국의 정신을 편협하게 만들리라고 경고했다. 그는 자유주의적인 교육은 합리성과 객관적인 진실에 대한 믿음이 바탕이 되며, 자유롭게 의문을 제기하고 위대한 사상과 서적들을 접할 수 있어야 하는데 상대주의적 사고와 경직된 정치적 이념이 미국의 민주주의를 위협하고 있다고 경고했다. 미국에서 문화 전쟁의 첫 총성이 울린 셈이다. 당시 앨런 블룸[7] 의 주장은 수구꼴통 보수의 반동적인 기우라고 폄하되었지만 그의 선견지명은 옳았다.

현재 미국의 대학 교육계는 그 어떤 직종보다 심각하게 이념적으로 좌편향 되어있다. 평등주의적인 사회경제정책을 선호하고 민주당이나 제3 좌익 정당 지지성향이 강하며 이러한 경향은 점점 강해지고 있다. 조지메이슨(George Mason)대학의 댄 클라인(Dan Klein)교수가 조사한 바에 따르면, 민주당이나 공화당 당원으로 등록한 교수 비율은 학과에 따라서 7대 1에서 30대 1까지 다양하다. 클라인 교수는 일부 장년층 교수를 제외하고는 사실상 교수는 전부 좌익 성향이라고 해도 과언이 아니라고 말한다. 스미스 칼리지(Smith College)의 스탠리 로스먼(Stanley Rothman) 교수가 전국적으로 실시한 조사에서도 72퍼센트가 민주당 지지자, 15퍼센트가 공화당 지지자라고 답했다. 애덤 보니카(Adam Bonica) 외 다수의 학자들이 최근 발표한 논문 〈법학계의 이념적 획일성(The Legal Academy's Ideological Conformity)〉을

7) 앨런 블룸은 평생 민주당을 지지한 동성애자다.

보면 법학대학원 교수들의 이념적 성향은 좌익이 85퍼센트, 우익이 15퍼센트로 명문대학일수록 이념적 편향성이 더 심하게 나타난다. 정치적 이념은 사법적 판단에 가장 큰 영향을 미치는 요소이고 법학은 어떤 학문보다도 국민의 삶과 직접 연관되기 때문에 차세대 법조인을 양성하는 법학계의 이념적 편향성은 그 어떤 분야보다도 심각한 문제다. 기존의 법에 대한 엄격한 해석을 바탕으로 판결을 내리지 않고 판사석에 앉아서 법을 자신의 정치적 이념에 따라 자의적으로 해석함으로써 사실상 입법행위를 하고 행정부의 정책 집행에 제동을 걸거나 정책방향까지 좌지우지하면서 판사들은 사실상 법복을 걸친 사회운동가(Judicial activist)로 변질되었다. 이렇게 이념적으로 획일한 사법계가 내린 판단을 국민들이 납득하거나 신뢰할 가능성이 하락하게 된다. 현재 전반적으로 미국의 학계는 다양한 의견이 교환되는 시장이 아니라 좌익 이념이 독점한 시장이고, 특정한 이념을 신봉하지 않으면 합류하지 못하는 종교처럼 경직되고 배타적으로 변했다.

2015년 한 온라인 단체가 수백만 개 대학 강의계획서를 분석한 결과 영문학, 철학, 경제학 등 대부분의 인문학과 사회과학 관련 강의에서 가장 빈번하게 등장한 책은 마르크스의 《공산당 선언(Manifest der Kommunistischen Partei)》이었다. 한 영문학 전공 학생은 자신이 수강한 영문학 강의 일곱 개에서 모두 《공산당 선언》을 읽어야 했다고 한다. 학생들에게 사회주의와 자본주의에 대한 정의를 내려 보라고 하면 10명중 9명은 사회주의는 공정함이고 자본주의는 차별이라고 정의했다. 중국에서는 많은 대학들이 애덤 스미스(Adam Smith)의 《국부론(The Wealth of Nations)》과 《도덕 감정론(The Theory of Moral Sentiments)》을 가르치고 있는데 말이다. 버크넬대학(Bucknell University)의 경제학과에 재학하는 한 학생은 경제학 강의에서 필독서 목록의 3분의 2가 마르크스의 《자본론(Das Kapital)》과 관련된 책이라며 한숨을 짓는다. 듀크 페스타(Duke Pesta) 교수는 자신이 가르치는 4학년 학생 32명에게 미국역사에 관한 문제를 냈는데 29명이 토머스 제퍼슨(Thomas Jefferson)이 누군지 몰랐고 안다고 한 학생도 '잔인한 노예주'라고 대답했다며 한숨을 내쉰다. 대부분의 학생들은 "리버럴"은 선하고 "진보"는 더 선하며 "보수"는 사악하다고 생각하고, 1억 명이 공산주의와 사회주의 체제 하에서 희생되었다는 사실은 전혀 모르며 쿠바의 독재자 카스트로의 앞잡이이자 동성애자들을 무자비하게 총살한 체 게바라를 영웅으로 여겼다.

2011년 사회심리학 심포지엄에 연사로 나선 조너선 하이트(Jonathan Haidt) 뉴욕대학교 교수가 청중에게 정치적 성향 물었더니 1,000명 가운데 3명이 우익이라고 답했다. 하이트 교수는 틀림없이 이보다는 많을 텐데 두려워서 공개적으로 밝히지 못하는 현실 자체가 시사하는 바가 크다고 말한다. 뒤에서 살펴보겠지만, 학계의 이런 이념적 편향성은 좌익이 적극적이고 조직적으로 우익의 학계 진입을 방해한다는 사실을 보여준다. 하이트 교수는 연설문을 준비하는 과정에서 참고삼아 우익 성향 대학원생 두 명과 대화를 나누었는데 그들의 얘기를 들으면서 1980년대에 자신의 정체성을 숨기고 살았던 동성애자가 떠올랐다고 한다. 우익성향의 대학원생들은 동료학생이나 교수들로부터 자신의 정치적 성향을 숨겨야 하고 이런 분위기는 이들이 하는 연구에도 영향을 미친다. 이념적 편향성은 그저 수동적인 선호도에 그치지 않고 적극적인 행동으로 이어진다. 2004년 대통령 선거에서 아이비리그 명문대 교직원들 낸 정치헌금이 민주당 존 케리와 공화당 조지 부시에게 간 비율은 19대 1이었다. 2012년 대선에서는 이들이 낸 정치헌금의 96퍼센트가 오바마 진영으로 흘러들어갔다.

미국의 헌법 제1수정안(The First Amendment)에 따르면 의회는 표현의 자유를 제한하는 어떤 법도 제정할 수 없다. 민주주의에서 다수의 의견은 투표로 보호되므로 다수 의견을 보호하는 데는 이 수정안이 필요 없다. 수정안은 소수의 의견을 보호하기 위해서 존재한다. 제1수정안은 갈등을 폭력이 아니라 말로 해결하기 위해 만들어진 법으로서 평화를 보장하는 가장 위대한 혁신적 아이디어다. 그런데 1970년대부터 표현의 자유만으로는 충분치 않다는 주장이 등장했다. 앞서 말한 마르쿠제의 "억압적 관용"이다. 그의 이런 주장은 유감스럽게도 상당히 성공을 거두었다. 마르쿠제는 억압 주체인 우익의 발언을 허용하면 소외되고 억압받는 좌익의 목소리가 묻혀버린다며 우익의 정치운동과 발언을 용납하지 않아야 진정한 관용이라고 주장했다. 물론 여기서 억압 주체란 서구문명의 특혜를 누려온 이성애자 백인 남성이고 피억압 집단은 성소수자, 여성, 유색인종 등이다.

헌법 제1수정안에 대한 설문조사에서 "수정안이 표현의 자유를 과다하게 보호하고 있다(The First Amendment goes too far in the rights it guarantees)는 주장에 동의하는가?"라는 질문에 동의한 비율은 2000년에 20퍼센트에서 2002년 45퍼센트로 급증했다가 2012년까지 꾸준히 하락해 17퍼센트, 다시 2013년 34퍼센트로 급증했다. 연령별로 보면, 60세 이상은 이 질문에 대부분 동의하지 않았고 60세 미만에서 30세 초과 연령대에서 동의한다는 응답이 조금 더 높다가 18세에서 30세 연령대에서 47퍼센트로 급등한다. 음악, 영화, 게임, 인터넷 등을 통해 표현의 자유 혜택을 가장 폭넓게 누려온 세대가 이런 생각을 하고 있었다.

미국대학협회(American Association of Colleges and Universities, AACU)가 한 설문조사에서 대학에서 소수의견을 "지녀도" 안전한가?(Is it Safe to Hold Unpopular Opinions?)라는 질문을 했다. 악마의 변호인을 자청하거나 반론을 제기하는 등 진정으로 의미 있는 토론에 필요한 적극적인 의견표명을 묻는 게 아니라 단지 소수의견을 "지녀도" 안전한지 물었을 뿐이다. 그런데 그렇다고 답한 대학생은 1학년이 40퍼센트였고 이는 학년이 높아질수록 점점 줄어 4학년 때는 30퍼센트로 하락했고 교직원은 16퍼센트만 그렇다고 답했다. 1960년대에 대학가는 표현의 자유를 위해 시위했지만 지금은 다수가 소수의 입을 막기 위해 시위하고 인종, 젠더, 계층은 정치적 전면전의 도구로 이용되고 있다. 2005년 미국 대학에서 행정을 담당하는 정규직원 수는 정교수 수를 넘어섰다. 그리고 행정직원들은 온갖 행정 규정을 만들어내 소수 의견을 침묵시키고 있는데 그 가운데 하나가 "표현규정(Speech Codes)"이다. 캐서린 매키넌(Catharine McKinnon), 메리 마수다(Mari J. Matsuda), 리처드 델가도(Richard Delgado) 등 1980년대에 표현 규정을 제정하는 운동을 한 좌익들이 만들어낸 산물이다.

통계학자이자 저자인 네이트 실버(Nate Silver)에 따르면 2014년 대학 졸업시즌 때 60개 명문 대학에 초청된 좌익 성향의 연사는 25명, 우익 성향의 연사는 단 한명도 없었다. 대학가에 표현의 자유를 억압하는 풍조가 만연하는 이유는 통제 불능 상태인 대학 행정 직원들이 온갖 황당한 규정을 만들어내기 때문이기도 하지만 교수진의 정치적 편향성도 대단히 큰 기여를 하고 있다. 대부분 좌익성향인 학생들은 어쩌다가 우익 성향의 강연자가 초청되면 학내에 발도 들여놓지 못하게 격렬한 시위를 하고 어쩌다 강연이 성사되어도 강연자는 폭력적인 학생들로부터 신변을 보호하기 위해 여러 명의 경호원들과 함께 움직여야 한다. 이런 강연에 참석하는 우익 성향의 학생들이 좌익 성향 학생들에게 폭행을 당하는 일도 심심치 않게 일어난다. 대학 내 우익 성향의 학생동아리에서 우익 강연자를 초청하면 대학 행정당국은 학생동아리에게 부담스러운 액수의 보안 비용(security fee)을 요구하고 이를 감당할 길이 없는 동아리는 강연을 취소하기도 한다. 이런 대학가 분위기 때문에 우익 성향의 강연자가 초청받을 확률은 지극히 낮고 초청을 받았다가 강연을 취소당할 확률은 우익 성향의 강연자가 좌익의 세 배다.

학내에서의 표현의 자유를 침해당한 사람들에게 대해 법률서비스 지원을 하는 비영리단체 〈개인의 권리와 교육 재단(Foundation of Individual Rights and Education, FIRE)〉의 데이비드 프렌치(David French)는 대학 행정직원들이 표현규정을 만들어 자신들이 탐탁지 않게 생각하는 특정한 의견을 억압하는 도구로 남용한다고 말한다. 대학가에 비대할 대로 비대해진 행정직원 집단은 본인의 능력보다 월등히 높은 연봉을 꼬박꼬박 챙기면서 온갖 해괴하고 복잡한 규정을 만들어내 학생들을 감시하고 비민주적으로 통제하면서 독재자처럼 군림하고 있다. 지난 30여 년 동안 대학가에서 행정직원의 수가 폭증했고 학생들을 상대로 교수진보다 더 막강한 권력을 행사하고 있다. 1980년대부터 대학들은 표현 규정 때문에 수없이 소송을 당했고 수없이 패소했지만 여전히 사라지지 않고 있다. FIRE가 400개 대학의 표현규정을 조사한 결과 62퍼센트는 표현의 자유를 명백히 위반하고 29퍼센트는 제한할 가능성이 있었다. 겨우 4퍼센트만 표현의 자유를 충족시켰다. 프렌치는 대학 측에서는 표현의 자유를 제한하려는 게 아니라 괴롭힘(harassment)을 방지하려는 게 목적이라고 하지만 괴롭힘을 누가 어떻게 정의하느냐고 반문한다. 단순히 감정이 상했거나 모욕당했다고 느껴도, 광고나 만화를 보고 불쾌해져도 괴롭힘을 당했다고 주장할 수 있다. 프렌치는 FIRE에서 법적 지원을 하는 사례 가운데 80~85퍼센트가 우익 성향의 학생들이 피해자인 사건이라고 말한다.

"표현 규정"을 몇 가지 살펴보자. 명문이라는 브라운대학은 "화나게 하거나 무력감을 느끼게 하는" 표현을 금지하는 표현규정이 있고 콜비 칼리지(Colby College)는 "자존감 상실"을 느끼게 하는 표현을 금지한다. 데이트 신청을 거절해도 상대방의 자존감을 훼손했다는 이유로 규정 위반이 될 판이다. 브린 모어 칼리지(Bryn Mawr College)는 "뭔가를 암시하는 표정(suggestive look)"을 금지하고 있고 헤이버포드 칼리지(Haverford College)는 "원하지도 않는데 작업을 거는 행동(unwelcome flirtations)"을, 코네티컷대학은 "부적절한 웃음(inappropriate laughter)"을 금지하고 있다. FIRE는 "이달의 표현규정(Speech Codes of the Month)"을 선정해서 그런 규정을 만든 대학에게 망신을 주는데 선정된 표현규정 가운데 다음과 같은 것들도 있다. "대학이 소유하거나 운영하는 장소에서 누구든 위협하거나 모욕하거나 깔보는 언행."(잭슨빌대학교, 2006) "…저속한 욕설…남의 마음을 헤아리지 않은 농담, 부적절한 웃음" (드렉셀대학, 2006). 드렉셀대학의 규정은 코네티컷대학이 만들어 언론의 조롱을 받았던 규정인데 9년 만에 드렉셀대학에서 부활했다. 현실은 허구보다 해괴하다. 이런 건 지어내기도 어렵다.

FIRE의 그렉 루키아노프(Greg Lukianoff)는 민주당을 지지해온 전형적인 좌익 성향으로 2001년 스탠퍼드 법대를 졸업한 후 법률회사의 고소득 연봉을 포기하고 사회정의를 구현한다며 미국인권연맹(American Civil Liberty Union, ACLU), 동유럽 난민촌, 워싱턴 D.C.에 있는 환경정의단체에서 일했다. 루키아노프는 FIRE에서 일하면서 수없이 많은 학생들로부터 도와달라는 요청을 받고 있는데 대학가에서 표현의 자유를 억압당하는 사례들 가운데 우익 성향의 학생이 피해자이고 좌익 성향의 교직원이나 학생이 가해자인 사례가 압도적으로 많다고 말한다. 루키아노프처럼 표현의 자유를 옹호하는 일부 좌익은 다른 사람의 의견을 존중하지 않는 대학가 좌익의 불관용을 비판하면서 논란이 되는 어떤 이슈에서든 우익의 입장에 서는 사람은 인격살인을 당하고 사회적으로 생매장된다고 우려한다.

미국 대학이사회와 동문협회(American Council of Trustees and Alumni, ACTA)의 앤 닐(Anne Neal)은 거듭되는 조사마다 대학가의 이념적 편향이 심하다는 결과가 나온다고 지적을 해도 학교 측은 교수들이 강의실에 정치적 견해를 들여놓지 않는다고 주장한다며, 하지만 학생들 이야기는 전혀 다르다고 말한다. 정치와 전혀 무관한 강의에서도 교수가 정치 얘기를 한다고 답한 학생이 41퍼센트에 달한다. 프랑스 문학 시간에 교수가 이라크 전쟁에 대해 열변을 토하고, 영문학, 지리학, 독문학, 화학 시간에도 정치 얘기를 하는 교수들이 허다하고 심지어 민주당 행사에 참가하면 학점에 보너스 점수를 준다는 교수도 있다. 우익 성향의 학생들은 이 때문에 자신이 받는 학점이 공정한 평가인지에 대해 의문을 품게 되는데 이는 심각한 문제다. 앤 닐은 교수의 의견에 동의하지 않으면 학점에서 불이익을 당한다고 우려하는 학생이 30퍼센트에 달하며, 말썽 일으키지 않고 학점이나 제대로 받기 위해서 교수가 한 주장을 그대로 반복해서 과제물을 제출한다는 학생들도 상당히 많다고 말한다. 컬럼비아대학의 로버트 저비스(Robert Jervis)교수는 교수가 가르치는 내용에 대해 이견을 표하는 학생들이 거의 없다면서 이는 뭔가 대단히 잘못되었다고 우려를 표한다. 강의실 밖에서도 특정한 관점만 허용하는 행태는 이어진다. 학내에 설치된 다양성 센터, 여성 센터 등은 노골적으로 정치 활동을 하면서 좌익이 지지하는 행사는 지원하고 우익의 행사는 지원하지 않는다.

펜실베이니아대학교 역사학 교수이자 FIRE 공동창립자인 앨런 찰스 코어스(Alan Charles Kors)는 오늘날 대학에서 가르치는 인문학의 토대는 안토니오 그람시(Antonio Gramsci)의 《옥중서신(Prison Notebooks)》, 파울로 프레이리(Paulo Freire)의 《억압받는 자를 위한 교수법(Pedagogy of the Oppressed)》, 프란츠 파농(Frantz Fanon)의 《지상의 핍박받는 자들(The Wretched of the Earth)》이 다라고 해도 과언이 아니라고 말한다. 그람시가 만든 헤게모니(Hegemony)라는 개념은 민주주의적 자본주의 체제를 전체주의 독재체제보다 더 사악한 체제로 포장하는 데 아주 유용한 개념이다. 간단히 말하자면 이렇다. 전체주의적 독재체제는 억압의 구조가 명백히 눈에 보이지만 미국과 같은 민주주의 국가에서는 억압 구조가 눈에 보이지 않기 때문에 억압을 인식하고 이에 저항하기가 훨씬 어렵고 이런 체제 하에서 사는 국민들은 억압을 내면화해서 무의식적으로 체제의 도구로 이용당한다는 주장이다. 그람시의 이런 황당한 주장은 인문학계 교수들이 민주주의적인 서구사회, 특히 미국을 악의 본질이라고 비난하는데 이용하는 언어적 도구가 되었다.

그람시에 따르면, 기존의 사회적 질서가 위기를 버텨내는 까닭은 계급 지배구조의 복잡한 특성 때문이다. 자본주의하에서 부르주아 계급이 권력을 장악하는 이유는 생산수단 뿐만 아니라 종교, 교육, 문화 등 시민사회와 국가에 존재하는 모든 제도의 헤게모니를 장악하고 있기 때문이다. 부르주아 계급은 이러한 헤게모니를 통해 정치적 의지를 실행하고 자기 권력의 근간이 되는 사회질서를 유지하며 권력의 합법성을 정당화한다. 즉, 모든 역사적 발전은 경제적 하부구조의 변화가 낳은 산물이라는 마르크스주의 역사관은 틀렸고, 역사적 발전은 '물질적' 과정의 산물 못지않게 정치적 의지의 산물이기도 하다는 해석이다. 따라서 정치는 밑에서부터의 혁명운동이 아니라 부르주아 헤게모니를 점진적으로 대체할 공산주의자 지식인과 새로운 사회질서의 씨앗을 잉태한 민중 두 세력이 힘을 모으는 "수동적 혁명(passive revolution)"이 된다. 그람시에 따르면, 지식인들은 혁명의 주체이고 그들의 사상은 옳기 때문에 권위와 정당성을 지니며, 따라서 비판적인 지식인은 편견에 사로잡힌 일개 평민 위에 군림할 권리가 있다. 지식인들은 교육계, 문화계에 둥지를 틀고 비폭력 혁명을 수행하면서 기존의 커리큘럼, 예술, 문학, 비평에 대한 공격을 통해 혁명 과업을 달성한다. 즉, 서양 문명에 감춰진 지배구조, 권력관계를 폭로하고 서양문명이 억압해온 목소리들을 해방시키는 게 지상과제라는 사고가 인문학을 지배하게 되었다. 부르주아 헤게모니를 타도하는 혁명을 공장과 길거리가 아니라 안락한 상아탑 연구실에 앉아서 한다니 지식인에게는 더할 나위 없이 유용한 개념이다. 이와 같이 그람시는 혁명의 현장을 거리와 공장에서 상아탑과 문화 영역으로 옮겨 놓았다.

그렇다면 그람시가 제시한 이상적인 사회는 공산당이 '철인군주(philosopher king)' 역할을 하고 지식인은 부르주아 계급이 누린 특권을 누리는 새로운 계급 사회 아닌가? 이에 대해 그람시는 지식인은 계급이 아니고 민중을 교육하는 역할을 하며, 이들의 역할을 민중이 수용하므로 강요가 아니라고 주장하지만 궤변이다. 지배계급이 민중을 설득해 그 통치를 받아들이도록 하는 능력이 바로 그람시가 그토록 타도하려한 '부르주아가 지배하는 계급사회'가 지닌 특징이기 때문이다. 또 그람시에 따르면, 공산주의자 지식인과 민중은 본질적으로 생각과 추구하는 목적이 같기 때문에 억압적인 국가는 불필요해지고 합의를 바탕으로 한 새로운 형태의 정부가 들어서게 된다. 그러나 그람시는 이 새로운 이상적인 정부에 대해 구체적으로 언급하지 않고 있으므로 공산주의가 초래한 결과와, 그런 결과를 달성하는 데 동원된 수단에 의구심을 품고 있는 반대세력에게 설득력이 없다. 그가 그리는 미래의 사회에서 갈등이 어떻게 해소될지에 대해 그람시는 답을 내놓지 않는다. 그러면서 공산주의에 반대하는 대중운동은 절대로 민중운동이 아니며 공산주의자 지식인의 쿠데타는 항상 민중이 지지한다는 억지주장을 늘어놓는다.

파울로 프레이리의 《억압받는 자를 위한 교수법》은 미국 명문대 교육학과에서 필독서로 여겨지는데 이른바 교육학의 고전이라는 이 책은 마르크스주의 선전선동으로 가득하고 실제로 학생들을 가르치는 데 쓸 만한 충고는 없다. 레닌과 마오쩌뚱의 열렬한 지지자인 프레이리는 전통적인 교육은 억압의 도구이고 학생들이 자신이 억압받고 있다는 사실을 깨닫고 이에 저항하도록 하는 게 교육이라고 주장한다. 프레이리는 억압 자체가 폭력이고 테러이므로 이에 대해 적극적인 폭력으로써 저항해도 정당하다고 주장한다. 프레이리의 책은 오늘날 인문학에서 단골로 등장하는 "대화, 소통, 공감, 연대"같은 단어로 가득하다. 가치중립적인 교육이란 존재하지 않는다는 프레이리의 주장은 오늘날 대학 강의실에서 미국을 증오하는 독설을 정당화하는 도구로 이용되고 있다.

프란츠 파농의 《지상의 핍박받는 자들》은 간단히 말하면 서구사회는 식민주의자이자 악이고 비서구지역의 원주민은 착취당한 선한 피해자라는 내용이다. 이런 단순명료한 이분법은 서구진영에도 식민지를 지배한 적이 없는 나라가 많이 있고 비서구 진영에도 식민지를 지배했던 나라들이 많다는 사실을 무시하고 있다. 파농은 독립한 식민지에서 중산층을 확대할 게 아니라 오히려 중산층과 특권층의 탄생을 막아야 한다면서 그러기 위해서는 국민들을 좌익 집단주의 이념으로 계몽하고 교육하고 세뇌해야한다고 주장한다. 이 세 인물이 오늘날 인문학에 미친 영향은 말 그대로 참사를 낳았다. 서구사회는 자유와 풍요가 아니라 자본주의, 식민지주의, 제국주의 악의 3종 세트와 동일시되고 좌익 집단주의 체제는 인류 역사상 유래 없는 잔혹함으로 얼룩졌는데도 불구하고 선망의 대상이다.

이들 말고도 이런 주장을 하는 이들이 수두룩하다. 앞에서 언급한 프랑크푸르트학파와 포스트모더니스트들을 비롯해, 루이 알튀세, 페르디낭 드 소쉬르, 클로드 레비 스트로스, 자크 라캉, 롤랑 바르트, 자크 데리다, 미셸 푸코, 주디스 버틀러 등도 있다. 이쯤에서 독자들은 뭔가 눈치 챘으리라 본다. 자크 데리다의 여성 도플갱어(doppelgänger)인 주디스 버틀러를 제외한 모두가 좌익이 그토록 증오하는 억압의 주체, 즉 "(죽은) 백인 남자(Dead White Male)"라는 사실을. 프랑크푸르트학파와 포스트모더니즘은 앞에서 살펴봤으므로 여기서는 자세히 다루지 않겠다. 하지만 미국 인문학에 막대한 영향을 미친 두 인물을 잠깐 살펴볼 필요가 있다.

한 사람은 에드워드 사이드(Edward Said)다. 사이드는 《오리엔탈리즘(Orientalism)》으로 학계의 슈퍼스타가 되었다. 사이드는 동방문화는 편견과 우월의식으로 가득한 서양인 전문가의 눈을 통해서 인식되었고 이들이 동양에 대해 지닌 낭만적이고 우월의식으로 넘치는 시각은 식민지주의와 억압을 정당화하는 데 이용되었다고 주장한다. 또 계몽시대에 이슬람 서적을 번역해 서구문명의 계보에 자리 잡게 만든 동양학자들의 업적은 서구인의 시각으로 이슬람 문서를 재구성한 문화 도용(cultural appropriation)이라고 폄하한다. 동방문화에 대해 백과사전적 전문지식을 지녔고 이슬람 세계와 문화에 대해 사이드보다 훨씬 깊은 지식을 지닌 버나드 루이스(Bernard Lewis), 18세기에 《천일야화(Les Mille et Une Nuits)》를 번역한 앙투안 갈랑(Antoine Galland) 같은 석학들의 학자로서의 신뢰성을 사이드는 이 책 한권으로 일거에 땅바닥에 패대기쳤고 서양인 학자들은 다른 문화에 존재하는 가장 황당한 관행조차도 비판하지 못하게 되었다. 서구사회 대학가에서 사이드가 좌익의 추앙을 받는 이유는 그가 서구문명을 공격할 막강한 무기를 제공했기 때문이다. 사이드는 특정 문화를 제대로 이해하려면 내재적 접근방식을 써야한다면서도 유독 서양 문화만은 외부인의 시각으로 판단해야한다는 이중성을 보인다. 《오리엔탈리즘》은 서로 밀접하게 연관된 두 가지 포스트모던 학문의 기초가 되었다. 바로 비서구사회의 식민주의 잔재를 연구한다는 탈식민지 연구(Postcolonial Studies)와 탈식민지시대의 남아시아에 초점을 둔 하층민중 연구(Subaltern Studies)다.

또 한 인물은 하워드 진(Howard Zinn)이다. 1997년에 개봉된 영화 〈굿 윌 헌팅(Good Will Hunting)〉에서는 매사추세츠공과대학(MIT)에서 청소부로 일하는 천재가 하버드 대학 근처 술집에서 친구들과 어울리다가 거들먹거리며 시비 거는 남학생에게 하워드 진의 《미국 민중의 역사(A People's History of the United States)》나 읽어보고 아는 체하라고 빈정거리는 장면이 나온다. 자기 같은 비상한 천재 말고는 이해하기 어려운 책이라는 지적 오만함이 묻어나는 대사다. 해마다 수십만 권씩 팔리는 이 책은 역사학 강의에서 필독서로서 미국 대학가 서점마다 산더미처럼 쌓여있다. 지금까지 당신이 배웠던 미국 역사는 다 거짓말이고 미국의 역사는 억압과 학살과 착취라는 치욕으로 점철된 역사로서 전혀 자랑스러워 할 이유가 없다는 게 이 책의 요지다. 마르크스주의자인 진이 미국 역사의 부정적인 측면만 취사선택해 짜깁기한 이 책은 역사에 대한 지식이 전혀 없는 학생들에게 막강한 영향력을 발휘하는 위험한 선전도구다. 이 책에서 하워드 진이 순진한 젊은 독자들에게 알려주지 않는 사실은 참혹한 과거가 없는 나라는 지구상에 하나도 없다는 사실이다. 하워드 진은 자본주의를 맹렬히 증오하는 만큼이나 마르크스와 레닌을 열렬히 찬양한다. 이 두 인물의 이념이 소련의 강제노동수용소와 마오쩌뚱의 문화혁명이라는 피비린내 나는 역사적 자취를 남겼다는 사실은 언급하지 않는다.

위의 두 인물은 미국이 지닌 가장 큰 장점들은 안중에도 없다. 인류 역사상 가장 풍요롭고 자유로운 나라인 미국의 독립선언문과 헌법에 명시된 개인의 자유, 인권, 평등은 인류 문명을 형성하는 데 기여했고 미국은 자국뿐만 아니라 다른 나라의 자유를 위해 전체주의에 맞서 싸웠으며 자유로운 삶을 꿈꾸는 이들이 끊임없이 모여드는 나라라는 사실 말이다. 그러면서 공산주의가 만들어낸 끔찍한 현실과 참혹상은 절대로 눈에 띄지 않게 깊숙이 묻어버리고 미국이 지닌 이런 장점들을 감상적인 거짓말이라고 조롱한다.

ACTA에 따르면, 2015년 〈유에스 뉴스 앤 월드 리포트(US News and World Report)〉가 선정한 미국 내 52개 상위권 대학 가운데 7.7퍼센트인 4개 대학만 셰익스피어를 영문학과 필수 과목으로 지정해 놓고 있다. 예컨대, UCLA 영문학 학사과정에서 필수과목으로 지정한 강의는 다음과 같다. 젠더, 인종, 민족, 장애나 섹슈얼리티, 제국주의 다국적주의 혹은 탈식민지 연구, 비판이론 과목이다. 영어권의 가장 위대한 문호인 셰익스피어 강의는 단 하나도 필수 과목이 아니다. UCLA 강의 안내책자를 보면 "학생들을 젠더, 섹슈얼리티, 인종, 계층이라는 대안적인 시각에 노출"시키는 게 목적이라고 밝히고 있다. 인문학은 나르시시즘과 피해자 정서에 대한 집착으로 넘치고 극도로 복잡다단한 역사를 정체성과 계층의 정치로 단순화시키는 학문분야로 전락했다. 미국문학협회(American Literature Association)는 2014년에 추진할 의제로 빈곤, 기후, 사회운동, 노예제도에 대한 보상 등을 꼽으면서 취약한 부문들을 규명하고 변화의 가능성을 타진하는 게 목적이라고 했다. 문학협회가 아니라 정치협회가 추진할 의제목록 같다.

급진적인 좌익 성향이라서 중서부의 버클리라고 불리는 위스콘신대학은 학생들이 입학 후 첫 2년 동안 역사 철학, 영문학, 예술 등 다양한 분야의 강의를 선택하도록 하는 일반선택강좌(General Education)를 실시하고 나머지 2년은 전공분야 강의를 수강하도록 한다. 듀크 페스타(Duke Pesta)교수는 8년 동안 그 학교에 재직하는 동안 인문학 교수 300명 가운데 자신이 유일한 우익성향의 교수였다고 말한다. 이처럼 좌익이 일반선택강좌를 모두 장악했기 때문에 학생들이 좌익 성향이 아닌 강의를 선택할 여지를 원천적으로 차단해버렸고 모든 과목에서 페미니즘, 젠더, 인종, 환경주의 시각을 가르치도록 되어있다. 자연과학도 이념적 오염으로부터 자유롭지 않다. 심지어 수학, 화학, 물리학 관련 강의도 제목을 보면 과학강의가 아니다. 이를테면 '과학의 젠더링(Gendering of Science)', '수학에서의 가부장제(Patriarchy in Math)', '화학에서의 비서구 문화(Non-Western Culture in Chemistry)' 등이다. '페미니스트 빙하학(Feminist Glaciology)'을 주장하는 이도 있다. 오리건대학의 과학역사학자 마크 캐리(Mark Carey)는 여성의 관점에서 빙하를 연구해야 한다는 논문을 발표했는데 연방정부기관인 국립과학재단(National Science Foundation)은 이런 황당한 연구에 70만 달러 이상의 연구자금까지 지원했다. 과학을 빙자한 좌익이념 세뇌와 선동이며 세금낭비다.

익명을 요구한 한 대학의 화학과 학과장은 "과학계에서 벌어지는 일(기후변화에 대해 주류의견에 대해 이견을 제시하는 인사들에 대한 협박과 인신공격)을 공개하면 매장 당한다"라고 털어놓았다. 기후변화에 대한 주류 입장을 지닌 과학자들과 좌익은 기후변화에 대한 주류의견에 이견을 제시하면 "기후변화 이단자(Climate Change Heretics)"라고 낙인을 찍고 중력을 부정하듯이 과학을 부정하는 무식한 인간이라고 빈정거리면서 이견을 지닌 사람들이 토론을 제안해도 "대꾸할 가치가 없다"라며 응하지 않는다. 조지아공과대학 지구와 기후과학 대학원의 주디스 커리(Judith Curry) 박사도 "기후변화 이단자"로 낙인이 찍혔는데 많은 동료 과학자들로부터 자신도 공개적으로 반론을 제기하고 싶지만 직장을 잃을까봐 두려워서 그렇게 하지 못한다는 이메일을 받는다고 말한다. 생태학 박사이자 환경단체 그린피스(Greenpeace)를 창립한 패트릭 무어(Patrick Moore) 박사를 비롯해 기후변화에 대한 주류의견을 반박하는 과학자들은 상당히 많다. 그들의 존재를 대중들이 잘 모르는 이유는 주류언론이 이들의 견해를 전혀 보도하지 않고 주류의견을 지닌 과학자들은 이들과 토론하기를 거부하기 때문이다. 무어 박사는 과학과 증거를 토대로 시작된 환경운동이 감성과 선정성과 정치적 선동으로 변질되었다며 탄식을 한다. 지구의 기후는 늘 변해왔고 지금도 변하고 있고 앞으로도 변한다. 기후 변화를 부인하는 사람은 아무도 없다. 다만 기후 변화의 정도와 인간이 기후변화에 미치는 영향의 정도는 충분히 이견이 있을 사안이다. 또한 기후변화에 대한 주류의 시각을 바탕으로 한 해법이 과연 얼마나 효과가 있을지 여부에 대해서도 갑론을박이 있다. 중력은 이미 존재하는 물리적 현상이지만, 기후 변화는 미래에 대한 예측이며 예측은 전제조건에 따라 달라진다. 더군다나 수십 년 수백 년 후를 예측하기란 매우 어려우므로 서로 다른 의견이 존재하는 게 당연하다. 과학이라면 그 어떤 분야보다도 자료와 증거를 바탕으로 한 논리적인 주장이 핵심이다. 그런데 논리적인 의견에 논리적으로 반박하지 않고 이단자 취급을 하고 입을 틀어막으려 한다면 더 이상 과학이 아니라 종교다. 소수가 이견을 내면 과학을 부정한다고 매도할 게 아니라 경청하고 논리적으로 반박하면 될 일이다. 무엇이 두려워 토론을 거부할까?

페스타 교수에 따르면, 자신을 포함해 종교학을 가르치는 교수 다섯 가운데 네 명은 페미니즘 시각으로 성경을 가르치는데 그들은 성경이 가부장제, 폭력, 편협함, 외국인혐오, 위선으로 가득 찬 책이라고 가르친다고 말한다. 그리스도교 계통 사립대학도 포용이라는 이름하에 교리에 반하는 이념도 포용하는 경우가 흔하다. 로마가톨릭계 대학인 조지타운대학은 오바마에게 연설을 요청했는데 오바마가 연설 장소인 학교 대강당에 있는 예수 상이 안보이게 해달라는 조건을 내걸자 학교 측은 이를 수락했고 오바마가 연설할 때 예수 상을 천으로 덮었다. 천주교 신자인 페스타 교수는 위스콘신대학이 자신을 채용하면서 정교수가 되기 위해 충족시켜야 할 다섯 가지 요구조건을 내걸 길래 그 두 배에 달하는 성과를 내고 정교수가 되자 동료교수가 이럴 줄 알면 진즉에 "해고했어야 하는데…"라고 하더라고 털어놓는다. 페스타 교수는 필라델피아의 한 작은 대학에서 가르칠 때는 대학이 표방하는 정치적 철학과 맞지 않는다며 해고당해서 2년간 소송한 끝에 이긴 경험도 있다며 대학교수들이 자신의 소명은 부모들이 자녀들에게 주입시킨 가치를 말끔히 제거하고 새로운 가치로 채워 넣는 것이라고 공공연하게 말한다고 했다.

표현의 자유가 보호되던 전성기를 상징하는 사건은 〈패피시 대 미주리대학 큐레이터위원회(Papish v. Board of Curators of the Univ. of Missouri, 1973)〉이다. 1960년대 〈벽에 붙어 서, 씨발놈들아(Up Against the Wall Motherfuckers)〉라는 급진적 단체의 바바라 패피시(Barbara Papish)는 자기 단체 회원들을 폭행한 경찰이 무죄 방면되자 이에 항의 하는 뜻에서 경찰이 자유의 여신상을 강간하는 만화를 그려 공개했다가 소송을 당해 대법원까지 올라갔다. 법정에서 피고는 "경찰을 모욕하기 위해서였다. 그들을 분노하게 만들려고 했다. 경찰의 폭력에 항의하고 모욕하는 게 목적인데 예의를 갖출 필요가 없었다"라고 주장했고 결국 승소했다. 패피시의 표현은 바로 모욕적인 표현이었기 때문에 보호되었다는 점을 주목해야 한다. 오늘날 표현의 자유는 패피시가 법정에서 승소한 40여 년 전보다도 훨씬 더 후퇴했다. 이제부터 대학가에서 벌어지는 심각한 표현의 자유 침해 사례들을 몇 가지 소개하겠다.

인디애나주 퍼듀대학(Perdue University)의 한 학생은 토드 터커(Todd Tucker)의 저서 《노터데임 대 KKK(Notre Dame vs. the Klan)》를 교정

의 공개된 장소에서 읽다가 대학 직원에게 고소당했다. 책의 표지가 모욕적이고 불쾌한 감정을 불러일으켰다는 게 이유였다. 이 책은 노터데임 학생들이 KKK와 싸워서 이겼다는, 인종차별에 반대하는 내용으로 표지에는 불타는 십자가가 담겨있고 학교 도서관에도 비치되어 있었다. 모욕적인 내용이 담긴 책을 읽는 행위도 표현의 자유에 의해 보호되는데 심지어는 인종차별에 반대하는 내용을 담은 책인데도 단지 표지가 불쾌감을 준다는 이유로 고소당한 것이다. 고소당한 학생이 한 교수에게 법정에서 싸워야 할지 여부에 대해 상의했더니 교수가 소용없는 짓하지 말라고 했고 학생들 가운데 이 학생을 옹호하는 사람도 한 명도 없었다.

신시내티대학(Cincinnati University)은 전체 교정의 0.1퍼센트 크기의 공간을 "표현의 자유 구역(free speech zone)"으로 지정해 그 공간 내에서만 유인물을 나눠주고 표현의 자유를 행사하라는 규정을 만들었다. 이 공간을 이용하겠다는 허락을 받는 데만 열흘이 걸린다. 학생들이 학생들을 상대로 서명운동을 해 공간을 없애달라고 정부에 청원하겠다고 대학에 얘기했더니 학교 측은 학생들이 서명 받는다고 교정을 돌아다니다가 적발되면 무단침입(trespassing)으로 체포하겠다고 으름장을 놓았다.

캘리포니아주 모데스토 주니어 칼리지(Modesto Junior College) 행정직원들이 온갖 규정을 만들어 표현의 자유를 억압하자 한 학생이 농담반 진담반으로 아마 교정에서는 미국 헌법책자도 나눠주지 못하게 할 거라며 내기를 걸었다. 이 학생은 9월 17일 제헌절에 대학 교정 내 공개된 장소에서 헌법 책자를 나눠 주기 시작했다. 그러자 10분 만에 대학 청원경찰이 다가와 '학교에 등록된 학생 단체만 유인물을 배포할 수 있고, 배포하는 행위도 '표현의 자유 구역'에서만 할 수 있다고 했다. 또 유인물을 배포하려면 학교 측으로부터 배포해도 된다는 허락을 미리 받아야 한다며 이 학생을 제지했다. 이 학생이 행정 직원에게 청원 경찰의 주장이 맞는지 확인 해달라고 했더니 그 직원은 전화번호부만한 책자를 꺼내 한참 뒤적거리면서 해당 규정이 있는지 여부를 찾기 시작했다. 이 직원은 한참 후에 이미 '표현의 자유 구역'은 예약이 꽉 차서 아마 10월이나 되어야 자리가 날 것이라고 답했다. 대학들은 이런 규정을 어떻게든 지키려고 비싼 비용을 들여 법정 소송을 불사하고 있다.

2014년 UC 산타바버라(UC Santa Barbara)의 페미니스트 여교수가 절도, 기물파손, 폭행으로 고소당해 유죄판결 받았다. 평화롭게 낙태반대 시위를 하는 학생의 피켓을 빼앗아 부수고 그 과정에서 학생을 폭행했기 때문이다. 이 교수는 피켓의 포스터에 담긴 혐오스러운 사진 때문에 자극(trigger)받았다면서 평화롭게 시위하던 학생들을 테러리스트라고 칭하고 자신의 행동이 정당하다고 주장했다. 물론 이 여교수는 패소했다. 그러나 이 교수는 수십 명 교수들의 강력한 지지를 업고 여전히 학교에 재직 중이다. 실제로 FIRE도 낙태찬성 시위자보다 낙태반대 시위자들로부터 도와달라는 요청을 훨씬 많이 받는다.

한 소규모 칼리지의 교수 데이비드 클레멘스(David Clemens)는 교수들이 강의제안서를 제출할 때 심지어 물리학, 수학, 화학 등 자연과학에서도 "인종, 젠더, 계층"을 바탕으로 한 이해와 분석을 포함시키라는 지침을 학교로부터 받는다고 했다. 원예학을 가르치는 자신의 동료교수는 "잘 가꾼 정원(Succulent Garden)"이라는 과목에 인종, 젠더, 계층 문제를 어떻게 적용시킬지 고민하더라며 헛웃음을 짓는다. 이런 지침에 대해 학교에 이의를 제기한 이 교수는 물론 인종차별주의자, 성차별주의자, 동성애혐오자 등 온갖 욕설을 듣고 매도당했다.

소수자우대법(affirmative action)은 오히려 소수자에게 해가 된다고 주장하며 캘리포니아대학에서 이 법을 철폐시키는 데 앞장선 워드 코널리(Ward Connelly)는 미시건대학에서 강연할 때 신변에 위협을 느껴 경찰 병력을 강연장에 배치해야 했고 강연장에 참석한 학생들이 끊임없이 소리를 지르고 소란을 피워 강연을 제대로 하지도 못했다. 마찬가지로 소수자우대법에 반대하는 캐롤 M. 스웨인(Carol M. Swain) 교수는 좌익으로부터 "가짜 흑인, 오레오(Oreo) 쿠키, 포치 멍키(porch monkey, 게으른 흑인을 뜻하는 표현), 엉클 톰(Uncle Tom, 백인의 환심을 사기 위해서라면 물불을 가리지 않고 심지어 흑인을 배반하기까지 하는 흑인을 뜻하는 표현)"이라는 조롱과 비난을 받고 학교의 연구비 지원에서도 불이익을 받았다고 털어놓는다. 소수자우대법에 반대하는 존

매쿼터(John McWhorter) 교수도 흑인은 빈곤층이기 때문에 좋은 성적을 올릴 수 없다는 고정관념은 모욕적이라며 이제는 흑인이라고 다 빈곤층도 아니고 수세대에 걸쳐 성공한 삶을 살게 된 흑인들도 많다며 흑인을 백인과 동등하게 대우하지 않는 게 더 모욕적이라고 주장한다. 또 흑인은 모두 피해자라고 교수들이 가르치고 대학 행정직원들도 그렇게 취급하는데 이는 인종간의 화합에 전혀 도움이 되지 않는다고 주장한다. 루이스 고든(Lewis Gordon) 교수도 같은 흑인이라도 출신과 성장배경이 다 다른데 좌익은 흑인들을 동질적인 하나의 집단으로 취급하고 좌익 주류의 생각에서 조금이라도 벗어나면 배신자 취급을 받는다고 털어놓는다. 센트럴 코네티컷 주립대학은 150년 전 노예제도와 관련해 흑인에게 보상하는 문제와 관련해 토론을 열면서 토론참가자 일곱 명을 모두 보상에 찬성하는 사람으로 섭외했고 이에 대해 제이 버그먼(Jay Bergman)교수는 다양한 의견을 들을 필요가 있다고 주장했다가 좌익으로부터 아파르트헤이트, 히틀러, KKK와 생각이 똑같은 인종차별주의자라는 맹렬한 공격을 받았다.

캘리포니아 주립 공과대학(California Polytechnic State University)의 학생 스티브 힝클(Steve Hinkle)은 메이슨 위버(Mason Weaver)라는 우익 성향의 연사를 초청해 자본주의와 자유 시장경제에 대한 강연을 열기로 하고 위버가 쓴 책의 제목 "농장을 떠나도 된다(It's OK to leave the Plantation)."를 넣은 전단지를 만들어 교내의 다문화 센터에 붙였다. 이를 본 행정직원은 전단지 강연제목이 증오발언(hate speech)이라며 힝클에게 떼라고 했고 힝클이 이를 거부하자 학교 측은 힝클에게 학내 소란을 일으켰다며 심리 상담을 받고 공개적으로 사과하라고 했다. 그래도 힝클이 거부하자 학교는 소송을 걸었고 이 사건이 언론에서 대서특필되면서 학교가 비난에 휩싸이자 결국 학교는 소송을 취하했다. 그러면서 학교 측은 힝클에게 '소기의 목적'은 달성했으니 이쯤에서 그만하겠다고 했다. 학교 측은 5만 달러에 달하는 소송비용을 국민세금으로 낭비했다.

인디언 리버 커뮤니티 칼리지(Indian River Community College)의 그리스도교 동아리는 〈예수 수난(Passion of Christ)〉 영화 시사회를 열기로 했지만 학교 행정당국은 미성년자 관람불가(R-Rate)인 이 영화를 혹시라도 연령 미달인 어린 학생들이 보게 되면 충격을 받기 때문에 안 된다며 허가하지 않았다. 그런데 교내 극장에서 〈예수를 위한 씹질(Fucking for Jesus)〉라는 제목의 연극 상연은 허락했다. 예수의 그림을 보면서 자위행위를 한다는 내용이었다.

예일대학 우익 성향의 학생신문 〈예일 프리 프레스(Yale Free Press)〉를 발행하는 학생들은 수년 째 자신들이 발생하는 신문이 사무실에서 도둑을 맞아 사라지거나 배포 장소에서 뭉치 째 사라지는 사건이 끊임없이 일어나 수천 달러의 손실을 보고 있다고 호소한다. 그런데 학교 당국은 지금까지 아무런 조치도 취하지 않았고 적반하장으로 학생들에게 피해자인 척 하지 말고 자체적으로 조사하라는 소리를 들었다고 했다. UC 버클리의 우익 성향 학생신문 〈캘리포니아 페트리어트(California Patriot)〉를 발행하는 학생들도 배포 장소에 신문을 갖다놓자마자 뭉치째 사라지는 일이 비일비재하다며, 압도적 다수가 좌익 성향인 버클리 학생들은 우익 성향의 인간이 존재한다는 자체를 믿기지 않아 하고, 우익 성향인 자신들을 파시스트, 나치, 히틀러 청년단이라고 모욕한다고 호소한다. 이 신문을 발행하는 학생들은 고육직책으로 신문을 직접 배포하고 있는데, 그들에게 "쓸 만한 보수는 죽은 보수 뿐"이라고 저주를 퍼붓고, 얼굴에 침을 뱉고 지나가는 사람들도 있다고 털어놓는다.

로라 프리버그(Laura Freberg) 교수는 캘리포니아 주립 공과대학에서 학생들을 가르치고 남편은 소규모 사업을 한다. 그녀의 남편은 지역 공화당 지구당 일에도 관여하고 있는데 성이 같은 두 사람이 부부라는 사실을 알아낸 대학 교직원들이 프리버그 교수에게 '공화당 지지자인줄 알았다면 채용하지 않았을 것'이라고 했다. 이 대학의 행정 직원, 인문학 계열 교수진, 프리버그와 같은 과에 소속된 교수진 가운데 공화당 지지자는 하나도 없다. 두 사람이 부부라는 사실이 알려진 이후로 자택에 누군가 무단침입을 시도하고 누군가 나치의 상징인 스와스티카 낙서를 했으며 세 딸이 협박을 당했다. 프리버그 교수는 학생들로부터 최고의 강의평가를 받는 교수였지만 학과장 자리에서 밀려나 심리학과로 옮겼고 그때부터 학교 측은 노골적으로 프리버그 교수에게 적대감을 표하기 시작했다. 학교 측은 네다섯 번 그녀의 연구실을 옮겼고 그녀의 강의 시간도 학생들이 기피하는 시간대로 바꿨으며, 학장, 학과장이 끊임없이 면담을 요구하는 등 계속 괴롭힘을 당했다. 결국 프리버그 교수는 학교를 상대로 소송을 걸었고 승소했다. 사건이 터진 후 동료 교수들은 프리버그 교수에게 다른 교수들은 모두들 강의 시작 전에 정치 얘기를 하는데 프리버그 교수는 늘 묵묵히 강의만 했기 때문에 공화당 지지자인줄 알았다고 말했다.

브루클린 칼리지(Brooklyn College)의 K.C. 존슨(K.C. Johnson) 교수는 미국 정치역사, 외교역사, 헌법사를 가르치는데 동료교수들이 '죽은 백인 남자들(Dead White Male)'에 대해 가르친다며 빈정거린다고 털어놓는다. 지난 20여 년에 걸쳐 좌익 성향의 학자들이 역사학을 장악하면서 미국 역사는 착취의 역사이므로 커리큘럼에서 없애야한다는 정서가 팽배하게 되었고 이를 가르치는 자신 같은 사람은 인종차별주의자, 성차별주의자, 파시스트라고 모욕을 당한다고 털어놓는다. 존슨 교수는 집안 대대로 민주당 지지자다. 획일적인 사고가 대학가를 장악하고 학생들이 다른 생각을 접할 기회가 없으면 모든 사람들이 자기와 생각이 같고 그렇지 않은 사람은 사악하거나 멍청하다고 여기게 된다. 좌익은 자신의 생각은 객관적이고 옳고 정당하며 우익의 생각은 이념적이고 틀렸다고 여긴다. 생각이 도전을 받지 않으면 지적으로 나태해지는데 지금 좌익이 그런 상황에 처해있다.

이 세상에 일어나는 모든 문제의 근원은 유대-그리스도교를 바탕으로 한 서구문명과 미국의 식민주의, 제국주의, 자본주의라는 생각이 대학가를 지배하고 있다. 풋힐 칼리지(Foothill College)에 다니는 쿠웨이트 출신 학생 아흐마드 알-콜루시(Ahmad Al-Qoloushi)는 미국 헌법을 지지하는 에세이를 써서 제출했더니 교수가 자신을 집무실로 불러서 쿠웨이트인이라 잘 모르는 모양인데 건국아버지들은 특권층이고 오직 자신들의 이득을 위해 헌법을 제정했다면서 학생은 정신적으로 문제가 있으니 심리 상담을 받지 않으면 학교 측에 얘기해서 비자를 취소하라고 하겠다며 협박했다고 털어놓는다. 이 학생은 미국을 사랑한다는 이유로 미국에서 추방당하게 생겼다며 울상을 지었다. 이 일이 있고 얼마 지나지 않아 학내에서는 교수가 아니라 협박당한 알-콜루시를 비난하는 두 종류 유인물이 돌았는데 그를 히틀러나 자살폭파범에 비유하며 비난하는 내용과 함께 학교 당국이 이 유인물의 배포를 허용했음을 뜻하는 학교 학생처의 직인까지 찍혀있었다.

대학가에 학도군사훈련단(ROTC)을 모집하러 오는 담당자들은 학생들의 격렬한 시위에 시달린다. 전쟁과 군사행동에 반대하는 평화운동가라는 이 학생들의 시위는 전혀 평화롭지 않고 폭력적인 경우가 빈번한데도 학교당국은 수수방관만 한다. 그리고 시위에서 나오는 구호는 앞서 말한 늘 하는 구호다. 인종차별주의자, 동성애혐오자, 성차별주의자 등등 물러가라. 대학가는 미국 군인들은 홀대하면서 테러리스트와 독재자와 이슬람은 두 팔 벌려 환영한다. 탈레반 정권의 대변인을 한 사예드 라마툴라 하셰미(Sayed Rahmatullah Hashemi)

는 교도소에 가기는커녕 미국에 초청되어 예일대학에서 입학했다. 하세미는 초등학교 4학년 학력 소지자다. 컬럼비아대학은 리비아 독재자 무아마르 가다피를 화상으로 초청해 민주주의에 관한 회의를 열었다.

워싱턴연구소(Washington Institute)에서 근동정책을 연구하는 마틴 크레이머(Martin Kramer)에 따르면, 1970년대부터 중동 국가들로부터 미국 대학들로 기부금이 쏟아져 들어왔고 버클리, 하버드, 조지타운 등 명문대학들은 중동연구 과정을 설치해 운영하고 있다. 무슬림 테러리스트들이 폭력을 행사하는 이유는 미국의 억압 때문이므로 이해할만 하다는 게 좌익 진영의 정서다. 리하이(Lehigh) 대학의 학교버스를 운전하는 운전수는 2001년 9/11 테러가 발생하자 버스에 성조기를 달고 운행을 했다가 행정 직원에게서 성조기를 내리라는 지시를 받았다. 다른 나라에서 온 학생들이 위협을 느낀다는 이유였다. 미국 내에서 미국의 국기를 다는 행위도 모욕적인 행위로 간주된다. 리하이대학뿐만이 아니다. 9/11 테러 사태 후 많은 대학들이 성조기를 내리거나 기숙사에 성조기를 내걸지 못하도록 금지했다. 외국 학생들이 불쾌하게 여긴다는 게 이유였다.

브랜다이스(Brandeis) 대학은 이슬람 세계의 여권 신장에 힘쓴 공로로 아얀 히르시 알리(Ayaan Hirsi Ali)에게 명예박사학위를 수여한다고 발표했다. 그러자 교수와 학생들이 이슬람을 비판하는 히르시 알리는 인종차별주의자라며 학교에 항의했고 학교 측은 히르시 알리를 초청해 명예박사학위를 수여하려던 계획을 철회했다. 오늘날 학계에서는 그리스도교에 대한 비판은 무한정 허용하면서 이슬람에 대한 비판은 절대 허용하지 않는다. 따라서 이슬람이 그리스도교처럼 개혁을 할 기회를 박탈하고 이슬람 반체제 인사들의 활동을 위축시키고 위험에 처하게 만든다. 히르시 알리 본인이 여성성기절제라는 전근대적인 이슬람 관행의 피해자이다. 여권 신장을 위해 애쓰는 히르시 알리는 미국에 온 이후로 지금까지 단 한 번도 그 어느 대학 여성학과로부터도 강연 요청을 받은 적이 없다.

워드 처칠(Ward Churchill) 교수는 2001년 9/11 테러 직후 뉴욕 세계무역센터에서 일하다가 무고하게 희생된 사람들을 "끊임없이 학살을 자행하는 미국 제국주의에 부역하는 작은 아이히만(little Eichmanns)"이라며 나치에 비유해 언론에 대서특필되고 온갖 대학에 초청되어 강연을 했다. 박사학위도 없는 처칠은 콜로라도대학교 볼더 캠퍼스(University of Colorado Boulder)에서 소수자우대정책 담당 행정직원으로 일하다가 (본인의 주장일 뿐 증명되지도 않은) 아메리카 원주민의 후손이라는 이유로 자격도 없는데 교수로 채용돼 종신(tenure) 교수까지 된 소수자 우대정책의 수혜자다. 그러나 2007년 7건에 달하는 연구부정행위로 대학에서 해고당하자 처칠은 9/11과 관련해 자신이 한 발언 때문에 부당하게 해고당했다며 학교를 상대로 소송을 내 냈다가 하급법원과 상급법원에서 모두 패소했고 대법원은 심리요청을 기각했다. 매사추세츠예술대학(Massachusetts College of Art)의 노엘 이그나티에프(Noel Ignatiev) 교수는 2002년 하버드 매거진(Harvard Magazine)에 기고한 글에서 백인의 정체성은 전적으로 억압을 바탕으로 구축되었고 백인우월주의를 없애려면 백인을 없애야 한다고 주장한다. 그는 백인에 대한 배반은 곧 인류에 대한 충성이라면서 소수인종들이 모두 단결해 백인들의 종족번식을 막아야 한다고 주장한다. 그는 백인종 제거는 아주 바람직한 목적이므로 골수 백인우월주의자 말고는 그 누구도 반대하기 어려울 것이라고 말한다. 제프 슈나이더(Jeff Schneider) 교수는 백인들은 모두 무의식적인 인종차별주의자인데 본인이 인식하지 못하기 때문에 인정하지 않는다고 주장한다. 물론 이들의 주장은 표현의 자유라는 이름으로 보호받는다.

20세기 말 미국에서 급부상하기 시작한 백인학(Whiteness studies)은 위의 세 인물의 주장을 그대로 반영한다. 백인학을 연구하는 이들은 백인 정체성은 백인의 사회적 지위를 공고히 하고 유색인종에 대한 차별을 정당화하고 백인특권(white privilege)을 누리기 위해 만들어진 '사회적 구성물'이라면서 또 한편으로는 백인은 '타고난' 인종차별주의자로서 그 사악한 기질을 어느 정도 완화시킬 수는 있어도 완전히 없애기는 불가능하다는 모순된 주장을 한다. 흑인학(Black Studies), 멕시코계 미국인 연구(Chicano Studies), 젠더 연구 등과 같은 분야는 주로 연구 대상을 미화하고 찬양하는 데 집중하지만 이와는 달리 백인학은 백인이 특권을 누려온 사악한 집단이라고 매도하는 백인특권의식(white privilege)의 비판이 주된 내용으로서 같은 백인이라도 역사적으로 시련과 탄압을 겪은 백인들도 있고 백인들의 사회적 지위와 인생경험도 천차만별이라는 사실을 완전히 간과하고 있다. 북한에 여행을 갔다가 포스터를 뜯었다는 이유로 15년 형을 선고받고 복역하다가 2017년 6월에 식물인간 상태로 미국에 송환된 오토 웜비어(Otto Warmbier)가 사망했을 때 미국 〈허핑턴포스트〉와 〈살롱(Salon)〉 등 일부 좌익 성향의 언론들은 분노하기는커녕 "백인의 특권이 북한에서는 안 통하지?"라는 제목의 기사를 내고 당해도 싸다는 듯이 빈정거렸다. 백인학을 비롯해 모든 정체성 연구 분야는 모든 사람이 인종에 대한 집단의식에서 벗어나지 못하게 만들고 유색인종에게는 피해자 정서를, 백인에게는 죄책감(white guilt)과 자기증오(self-hatred)를 각인시키는 게 목표다.

좌익 지식인의 대부로서 늘 급진적인 정치적 발언으로 세간의 입에 오르내리는 노엄 촘스키(Noam Chomsky) 교수는 이슬람의 대변인이라 할 방송 알자지라(Al Jazeera)와의 인터뷰에서 진행자가 세계의 정권을 악한 순서대로 나열하면 누가 가장 사악한지 묻자 조금도 주저 않고 영국과 미국이 단연 가장 사악한 정권이라고 답했다. 촘스키는 세계에서 일어나는 모든 부정적인 현상이나 사건을 미국의 잘못으로 귀결시키는 데 뛰어난 재주를 지닌 인물이다. 물론 이런 교수들의 주장은 표현의 자유라는 이름으로 보호된다.

촘스키는 미국 국방부는 지구상에서 가장 사악한 조직이라면서 미국 국방부를 맹렬히 비난하는 데 앞장서왔다. 촘스키는 대학생들에게 국방부 돈은 더러운 돈이므로 국방부 장학금을 받지 말라고 하고 ROTC도 반대한다. 촘스키는 또 국방부와 계약을 맺고 프로젝트에 관여하는 교수들이나 국방부에서 근무하다가 다시 학교로 돌아오는 교수들을 부도덕하고 위선적이라며 맹렬하게 비난한다. 그런데 촘스키가 매사추세츠공과대학에서 맡고 있는 직위에 따르는 봉급이나 그가 하는 연구 지원금은 거의 대부분 국방부에서 나온다. 촘스키는 매사추세츠공과대학에 재직하는 동안 정규 교수진이 아니라 연구소 소속으로 훨씬 높은 연봉을 받았고 그동안 수백만 달러를 벌어왔다. 촘스키의 부인도 언어학자인데 이 사람도 국방부 관련 일을 했다. 국방부가 지구상에서 가장 사악한 조직이라며 어떻게 국방부로부터 돈을 받느냐는 질문을 받은 촘스키는 "돈이 어디서 나오는지 여부는 단순히 행정적인 문제일 뿐이다. 우리는 사실상 모두 국방부 일을 하는 셈이다"라는 황당한 답변을 했다.

촘스키는 부유층이 제몫의 세금을 내지 않는다며 신탁기금(trust fund) 제도와 조세피난처(tax shelter)를 이용해 절세하는 행태에 대해서도 공격을 퍼부으며 이런 제도들을 폐지해야 한다고 목소리를 높인다. 그런데 정작 촘스키 본인도 보스턴의 유명한 법률회사의 자문을 받아 자기 가족을 위한 신탁기금을 설치하고 자신의 저서 저작권도 그 신탁기금에 위탁했다. 이런 모순된 언행에 대해서 해명을 요청하자 촘스키는 "우리 가족은 빈곤층을 위해 일하기 때문에 그래도 괜찮다"라고 답변했다. 이중성과 위선의 정도가 가히 측정불가능한 수준이다. 미국을 나치 독일에 비유하고 전체주의 사회라고 매도하는 촘스키는 인도의 잡지 〈프론트라인(Frontline)〉과의 인터뷰에서 기자가 "당신이 하는 일은 별로 용기가 필요하지 않다. 미국을 비난한다고 신변이 위험해지지도 않고 너무 쉬운 일 아닌가?"라고 하자 "그렇지 않다. 내게는 미국 여권이 있기 때문에 미국을 비난할 수 있는 것이다"라고 답했다. 뭐 이런 인간이 다 있나? 그러니까 미국에게 온갖 비난을 쏟아놓으면서도 마음 깊숙한 곳에서는 표현의 자유를 존중하는 민주주의 국가인 미국의 국민이기 때문에 그런 자유를 향유한다는 사실을 인식하고 있는 것이다.

강의실을 벗어나도 학생들에 대한 세뇌는 계속된다. 기숙사 사감 역할을 하려면 사회정의 관련 석사학위 소지자인 좌익 성향이어야 하고 사감들이 각 층마다 책임자로 선정하는 학생들은 가장 급진적인 좌익 성향의 학생들이다. 30년 전에는 남녀 기숙사 동이 따로 있었지만 15년 전에는 남녀가 각각 다른 층에 거주하는 지침으로 바뀌었고 이제는 700여 개 대학에서 남녀가 한 방에 기거하는 룸메이트가 될 수 있다. 기숙사에 입주한 첫 주에는 남녀 따로 분리해서 오리엔테이션을 한다. 여학생들 오리엔테이션에서 사감은 학생들에게 성적 취향과 성경험에 관한 이력을 읊게 하고 이에 대해 사감이 비판하면서 이런 질문을 한다. "그러니까 여자하고 성관계 해본 적이 없다는 거야? 성적 취향을 실험해본 적이 없어?" 이 질문에 없다고 답하면 이런 비판이 돌아온다. "왜 잠재적인 동반자인 인구의 절반을 배제 하니? 다른 사람들에 대해 편견이 있구나." 그리고 다양한 성행위 기구들을 들고 와 소개하는 사감도 있다. 남학생들 오리엔테이션 내용은 이렇다. 사감이 남학생들에게 "너희들은 잠재적 강간범이고 너희가 남자라는 사실 자체로 강간 문화에 일조하는 셈이다"라고 훈계한다.

또 백인 학생들은 무조건 특권층이고 타고난 인종차별주의자이며 백인 외에는 절대로 인종차별주의자가 될 수 없다는 이야기를 귀가 따갑게 듣는다. 한 흑인 여학생은 흑인은 증오도 할 수 없다는 주장 자체도 편협한 주장이라고 꼬집는다. 또 남성에 대한 부당한 대우, 백인에 대한 부당한 대우를 지적하며 변호하는 여성이나 소수인종 학생들은 따돌림을 당하다 견디지 못해 학교를 떠나는 경우도 있다. 좌익의 주장에서 한 치라도 벗어나면 그들이 억압받는다고 여기는 집단 구성원이라도 여지없이 배척당한다. 많은 대학들이 이런 "무의식적인 인종차별주의자"인 백인들로부터 소수인종 학생들을 보호하기 위해서 예전의 인종분리 정책으로 되돌아갔다. 신입생 오리엔테이션을 인종별로 따로 하고, 인종별로 분리된 기숙사에서 배정해 서로 마주 칠 일이 없게 했으며, 졸업식도 인종별로 하는 학교도 있다. 하버드대학은 일 년간의 준비 끝에 최초로 2017년에 졸업하는 흑인 대학원생들은 별도로 졸업식을 여는 "진전(progress)"을 이루게 되었다고 발표하면서 앞으로 학부생과 다른 인종에게까지 이 정책을 확대해나가겠다고 발표했다. 이 계획을 추진한 하버드 대학원생 마이클 히긴스(Michael Higgins)는 흑인 학생들은 노골적인 인종차별주의와 인종차별적인 발언 때문에 힘든 대학 생활을 겪는다면서 이번에 흑인들만 참석하는 독자적인 졸업식이 하버드 흑인학생들의 탁월함을 기리는 계기가 되리라면서 "졸업식 별도로 하는 게 인종분리는 아니다(the segregation is not about segregation)"라는 궤변을 늘어놓았다. 스탠포드, 템플, 컬럼비아 대학도 흑인 졸업생들만 별도로 졸업식을 치르기로 했다. 포용과 다양성과 서로 다른 인종 간의 화합을 추구한다면서 실제로는 서로 접촉할 일도 없게 만드는 이런 말도 안 되는 정책들이 실행되고 있다.

요즘은 글만 읽고 쓸 줄 알면 아니면 죄다 대학에 입학한다. 대학입학 학력고사인 SAT가 아니라 따로 입학시험을 치르는 대학교도 있다. 공교육을 받은 학생은 84퍼센트, 홈스쿨링을 받은 학생은 70퍼센트 정도가 좌익 성향을 지니고 대학을 졸업한다. 홈스쿨링을 받은 학생들은 교수의 의견에 반박하고 이견을 제시할 확률이 조금 더 높기 때문에 좌익 이념으로 세뇌시키기가 좀 더 힘들지만 대학교수들은 사실 홈스쿨링 학생들을 훨씬 좋아 한다. 성실하기 때문이다. 아무리 급진 좌익 성향의 교수라도 멍청한 학생들을 가르치고 싶어 하지는 않는다. 공교육 받은 학생들은 이미 성적으로(sexually) 조건화되어있고, 역사의식도 없으며, 머리가 말랑말랑해 세뇌시키기 만만한 대상이기 때문에 교수들의 승부욕을 불러일으키지 않는다. 따라서 교수들은 홈스쿨링 받은 학생을 세뇌시켰을 때 훨씬 높은 쾌감과 성취감을 느낀다. 하버드, 예일, 스탠퍼드 같은 명문대는 오직 홈스쿨링 받은 학생들만 공략하는 전문가를 고용해 학생유치 활동을 하고 있다. 대학 입학한 후 방학 때 집에 돌아와서 조부모에게 뒷마당이 쓸데 없이 넓네, 차가 두 대나 왜 필요하네 하며 훈계하기 시작하고 부모와 눈도 안 마주치려고 하면 자녀가 세뇌당하고 있다는 징조다.

하이에크에 따르면, 1920년대와 30년대에 유럽 대륙, 특히 독일과 프랑스에서 공부를 마치고 고국으로 돌아온 영국인과 미국인 유학생들은 자신이 공산주의자인지 나치인지 헷갈렸지만 자유주의를 기반으로 한 서구 문명을 증오하게 된 점만은 분명했다. 공산주의, 나치즘, 파시즘은 반개인주의, 반이성주의, 반자유주의, 그리고 집단주의가 바탕인 전체주의라는 점에서 같다. 영국 보수주의 철학자 로저 스크루튼 경은 청년시절 사회주의자였다. 1968년 봄 프랑스 파리에서 대규모 학생운동이 일어났을 때 스크루튼 경은 파리에 있었다. 감상적인 분노에 가득 차 거리로 뛰쳐나온 학생들은 베이비부머 부모 밑에서 풍족하게 자라 어려움이라고는 겪어본 일이 없는 이들이었다. 그들은 목청이 터져라 구호를 외치면서 자신들이 대변한다는 "부르주아 계급에게 억압받는 프롤레타리아 계층"인 평범한 국민들이 소유한 자동차를 부수고 상점에 불을 질렀다. 그들은 이미 파산한 마르크스주의를 주제로 스스로 창작한 드라마에서 주인공 역할을 하고 있었다. 청년 스크루튼은 그런 그들에게서 환멸을 느꼈고 시위에 동참하지 않았다. 오늘날 서구사회의 청년세대에게서 20~30년대 영미유학생들, 68년 파리의 거리로 뛰쳐나온 학생들의 그림자가 어른거린다. 스타벅스 커피를 물처럼 들이켜고 애플 신상품만 나오면 열광하는 철저한 자본주의 소비자로 온갖 첨단기술을 통해 표현의 자유를 한껏 누리면서도 사회주의를 갈망하는 청년들이 망치와 낫이 그려진 붉은 깃발을 휘날리며 대학가를 활보하고 있다.

페스타 교수는 오늘날 대학생 수준이 1970년대 고등학교 수준에도 못 미친다고 탄식하면서 지난 30년 동안 대학에 다닐 지적인 수준이 되지 않는 아이들이 대거 입학했고, 대학생이 중 2수준의 읽기 쓰기 능력에 비판적 사고 능력은 제로이고 지력이 낮아 뉘앙스를 못 견뎌하고 흑백논리의 명료함에 끌린다고 말한다. 또한 서구문명이나 근본적 가치에 대해 하나도 모른 채 대학에 입학하는데, 무식하면 겸손하기라도 해야 하지만 의식만 완전히 정치화되어서 '억압적인' 서구문화에 대해 무지한 자신을 오히려 자랑스럽게 생각한다고 한다. 열정과 감정이 냉철함과 논리와 지성보다 앞서면 파괴와 혼란을 낳는다. 합리적이고 논리적인 사고보다 감정이 앞서고 지력이 낮은 사람일수록 실제보다 자기가 뛰어나다고 생각하는 경향이 강하다. 페스타 교수는 자신이 가르치는 학생들 가운데 40퍼센트는 지적 능력이나 배우는 자세로 볼 때 대학에 다닐 자격이 없는 학생들이라며 이런 학생들은 대학에서 완전히 시간만 낭비하고 빚더미에 앉게 된다고 한탄한다.

그럼 대학에 입학하는 학생들의 수준은 왜 이렇게 낮을까? 초중고등 공교육이 엉망이기 때문이다. 스탠퍼드대학 정치학과 테리 모(Terry Moe) 교수는 공교육의 질이 엉망인 이유는 교원노조(Teachers Union) 때문이라고 말한다. 막강한 정치력을 휘두르는 교원노조는 교육의 질 향상이 아니라 교사의 이익 보호가 목표다. 이들은 지역 교육청과의 단체교섭을 통해 교사들에게 유리한 근로 규정을 만들어내고, 능력보다 연공서열에 따라 급여 수준을 결정하고, 연공서열 최하위를 해고대상 1순위(Last In First Out)로 삼는다. 교원노조는 민주당에 로비를 하고 정치헌금을 기부해 집단의 이익을 지키고 교육 개혁(교직원에 대한 평가, 능력에 따른 급여 차등지급, 무능한 교사 퇴출)정책의 실행을 방해한다.

교원노조는 공립학교 교사들에게서 강제로 노조회비를 징수하는데 캘리포니아 주에서만 한해에 회비로 징수하는 금액이 3억 달러에 달하고 이 회비로 민주당에 로비를 해서 더 많은 공교육 지원금을 받아낸다. 하지만 정부의 지원금은 교육을 개선하는 데 쓰이지 않는다. 국립 교육통계국(National Center for Education Statistics, NCES)에 따르면 1970년 이후로 공립학교 학생은 5퍼센트 증가한 반면, 교사는 95퍼센트 증가했다. 교사 수가 늘어나면 교원노조회비도 늘어난다. 캘리포니아주는 해마다 주 전체 예산의 55퍼센트인 550억 달러를 교육에 쏟아 붓는데도 학생의 읽기와 수학 능력은 전국 50개 주 가운데 45위이고 이런 결과에 아무도 책임지는 사람도 없다. 그러니 경제적으로 여유 있는 부유한 학부모는 당연히 자녀를 사립학교에 보낸다. 사립학교는 교사들이 교원노조의 경직된 직장 규정으로부터 자유롭고 행정담당자들은 능력 있는 교사에게는 보상하고 무능한 교사는 해고할 수 있기 때문이다. 따라서 학부모에게 학교선택권을 주면 교육에 경쟁체제가 도입되기 때문에 공립학교들이 학생을 유치하려면 교육의 질을 개선해야한다. 하지만 그렇게 되면 교원노조의 자금력과 정치력이 감소하기 때문에 교원노조는 이 정책에 결사적으로 반대한다. 물론 민주당도 공교육이 망가진다며 격렬히 반대한다. 공교육은 이미 망가져서 더 망가질 것도 없는데 말이다. 가장 피해를 보는 사람들은 자녀를 사립학교에 보낼 여유가 되지 않는 흑인이나 히스패닉 빈곤층이다. 그런데 클린턴, 오바마를 비롯해 많은 민주당 정치인들은 거의 전부 자녀들을 사립학교에 보냈거나 보내고 있다.

캘리포니아 공립학교 교사인 레베카 프리드릭스(Rebecca Friedrichs)는 교원노조 내부로부터의 개혁을 추진했지만 벽에 부딪혔고 결국 캘리포니아 교사협회(California Teachers Association)를 상대로 소송을 걸어 대법원까지 갔다. 프리드릭스는 교사들이 강요나 위협받지 않고 재량껏 교원노조에 회비를 내거나 가입하도록 선택권을 주어야 한다고 주장했지만 대법원에서 4대 4로 패소했다. 아칸소대학(University of Arkansas)의 조사에 따르면 학부모들에게 학교선택권을 주는 정책을 시행하면 읽기는 27퍼센트 수학은 15퍼센트 학습능력이 향상된다. 현재 공교육 체제 하에서 교사들은 치열한 경쟁은 학생들을 고통스럽게 하고 자존감을 해친다면서 시험을 없애고 성적도 매기지 않으며 모든 학생들에게 상을 준다. 그러니 학생들의 학습능력 수준이 어느 정도인지 측정할 수도 없고 향상되는지도 알 길이 없다. 그런데도 교사들은 학생들에게 모두 다 훌륭하고 원하는 것은 무엇이든 할 수 있다고 바람을 넣는다. 겉으로는 학생들을 위하는 것 같지만 사실은 교사 자신들의 무능이 학생들의 학습능력 평가결과를 통해 드러나지 못하게 하려는 기만이다. 그리고 학생들은 근거 없는 자신감으로 무장한 채 대학에 진학한다.

오바마는 대통령에 취임하고 나서 학자금 융자(student loan program)를 연방정부에서 보증하는 정책을 도입했다. 은행이 대학생들에게 학자금을 융자해줄 때는 융자를 상환할 능력이 있는지 꼼꼼히 따져서 대출해준다 그러나 연방정부가 대출을 보증해주면 학생이 아무 쓸데없는 해괴한 전공을 해도 무조건 융자를 해준다. 오바마 정부는 학생이 학자금을 갚을 능력이야 있든 없든, 사회에서 아무 쓸모없는 전공을 하든 말든, 공정과 평등이라는 명분하에 무조건 지원해주고 대학들은 허접한 강의를 제공하고 학생들로부터 돈을 긁어모은다. 사회에서 그 가치를 인정해주지 않는 허접한 전공을 한 학생은 졸업할 무렵 빚더미에 앉게 되고 기회비용까지 계산하면 두 배의 대가를 치른 채 무늬만 고학력자로서 기업이 고용할만한 자질을 갖추지 못한 채 졸업한다. 그런데도 학생들은 대졸 학력에 상응하는 직장을 얻을 권리가 있다고 생각하고 심지어 학비도 내지 않을 권리가 있다고 주장한다. 민주당은 왜 되갚을 능력이 없는 아이들에게 학자금을 융자해줄까? 성공하기를 바라는 게 아니라 빚더미에 앉기를 바라기 때문이다. 대학에 진학할 능력과 자격 없는 아이들을 대학에 보내 빚더미에 앉게 하고 빚을 청산해주겠다고 약속해 선거에서 이들의 표를 얻는다. 지금 미국의 학자금 부채가 1조 달러로 미국의 신용카드 부채를 다 합한 것보다 많다. 민주당은 왜 아이들이 더 멍청해지기를 바랄까? 자기 자신을 돌볼 수 없는 사람은 큰 정부를 내세우는 정당에 투표하고 정부가 삶의 문제를 해결해주기 바라기 때문이다. 이렇게 좌익은 자기가 만들어낸 문제를 자기가 해결함으로써 영웅이 되고 유권자의 지지를 확보한다. 정당차원의 대리뮌하우젠신드롬(Munchausen Syndrome by proxy)이다.

고학력이라고 해서 저절로 쓸모 있는 인적자본이 되지는 않는다. 고등교육을 통해 경제적으로 유의미한 기술을 습득해야 인적자본이 되며 학력이 높다고 해서 당연히 고소득을 누릴 자격이 주어지지는 않는다. 오늘날 미국 대학에서 과학, 기술, 공학, 수학, 즉 스템 분야(Science, Technology, Engineering, Math, STEM)를 제외하고는 노동 시장에서 쓸모 있는 지식을 습득해 졸업하는 학생들이 거의 없다. 프랑크푸르트학파와 포스트모더니즘으로 오염되고 경제적으로 쓸모없는 지식으로 무장한 고학력 실업자들은 대부분 학교에 남거나 언론기관, 정부기관에 취직한다. 고용주가 자기 주머니에서 봉급을 줘야 하는 시장경쟁체제에서 이런 고학력실업자들은 쓸모가 없기 때문이다. 시장에서 무용지물인 지식으로 무장한 고학력자들을 그대로 두면 불만이 폭발하고 사회가 불안정해질 가능성이 있다. 따라서 정부는 이들을 흡수하기 위해 공공부문에서 더 많은 일자리를 만들어 낸다. 그리고 비대해진 정부조직은 더 많은 규제를 만들어 내 경제성장에 기여할 이들의 경제활동을 제약한다. 큰 정부를 지향하는 좌익에게는 손해 보는 장사가 아니다. 대학에 가라고 부추겨 빚더미에 앉혀 놓은 다음 아무 쓸모없는 지식으로 무장한 이들이 노동시장에 나오면 이들을 정부에서 흡수해 시키는 대로 하는 공무원으로 만들고 정부의 덩치는 점점 더 커진다. 또 대학진학률을 높이면 대학의 재정을 안정시켜주고 대부분 좌익인 대학 교수들의 철밥통을 지켜주는 효과도 있다. 이렇게 좌익을 지지하는 유권자 층이 점점 두터워지는 선순환 구조가 만들어진다.

다시 PC 문화 이야기로 돌아가서, 대학당국과 갈등에 휘말리지 않으려면 이렇게 하면 된다. 첫째, 나와 의견이 다른 사람과는 대화를 하지 않는다. 둘째, 아집이 너무 강해 이견을 받아들이지 않는 교수와는 대화하지 않는다. 셋째, 고등학교 때 배운 이념을 표방하는 동아리에 가입하고 논란이 되는 대화 주제는 되도록 피한다. 그러면 만사 오케이다. 이럴 거면 왜 대학에 가나? 그런데 대학뿐만 아니라 사회 전체가 이미 이런 방향으로 가고 있다. 자기 의견을 재확인해주는 확증편향적인 언론에만 노출되고 자기와 이념이 같은 사람들과만 어울린다. 대학이 이를 깨는 데 도움이 되어야 하는 데 오히려 한술 더 뜬다. 어떤 사회운동이든 본래의 목적을 상당히 달성하고 나면 그때부터 존재할 명분을 찾아야할 절박한 처지에 놓이게 된다. 그렇게 되면 정당하고 바람직한 의도에서 시작된 운동이 변질되어 애초의 선한 의도는 흔적도 없이 사라지고 인간의 상식으로는 도저히 이해가 불가능한 온갖 부작용이 나타나게 된다. 소수자를 보호한다는 명분으로 시작한 PC 문화가 지금 그런 상황에 이르렀다.

가장 급진적인 PC 근본주의자는 "사회정의전사(Social Justice Warrior, SJW)"라고 불리는데 이들의 언행은 사회적이지도 정의롭지도 않고 전사다운 풍모도 없으며 이들에게 PC는 거의 종교다. 세대별로 보면 좌익 이념에 가장 철저히 세뇌당한 밀레니얼 세대(Millenial Generation, 대략 1980년대 초에서 2000년대 초에 출생한 세대)가 PC 근본주의자 성향이 가장 강한데, 이들은 세상이 억압자와 피억압자로 양분된다고 보고 '억압받는 자, 사회적 약자, 소수자'에 대한 비판에 논리적으로 반박하지 않고 비판하는 사람에 대해 온갖 인신공격을 한다. 소수자에 대한 공감능력만 지나치게 높고 이성적 합리적 판단능력은 바닥이다. 그래서 공감 능력이 이전 세대들 보다 뛰어나다고 칭찬받는다. 찰스 디킨스의 《올리버 트위스트》는 19세기 처참한 환경에 놓인 고아들이 학대당하고 착취당하는 모습을 묘사하고 있다. 그러나 20세기 초부터 어린이 노동금지법이 제정되고, 의무교육이 시행되었으며, 아동사회보장국이 설치되어 어린이들의 복지를 돌보게 되었고, 체벌금지에서부터 어린이 안전을 보장하는 여러 가지 정책 발달로 이어졌다. 이제는 부모들이 자녀가 자기 시야에서 단 한순간 벗어나지 못하게 하고, 혼자 걸어서 등교하도록 하지도 않고, 자녀가 다치거나 유괴당할까 봐 놀이터에서 혼자 놀도록 허락하지도 않는다. 객관적으로 예측가능한 정도의 위험의 수준을 훌쩍 넘긴 과잉보호와 부모의 지나친 간섭은 걱정스러울 지경이다. 또 학교에서는 아이들 자존감 상한다는 이유로 칭찬만 한다. 이제는 성인이 된 자녀들의 입사면접이나 직장의 인사고과 평가하는 자리에 참석하거나 자기 자녀를 꾸짖은 직장상사에게 전화를 걸어 따지는 부모들까지 있다. 자라는 동안 칭찬만 받고 자기가 잘난 줄 알면서 자라 성인이 된 자녀들은 직장에서 비판을 받으면 큰 충격을 받는다. 생전 지적을 받아본 일이 없기 때문이다. 자존감 고취라는 미명하에 아동에 대한 비판이 금기시된 환경에서 자란 세대가 바로 밀레니얼 세대이다. 이들은 자신과 다른 견해는 접해보지도 못하고 자랐기 때문에 대학에 가서도 이견에 대해 논리적으로 반박할 지력도 모자라고 다른 의견을 지닌 상대방을 인종차별주의자, 여성혐오자 등등으로 인신공격 할 줄밖에 모른다.

고학력일수록 한 달에 자기 생각과 다른 의견에 노출되는 횟수가 적다고 한다. 자기 생각과 다른 의견을 적극적으로 추구하고 찾아나서야 진정한 지성인이다. 자기 생각과 똑같은 글만 읽고 자기와 똑같은 의견을 지닌 사람들끼리 어울리며 똑같은 의견만 주고받는 메아리 방(echo chamber) 문화는 중독성이 강하다. 서로 같은 생각하는 사람들끼리만 어울리면 훨씬 급진적인 성향이 되고 괴상망측한 신념을 갖게 되며 심지어 자기와 의견이 다른 사람을 증오하게 되기까지 한다. 지금 대학은 이런 지성의 악순환을 지속, 악화시키고 있다. 대학은 치졸한 정체성과 감정을 숭배하는 전당이 되었다. 과거에 종교의 정통 교리라는 지나치게 보수적인 도그마가 장악했던 자리를 신흥 종교인 PC가 차지했다. PC는 종교 못지않은 광신적인 성향을 보인다. 지금과 같은 대학 분위기에서는 학생들은 교수들에게 기대지 말고 스스로 배움에 책임을 져야 한다. 도서관에 가서 잊히고 억눌린 목소리들이 담긴 책속에 파묻혀 지내야 한다. 그렇지 않으면 대학에 들어갈 때보다 나올 때 더 멍청한 인간이 된다. 국민에게 자유를 가르치지 않는 나라는 자유를 지키지 못하고 자유를 잃었는지 조차 깨닫지 못하게 된다. 레닌은 "청년 한 세대만 내게 주면 전 세계를 바꾸겠다"라고 했다. 그는 또 "내게 아이들을 4년 만 가르치게 해주면 내가 심은 씨앗을 절대로 뿌리 뽑지 못한다"라고 했다. 지금 대학은 비판적사고 능력을 기르고 지식을 추구하는 본래 목적을 저버리고 레닌이 주장한 대로 청년들을 좌익 이념으로 세뇌시키고 있다.

2. 여성학과 페미니즘: 립스틱 바른 마르크스주의

영국과 미국에서 꽃핀 제1세대 페미니즘은 여성의 참정권을 비롯해 법적 권리를 평등하게 누리는 데 초점을 두었다. 1920년대와 1930년대의 페미니스트들은 역사적으로 남성이 이룬 업적을 존중하고 경의를 표했으며 스스로도 많은 업적을 남긴 가장 건전한 페미니즘 시대였다. 프랑크푸르트학파와 포스트모더니즘이 영향력을 확대해나가던 1970년대 무렵 시작된 제2세대 페미니즘은 모든 여성들이 대동단결해 모든 형태의 가부장제에 저항함으로써 여성이 해방되어야 한다고 주장했다. 이들은 가족제도를 가부장제의 기초로 보고 직장여성을 미화하고 전업주부와 모성을 폄하했다. 제2세대 여성 운동이 절정에 달했을 무렵 강간이 만연해있다는 주장이 등장했고 '질투'나 '감정적인 학대(emotional abuse, 물론 이 용어의 정의는 해석하기 나름이다)'도 '폭력'으로 간주하는 등 강간을 대단히 폭넓게 규정하게 되었다. 그러면서 여성을 무력하고 나약하며 보호받을 필요가 있는 존재로 인식하던 1950년대로 퇴행했다.

사회적 구성주의(Social Constructionism)도 여성운동에서 핵심적인 역할을 하게 되었다. 페미니즘은 이 이념을 여성에게 유리한 방식으로 취사선택해서 적용한다. 여성과 관련해 불리하거나 부정적인 측면은 모두 '사회적 구성물'이라고 주장하고 유리하거나 긍정적인 측면은 모두 여성이 타고난 본질로 취급한다. 반대로 남성의 단점이나 부정적인 면은 타고난 본질로 간주하고 장점이나 긍정적인 면은 가부장제적 억압을 통해 특권을 누려 얻은 것으로 몰아간다. 오늘날에는 유치원에서부터 어린이들에게 전통적인 성역할을 바탕으로 생각하지 않도록 가르친다. 남성과 여성은 생물학적으로 다른 특질을 타고 나므로 관심사나 장단점이 서로 다르다는 사실을 인정하지 않으면서 또 한편으로는 여성은 남성보다 우월한 직관을 지녔고 남성은 본질적으로 폭력적이라고 주장하는 모순된 태도를 보인다. 또 페미니스트는 남성이 여성보다 열등한 점은 마음껏 거론하면서도 여성이 남성보다 열등한 점을 거론하는 사람은 여성혐오자나 성차별주의자라는 낙인을 찍는다. 여성의 법적 사회적 평등이라는 개념이 보편화되고 사회적으로 수용되면서 여성운동이 소강상태에 접어들자 페미니즘은 학계에 둥지를 틀었고 남성을 증오하는 정서로 변질되기 시작했다.

1970년대에 거의 대부분이 남성인 교수진에 여성의 비율을 늘려야 한다는 사회적 압력이 거세지면서 학계는 사회적 비난을 모면하기 위해 학문적 깊이와 질은 따지지도 않고 여성학과를 마구 신설해 막강한 재정적 지원을 쏟아 부었다. 시작부터 여성학은 경직된 좌익 이념과 분명한 의제를 바탕으로 추진되었고, 양성 간의 차이는 모두 남성이 여성을 예속시키고 착취한 가부장제에서 비롯되었다는 노선에서 조금이라도 벗어나는 의견은 절대 용납되지 않았다. 학계의 남성들에게도 일말의 책임이 있다. 이들은 한편으로는 성차별주의자라는 낙인이 찍힐까봐 두려워 페미니즘이라는 새로운 권력구조에 대해 비판할 엄두를 내지 못했고 또 한편으로는 "여자들끼리 어울릴 분야 하나 만들어 주지 뭐"라는 식의 경멸적이고 무관심한 태도를 보였다.

제2세대 페미니즘의 기수라고 할 〈미즈(Ms.)〉 잡지는 주류 페미니즘과 다른 생각은 잡지에 절대로 싣지 않았다. 소련 공산당 기관지 〈프라우다(Pravda)〉보다 종이 질만 더 좋았지 페미니즘 판 프라우다나 마찬가지였다. 반남성적(anti-male)이고 반성적(anti-sex) 성향이 강했고 여기서 벗어나는 의견을 절대 용납하지도 싣지도 않았다. 〈미즈〉를 창간한 2세대 페미니즘의 대모 글로리아 스타이넘(Gloria Steinem)은 늘 인맥이나 쌓는 출세지향주의자였고 자신을 성스럽고 자기희생적인 인도주의자로 포장해 팔면서 사생활에서는 상류층, 유명인사, 언론 귀족층과 어울렸다. 그녀는 "물고기에게 자전거가 필요 없듯이 여성에게도 남성은 필요 없다"라고 하면서도 맨해튼에서 열리는 호화파티에는 반드시 남성과 팔짱을 끼고 나타났다.

제2세대 페미니즘에 대해 반격의 포문을 연 사람은 카밀 팔리아다. 그녀는 1990년대 초 예술과 문학을 통시적으로 분석한 《섹슈얼 페르소나(Sexual Personae)》에서 남성의 창의성을 높이 사고 서구문명의 예술과 문학에 대해 높은 평가를 내렸다. 이미 포스트모더니즘과 제2세대 페미니즘이 학계를 장악한 당시로서는 파격적인 내용이었다. 팔리아는 또한 남성과 여성에 대한 고정관념이 양성 간의 차이를 유발하는 게 아니라 고정관념은 양성 간의 평균적인 차이를 반영할 뿐이라고 말했다. 팔리아는 자신은 동등한 기회와 개인의 자유를 존중하는 페미니스트이지만 당시 페미니즘은 지적으로 공허하고, 여성은 피해자라는 피해의식에 사로잡혀 있으며, 남성에 대한 증오만 가득하다고 맹공을 퍼부으면서 스스로를 반페미니스트적 페미니스트(anti-feminist feminist)로 규정했다.

팔리아는 예술적 창의성과 천재성의 본질은 무엇인가라는 질문을 던지고 역사상 장엄한 기념물은 모두 남성이 창조했는데 그 이유는 남성이 여성보다 재능이 뛰어나서가 아니라 남성은 여성과 달리 환각에 시달리고 광기가 있으며 몰두하고 집착하는 성향이 훨씬 강하기 때문이라고 주장한다. 또한 지능의 정규분포 곡선(Bell Curve)을 보면 여성의 지능은 평균에 집중되어있는 반면 남성의 지능은 양쪽 끝이 여성보다 두텁다고 말한다. 따라서 여성보다 남성 가운데 노벨상 수상자나 천재도 더 많이 배출되고 강력범죄자나 정신병자도 더 흔하다고 설명한다. 말하자면 산이 높으면 골도 깊다는 뜻이다. 팔리아는 페미니스트들은 그동안 남성이 검열해온 인류의 역사 속에서 숨은 여성 천재예술가를 발굴하겠다고 나섰지만 별 성과가 없었다면서 재능이 뛰어난 여성이라 해도 남성처럼 광적으로 집착하는 성향이 덜하기 때문에 예술적 업적을 남긴 여성이 남성보다 적다고 설명한다. 팔리아는 페미니스트들이 남성을 조직적으로 폄하하고 경멸하고 비난하고 남성이 인류 역사 내내 여성을 억압하고 군림하며 특권을 누려왔다고 주장하는 점도 비판한다. 팔리아는 남성들이 숱한 전쟁을 겪으면서 목숨을 걸고 여성과 어린이들을 보호해왔다는 사실을 잊지 말아야 하며 자본주의를 통한 물질적 풍요를 달성하고 현대문명의 이기를 누리게 된 덕분에 여성은 가정에서 해방되어 남성에게 경제적으로 의존할 필요가 없게 되었다고 말한다.

크리스티나 호프 서머스(Christina Hoff Sommers)는 인문학 커리큘럼에도 양성평등 개념이 주입되어 "대문호인 남성 작가"들의 작품이 "평범한 여성 작가"들의 작품으로 대체된다며, 여성들이 독창성을 발휘할 기회가 적었던 과거에 분개하면서 역사를 다시 쓰는 데 집착하지 말고 이제 여성도 재능을 발휘할 기회가 주어진 만큼 미래로 눈길을 돌려야 한다고 주장했다. 그러나 주류 페미니스트들은 이들의 반론에 귀를 기울이는 대신 중상 비방하는 데 집중했다. 이처럼 페미니즘이 점점 경직되고 이념화되어가면서 야심 있고 지적이며 독자적인 사고를 하는 많은 젊은 여성들은 자신을 페미니스트라고 여기지 않게 되었다. 서머스는 여성의 존엄성이란 자신의 인생 경로를 개척할 자유를 말한다면서 여성들이 하는 모든 책임 있는 선택을 존중해야 한다고 주장한다. 서머스는 그동안 페미니즘은 가정을 꾸리려는 여성의 욕구를 무시하고 직업에서 얻는 보상과 가벼운 성관계를 지나치게 미화했으며 남성을 증오하면서도 남성처럼 행동하려는 모순된 태도를 보여 왔다면서 페미니스트를 비롯해 그 누구도 자기 자신을 규정하지 못하게 강한 여성이 되어야한다고 말한다.

남성성과 여성성은 사회적 구성물이라고 주장하는 제3세대 페미니즘은 필연적으로 젠더 연구(Gender Studies)로 변모하게 된다. 실제로 오늘날 많은 대학들이 여성학 명칭을 젠더 연구로 바꾸었다. 젠더 연구에서는 여성의 경험과 섹슈얼리티 연구와 더불어 남성은 그 정의상 억압하는 자이고 전쟁광이고 잠재적인 강간범이고 가부장적 사회구조의 수혜자인 특권층이라는 관점에서 남성의 삶을 "해석한다." "교차성(intersectionality)"이라는 개념도 등장한다. 이 개념의 핵심은 여러 가지 억압을 받는 이가 겪는 경험은 한 가지 억압만 받는 이가 겪는 억압보다 훨씬 복잡하고 심각하므로 억압을 분석할 때는 한 사람이 겪는 모든 형태의 억압들이 어떻게 복합적으로 작용하는지를 총체적으로 살펴보아야한다는 개념이다. 여기서 등장하는 4대 억압의 종류는 성정체성(sex and gender), 성적지향성(sexual orientation), 인종, 계층에 따른 억압이다. 예컨대 백인 동성애자 남성은 동성애자로서의 억압만 받지만 빈곤층 출신 흑인 여성 동성애자는 계층, 인종, 성정체성, 성지향성 네 가지 종류의 억압이 복합적으로 작용해서 나타나는 독특한 종류의 억압에 시달린다고 본다.

문제는 4대 억압 말고도 무한히 많은 종류의 억압이 존재한다는 점이다. 키, 나이, 비만, 정신질환, 만성질환, 신체장애, 지체장애, 대머리, 등등 끝도 한도 없다. 그 결과 최근 급부상하는 '연구'가 '비만 연구(Fat Studies)'와 '장애 연구(Disability Studies 또는 Crip Studies)'다. 1960년대에 장애인을 뜻하던 'crippled'라는 단어가 PC 문화의 광풍이 불기 시작하면서 'handicapped'로 바뀌었고 이는 다시 'disabled'에서 'physically challenged'와 'differently-abled'와 'handicappable'로 차례로 바뀌더니 학계에서 다시 'crip(cripple의 줄임말)'로 되돌아갔다. 이와 같이 교차성, 사회적 구성주의, 포스트모더니즘 개념들이 만연하면서 제3세대 젠더 연구에서는 제2세대 페미니스트들을 이념적으로 순수하지 못한 이단으로 취급하게 된다.

남성을 증오하는 정서는 현실 세계보다 학계에서 훨씬 맹위를 떨치고 있다. 학계에서는 학계의 일반적인 관행인 학점, 마감시한, 논리적 주장, 과학적 방법론 등이 남성 중심적이고 가부장적인 사고의 잔재라면서 폄하한다. 제2세대 페미니즘은 여성들에게 남성지배적인 분야에 용감히 뛰어들어 남성과 동등하게 겨루라고 권했지만 이제는 미적, 지적 성취 자체를 공동체적인 화합과 모두의 자존감을 손상하는 요소라며 의심의 눈초리를 보낸다. 수학과 과학은 남성적 사고 유형을 바탕으로 한 학문이고 합리성은 세상을 이해하고 경험하는 여성적인 방식(즉 감성적인 방식)을 묵살하기 위해 남성이 만든 사회적 구성물이라고 본다. 즉, 이성과 합리성이 가부장적인 억압이라고 주장한다. 여성은 감정에 좌우되고 지적으로 열등한 성이라고 본 빅토리아 시대로 되돌아간 셈이다. 심지어 과학에서 합리적인 요소를 줄이거나 제거하고 대신 "공감(empathy)"이나 이른바 여성적인 특성을 도입함으로써 과학을 보다 "여성 친화적인" 학문으로 만들려는 페미니스트들도 있다. 그 결과 지성보다 감성, 아이디어보다 경험, 객관적 사실보다 주관적인 감정을 우선시하면서 학문 자체가 정신병원 심리상담처럼 변질되었고 여성을 강하고 독립적인 개체가 아니라 쉽게 상처받는 나약한 존재로 여기게 되었다. 객관성은 허위 개념, 즉 남성적 개념이고 사적이고 주관적인 경험이 진실이라고 여긴다.

젠더 연구를 전공하는 학생들은 사회의 모든 현상을 가부장제라는 색안경을 끼고 분석하라고 배우고 아직 지적으로 성숙하지 않은 이런 학생들은 쉽게 세뇌되어 전공을 택하기 전에는 가부장제라는 개념을 떠올리지도 않던 상황에서 있지도 않은 가부장제를 보게 된다. 한 여성학자는 미국 독립선언문과 헌법은 "'그(he)'라는 단어로 가득한, 여성에 대해 편파적인 문서"라고 비난한다. 그 문서 덕분에 자신이 오늘날 건국의 아버지들을 폄하할 표현의 자유를 누린다는 사실은 인식하지 못한다.

오늘날 미국의 젠더 연구 분야는 레즈비언들이 장악했는데 이들은 이성애자 여성을 2등 시민 취급한다. "적(남성)과 동침"하면서 남성 중심의 사회적 관행과 남성의 억압을 조장하는 데 일조하고 페미니즘의 명분에 충성하지 않는 덜 진화된 존재로 여긴다. 레즈비언 페미니스트들은 성정체성과 성지향성은 사회적 구성물이므로 진정으로 여성이 추구하는 명분에 충실하려면 이성애자 여성들은 동성애자로 전환해야 한다고 생각한다. 이들은 여성이 진정으로 자유로워지려면 사회적 체제로서의 이성애성향(heterosexuality)을 무너뜨려야한다고 주장한다. 가장 '진보적'이라는 페미니스트들의 이런 주장은 동성애성향은 타고나는 게 아니라 '선택'하는 것이라는 일부 우익의 주장과 일치한다.

제2세대 페미니즘은 초창기에는 비서구 지역 문화권에서 억압받고 차별받는 여성들의 처지에 대해 진정한 우려를 표했다. 그러나 다문화주의와 탈식민지주의가 페미니즘에 도입되면서 제3세계 여성들을 억압하는 제3세계 남성을 비판하면 PC에 어긋난다고 여기게 되었다. 여성들 간의 연대감보다 타문화 존중이 우선하게 된 셈이다. 1978년만 해도 아프리카에 만연한 여성성기절제(Female Genital Mutilation, FGM) 관행을 맹렬히 비판하는 페미니스트들이 있었다. 그러나 그로부터 40년이 지난 오늘날 미국의 백인 여성 페미니스트가 그런 비판을 했다가는 신식민주의자이고 제국주의자이며 인종차별주의자라고 맹공격을 받는다. 한 페미니스트는 미국언론이 이슬람국가의 '명예살인(honor killing)'을 보도하는 방식은 무슬림 남성을 부정적으로 묘사한다는 점에서 폭력적이며 유색인종 여성을 유색인종 남성으로부터 구원해야 한다는 식의 보도는 무슬림이 열등하다고 주장하려는 의도가 담겨있다고 주장한다. 여성이 자기 아버지, 오빠, 남편에 의해 죽음을 당하는 참혹한 현실을 미국 식민주의, 제국주의, 인종차별주의로 변질시키는 정신적 곡예가 그저 감탄스러울 따름이다. 페미니즘은 진짜 세상에서 진짜 여성들이 겪는 진짜 문제들을 해결하는 데 더 이상 관심이 없다. 제3세계에서 고통 받는 여성들의 처지를 외면한 채 "쩍벌남(manspread)"이니 "설명남(mansplain)"이니 해괴한 말장난이나 하면서 오직 자기 배꼽만 응시하는 나르시시스트들일 뿐이다. 남성이 여성의 평균적인 특징을 꼬집어 비판하거나 특정 여성을 지목해 논리적으로 비판해도 페미니스트들은 십중팔구 여성 전체를 싸잡아 매도하는 "여혐"이라고 낙인을 찍는다. 그러면서 자신들은 남성의 평균적인 특징을 거론하며 남성 전체를 싸잡아 매도하는 이중적인 태도를 보인다.

이제는 여성을 정중히 대하는 신사도 여성을 혐오하는 인간 말종으로 취급받게 생겼다. 노스 이스턴 대학(Northeastern University) 심리학 박사과정을 밟고 있는 고진 (Jin Goh)과 주디스 홀(Judith Hall)은 기사도 정신(chivalry)은 남성이 여성을 보호해야 할 나약한 존재로 여기기 때문에 나타나는 현상이므로 "자비로운 성차별(benevolent sexism)"이라고 주장한다. 여성을 존중하고 예절바르고 정중하게 대하는 신사적인 남성들도 성차별주의자라는 궤변이다. 두 저자는 자비로운 성차별은 양의 탈을 쓴 늑대와 같다며 성차별주의는 적대적인 면과 너그러운 면이 존재하는 양면적인 현상이라는 사실을 인식하기 전까지는 우리사회에서 양성불평등은 계속되리라고 주장한다. 남성들이여, 이제는 여성이 앉을 때 의자를 빼주지도 말고, 먼저 들어가라고 문을 열어주지도 말고, 인도를 걸어갈 때 차도에서 떨어진 안쪽으로 걷도록 배려하지도 말고, 무거운 짐을 대신 들어주지도 말기 바란다. 그러는 당신은 여성을 차별하는 가부장적이고 권위주의적인 잡놈이므로.

페미니스트들이 조직적이고 구조적인 남녀차별의 증거로 내세우는 게 남녀 임금격차다. 똑같은 일을 해도 여성은 남성이 받는 임금의 77퍼센트밖에 못 받는다는 말을 귀가 따갑게 한다. 그러나 이는 모든 정규직 남성의 임금을 더해 나눈 평균과 모든 정규직 여성의 임금을 더해 나눈 평균을 비교해서 나온 차이다. 직종, 근무연수, 직책, 학력, 주당 근무시간 등에서 나타나는 남녀 간의 차이를 전혀 고려하지 않은 수치다. 여성단체에서는 다 고려했다고 주장하지만 그렇지 않다. 예컨대 의사의 경우, 표면적으로 보면 여성의사(평균 165,000 달러)는 남성의사(평균 221,000 달러)보다 임금이 낮아 보인다. 그러나 여성의사는 가정과 일의 양립이 비교적 쉽고 격무에 시달리지 않는 아동의학과, 가정의학과 등 소득이 비교적 낮은 과를 선호하고 남성의사는 장시간 격무에 시달리고 소득이 훨씬 높은 심장학과, 마취학과 등을 선호하며 같은 정규직이라도 여성은 남성보다 근무시간이 7퍼센트 짧다. 또 여성 의사는 가정을 꾸리기 위해 휴직을 더 길게 한다. 이런 모든 요소들을 고려하면 남녀 임금 격차는 거의 사라진다. 그리고 고용주와 연봉 협상을 할 때 남성은 여성보다 훨씬 공격적으로 임한다는 조사 결과도 있다. 이런 결과가 나오자 페미니스트들은 연봉 협상이라는 관행 자체를 금지해야 한다는 황당한 주장까지 하고 나섰다. 여성에게 불리한 관행은 모조리 금지할 작정인가.

이에 대해 여성단체들은 어떤 반응을 보일까? 심장외과가 아니라 아동의학을 선택하는 여성들은 보이지 않는 장벽에 가로막혀 있거나 억압을 내면화했기 때문에 그런 선택을 할 뿐이지 여성이 자유롭게 선택한 결과가 아니라고 주장한다. 전국여성단체(National Organization of Women, NOW)는 여성에 대한 강한 편견 때문에 여성과 남성은 서로 다른 교육, 직업 훈련, 진로 선택을 하도록 유도된다고 한다. 사회적 조건화가 문제가 아니라 여성과 남성은 자신의 행복을 추구하는 과정에서 서로 다른 길을 선택한다. 대부분의 여성이 자기 인생을 자유롭게 결정하지 못하는 존재인가? 고용주가 남성과 능력이 똑같은 여성에게 남성보다 급여를 덜 줄 수 있다면 비용을 절감하기 위해 남성을 해고하고 여성을 채용하지 않겠는가? 대학가에는 페미니스트들의 이런 남녀 임금격차라는 선전선동에 완전히 세뇌된 여학생들 천지다. 서구사회 여대생들은 지구상에서 가장 자유롭고 운이 좋은 여성들임에 틀림없다. 그러나 페미니즘 강의에서는 자신들이 남성에게 무시당하고 억압당한다고 배운다. 명문대학에 다니고 학력이 높아질수록 이런 페미니스트 선동을 심각하게 받아들인다. 여성들이 미몽에서 깨어날 때가 되었다.

여성은 가부장제의 피해자라는 주장과 "여성은 금성에서 왔고 남성은 지옥에서 왔다(Women are from Venus, Men are from Hell)"라며 남성을 증오하는 선동은 이제 떨쳐버려야 한다. 40년 동안 계속되어 온 페미니즘의 기만을 바로잡을 때가 되었다. 직장에서 부당한 대우를 받거나 성폭력을 당한 여성들을 진정으로 돕고 싶다면 사실을 바탕으로 한 견고한 조사연구로 뒷받침해야지 선동과 히스테리는 도움이 되지 않는다. 서구사회에 거주하는 여성은 인류역사상 가장 자유로운 삶을 살고 있고 여러 가지 지표에서 남성보다 앞서는 경우도 많다. 여성해방은 서구문명과 자유의 역사에서 가장 영광스러운 업적이다. 그러나 여성관련 단체와 페미니스트들은 이런 발전을 인정하지 않고 여전히 가부장제가 사회에 만연해있고 구조적으로 불평등하다는 생각에 빠져있으며 여성은 억압을 받고 있는데 이를 의식하지 못할 뿐이라고 주장한다. 여성들은 지금 누리는 전례 없는 자유를 소중히 생각하고 선용해야 한다.

페미니스트는 고위직에 여성이 드문 이유는 구조적인 여성차별 때문이고 결혼은 가부장적 억압적 제도라고 맹렬히 비판하고 폄하한다. 성취욕구가 강하고 사회적으로 성공한 수많은 여성들을 대상으로 심리 상담을 해온 임상심리학자 조던 B. 피터슨 토론토대학 교수는 페미니스트의 이러한 주장에 대해 다음과 같이 반박한다. 그럼 이미 부유한 사람들은 왜 결혼하는가? 억압받으려고? 자유와 행복은 다르다. 일과 가정은 양립하기가 매우 어렵고 해결책은 복잡하다. 예컨대 뛰어난 여성변호사가 법률회사에서 고위직에 오르지 못하는 이유는 차별받기 때문이라고 하는데 그렇지 않다. 대학교, 법학대학원을 뛰어난 성적으로 졸업하고, 대학법률지 편집장을 지내고, 경쟁이 치열한 법률회사에 입사해 수직상승 하다가 30대에 이르면 불행하다고 생각하는 여성들이 많다. 법률회사 변호사는 주당 80시간 이상을 일해야 하고 대부분이 남성으로 광적으로 일밖에 모르는 일벌레들이다. 도끼 하나 쥐어주고 숲에 풀어놓으면 쓰러지기 전까지 미친 듯이 나무만 벨 인간들이다. 그런 고위직을 차지하고 싶을 만큼 광적인 남자들이 있는 이유는 뭔가? 앞서 말했듯이 여성과 남성은 평균 지능은 같지만 양쪽 끝(천재와 바보/광인)에 남성이 훨씬 많기 때문이다. 금전과 행복은 어떤 관계인가? 중 하류층 정도 생활 이상이 되면 그 이상의 돈은 행복과 안녕을 증진하고 삶을 개선하는 데 크게 도움이 되지 않는다. 직업적으로 어느 정도 궤도에 오른 30대에 결혼하려는 여성들은 자기와 소득수준이 같거나 많은(즉, 사회경제적 지위가 같거나 높은) 남성을 찾는다. 그런 남성을 만나 결혼하게 되면 여성은 적어도 경제적인 이유에서는 더 이상 일을 할 필요가 없어지고 직장을 그만두는 경우가 생긴다. 그래서 고위직에 여성이 드문 것이지 여성이 조직에서 구조적으로 차별을 받기 때문이 아니다. 페미니스트는 고소득 전문직에서 여성과 남성비율의 격차가 존재하는 이유를 성차별 때문이라고 주장하면서도 남성이 압도적 다수인 건설, 조선, 화학 등 위험하고 힘든 직종에서는 양성평등을 주장하지 않는 위선적인 태도를 보인다.

남성들은 소득으로 경쟁한다. 돈에 미쳐서가 아니라 소득수준을 치열한 경쟁에서 이겨 얻은 전리품으로 보기 때문이다. 따라서 여성이 고위직에 없는 이유가 아니라 왜 고위직을 원하는 남성이 그렇게 많은지에 대한 해답을 찾는 게 옳다. 거대한 조직을 운영하는 데 수반되는 책임이 얼마나 막중한지 보통 사람은 상상하기도 어렵다. 그리고 항상 그 조직의 지도자를 끌어내리려는 경쟁자들이 넘친다. 첨단 기술 지식에 뒤떨어지지 않아야 하고 고객들의 요구에 신경 써야 하며 늘 출장 다니는 힘든 일이다. 변호사도 마찬가지다. 30대에 파트너가 되고나서 일요일에도 고객이 전화해 문제를 당장 해결하라고 요구하면 해야 한다. 그렇지 못하면 회사에 큰 손실을 끼치게 되고 그렇게 되면 회사는 그 사람 대신 다른 사람을 고용해 고액 연봉을 주고 일을 시킨다. 법률회사들이 조직 구조를 여성 친화적으로 바꾸면 된다고 하는데 비현실적이고 황당무계한 소리다. 일요일 새벽 3시에 해외 고객의 전화를 받고 계약서를 고치기 위해 자리를 떨치고 일어나는 이유는 그렇게 하지 않으면 야심만만한 신참 변호사에게 자리를 빼앗기기 때문이다. 가부장적 남성적 가치체계와 아무 상관없다.

그리고 사회에서 가장 위험한 직종에 종사하는 사람은 전부 남성이다. 호의호식하면서 풍요로운 환경에서 자란 중상류층 전문직 여성들이 남성에 대한 증오를 쏟아내는 모습을 보면 가관이다. 그들은 노동자계층 남성들이 현대 서구사회에서의 삶을 가능케 하는 놀라운 구조물들을 건설하느라 흘린 땀과 희생은 완전히 무시한다. 세계 주요 도시마다 들어서는 웅장한 건축물은 모두 남성들이 만들었다. 괴물처럼 거대한 크레인을 운전하고, 건물 기초공사를 하고 마천루에 아슬아슬하게 매달려 창문을 닦는 이는 다 남성들이다. 눈 폭풍이 몰아치는 새벽 2시에 나무가 쓰러지면서 끊긴 전선을 잇는 단전 복구 작업을 하는 사람도 남성이다. 악취 나는 맹독성 타르를 섞어 지붕에 뿌리는 일도 남성들 몫이다. 거대한 하수도관이 터져 오물이 거리에 넘칠 때 방독복을 입고 작업을 하는 이도 남성이다. 불길이 치솟는 건물에 뛰어들어 인명을 구해내는 사람도 남성이다. 산업재해로 숨지는 사람의 93퍼센트가 남자다. 오늘날 사회에서 가장 위험한 일을 용감하게 하는 남성들이 있기에 우리가 편하게 각자 할 일을 하면서 살 수 있다. 페미니스트들은 왜 이런 힘든 직종에서는 양성평등을 주장하지는 않는가? 이런 힘든 직종에 종사하는 사람은 대부분 남성인 이유도 여성이 구조적으로 차별을 받아서인가? 아니다. 이 모든 차이가 나타나는 이유는 남성과 여성이 서로 다른 기질을 바탕으로 서로 다른 선택을 하기 때문이다.

1972년 리처드 닉슨 대통령은 양성평등법인 제9조(Title IX)에 서명했다. 연방 재정지원을 받는 모든 교육 프로그램이나 활동에서 성차별을 금지한 법이다. 제9조의 바탕이 된 논리는 다른 모든 인권법에 적용된 논리와 같다. 정부가 인종, 종교, 성을 바탕으로 차별하지 않으며 모두가 법 앞에 평등하다는 논리였다. 좋은 의도에서 제정한 법이 어떻게 변질되는지는 이 법이 적용되어 온 역사가 잘 보여준다. 이 법이 제정되기 전에는 미국 내의 유수한 대학들이 여성을 받아들이지 않았고 법학대학원과 의과대학도 여성의 수를 엄격히 제한했다. 스포츠에 참가하는 여학생들은 드물었고 대학 스포츠 정책의 지원도 받지 못했다. 이 법 덕분에 오늘날 뛰어난 여성 운동선수들이 많이 배출되었고 이러한 사실은 환영할 만하다.

그런데 여성단체의 압력으로 이 법은 경직된 할당제(quota)로 변질되었고 남녀가 관심사에 차이가 있다는 사실을 무시하고 기계적인 결과의 평등을 밀어붙였다. 교육기관들은 남학생 스포츠 팀에 대한 지원을 삭감하고 여성 스포츠 팀을 신설하기 시작했다. 여학생 측에서 수요가 있어서가 아니라 여성단체의 압력과 연방정부의 사찰이 두려워서였다. 대학 스포츠 당국은 남녀 학생 비율에 따른 "비례 대표성(proportional representation)"을 목표로 세웠다. 즉, 여학생이 전체 학생의 60퍼센트이면 여학생이 학내 운동선수 전체의 60퍼센트를 차지해야 한다는 뜻이다. 2007년 하워드대학교는 여학생이 전체의 67퍼센트를 차지한 반면 운동선수들 가운데 여학생의 비율은 44퍼센트였다. 그러자 여성스포츠재단(Women's Sports Foundation)이라는 단체는 23퍼센트 "비율 격차"를 보인 하워드대학에 양성평등과 관련해 낙제점수를 매겼다. 안 그래도 하워드대학은 이미 남성 야구팀, 레슬링 팀을 없애고 여성 볼링 팀을 신설했지만 남녀 비율 격차는 줄어들지 않았다. 당시 남학생 운동선수들 수를 절반으로 줄이지 않는 한 "비례 대표성"을 달성할 가능성은 없었고 제9조를 위반했다는 법적 소송에 휘말릴 소지가 있었다. 하워드대학의 레슬링 코치 웨이드 휴즈(Wade Hughes)는 이 문제를 일목요연하게 다음과 같이 요약했다. "제9조의 비례 대표성 기준은 재앙을 낳았다. 여성보다 남성이 훨씬 더 스포츠에 적극적으로 참여한다는 사실을 무시했기 때문이다." 하지만 여성단체는 대학 스포츠 팀에 여성보다 남성이 많은 이유는 오직 성차별 때문이라는 주장을 법정에서 관철시켰다.

실제로 초등학교 3학년부터 12학년까지 남녀 학생들을 대상으로 한 조사를 보면 스포츠 활동에 큰 관심을 보인 비율이 여학생은 34퍼센트, 남학생은 61퍼센트다. 2012년 심리학자들이 여가활동으로 실내 스포츠 경기를 하는 비율을 조사했더니 여성 가운데 겨우 26퍼센트가 경기를 한다고 답했다. 이들은 또한 4개 주에서 41개 공원에서 여가활동으로 운동을 하는 사례들을 조사했는데 혼자 하는 운동 말고 서로 겨루는 스포츠 경기를 하는 여성의 비율은 10퍼센트에 불과했다. 스포츠 경기에 남녀가 관심을 보이는 정도는 똑같다는 연구조사는 단 한 건도 없다.

제9조는 양성에게 동등한 기회를 주자는 취지에서 제정되었지 "비례 대표성"이라는 이름으로 경직된 할당제를 하자는 게 아니었다. 여성에게도 스포츠 경기의 문호를 개방하기 위해 만든 제도가 여성단체들의 집요한 압력으로 남성의 참여를 제약하는 법으로 변질되었다. 할당제 때문에 대학가의 스포츠 팀 코치들은 관심도 없는 여학생들을 유치하느라 애를 먹고 있고, 남학생 레슬링, 수영, 다이빙, 체조 팀들은 대학가에서 거의 사라지는 단계에 이르렀다. 레슬링 단체의 한 담당자는 다음과 같이 말한다. "로마의 멸망도 버텨낸 레슬링이 제9조에 정복당했다." 여성단체들에게 이렇게 되묻고 싶다. 미국 전역에서 학사학위 수여자는 여성이 58퍼센트를 차지한다. 학사학위를 받는 남성의 비율이 줄어드는 데는 어째서 제9조를 적용하지 않는가?

오늘날 페미니스트들이 흔히 내세우는 주장 가운데 또 하나는 바로 대학가에 "강간 문화(rape culture)"가 만연해있다는 주장이다. 1980년대부터 학계 페미니스트들은 미국 여성들이 남성들로부터 끊임없이 모욕당하고 폭행당하고 학대당하며 남성들의 이러한 행태는 문화적 규범, 즉 강간 문화로 자리 잡았다고 주장했다. 당시 그들의 주장은 극소수 급진적 페미니스트들의 주장으로 치부되었다. 카밀 팔리아는 1991년 한 잡지에 기고한 〈데이트 강간(Date Rape)〉이라는 글에서 강간은 문명사회에서 절대 용납해서는 안 되지만 성적으로 개방된 현 시대에서는 여성들이 자기 자신을 지키고 위험에 노출되지 않도록 스스로도 조심해야 한다고 주장했다. 그녀는 여성을 먹잇감이라는 원시적인 시각으로 보는 광적인 남성도 있다는 사실을 여성들이 인식하게 해서 스스로를 보호하게끔 해야 하는데 페미니스트들은 남녀 간에 생물학적, 성적인 차이가 있다는 사실을 인정하지 않음으로써 오히려 젊은 여성들을 위험에 노출시킨다고 주장했다. 팔리아는 내분비학과 생물학에 바탕을 둔 여성과 남성의 차이가 엄연한데 페미니즘은 이를 완전히 무시하는 큰 오류를 범하고 있다고 말했다. 그러자 페미니스트들은 팔리아가 가해자인 남성은 두고 피해자인 여성만 비난하는 "강간옹호론자(rape apologist)"라며 팔리아가 재직하던 대학 총장에게 팔리아를 해고하라고 협박하고 맹공격을 가했다. 페미니스트들은 주류 페미니즘의 이념에서 한 치라도 벗어나는 사람은 무자비하게 파멸시키려고 수단과 방법을 가리지 않았다.

그 이후로 "강간 문화" 주장이 사그라졌는데 2010년부터 "강간 문화"라는 용어가 다시 주류 매체에 등장했고 대학가에 강간이 만연해있다는 주장은 바이러스처럼 확산되었다. 오바마 대통령과 조 바이든 부통령도 "여학생 5명 중 1명이 성폭행을 당한다"라고 주장했다. 그렇다면 2010년에 도대체 무슨 일이 있었기에 갑자기 대학가에 강간 문화가 만연해있다는 주장이 등장했을까? 5명당 1명이 대학 재학 중에 강간당한다는 주장은 중서부와 남부 두 대학에서 실시된 〈대학가 성폭행 연구(Sexual Assault on Campus)〉 결과를 인용해 나온 주장이다. 이 설문은 익명이고 그 누구의 주장도 실제로 확인되지 않았으며 설문 용어들도 분명히 규정되지 않았고 응답자는 5,000명 정도다. 그리고 응답자 가운데 1,000명이 "동의하지 않거나(non-consensual) 원하지 않은(unwanted) 성적 접촉"의 피해자라고 규정한 주체는 설문응답자가 아니라 조사자였다. 이 조사를 한 당사자들조차 자신들의 설문을 바탕으로 그런 주장을 하는 것은 부적절하다고 분명히 밝혔는데도 불구하고 애매모호하고 비과학적인 설문조사 하나로 대학에 강간 문화가 만연해있다는 낭설이 탄생했다.

하지만 이런 사실은 아랑곳하지 않고 오바마 정부는 여성의 강간이나 성폭행을 엄단하지 않는 교육기관에 대해 연방정부의 지원을 끊겠다고 엄포를 놓았고 2011년 교육부 인권담당 차관보 러슬린 알리(Russlynn Ali)명의로 전국 교육기관에 지침을 내려 보냈다. "친애하는 동료 여러분(Dear Colleague)"이라고 시작되는 이 유명한 서신은 성차별을 금지한 제9조를 거론하면서 대학가에 "만연한 성추행과 성폭행(plague of sexual harrassment and sexual violence)"을 퇴치하기 위해 대학들이 어떤 조치들을 취해야 하는지 구체적인 지시사항을 담고 있다. 이 서신은 경찰이 범죄를 입증할 충분한 증거를 확보하지 못했어도 제9조에 따라 성추행이 성립될 수 있으며, 성폭행 혐의에 대한 경찰의 조사와는 별도로, 제9조에 따라 학교 당국은 즉각적이고 공정하게 사건을 해결할 의무가 있다고 명시하고 있다.

보통 형사 소송에서는 "합리적인 의심의 부재(beyond reasonable

doubt)"라는 엄격한 기준을 충족해야 유죄판결이 내려지고 성폭행은 형사사건이므로 당연히 형사 소송의 엄격한 기준을 적용해야 한다. 그런데 교육부는 대학가 성폭행 사건에 이보다 훨씬 낮은 기준인 민사 소송에 적용되는 "증거의 우월성(preponderance of evidence)"기준, 즉 훨씬 개연성 있는 주장과 증거를 제시하는 쪽의 손을 들어주라는 지침을 내린 셈이다. 게다가 그 판단도 사법부가 아니라 교육기관이 자체적으로 내리라고 지시했다. 교육기관들은 교육부가 내려보낸 지침을 서둘러 실행하느라 온갖 조치들과 위원회를 만들어냈고 학내에 의사(疑似)법정, 이른바 캥거루 법정을 신설해 증거의 우월성이라는 기준에도 못 미치는 여학생의 주장만으로 남학생을 퇴학시키는 사례가 속출했다. 강간이라는 끔찍한 범죄를 저질렀다는 혐의를 받은 당사자의 자기방어권과 인권과 적법절차는 완전히 묵살되었다. 두 사람의 주장만 있는 사건의 경우, 또한 사건이 발생하고 며칠, 몇 주가 지난 사건인 경우 진실을 밝히기가 매우 어렵고 단지 여학생의 주장만으로 남학생을 유죄라고 추정하는 것도 온당치 않다. 누군가 심각한 범죄를 저질렀다고 주장하려면 증거가 뒷받침되어야 한다. 그 사람의 인생이 달린 문제이기 때문이다.

"강간 문화" 광풍을 타고 가짜뉴스도 등장했다. 2014년 〈롤링스톤(Rolling Stone)〉이 버지니아 대학교에서 집단강간 사건이 발생했다며 대서특필한 게 가장 대표적인 사례다. 남학생 동아리(fraternity) 회원들이 동급 여학생을 세 시간 동안 집단 강간당했다는 내용인데 기사에 묘사된 잔혹성이 마치 보스니아나 콩고 내전 중에 발생한 끔찍한 사건들을 떠올리게 했다. 하지만 이 보도는 완전한 날조로 드러났다. 강간은 끔찍한 범죄이고 엄단해야 한다. 그러나 21세기 미국 대학가에 강간이 만연해있거나 성폭력을 조장하는 문화 규범이 팽배해있다는 그 어떤 증거도 없다. 사법통계국(Bureau of Justice Statistics)에 따르면, 1995년부터 2010년까지의 기간 동안 12세 이상 여성 1,000명 당 강간 또는 성폭행 피해자(rape or sexual assault)는 5명에서 2명으로 꾸준히 감소해왔고, 1997년부터 2013년까지의 기간 동안 2차 교육기관에 재학 중인 18세부터 24세 여성 1,000명 당 강간 또는 성폭행 피해자도 9명에서 4.5명으로 꾸준히 감소해 왔다.

미국에서 대학 캠퍼스만큼 안전한 곳은 없다. 대학연령이지만 대학 다니지 않는 여성보다 여대생이 강간을 당할 확률이 훨씬 낮다. 그러나 이런 사실은 페미니스트나 좌익정치가들 주장에 들어맞지 않는다. 대학에 강간문화가 팽배해있다는 정서는 거의 히스테리 수준이다. 캘리포니아의 스크립스 칼리지(Scripps College)는 퓰리처상 수상 언론인 조지 윌(George Will)의 강연을 취소했다. 그가 칼럼에서 감히 "강간 문화"가 팽배해있다는 주장에 의문을 제기했다는 이유다. 웰즐리 칼리지(Wellesley College) 학생들은 교정에 전시된, 속옷만 걸친 몽유병환자 조각을 치우라고 학교당국에 요구했다. 거의 벌거벗은 남성의 이미지는 성폭력 피해자들이 악몽을 되살리게 만든다는 이유에서였다. 하버드 법학대학원의 한 교수는 학생들로부터 시험에서 강간사례와 관련된 문제를 내지 말라는 요구를 받았다. 그런 끔찍한 문제를 접하게 되면 정신적 충격을 받아 시험을 제대로 치르지 못한다는 이유였다. 브라운 대학에서는 성폭행에 관한 토론 때문에 정신적인 충격을 받는 학생들을 위해 토론 주최 측이 '안전한 공간(safe space)'을 마련해 컬러링북과 잔잔한 음악과 진흙놀이와 강아지들이 뛰노는 동영상으로 학생들이 마음을 진정시키도록 배려했다. 대학이 아니라 유치원이다.

노스웨스턴대학의 로라 키프니스(Laura Kipnis)교수는 "성에 대한 편집증적 공포가 대학가를 강타하다(Sexual Paranoia Strikes Academe)"라는 제목의 에세이에서 오늘날 대학가의 페미니스트들과 교육부는 성인 여성들을 아동으로 퇴행시키고 있다고 비판한다. 키프니스에 따르면, 요즘 페미니즘은 맛이 갔다. 미국 대학가에 만연한 성에 대한 히스테리가 양성평등의 진전이라고 생각하는 사람이 있다면 그 사람은 제정신이 아니다. 남녀가 똑같이 만취한 상태에서 한 성행위를 두고 대학 당국이 개입해 오로지 남성에게만 책임을 묻는 요즘 분위기는 그동안 여성들이 합의할 능력이 있는 성인(consenting adults)으로 대우해 달라며 투쟁해 얻은 성과를 무산시키는 셈이다. 이 에세이가 공개되고 나서 노스웨스턴대학 학생들은 매트리스와 베개를 이고 다니면서 시위를 했고 강간과 성폭력 피해자들의 얼굴에 침을 뱉었다면서 키프니스를 비판했고, 키프니스 교수는 두 학생에 의해 제9조 위반으로 학교 당국에 고발되어 조사를 받았지만 고발은 기각되었다.

카밀 팔리아는 1960년대 중반 자신이 대학 기숙사 생활을 할 당시 11시로 통행금지 시간을 정해놓은 기숙사 규정에 대해 여학생들이 반발했던 때를 회상한다. 남학생들은 밤새도록 자유롭게 기숙사를 드나드는데 여학생들만 통금 규정을 지켜야 하는 것은 부당하다는 이유를 들어 여학생들은 기숙사측에 항의했다. 기숙사측은 바깥세상이 위험하기 때문에 여학생들을 학교에서 보호할 필요가 있다고 했고 여학생들은 강간당할 위험을 감수할 테니까 통금 규정을 없애라고 요구했고 결국은 자유를 쟁취했다. 그런데 지금은 여학생들이 강하고 자유롭고 독립적인 여성이 아니라 빅토리아 시대에나 있을 법한 연약한 여성 흉내를 내면서 어렵게 얻은 자유를 반납하고 대학이라는 가부장적 권위에 보호해달라고 의존하는 퇴행적인 행태를 보이고 있다고 비판한다. 그녀는 대학은 학생의 사생활에 관여하지 말고 학내에서 강간이나 범죄가 발생하면 사법 당국이 처리하도록 해야 한다고 주장한다.

팔리아는 대학가에 강간 문화가 팽배해있다는 주장은 허황된 선전선동이며 성을 그렇게 단순하게 보는 사람은 세계 역사, 인류학, 심리학의 기초도 모르는 무지한 사람이라고 비판한다. 과도하게 정치화되고 피해자 중심의 장광설에 현혹되어 피상적이고 선동적인 주장에 매달리면서 여성은 자신이 지닌 힘과 주체의식을 포기했다고 안

타까워한다. 팔리아는 세대마다 자신만의 현실을 만들어내고 자신만의 정체성을 찾는데 오늘날 여성들은 국가가 보호해주는 수동적인 인간이 되려고 하는데 그렇게 되면 자신의 선택 범위가 제한된다는 사실을 깨닫지 못한다고 말한다. 팔리아는 역동적이고 확장성 있고 형이상학적인 실존은 치졸하고 사소한 것들을 갈망하는 겁쟁이에게 강요할 수 없다면서 대가들의 저서를 폭넓게 읽고 스스로 생각하는 법을 터득하라고 여성들에게 권한다.

이제 캘리포니아주와 뉴욕주에서 대학에 다니는 학생들은 "확언합의법(affirmative consent laws)"을 따라야 한다. 캘리포니아는 "모든 당사자가 성행위가 계속되는 동안 내내 동의한다고 구두로 확언해야 한다"라고 규정한다. 성적 접촉을 하는 동안 접촉하는 신체 부위가 달라질 때마다 서로 동의를 하라는 얘기다. 뉴욕주는 "침묵하거나 저항하지 않는다고 해서 그 자체가 성행위에 합의했다는 뜻은 아니다"라고 규정한다. 농담이라면 웃어넘길 일이겠지만 대학 내에 신설된 캥거루법정에서 성폭행 혐의로 기소되어 공개적으로 모욕을 당하거나 퇴학 처분까지 받는 남학생들에게는 전혀 웃을 일이 아니다. 정식 재판도 아닌 이런 학내 의사법정에서는 자기방어권이나 적법 절차나 무죄추정 원칙은 뒷전으로 밀려나고 고소만 당하면 거의 유죄로 단정되어 퇴학을 당하고 기록으로 남아 평생을 따라다닌다. 성은 원초적인 에너지와 본능을 바탕으로 이루어지는 행위이고 언어적인 공식으로 규정하기 불가능한 신체적 상호작용이다. 성행위를 하는 당사자의 행동영역은 이성의 영역이 아니다. 그리스 신화에서 디오니소스(Dionysos)가 쾌락과 고통이 공존하는 환각의 상태인 황홀경을 관장하는 신인 이유는 바로 이 때문이다. 요즘 고학력 전문직 여성들은 좋은 남자가 씨가 말랐다고 불평한다. 남성들 사이에서는 데이트를 기피하는 섹소더스(Sexodus) 현상이 나타나고 있고, 남성에게 매우 불리하게 되어있는 사법체계 때문에 여성을 기피하고 나름대로 원하는 대로 살겠다는 이른바 자갈남(Men Going Their Own Way(자기 갈길 가는 남자들), MGTOW)도 생기고 있다. 본능의 영역에서 철저히 이성적 판단을 강요하는 사회 분위기에서 남성들이 내릴만한 합리적이고 이성적인 판단이다. 한편 현실과 동떨어진 급진적 페미니스트들에 넌더리가 난 여성들은 "여성들이 다 그런 건 아니다(Not All Women Are Like That, NAWALT)"를 외치고 있다.

그럼 여성에게 강간당하는 남성은 얼마나 될까? 2010년 사법통계국(Bureau of Justice Statistics)에 따르면, 강간이나 성폭행을 당한 남성 가운데 46퍼센트가 가해자가 여성이라고 밝혔다. 또 소년원(Juvenile facilities)에서 성폭행 당했다고 신고한 청소년의 95퍼센트가 소년원의 여성 직원들로부터 성폭행을 당한 것으로 나타났다. 2001년부터 2005년까지 기간 동안 미국연방수사국이 분석한 자료에 따르면 성폭행 피해자인 남성의 90퍼센트가 19세 이하 미성년이었다. 피해자가 아직 신체가 발달하고 있는 미성년일수록 가해자가 성폭행하기가 쉽기 때문이다. 성범죄자의 60퍼센트에서 80퍼센트가 어린 시절 여성에게 성폭행당한 경험이 있다는 조사도 있다. 소년원뿐만 아니라 교도소에서도 강간사건이 많이 일어난다. 그런데 왜 사회이슈가 되지 않을까? 수감자와 피해자 모두 대부분 남성이기 때문이다. 2008년 교도소 내의 성폭행 피해자는 20만 9천여 명으로 미국 전체에서 발생한 강간과 성폭행 피해자 수 20만 4천여 명보다 높았다.

여성에게 강간당하는 여성도 상당히 많다. 미국 질병관리본부(Center for Disease Control, CDC)의 조사에 따르면, 전 생애에 걸쳐 파트너에게 강간당하는 여성은 레즈비언이 13퍼센트, 양성애자 46퍼센트, 이성애자 17퍼센트로 여성이 여성을 강간하는 비율은 남성이 여성을 강간하는 비율과 비슷하다. 〈여성에 대한 폭력(Violence Against Women)〉의 편집장이자 켄터키대학 교수인 클레어 렌제티(Claire Renzetti)가 레즈비언을 대상으로 한 조사에 따르면, 응답자의 48퍼센트가 연인관계에서 성폭행을 경험하고 성관계를 강요당했고 16퍼센트는 강요된 성관계가 빈번했다고 답했다. 총이나 칼을 성기에 삽입한 경우도 4퍼센트나 되었다.

억압받는 무슬림 여성들의 참혹한 처지에 침묵하는 행태도 오늘날 페미니스트들이 보이는 특징이다. 이슬람 국가에는 여성이 남성보다 열등하다는 인식이 팽배해있다. 2015년에만 100만 명 넘게 무슬림 난민이 유럽으로 몰려들었고 난민을 받아들인 유럽 여러 나라에서는 자국 여성과 소녀에 대한 성추행, 성희롱, 성폭행, 강간이 폭증했다. 이러한 범죄는 피해자가 속한 서구문화와 가해자가 속한 문화가 얼마나 다른지 보여준다. 모든 이민자들이 이런 성범죄를 저지르지는 않는다. 그러나 가해자의 가치체계와 서구의 가치체계가 매우 다르다는 사실을 부인한다면 중대한 실수다. 서구 가치체계에서는 여성을 자유롭고 성적 자기결정권이 있으며 신앙과 성적 행동은 개인이 원하는 대로 결정하는 존재로 본다. 그러나 이슬람의 가치체계에서는 여성은 자유롭지도 않고 성적 자기결정권도 없으며 신앙이나 성적 행동을 마음대로 결정할 수도 없는 존재로 본다. 또 여성은 상품이고 상품의 가치는 처녀성에 의해 결정되며 공공장소에서 정숙하게 행동하지 않으면(예컨대, 짧은 치마를 입으면) 매춘부 취급을 받는다.

서구사회에 거주하는 무슬림 여성들은 다문화주의 때문에 이슬람의 여성억압적인 가치체제에서 벗어나지 못한 채 살고 있고, 무슬림 남성이 여성에 대해 지닌 가치관의 먹구름이 점점 서구사회 여성들에게까지 드리우고 있다. 그런데도 서구사회의 페미니스트들은 무슬림 여성뿐만 아니라 여성은 전 세계적으로 억압받는다며 현실을 외면하고 문제를 희석시킨다. 페미니스트 이브 엔슬러(Eve Ensler)는 여성에 대한 억압은 파키스탄, 사우디아라비아, 이란과 마찬가지로 서구에도 전 세계적으로 "똑같이" 만연해있다고 주장한다. 문화적 도덕적 상대주의의 극단이고 샤리아 법을 제대로 이해하지 못한 데서 오는 무지다. 서구사회에서 여성들이 처한 상황이 완전무결하지는 않다. 그러나 서구사회의 여성은 세계 그 어떤 지역에 거주하는 여성보다, 특히 이슬람 국가 여성들보다, 훨씬 많은 자유와 기회를 누리고 존중받는다는 사실은 절대로 부인할 수 없다. 비서구지역의 여성들은 서구지역 여성들의 도움이 필요하지 않다고 주장하는 이들도 있다. 이들은 비서구지역 여성들이 서구페미니스트들의 도움이 필요하다는 주장은 비서구지역 여성들에게 모욕적이고 서구지역 여성이 자신이 우월하다고 과시하는 태도라고 주장한다.

이슬람 국가에서 사는 여성들을 돕기 위해 페미니스트들은 적극적으로 나서야 한다. 이슬람 국가 정부에 압력을 넣어서 여성에게 부당한 법을 바꾸게 만들어야 한다. 서구 페미니스트들과 여성 정치가들은 양자택일해야 한다. 변명의 여지가 없는 관행을 옹호하든가 여성을 억압하는 문화와 종교 교리를 개혁하라고 요구하든가 둘 중에 하나 선택해야 한다. 2015년 섣달그믐날 독일 콜론에서 일어난 사건보다 이를 극명하게 보여주는 사건은 없다. 이날 하루에만도 467명의 독일 여성이 북아프리카나 아랍 무슬림 남성들에게 성추행이나 성폭행을 당했다고 신고했다. 두 달 만에 73명의 용의자가 잡혔는데 대부분 모로코와 알제리, 이라크, 이란, 시리아 출신 무슬림 남성들이었고 12명은 이미 예전에 성범죄에 연루된 남성들로 밝혀졌다. 콜론 시장 헨리에트 레커(Henriette Reker)는 여성들에게 "당신과 아랍 남성 군중 사이에 일정한 거리를 두면(keep an arm's length distance between you and a mob of Arab men) 별일 없다"라는 어처구니없고 멍청한 지침을 내렸다.

트럼프 대통령 취임식 날 워싱턴 D.C.에서는 "여성들의 행진(Women's March)"이라는 시위가 열렸다. 페미니스트를 자처하는 연예계 유명인들이 대거 출동한 이 시위를 조직한 여성 가운데 한 명이 뉴욕 브루클린에 거주하고 완벽한 영어를 구사하는 린다 사수어(Linda Sarsour)라는 무슬림 여성이다. 여성에게 가혹하고 불리한 규정들로 가득한 샤리아 법을 지지하는 이 여성은 트위터에서 이슬람을 비판하고 개혁을 주장하는 두 여성 아얀 히르시 알리와 브리지트 가브리엘(Brigitte Gabriel)[8]에 대해 입에 다음과 같이 담지 못할 욕설을 퍼부었다. "브리지트 가브리엘 = 아얀 히르시 알리. 이들은 엉덩이를 채찍으로 갈겨줘야 한다. 성기(vagina)를 없애버렸으면 좋겠다. 여성 자격이 없는 자들이다." 버니 샌더스는 트위터에 "린다를 전적으로 지지한다"라고 썼다. 히르시 알리는 어렸을 때 이미 여성성기절제(Female Genital Mutilation, FGM)라는 참혹한 관습의 피해를 본 사람인데 이런 말을 하는 벌레만도 못한 인간을 얼굴마담으로 내세우는 집단이 페미니스트 집단이다. 사람은 이름값을 한다. '사수어'는 아랍어

---

8) 레바논 출신 미국인. 브리지트가 어린 시절 레바논은 다문화주의에 개방적인 이민정책을 추진한 서구화된 나라로서 국민의 다수가 그리스도교도였다. 그런데 무슬림이 인구의 다수가 되면서 그리스도교도와 유대교도는 박해를 받기 시작했고 그리스도교도인 가브리엘의 가족은 브리지트가 10살일 때부터 7년 동안 벽에 곰팡이가 가득하고 흙바닥인 지하 방공호에서 숨어 살았다. 브리지트는 함께 바비큐를 해먹던 이웃 무슬림 가족이 하루아침에 그리스도교도 학살범으로 돌변하는 일이 비일비재했다고 말한다. 또 신분증에 종교를 기재하게 되어있었기 때문에 곳곳에 설치된 검문소에서 무슬림들에게 총살당하는 그리스도교도나 유대교도들도 속출했다. 80년대 중반 이스라엘로 이주한 브리지트는 기자로 활동하다가 미국인 특파원을 만나 결혼했고 미국으로 이주했다.

로 바퀴벌레라는 뜻이다.

2012년에 발표된 질병관리본부의 자료에 따르면, 미국에서는 지난 25년 동안 이슬람 국가로부터의 이민자의 증가와 더불어 여성성기절제의 위험에 놓인 여성과 소녀들의 수도 1990년에 16만 8천 명에서 2012년에 51만 3천 명으로 급격히 증가했다. 그런데 이러한 관행은 은밀하게 시행되기 때문에 실제로 이 가운데 얼마나 많은 여성과 소녀들이 성기절제를 당하는지는 정확히 알 길이 없다. 미국 정부는 1996년 여성성기절제를 불법화했지만 일부 무슬림들 사이에서는 자신의 딸을 방학동안 성기절제가 허락되는 나라에 보내 성기를 절제하는 "방학을 이용한 절제시술(vacation cutting)"이라는 관행이 퍼지고 있다. 여성성기절제 관행은 특히 북아프리카에 위치한 이슬람 국가들에 만연해 있다. 여성들이 성기절제를 당하는 비율은 소말리아 98퍼센트, 기니 97퍼센트, 말리 89퍼센트, 이집트 87퍼센트, 수단 87퍼센트 등으로 알려져 있다. 그런데도 정체성 정치에 오염된 미국의 페미니스트라는 작자들은 입도 뻥끗하지 않는다. 우리는 문화적 충돌에 직면하고 있다. 우선은 여성들이 자유를 누려온 문화권의 소중한 가치를 결연히 수호해야 한다. 여성단체, 정치인, 페미니스트는 자신의 존재가치를 증명하고 세계 모든 여성들의 자유를 수호하려면 이 투쟁의 전면에 나서야 한다.

오늘날 페미니스트들이 보이는 또 한 가지 특징은 남성에 대한 증오다. 2016년 케시 제이(Cassie Jaye)는 〈빨간 알약(Red Pill)〉이라는 다큐멘터리 영화를 제작했다. 젠더 문제와 섹슈얼리티에 관심이 많은 열렬한 페미니스트이자 좌익인 제이는 남성권리운동(Men's Rights Activism, MRA)을 하는 인터넷 커뮤니티가 들던 대로 여성을 혐오하고 성폭력을 옹호하는 집단인지 파헤치고 그들의 사악한 정체를 폭로하기로 했다. 제이는 처음에 이 집단이 얼마나 정신 나간 집단인지 폭로해 조롱하기로 마음먹고 다큐멘터리 제작에 착수했지만 영화를 만드는 과정에서 직접 남성권리운동을 하는 남성들을 만나면서 그들이 여성이 겪는 문제들을 폄하하려는 게 아니라 남성들이 겪는 고통도 공론화하고 싶어 할 뿐임을 깨닫게 되었다. 예컨대 이런 현실이 있다. 남성은 여성에게 폭력을 쓰면 법적 처벌을 받지만 여성은 남성에게 폭력을 행사해도 아무런 대가를 치르지 않는다. 미국질병관리본부의 통계에 따르면 여성 3명 중 1명이 가정폭력의 피해자이고 남성도 4명중 1명이 가정폭력의 피해자이지만 남성은 늘 가해자로 여겨진다. 가정폭력 피해여성 보호시설은 2,000개 이상이고 여러 가지 재정적인 지원을 받지만 남성 보호시설은 겨우 한 개에 불과하고 재정적인 지원도 거의 없다. 한 사례를 들면, 부부싸움 중에 부인이 칼을 들고 덤비자 남편이 이를 방어하느라 부인의 손목을 잡아 멍이 들었는데 남성만 구치소에서 하룻밤을 보내야 한 경우가 있었다. 또 부인의 폭력에 시달리던 한 남성은 경찰로부터 "다음에 또 부인이 폭력을 행사하면 삼십육계 줄행랑을 쳐라. 부인이 당신에게 폭력을 행사하다 손톱만 부러져도 우리는 당신을 체포할 것이다"라는 어처구니없는 경고를 들었다. 심지어 초등학교에서도 남학생에게는 여학생을 때리지 말라고 가르치지만 여학생에게는 남학생을 때리지 말라고 가르치지 않으며, 여학생은 남학생을 때려도 처벌받지 않는다는 점을 잘 알고 이를 교묘히 이용해 남학생을 괴롭힌다. 제이는 남성권리운동은 여성운동이 이룬 성과를 무산시키고 여성을 다시 부엌에 처박아놓고 임신이나 시키려는 성차별주의자들의 단체라고 매도한 주류 언론의 주장은 사실이 아님을 깨닫게 되었다.

영화 〈매트릭스(The Matrix)〉에서 모피우스(Morpheus)가 니오(Neo)에게 이렇게 말한다. "이게 마지막 기회다. 이번 기회를 놓치면 다시 돌이킬 수 없다. 파란 알약(blue pill)을 삼키면 얘기는 끝난다. 잠에서 깨면 믿고 싶은 대로 믿고 살면 된다. 빨간 알약(red pill)을 삼키면 이상한 나라(Wonderland)의 토끼굴(rabbit hole)이 얼마나 깊은지 내가 보여주겠다." 사이버문화에서 유행어가 된 '빨간 알약'은 아무 생각 없이 나태하고 게으르게 살던 평범한 삶에서 깨어나 자유롭게 사고하게 된 상태를 말한다. 빨간 알약을 삼키면 지금까지 배우고 믿어온 모든 게 거짓이라는 사실을 깨닫고 아무리 고통스럽고 받아들이기 어려운 진실이라 해도 받아들이게 된다. 그러나 일단 진실을 깨닫고 받아들이면 새로운 삶이 시작된다.

〈빨간 알약〉을 편집하는 동안 캐시 제이는 워런 패럴(Warren Farrell)이 쓴 《남성권력이라는 신화(The Myth of Male Power)》라는 책을 읽었는데 다음과 같은 내용에서 뭔가가 머리를 강타하는 느낌을 받았다. "남북전쟁 당시 남성만을 대상으로 하는 징병 법안이 통과되었고 62만 여명의 전사자가 발생했다. 베트남 전쟁 전사자 수의 11배다. 여성만 징병되어 치른 전쟁에서 전사한 여성 62만 명의 시신이 검은 플라스틱 백에 담겨 줄지어 놓인 모습이 상상이 가는가." 캐시 제이는 남성권리운동이 제시하는 문제는 인권의 문제라고 깨닫게 되었다. 사회는 남성이 모든 권력과 권리를 누리고 여성을 억압한다고 여긴다. 하지만 남성은 여성보다 수명이 5년 짧고 자살하는 사람의 80퍼센트를 차지하며 산업재해 사망자의 93퍼센트도 남성이다. 생물학적 친부라고 여성으로부터 사기를 당하는 남성(paternity fraud), 남성에게 훨씬 가혹하고 편파적인 형사법정과 여성보다 가혹한 양형(sentencing disparity), 자녀양육권과 양육비 등 남성에게 매우 불리하게 되어있는 가정법원 사법 체계, 팽배한 남성혐오(misandry) 정서, 남학생의 학업성취도 저하, 대부분이 남성인 노숙자 문제, 99퍼센트가 남성인 참전군인과 전사자, 가정폭력 피해 남성에 대한 이해와 공감 부족 등 사회가 관심을 기울이고 해결책을 모색해야 할 남성 문제는 수없이 많다.

페미니스트가 적으로 간주하는 남성들이 겪는 고통과 인간적인 면모를 영화에 담은 캐시 제이를 페미니스트 공동체는 비인간적이라고 매도했다. 캐시 제이는 지금까지 영화를 제작하면서 영화를 홍보하고 배급할 때 페미니스트 단체들의 전폭적인 지원을 받았다. 그런데 〈빨간 알약〉과 관련해서는 캐시 제이에 대해 페미니스트 단체들이 악의적인 인신공격과 중상비방을 쏟아냈고 조직적으로 상영을 반대하고 금지하는 데 앞장섰다. 빨간 알약을 삼킨 캐시 제이는 이제 자신을 더 이상 '페미니스트'라고 부르지 않는다. 그녀가 페미니즘과 결별한 이유는 〈빨간 알약〉을 제작하면서 남성이 겪는 문제들을 이해하게 되어서 뿐만이 아니라 페미니즘의 실체를 깨닫게 되었기 때문이다. 공감과 이해와 포용을 내세우면서 다른 이의 고통에 귀 기울이려 하지 않고, 다른 사람들조차 귀 기울이지 못하게 하려는 페미니즘이라는 사회운동은 여성이 아니라 페미니스트만을 위한 이념이라는 사실을 깨달았기 때문이다.

5년 전 NBC가 앤더슨 쿠퍼(Anderson Cooper)의 사회로 토크쇼를 방송했다. 이혼 후에 전남편에게 생활비(alimony)를 지급하는 여성들이 출연해 법 개정을 호소하는 내용이었다. 출연한 여성들은 대부분 고소득 전문직 여성들이었다. 수십 년 동안 남성들은 이혼한 후 전 부인에게 꼬박꼬박 생활비를 지급하면서 군소리 않고 살아왔다. 그런데 이제 여성은 자기들이 막상 전남편에게 생활비를 지급해야 할 처지가 되자 갑자기 법의 부당함을 호소하고 나섰다. 양성평등을 원하면 취사선택할 수 없다. 유리한 현실과 함께 불리한 현실도 받아들여야 한다. 법 앞에는 평등해야 하니까. 여전히 자녀양육권과 양육비 문제에서는 남성들이 불리한 처지에 놓여있다. 남성들은 자기 부인과 결혼 중에 낳은 아이가 생물학적으로 자기 아이가 아닌 사실이 밝혀져도 이혼한 후에도 자녀양육비를 지불해야 하고 결혼하고 내내 남편을 속인 부인은 아무런 대가도 치르지 않는다. 또 친부인지 여부를 확인하기 위해 자녀의 유전자 검사를 하려면 친모의 동의를 받아야 하고 동의를 받지 않고 검사를 하면 형사처벌을 받게 된다. 15살짜리 소년과 성관계를 해 출산을 한 35세의 여성이 이 소년을 상대로 소송을 걸어 양육비를 받아내게 된 사례도 있다. 이 여성은 미성년과 성관계를 했으므로 법적인 강간(statutory rape)을 저질렀는데도 말이다.

여성이 자유로우려면 남성도 자유롭게 해주어야 한다. 남성에게 여성을 비하하거나 예속시킬 자유를 누리게 해주자는 뜻이 아니다. 그런 남성은 자유로운 인간이 아니다. 여성을 비하하는 남성은 여성이 지닌 힘을 두려워하는 비겁한 인간이다. 진정으로 자신감 있는 남성은 여성을 존중한다. 마찬가지로 진정으로 자신감 있는 여성은 남성을 존중한다. 많은 대학에 여성 센터를 설치해놓고 있는데 그러면 남성 센터도 설치해주어야 한다. 여성과 마찬가지로 남성도 정치적으로 불순한 의도를 지닌 여성들의 감시와 검열에서 벗어나 자신의 정체성을 구축하고 자신의 관심사를 추구하고 열정을 쏟도록 해주어야 한다. 그리고 남성 센터에서 남성들끼리 서로 자유롭게 어울리고 무슨 이야기든 허심탄회하게 주고받도록 해주어야 한다. 그리고 여성들은 남성 센터 문 밖에 귀를 대고 엿들은 이야기를 성희롱 상담소에 쪼르르 달려가 일러바치는 비열한 짓은 절대로 하지 말기를 바란다.

농경시대에 남성과 여성은 각자 지배하는 영역이 나뉘어 있었다. 오늘날 남성과 여성이 직장이라는 같은 공간에서 똑같은 야망을 추구하게 되었기 때문에 어쩌면 갈등은 불가피한지도 모른다. 하지만 남성을 주눅 들고 나약하게 만듦으로서 여성이 얻는 이득은 없다. 남성성과 여성성은 타고난 게 아니라 사회화를 통해 형성된다는 거짓된 주장을 버리고 남성과 여성의 차이를 인정하고 존중해야 한다. 페미니스트들은 남녀 젊은이들이 성숙한 어른이 되는 길을 가로막는 성전(性戰, sex war)을 이제 끝내고 남성을 경쟁자나 억압자가 아니라 동반자로 인식해야 더 나은 세상을 함께 만들어갈 수 있다. 강한 여성과 강한 남성의 연대를 바탕으로 개인의 책임을 강조하는 용감하고 진일보한 페미니즘을 추구해야 한다.

3. 이민정책: 용광로(Melting Pot)에서 샐러드 볼(Salad Bowl)로

"이 플루리부스 우눔(E Pluribus Unum)." '여럿이 하나로'라는 뜻의 이 라틴어 문구는 미국 연방정부를 상징하는 문장(紋章)에 들어있는 문구로서 1776년 당시에 북미지역에 각자 따로 존재했던 13개의 영국 식민지들이 모여 하나의 나라를 건설한다는 의미에서 제시되었다. 그런데 세월이 지나면서 다양한 인종, 종교, 언어, 조상을 지닌 사람들이 단일한 국민과 나라를 형성한다는 의미로 바뀌었다. 어쨌든 연방으로서의 미국은 다양한 집단이 서로 다른 가치를 지니고 공존하는 나라가 아니라 수많은 개인들이 강력한 하나의 정체성을 공유함으로써 유지되어온 나라다. "미국에 동화되어 미국인이 되고자 하는 이민자는 다른 모든 사람과 동등한 대우를 받아야 한다. 종교나 출생지가 다르다는 이유로 차별받아서는 안 된다. 그러나 이민자는 모든 면에서 그 어떤 사람도 아닌 미국인이 되어야 한다. 이는 타협의 여지가 없다. 자신을 미국인이기도 하고 또 다른 무엇이기도 하다고 생각하는 사람은 절대 미국인이 아니다. 국기는 오직 성조기 하나요, 국어도 오직 영어 하나이며 충성할 대상도 오직 하나, 바로 미국 국민들이다." 1907년 시오도어 루즈벨트(Theodore Roosevelt Jr.) 대통령이 한 말이다.

그러나 이제는 "여럿이 하나로"라는 가치는 문구로만 존재한다. 요즘 미국 이민자들은 다문화주의라는 미명하에 미국의 문화와 가치에 동화되지 않고 자신이 떠나온 나라의 문화와 가치를 고스란히 지닌 채 같은 나라 출신들끼리 무리지어 영어가 아닌 자기들의 모국어로 말하고 산다. 다문화주의와 상대주의가 탄력을 받으면서 2세기 넘게 미국을 결속시켜 온 바로 그 하나의 정체성이 공격을 받고 개인의 권리와 자유가 아니라 집단 정체성과 문화가 강조되기 시작했다. 다문화주의와 상대주의는 미국을 강하고 풍요롭고 자유로운 나라로 만들어 준 동질적인 정체성을 위협하고 있다.

미국 국가 〈성조기여 영원하라(Star-Spangled Banner)〉에는 "자유로운 이들의 땅이자 용감한 이들의 안식처에 성조기여 영원히 휘날리라"라는 후렴구가 있다. 그런데 1970년대부터 시작되어 점점 확대된 복지정책과 무분별한 이민 정책과 다문화주의로 미국은 자유로운 이(the land of the free)의 나라가 아니라 무임승차자(the land of free rider)의 나라가 되어가고 있다. 제3세계 이민과 다문화주의와 대대적인 복지정책이 복합적으로 작용해 미국의 정체성과 가치와 문화가 훼손되고 있다.

1950~60년대에 노동력 부족으로 제 3세계에서 유럽으로 유입된 이민자들은 세대를 거듭할수록 점점 분노에 찬 폭력적인 집단으로 변질되어 오랜 세월 평화로웠던 도심 지역을 우범지대로 변질시켰다. 프랑스 파리 도시 주위를 둘러싼 공공주택단지는 폭력과 분노로 가득한 수백만 이민자들의 거처가 되었다. 이들은 자신을 범죄자가 아니라 내전에 참전중인 전사로 보는데 이러한 반사회적인 태도와 무자비한 잔인함과 천박성을 지식인들은 용인하거나 찬양했다. 미국의 도심 지역사회에서 발생하는 흑인 폭력으로 백인, 아시아인, 히스패닉이 지역사회를 떠나 이주했듯이 유럽에서도 똑같은 현상이 벌어지고 있다. 암스테르담, 로테르담, 브뤼셀 같은 도시에서 원래 주민들이 떠나고 있다.

프랑스 이민 1세대는 이전보다 훨씬 나은 환경에서 살게 되어 감사했고 공적인 행사에서 프랑스 국가가 울려 퍼질 때 절대로 야유를 퍼붓지 않았다. 그들의 자녀나 손주들 보다 훨씬 애국적인 프랑스인이었다. 그러나 다문화주의 정책 하에서 자란 이민 3세는 프랑스 사회에 동화되지 못하고 겉돌게 되었다. 프랑스 좌익과 언론도 미국의 좌익과 언론처럼 빈부 격차를 비롯해 모든 격차를 사회의 부당한 처우와 차별로 돌린다. 이민 2세와 3세는 대중선동가, 사회운동가, 언론의 선동으로 현지 사회에 대해 이민 1세와 매우 다른 부정적인 태도를 지니게 되었다. 오늘날 미국의 이민은 오늘날 유럽의 이민 3세와 훨씬 비슷하다.

멕시코인 '불법체류자(illegal alien)'[9]를 합법적 이민자로 인정하라고 요구하는 이들은 많은 멕시코인 불법체류자들이 가족을 위해 열심히 일하는 성실한 사람들이라고 주장한다. 그런데 좌우 정치 진영과 언론의 숭고하고 고상한 주장과 정치적 선동 뒤에는 흉측한 진실이 숨어있다. 불법체류자들이 대규모 시위를 벌이고 스페인어로 분노를 토해낸다. 이들이 진정으로 미국인이 되고 싶어 하는 사람들로 보이는가? 불법체류자들이 요청은 고사하고 당당하게 권리를 요구하고 이래라저래라 주인 행세를 하고 있다. 행진하는 시위대 전면에 커다란 멕시코 국기를 내세웠다가 누가 귀띔했는지 슬쩍 성조기로 바꾸지만 그래도 적개심 가득한 그들의 언행에서 보이는 흉측한 진실이 가려지지는 않는다. 이들이 쏟아내는 말을 듣고 있으면 미국사회에 합류하기 원하는 사람들이 아니라 미국 영토 내에서 자기들만의 영역을 요구하는 사람들 같다. 미국 국민이 원하는 게 무엇인지는 안중에도 없다.

---

9) '불법체류자(illegal alien)'는 '불법이민자(illegal immigrant)'로 불리다가 '서류미비 이민자(undocumented immigrant)'로 바뀌었다. 그러나 '이민자'는 합법적으로 거주권을 취득한 사람을 일컬으므로 불법이민자는 형용모순이다. 또한 이민자는 받아들이는 나라의 자격요건과 심사를 거쳐야 얻는 지위다. 불법체류자는 그런 과정을 거치지 않은 사람들이다. 따라서 단지 서류만 갖추지 않았을 뿐 이민자 자격이 있다는 뉘앙스를 풍기는 '서류미비 이민자'도 올바른 표현이 아니다. 불법체류자의 행위에 내재된 불법성을 희석시키려는 좌익의 말장난이다.

유럽은 이미 실패한 다문화주의 이민 정책으로 큰 대가를 치르고 있는데 미국도 이 정책을 따르라고 좌익은 요구하고 있다. 외국에서 유입된 인구의 규모가 점점 커지고 이들이 현지 사회의 가치와 문화를 받아들이지 않고 자기들만의 가치와 문화를 고수하고 살면 어떤 현상이 나타나는 지 유럽인들은 이미 뼈저리게 겪고 있다. 거리에서 폭력과 유혈폭동이 일어나고 사회가 극단적으로 분열되고 있다. 이런 상황을 보고도 깨닫는 게 전혀 없는 사람들, 불법체류자들에게서 이득을 보는 집단들은 여러 부류다. 기업들은 값싼 노동력을 확보하게 된다. 사회적 약자인 불법체류자들은 정부의 공공서비스에 기대고 큰 정부를 지지할 가능성이 높으므로 민주당에게는 잠재적인 정치적 지지층이자 표밭이다. 경제적 상류층은 정원사, 가사도우미, 수영장청소부 등을 싼값에 부려먹을 수 있다. 공화당 정치인들은 값싼 노동력을 이용하는 기업들로부터 정치 기부금을 받아야 하므로 불법체류자 문제는 입을 다문다. 이들은 자신이나 자기 자식들과 노동시장에서 경쟁할 직종의 전문직 이민자는 절대로 받아들이지 않는다. 이들이 다문화주의를 내세워 포용적이고 고상한 척하는 동안 평범한 미국 서민들은 인종차별주의자라고 낙인찍힐까봐 입도 뻥끗하지 못하고 자신들이 거주하는 지역사회가 제 3세계 빈민가처럼 변하는 모습을 속수무책으로 지켜보면서 살 수밖에 없다.

미국 기득권층은 과거의 이민들도 미국사회에 동화되기 어렵다고 했지만 잘 동화되어 미국인 못지않은 애국자가 되었다고 주장한다.

지금의 상황이 유럽인들이 주로 이민 오던 과거의 상황과 같다면 그럴 수도 있지만 현재 여건은 전혀 다르다. 불법체류자들의 시위행진에서 터져 나오는 불만과 불평이 바로 상황이 예전 같지 않음을 입증해준다. 과거 유럽에서 온 사람들은 미국인이 되기 위해 이민 왔다. 그들에게 미국인이라는 정체성보다 더 자부심을 느끼게 하는 정체성은 없었다. 독일 이민의 후손들은 두 차례 세계대전에서 미국을 위해 싸웠다. 일본 이민 후손들로 구성된 전투단은 2차 대전에서 수없이 많은 훈장을 탔다. 그들은 자신이 미국인임을 입증했다. 현재 상황에서 비극은 불법체류자의 권리를 주장하며 목소리 높이는 이들은 미국을 경멸하는 나머지 영어로 말하려 하지도 않고 당당하게 권리를 요구하고 있다는 점이다.

멕시코인 합법이민자와 불법체류자 모두 보다 나은 삶을 찾아 미국에 왔지만 국가란 단순한 노동자가 아니라 국민이 필요하다. 서류상의 국민이 아니라 그 나라의 가치와 문화를 받아들이고 헌신하겠다는 국민이 필요하다. 과거에도 미국사회에의 동화는 저절로 일어나지 않았고 오늘날에도 저절로 일어나지 않는다. 과거에 사회 지도자들과 단체들이 적극적으로 노력한 덕분에 이민자들은 미국인이 되었다. 천주교단은 아일랜드인들이 미국사회에 동화되도록 하는 데 힘썼고 수많은 단체들이 유대인이 미국에 동화되도록 힘썼다. 그러나 오늘날 이민자들에게 굽신거리는 정치인들이나 그들의 권익을 위해 싸운다는 사회운동가들은 외국인들은 외국인으로 그대로 둔 채 미국 국민들에게 그들에게 적응하고 바꾸라고 요구하고 있다. 만약 그들이 성공하면 이는 국가적인 비극이다. 불법체류자를 사면해주면 누가 애써 합법적인 절차를 통해 이민하려고 하겠는가? 불법체류자를 사면해주면, 불법을 합법으로 뒤바꿔 보상해주면, 불법체류자와 정치인은 이득을 보지만 법치는 무너지고 미국 국민은 큰 손실을 본다.

1965년 린든 B. 존슨(Lyndon B. Johnson) 정부는 민주당 테드 케네디(Ted Kennedy) 의원이 주도한 이민국적법(Immigration and Nationality Act), 이른바 하트-셀러 법안(Hart-Celler Act)에 서명했다. 존슨이 추진한 "위대한 사회(The Great Society)" 정책의 화룡점정인 이 법안은 이미 미국에 거주하는 가족친지가 있는 이민자들과 숙련기술을 지닌 이민자들 우선으로 받아들이던 기존의 이민 제한 규정을 모두 폐기하고 미국으로 유입되는 이민의 대상을 유럽에서 제3세계로 바꾸었다. 그 결과 1960년대에 75퍼센트에 달하던 유럽출신 이민은 2010년 12퍼센트로 급감했다. 이러한 이민정책의 변화에도 불구하고 불법체류자들은 꾸준히 늘었고 이를 해결하기 위해 1986년 로널드 레이건(Ronald Reagan) 대통령은 이민개혁안(Immigration Reform and Control Act)에 서명하고 그동안 불법 체류하던 270만여 명에게 영주권을 주었다. 미국 역사상 최대 규모의 불법체류자의 합법화였다. 불법체류자를 고용하는 고용주들을 엄격히 단속하고 국경보안을 강화한다는 조건으로 레이건이 받아들인 타협안이었다.

하지만 이 법안은 허점이 많았다. 그동안 불법체류자를 고용하게 만든 법체계의 허점을 정정하지 않았기 때문에 기업들은 여전히 규정을 위반하고 수백만 명의 불법 체류자들을 저임금 일자리에 고용했다. 이 법안은 또한 국경을 수비하는데 충분한 재정적 지원을 하고 대책을 강화한다는 규정을 담지 않았기 때문에 사람들은 국경을 넘어 끊임없이 미국으로 유입되었다. 이러한 문제들을 해결하기 위해 또다시 이민법 개정안을 만들었다. 이번에도 1990년 테드 케네디 의원이 발의한 이 법안은 의회에서 통과되었고 조지 H. W. 부시(George H. W. Bush) 대통령은 이 법안에 서명했다. 이 법안으로 미국에 유입되는 합법적 이민이 한 해에 50만 명에서 70만 명으로 40퍼센트가 급증했고 미국 영주권자는 한 해에 100만 명으로 늘었다.

미국 국토안보부에 따르면, 2013년 한 해 이민자는 멕시코가 13만 5천여 명으로 가장 많고 중국, 인도, 필리핀 등이 각각 7만 명, 6만 8천 명, 5만 4천 명으로 그 뒤를 이었다. 2010년 미국 인구조사국의 출신국가 별 이민자통계에 따르면, 멕시코가 1천 171만 명, 쿠바 등 다른 4개 중미지역 국가가 400만여 명 등 히스패닉이 1천 571만여 명으로 가장 많고, 중국이 216만 명, 인도 178만 명, 필리핀 177만 명, 한국 110만여 명, 베트남 12만 명 등이다. 오늘날 미국 총 인구의 14.3퍼센트인 4천 5백만여 명이 해외에서 출생한 이민자이다. 불법체류자의 수는 적게 잡아도 1,150만여 명으로 총인구의 3.5퍼센트 정도로 추정되는데 2014년 현재 미국에서 유죄판결을 받은 범죄의 36.7퍼센트, 마약소지 74.1퍼센트, 마약범죄 16.8퍼센트, 납치살해 20.8퍼센트, 살인 12퍼센트, 돈세탁 12.3퍼센트를 불법체류자가 저질렀다.

이민정책은 국가 경제와 안보에 직접적인 영향을 미친다. 미국은 이민정책을 집행하는 데 해마다 180억 달러를 쓰지만 여전히 미국과 멕시코 국경에는 안보 상 허점이 존재하고 가장 효율적인 정책이 무엇인지를 두고 갑론을박이 벌어진다. 불법으로 미국에 유입되는 체류자들은 미국에 깊이 뿌리를 내리는데 이들은 소득세를 내지도 않고, 학교와 의료 등 공공서비스를 이용하는 등 사회적인 비용을 유발하고 있다.

제3세계 이민자들은 미국과 전혀 다른 문화권 출신이므로 미국 사회에 적응하는 데 어려움을 겪을 테고 그러면 정부에 도움을 요청할 가능성이 높으므로 큰 정부와 대대적 복지정책을 지향하는 좌익을 지지할 가능성이 높다. 1960년대 말부터 후르시초프 보고서, 스탈린의 개인숭배와 강제수용소의 참상, 우크라이나의 대량 아사 등으로 공산주의의 처참하고 잔혹한 실상이 드러나고 중국에서도 마오쩌뚱 하에서 대규모 숙청의 피바람이 불면서 좌익은 더 이상 이념적 정치적으로 우익에게 이길 승산이 없었다. 따라서 당시 비교적 작은 정부를 지향하는 성향을 지닌 유럽 출신의 이민자들 대신 큰 정부를 지향하는 문화가 팽배한 제3세계에서 대거 이민을 받아들이는 인해전

술로 돌아섰다. 그런 점에서 이번 미국 대통령 선거는 앞으로 미국의 건국 가치를 수호할 인구 구조를 유지할지 여부를 결정하는 중요한 선거였다.

과거에 이민은 공짜 복지혜택(freebies)이 아니라 자유(freedom)를 찾아 미국으로 왔다. 1850년대부터 꾸준히 증가한 이민자가 1930년 1천 3백만 명 정도에 다다르자 미국정부는 이민자 수를 줄이기 시작했다. 이민자들이 미국사회에 동화될 시간적 여유가 필요했기 때문이다. 그러다가 1960년대 말부터 급증하기 시작한 이민자 수는 2015년 4,490만 명에 달했고 현재의 추세가 지속된다면 2065년에는 7,820만 명에 달하게 되며 히스패닉이 아닌 백인은 미국 총인구의 절반 이하로 줄어들 것으로 예상된다. 그게 왜 문제냐고 하는 사람들이 있다. 문제는 어떤 피부색을 지닌 인종이 다수가 되느냐가 아니라 미국이라는 나라를 지탱하는 가치, 제한적 정부, 법치, 정교분리, 개인의 자유, 자유시장경제 등의 가치를 공유하는 사람들로 구성될 것이냐가 문제다.

그런데 과거의 이민처럼 요즘의 이민들도 이런 가치를 공유하는가? 미국 사회가 과거처럼 이민자들이 미국사회에 동화되도록 돕고 적극적으로 요구하는가? 현재의 이민 정책은 그렇지 않기 때문에 문제다. 언어와 문화가 다른 사람들을 동화시키는 데만도 상당한 행정적 비용이 들고 사회분열이라는 과도기를 겪어야 한다. 그런데 지금처럼 미국에 동화되고 언어를 배우라고 적극적으로 요구하지도 않고 모국의 가치와 문화를 그대로 지닌 채 경제적으로만 더 여유 있게 살도록 권장하는 분위기에서는 이민자들이 진정한 미국인이 될 가능성은 낮다. 현재 미국에서 가장 문제가 되는 불법체류자는 대부분 멕시코에서 유입되므로 미국과 중남미, 미국 내 각 인종별로 가치관이 얼마나 다른지 잠깐 살펴보자.

경제자유도지수(Economic Freedom Index)는 자유 시장경제에 참여할 능력이 어느 정도인지를 보여주는데 이 지수가 낮을수록 정부의 존도는 높다. 대체로 서구사회로 유입되는 이민은 경제자유도가 낮은 나라에서 오기 때문에 복지정책에 의존할 가능성이 크다. 따라서 복지정책을 재정적으로 뒷받침해야 하는 현지인들의 입장에서는 저조한 경제활동으로 재정적 기여는 적게 하면서 복지 혜택은 많이 누리는 이민자들에 대해 반감을 지니게 되는 것은 당연하다. 경제자유도지수는 북미는 74, 중남미 60이다.

부패인식지수(corruption perception index)는 미국 76, 멕시코 36이다. 큰 정부/작은 정부 선호도 비율은 백인 37/52, 흑인 70/23, 아시안 55/36, 미국출생 히스패닉 66/28, 해외출생 히스패닉 81/12이다. 지지정당(공화당/민주당)은 전체 히스패닉 18/66, 히스패닉 1세대 16/63, 히스패닉 2세대 19/71이다. 복지수당(Survey of Income and Program Participation)이용비율을 미국출생/이민자가구 별로 보면 일

반복지 30/51, 메디케이드(Medicaid) 23/42, 푸드 스탬프 22/40, 현금 10/12, 주택 6/6이다. 복지 이용률은 미국출생 30, 중미와 멕시코 73, 동아시아 32, 유럽 26이다. 가장의 미국거주 기간에 따른 이민가구 복지 이용률은 5년 이하가 50, 5~10년이 51, 11~15년이 54, 16~21년이 56, 21년 이상이 48이다. 21년 이상에는 유럽인이 포함되므로 거주기간이 늘어날수록 복지의존도가 줄어든다고 볼 수는 없다. 인종다양성과 강력범죄(Ethnic Diversity and Violent Crime 2010)의 상관관계를 보면 인종다양성지수가 높은 주일수록 10만 명 당 강력범죄율 높고, 인종다양성과 재물손괴범죄(Property Crime)의 상관관계에서도 인종다양성지수가 높은 주일수록 10만 명 당 재물손괴범죄율이 높다.

현재 미국의 인구구조를 과거 28년 동안 실시된 선거들에 적용하면 공화당이 대선에서 이겼을 회수는 단 한 번이다. 민주주의의 관점에서 볼 때 민주당은 이민정책이라는 편법으로 선거에서 이긴 셈이다. 1972년부터 2012년까지 전 기간 동안 히스패닉은 대통령 선거 때마다 압도적으로 민주당 후보에게 투표했고, 2012년 대선에서도 이민자가 많은 주일수록 오바마를 지지한 비율이 높았다. 미국의 좌익은 다양성과 포용에 관심 없다. 단지 민주당을 지지하는 유권자층을 두텁게 하는 게 목적일 뿐이다. 좌익은 다문화주의나 다양성 추구 정책이 낳는 부작용을 거론하면 논리적으로 반박하지 않고 무조건 인종차별주의자로 매도하고 인신공격을 한다. 논리, 역사적 증거,

논쟁으로 이길 수 없기 때문이다. 큰 정부의 비대한 예산은 정치인의 권력 확대를 의미한다. 정치권력은 마약이다. 누리면 누릴수록 더 많이 누리고 싶어진다. 민주당은 이민 정책 뿐만 아니라 다양한 행정 정책을 통해 불법체류자들의 미국 체류를 조장하고 있다. 몇 가지 사례를 들어 보겠다.

캘리포니아를 비롯해 11개 주는 불법체류자(illegal alien)에게도 운전면허증을 발급해주고 있다. 이런 조치만 해도 문제인데 캘리포니아, 코네티컷, 오리건, 버몬트, 웨스트버지니아주에서는 운전면허증을 발급받으면 자동적으로 유권자로 등록까지 되고 등록된 본인이 유권자등록명단에서 이름을 빼달라고 요청하지 않는 한 그대로 명단에 남는다. 미국에 합법적으로 체류한다는 사실을 증명하려면 사회보장번호(social security number)를 제출해야하지만 가짜 사회보장번호 사기가 만연해있다는 사실은 공공연한 비밀이다. 캘리포니아의 경우 불법체류자의 운전면허증에는 귀퉁이에 작은 글씨로 '연방정부 목적으로 사용불가(federal limits apply)'라고 쓰여 있기 때문에 식별이 가능하고 주 당국에서는 불법체류자는 투표가 금지되어있다고 주장하지만 투표할 때 불법체류자인지 제대로 확인하지도 않는다. 따라서 이런 주에서 투표권이 없는 불법체류자들이 투표할 가능성은 상당히 높다. 캘리포니아 한 주에서만 운전면허증을 신청한 불법체류자가 80만 명이 넘는다. 현재 미국에서 사진이 있는 신분증을 제시해야 투표를 할 수 있는 주는 조지아주를 포함해 7개 주에 불과하고 나머지 주는 사진이 없는 신분증을 제시하거나 아예 신분증을 제시하지 않아도 투표를 할 수 있다.

은신도시(Sanctuary City)는 지역 행정당국과 사법당국이 범죄 혐의자에게 불법체류자인지 이민자인지 여부를 묻지 않는 정책을 실시하는 도시를 말한다. 이민정책연구소(Center for Immigration Studies)에 따르면, 미국 전역에 200개 이상의 은신도시가 있고 2014년 1월부터 8월까지 연방정부가 추적중인, 범죄를 저지른 불법체류자 8천 명이 이러한 은신 도시에 숨어있다고 추산된다. 트럼프는 취임 후 국토안보부에 불법체류자들이 행한 범죄를 빠짐없이 목록을 만들어 매주 국민들에게 공개하고 범죄를 저지른 불법체류자들을 색출해 추방하라고 명령했으며 연방정부의 이러한 지침에 협조하지 않는 지방자치정부는 연방정부 지원금을 끊겠다고 했다. 그러나 민주당 소속 빌 드블라지오(Bil De Blasio) 뉴욕시장이나 민주당 소속 람 이매뉴얼(Rahm Emanuel) 시카고 시장 등 소수인종 유권자의 정치적 지지가 필요한 은신도시 지역 단체장들은 연방정부에 협조하지 않겠다며 범죄를 저지른 불법체류자를 강력히 보호하겠다는 의지를 천명했다. 이런 범죄자들 때문에 생명을 잃고 피해를 입는 시민들의 안전은 안중에도 없다.

은신도시는 불법체류 범죄자들 때문에 준법 시민들의 삶이 위협받는데도 좌익 지역단체장들은 아랑곳하지 않는다. 시카고는 2017

년 현재 228건의 총격사건이 일어났고 42명이 사망했는데 이는 2016년에 비해 24퍼센트 상승한 수치다. 시카고는 이라크 못지않은 우범지대로 변해 시라크(Chiraq)라는 별명까지 얻었다. 이민세관국(Immigration and Customs Enforcement, ICE)에 따르면 미국 내륙지역에서 체포되어 추방된 불법체류자는 2009년 24만 명에서 2016년에는 6만 명으로 줄었다. 단속과 검거가 허술해졌기 때문이다. 2015년 미국회계감사원(Government Accountability Office, GAO)은 고위험도 항공 여행자 2만 2천명의 미국 입국이 저지되었고 테러리스트로 의심되거나 확인된 8천명 이상이 미국에 입국하려고 시도했으나 저지되었다고 발표했다. 이런데도 좌익은 느슨한 국경 관리와 느슨한 이민법 집행이 정말 바람직하다고 생각하고 있다.

트럼프는 선거공약으로 국경에 차단벽(wall)을 건설하겠다고 선언했다. 이에 대해 좌익은 아무 효과도 없는 황당한 정책이라고 비웃었다. 그러나 이미 멕시코와 맞닿아있는 캘리포니아, 애리조나, 뉴멕시코, 텍사스주 국경을 따라 654마일 철책(fencing)이 설치되어 있고 트럼프는 아직 철책이 설치되어 있지 않은 1,300마일을 따라 차단벽을 확대 설치하겠다는 뜻이었다. 자연지형으로 차단되는 지역도 있기 때문에 남쪽 국경 전체에 차단벽을 설치할 필요는 없다. 현재 멕시코에서 미국으로 밀반입되는 마약의 양과 불법체류자의 수는 엄청나다. 2015년 국경에서 몰수된 메타엠페타민(Methamphetamine)만도 8,000파운드가 넘는데 대부분은 성공적으로 밀반입된다. 2016년

560파운드의 헤로인이 남쪽 국경에서 몰수되었는데 밀반입에 성공하는 양에 비하면 빙산의 일각이다. 2015년에 마약과다복용으로 숨진 사람은 5만 명이 넘는다.

멕시코 정부는 사태가 이런데도 적극적인 조치를 취하지 않고 미국의 마약 소비 탓을 하면서 멕시코 마약카르텔의 마약밀반입 산업을 방치하고 있다. 마약 왕 호아킨 엘 차포 거스만(Joaquin El Chapo Guzman)은 두 차례나 멕시코 교도소에서 탈출해 미국에 밀입국했다가 뉴욕에서 체포되었다. 철저히 부패한 멕시코 정부는 마약카르텔을 처단할 의지도 능력도 없다. 심지어 자국민의 생명과 안전을 위해서라며 국경을 넘을 때 주의해야할 점을 수록한 안내 책자까지 만들어 배포하고 있으니 불법으로 국경을 넘는 자국민을 단속할 생각도 없다. 〈뉴욕타임스〉는 차단벽이 "고대 제국들이 써먹던 수법으로서 단절과 배제를 상징하고 마음과 생각을 편협하게 만들고 국경 없는 세상이라는 이상을 무너뜨린다"라고 주장했다. 국경을 지키지 않는 나라가 나란가? 이 무슨 정신 나간 소린가? 그런데 차단벽 설치에 극렬히 반대하는 인간들은 하나같이 높은 담으로 둘러싸이고 경비가 삼엄해 아무나 드나들지 못하는 고급 주택단지(gated community)에 거주하고 일상생활에서는 싼값에 부려먹는 불법체류자 보모, 가사도우미, 정원사, 수영장 청소부 외에는 불법체류자와 마주칠 일이라고는 전혀 없는 인간들이다.

뒤에서 자세히 살펴보겠지만, 유럽은 무슬림 이민자들로 인해 온갖 사회문제를 겪고 있다면 미국은 멕시코 불법체류자들로 인해 많은 사회문제가 발생하고 있다. 한 주만 살펴보자. 노스캐롤라이나 이민법개혁과 시행(North Carolinians for Immigration Reform and Enforcement)에 따르면, 매달 노스캐롤라이나에서 아동을 대상으로 한 이민자들의 성범죄가 수백 건이 발생하고 있다. 2014년 4월 한 달에만 350건, 5월 299건, 8월과 9월에도 각각 400건 이상 발생했고 범인의 90퍼센트 이상이 히스패닉 불법체류자였다. 합법이민자들의 범죄는 포함하지 않은 수치다. 2013년 11월 단 며칠 동안 발생한 아동성범죄가 87건인데 대부분 범죄혐의자는 거의 히스패닉이고 피해 아동의 연령은 4세에서 13세까지 다양하다. 노스캐롤라이나 도축사업자들은 싸구려 노동력으로 돈방석에 앉는 동안 납세자들은 한 해에 불법체류자들 때문에 수십억을 낭비하고 어린 소녀들은 강간을 당하고 있다.

그러나 주 정부와 언론은 불법체류자들의 범죄사실을 숨기기에 급급하고 정부는 얼마나 많은 이민자들이 범죄를 저지르는지 집계도 하지 않는다. 복역 중인 이민자들의 수를 세는 방법도 있겠으나 이는 체포되지 않은 범죄자들을 포함하지 않은 수치이므로 빙산의 일각이다. 불법체류 범죄자들은 체포된 후 검사들이 구속하지 않고 추방하기 때문에 자기 나라로 되돌아갔다가 다시 미국으로 온다. 불법체류 범죄자로 하여금 경범죄를 시인하게 해서 추방되지 않도록 배려하는 검사도 있다. 노골적으로 미국에 적대감을 보이면 소수 인종으로서의 자부심을 표한다고 여겨지고, 미국 헌법을 준수하고 미국에 충성하겠다고 서약한 하원의원 루이스 구티에레스(Luis Gutierrez)는 멕시코인 불법체류자들을 두고 “우리 국민(our people)”을 추방하지 말라고 외친다.

언론도 이민자의 범죄를 숨기는 공범자다. 아동 강간 범죄 기사에서 가해자의 히스패닉 이름은 모조리 ‘남성(man)’이라는 단어로 대체된다. 한두 번이면 우연이라고 보겠지만 끊임없이 일관성 있게 히스패닉 이름은 남성이란는 일반적인 단어로 대체된다. 백인 남성이 강간혐의를 받으면 혐의만으로 신상을 탈탈 털어 주구장창 대서특필 하면서 히스패닉 불법체류자의 아동강간 범죄 수천 건은 스쳐지나가는 단신으로 처리된다. 히스패닉 이민자들이 복지 혜택을 요구할 때는 미국의 억압받는 소수이자 약자고 범죄를 저지르면 미국의 어느 지역인가에 사는 ‘남자’로 돌변한다. 중남미 히스패닉의 절반은 좌익이 그토록 증오하는 “억압하는 자” 집단인 스페인 정복자(Conquistador)의 후손이다. 그런데 국경만 넘으면 이들은 소수이자 억압받는 약자로 뒤바뀐다. 이민정책은 국가 경제와 안보에 직접적인 영향을 미친다. 미국은 이민정책을 집행하는 데 해마다 180억 달러를 쓰지만 여전히 미국과 멕시코 국경에는 안보 상 허점이 존재하고 가장 효율적인 정책이 무엇인지를 두고 갑론을박이 벌어진다.

무슬림은 미국 전체 인구의 1~2퍼센트로 유럽의 무슬림 인구보다 훨씬 적지만 미국에서도 무슬림 인구가 점점 늘면서 이미 무슬림 인구가 상당히 늘어난 유럽 국가들이 겪는 문제가 나타나고 있다. 미국 인구조사국에 따르면 해마다 10만여 명의 무슬림이 학생비자 등 여러 경로를 통해 미국으로 유입되고 있고 미국연방수사국은 이 때문에 인력과 재정을 엄청나게 소비하고 있다. 2014년에만도 12만 7천 명의 무슬림에게 학생비자가 발급되었는데 이 가운데 사우디아라비아가 5만 3천여 명으로 가장 많고 이란, 쿠웨이트, 나이지리아가 그 뒤를 잇는다. 학생비자로 입국하는 무슬림들은 직접적으로 테러집단과 연계되어있다고 확인되지 않는 한 국가안보에 위협이 되는지 철저히 검증할 방법도 없다.

오바마는 2016년 회계연도에 85,000명의 난민을 받아들였는데, 이 가운데 10,000명이 시리아에서 지하디스트의 온상인 지역 출신이었다. 난민 정착을 돕는 지역공동체 조직책들은 데이비드 루벨(David Lubell)이 운영하는 웰커밍 아메리카(Welcoming America)라는 단체로부터 난민 정착 지원에 필요한 훈련과 교육을 받았는데 이 단체는 조지 소로스(George Soros)가 지원한 종자돈으로 창설되었고 데이비드 루벨은 오바마가 추진한 "새로운 미국인(New Americans)" 정책과 관련해 자문 역할을 한 측근이다. "새로운 미국인" 정책은 수백만 난민과 새로운 이민자들을 투표권을 지닌 미국 시민으로 변모시키는 정책이다.

오바마 정부는 주거비가 비교적 저렴하고 비숙련 노동 일자리가 많은 지역들에 강제로 무슬림 난민과 이민들을 할당해 속속 정착시켰고 이 때문에 난민을 받아들인 지역들은 재정적 어려움을 겪고 있다. 2002년부터 2016년 초까지 8,000명의 난민이 텍사스주에 정착했는데 이 가운데 5,250여 명이 도축가공 산업으로 유명한 아마릴로(Amarillo)시에 정착하면서 이 도시는 미국 도시들 가운데 지역주민 1인당(per capita) 수용한 난민의 수가 가장 높은 도시가 되었다. 난민이 대거 유입된 이후로 아마릴로에는 강간범죄가 폭증했고 강간 신고 건수가 텍사스주에서 최고 수치다. 또 소말리아에서 온 난민들은 본국에서 서로 갈등관계였던 두 부족(노예 출신과 노예주 출신)으로 나뉘어 각자 자기들만의 지역공동체를 구성하고 지도자를 선출했으며 나머지 지역사회에 동화되기를 거부하고 있다. 아마릴로시는 긴급구호전화 911 서비스를 42개의 언어로 제공하느라 행정 비용을 엄청나게 낭비하고 있다. 난민은 정착하자마자 모든 복지혜택을 받게 되고, 1년 내에 영주권이 주어지며, 5년 내에 시민권을 받게 되면 투표권을 포함해 시민으로서의 모든 권리를 누리게 된다.

미시건주 디트로이트시 외곽에 있는 햄트래믹(Hamtramck)은 대부분 천주교신자인 폴란드 이민자들이 인구의 90퍼센트를 차지했었다. 그런데 이제 방글라데시, 예멘, 보스니아에서 이민 온 무슬림과 미국의 다른 지역에 살던 무슬림 인구가 대거 유입되면서 폴란드 이민자는 10퍼센트로 줄어들었고 미국에서 최초로 무슬림이 총인구의

50퍼센트를 넘어선 도시가 되었다. 시위원회(city council)는 무슬림이 다수를 구성하게 되었고 인구가 2만 3천 명 남짓한 도시에 모스크가 7개로 인구수에 비해 가장 많은 모스크가 있다. 오늘날 햄트래믹 시 전역에 무슬림 기도시간을 알리는 방송이 다섯 차례 울려 퍼지고, '공립'학교 웹사이트에는 청바지와 슬리퍼, 미니스커트, 반바지 등을 금지하는 엄격한 복장규정이 나열되어 있으며, 재향군인의 날(Veterans' Day)인 11월 11일은 미국 '법정 공휴일'인데도 휴교하지 않고 무슬림 공휴일인 9월 24일은 휴교한다. 햄트래믹시 '공식' 페이스북은 아랍어로 도배되어 있다.

2014년 콜로라도 주 포트 콜린스(Fort Collins)에 있는 록키마운튼 고등학교 교장에게 분노한 학부모와 지역주민들의 격렬한 항의가 쏟아졌다. 미국 국민이 국가에 대해 하는 충성 서약(Pledge of Allegiance)을 아랍어로 하고 "신(God)"을 "알라(Allah)"로 바꿨기 때문이다. 교장은 "장벽을 허물고 문화를 포용"하려는 취지였다고 말했다.

동유럽에서 미국으로 이민 온 철저한 공산주의자인 부모에게서 태어난 모태 공산주의자(red diaper baby)에서 강경한 우익으로 전향한 저자 데이비드 호로위츠(David Horowitz)가 UC 샌디에이고에서 학생을 상대로 강연을 마치고 학생들로부터 질문을 받는다. 히잡을 쓴 한 무슬림 여학생이 마이크 앞으로 나와 외국어 억양이 전혀 없는 완벽한 영어로 "무슬림학생협회가 무슬림형제단과 하마스의 전위부

대라는 당신의 말은 틀렸다"라고 말한다. 호로위츠가 "그럼 하마스는 테러집단이라고 공개적으로 비난할 수 있느냐?"라고 하자 그 여학생은 "내가 잡혀가길 바라는가? 내가 하마스를 비난하지 않으면 국토안보국이 나를 체포할 텐데"라는 황당한 답변을 한다. 호로위츠가 그 여학생에게 묻는다. "나는 유대인이다. 헤즈볼라(Hezbollah) 우두머리가 '유대인들을 전부 이스라엘에 모았으면 좋겠다. 세계 온 사방으로 일일이 잡으러 다니지 않고 한꺼번에 처치해버리게'라고 말했다. 이 말에 동의하는가? 반대하는가?" 그 여학생은 호로위츠를 똑바로 쳐다보고 또렷하게 힘주어 대답한다. "동의한다." 이 사건이 있고 나서 물론 무슬림학생협회는 이 여학생을 전적으로 옹호했다. 호로위츠는 UC 산타바버라에서도 무슬림학생협회 회장인 남학생에게 똑같은 질문을 했다. 그 남학생 대답은 다음과 같았다. "그렇다, 아니다로 대답하기에는 너무 복잡한 문제다." 이들은 미국에서 자라 완벽한 영어를 구사하고 명문대학에서 고등교육을 받는 무슬림들이다.

2016년 6월 플로리다주 올랜도에 있는 동성애자 클럽 펄스(Pulse)에서 29세의 오마르 마틴(Omar Marteen)이 총을 난사해 50명을 죽이고 53명에게 중상을 입혔다. 2001년 9/11 테러사태 이후 가장 많은 사망자를 낸 테러사건이었다. 아프가니스탄 이민자인 부모에게서 태어난 무슬림인 마틴은 총을 난사한 후 911에 전화를 걸어 자기가 범행을 저지른 이유를 떠벌였다. 오바마 정부의 법무부는 마틴의 911 통화 녹취 내용을 공개하면서 마틴이 이슬람이나 테러집단 ISIS에 대해 언급한 내용을 삭제하고 발표했다가 후에 들통이 났다. 두 달 후인 8월, 총격 현장에서 그리 멀지않은 키시미(Kissimmee)에서 힐러리 클린턴은 선거유세를 했는데 펄스 학살 사건을 언급하는 이 자리에 오마르 마틴의 아버지 세디크(Seddique)가 참석한 모습이 카메라에 잡혔다. 힐러리 바로 뒤에 앉아서 환호하고 있던 세디크는 공개적으로 탈레반을 지지하고 동성애자에 대한 혐오를 노골적으로 표해왔다. 힐러리는 해명을 요구한 기자들의 질문에 묵묵부답으로 일관했고 한참 지나 마지못해 선거본부명의로 세디크는 자신들과 무관한 인물이고 유세에 초청하지도 않았다고 해명했다. 하지만 세디크의 좌석은 힐러리와 매우 가까운 위치에 있는 좌석으로 철저한 신분확인을 거친 사람에게 할당하지 아무에게나 주는 자리가 아니었다.

아프가니스탄에는 부와 권력을 지닌 성인남성이 어린 소년과 성관계를 하는 바카 바치(Bacha Bazi)라는 패륜적인 관행이 오랜 세월동안 이어져오고 있다. 오바마 정권은 아프가니스탄에서 복무하는 미군들에게 아프가니스탄 동맹세력이 "강간을 전쟁무기로 이용하는 경우를 제외하고" 소년을 성폭행해도 묵인하라는 지침을 내렸다. 패륜행위까지 포용하라는, 문화적 상대주의와 다문화주의가 갈 데까지 간 병리적인 징후다. 특수부대 그린베레(Green Berets) 소속으로 수많은 훈장을 탄 찰스 마틀랜드(Charles Martland) 육군중사는 2015년 아프가니스탄에 복무하던 중 미군기지에서 아동을 강간하던 아프가니스탄 지휘관을 폭행하고 아동을 구했다는 이유로 군에서 퇴출당했다. 마틀랜드 중사는 "나를 육군에서 퇴출시킨 결정은 도덕적으로 부당하고 온 나라가 다 그렇게 생각한다"라고 항의했고 법적 공방을 벌인 끝에 승소해 거의 1년 만에 군에 복귀하게 되었다.

무슬림 트럭운전수들이 맥주를 배달하지 않겠다고 했다가 해고당하자 소송을 걸어 고용주로부터 24만 달러를 배상받았다. 이 운전수들을 법정에서 변호한 오바마 정부는 승소 후 "직장에서 동등한 대우를 받을 권리와 종교의 자유라는 원칙을 지켰다는 데 자부심을 느낀다"라고 발표했다. 한편 오리건에서 제과점을 운영하는 그리스도교도 부부는 레즈비언 커플로부터 결혼식에 쓸 케이크 주문을 받자 자신의 종교적 신념에 따라 주문을 받지 않겠다고 했다가 13만 5천 달러의 벌금 선고를 받았다. 부양해야 할 식구가 일곱 명인 이 부부는 엄청난 벌금으로 파산지경에 이르게 되자 고펀드미(GoFundMe.com)라는 기금모금 웹사이트를 통해 기금모금을 하려 했지만, 웹사이트 측은 "불법적 목적"으로 모금하려한다며 이 부부의 페이지를 삭제해 버렸다. 무슬림에게는 허락되는 종교의 자유가 그리스도교도에게는 허락되지 않는다. 스티븐 크라우더(Steven Crowder)라는 코미디언이 동성애자를 가장하고 무슬림이 운영하는 제과점에 가서 동성애자라며 케이크를 주문했는데 여러 제과점에서 하나같이 거절당했다. 실제로 동성애자가 무슬림 제과점에서 케이크를 주문했다가 거절당하는 사건이 일어나 소송을 한다면 좌익은 누구 편을 들까? 갑자기 궁금하다.

2004년, 앞서 언급한 스위스 국적의 타리크 라마단이 미국 노터데임대학의 교수직 제안을 받았을 때 미국 정부는 그가 하마스와 관련된 두 개 단체에 자금을 지원했기 때문에 입국을 불허했었다. 그 후 5년 동안 그의 입국을 금지한 결정을 두고 갑론을박이 계속되었는데 오바마가 집권하면서 이 결정은 번복되었다. 국무부 대변인 다비 할러웨이(Darby Hollaway)는 그동안 타리크 라마단이 "미국이 외교정책에 반하는 주장을 했다는 이유로 입국이 금지되었는데, 오바마 대통령과 힐러리 국무장관은 상호존중과 상호이익을 바탕으로 무슬림 공동체와 새로운 관계를 추구하기로 했다"라고 발표하면서 라마단의 입국허가를 정당화했다. 어불성설이다. 타리크 라마단은 미국 외교정책에 반하는 주장을 해서 입국이 금지된 게 아니라 테러집단에 자금을 지원해서 입국이 금지되었었다.

시리아 출신 와파 술탄(Wafa Sultan) 박사는 이슬람에 대해 미국이 보이는 안이한 태도를 지적하면서 다음과 같이 경고한다.

"미국인은 이슬람에 대해 너무나도 무지하다. 이슬람이 세상을 정복해 7세기 칼리파트(Caliphate) 제국을 복구하게 된다고 세뇌 받은 이슬람주의자들이 수백 만 명이다. 그들은 자기 나라를 지키기보다 PC에 집착하는 나약한 정부가 있는 나라에 침투해 그 나라의 종교를 이슬람으로 대체하고 내부로부터 그 나라를 파괴하고야 만다. 그들에게 이슬람은 종교가 아니라 무기다. 이에 대해 경각심을 일깨우기 위해 나는 두 개의 서로 다른 전선에서 투쟁하고 있다. 어느 하나도 쉽지 않다. 하나는 아랍어로 글을 쓰고 강연을 하면서 이 사악한 이념에 맞서 싸우는 일이다. 다른 하나는 이슬람을 전혀 제대로 이해하지 못하는 이들에게 '급진적 이슬람'과 '이슬람'이 따로 있는 게 아니라 모든 이슬람은 급진적이라는 사실을 알리는 일이다.

그동안 내가 사랑하는 미국, 내 목숨을 바쳐서라도 기꺼이 지킬 나라인 미국에서 사람들을 깨우치게 하려고 애쓰면서 절망감과 한계를 느껴왔다. 획일성과 복종을 강요하는 이슬람에 결연히 맞서는 데 제발 동참해주기를 호소한다. 사람들은 모든 종교는 본질적으로 선하다고 생각한다. 그러나 이슬람은 그렇지 않다. 이슬람은 증오와 폭력을 정당화한다. 얼마 전 교황이 쿠란은 평화의 경전이고 이슬람은 평화의 종교라고 했다. 틀렸다. 완전히 틀렸다.

그런 말을 들으면 이슬람의 샤리아 체제 하에서 고통 받은 나 같은 사람은 심리적 정신적으로 정말 고통스럽다. 얼마 전 미국의 억만장자 존 헌츠먼(John Huntsman)이 쓴 《승자는 절대로 편법을 쓰지 않는다(Winners Never Cheat)》라는 책을 읽었다. 나도 한 수 배워서 억만장자가 되어 볼까 하고 읽어보았는데 이슬람을 두 차례나 언급한 부분을 보고 충격을 받았다. 186쪽에서 저자는 다음과 같이 말한다. '이슬람은 학교, 병원, 교회(church) 운영을 위해 금전이나 재산의 기부를 권장하는데 이를 와크프(waqf)라고 한다.' 교회라니? 천만에! 절대 아니다! 와크프라는 개념은 저자의 설명과 정 반대 개념이다. 와크프는 이슬람이 빼앗거나 소유한 것은 무엇이든 오직 무슬림만을 위해 쓴다는 뜻이다. 교회를 유지하는 게 아니라 교회를 파괴하는 것이 와크프의 목적이다. ISIS가 이라크 북부를 점령했을 때 단 한 개의 교회도 남겨놓지 않고 모두 파괴했다. 교황과 그 억만장자는 속아 넘어갔다. ISIS는 이슬람과 다르고 이슬람은 ISIS와 무관하다는 주장은 감히 내게 하지 마라. ISIS 무하마드가 남긴 선례와 이슬람의 가르침을 정확히 따르고 있다.

세계는 현실을 부정하고 있다. 교황이나 헌츠먼 같은 이들은 다수가 추종하는 지도자인데 하나는 교회와 모스크도 구별하지 못하고 다른 하나는 이슬람이 평화의 종교라는 모순되는 주장을 한다. 두 사람이 알면서도 거짓말을 한다고 생각하지는 않는다. 그들도 속아 넘어간 피해자라고 생각한다. 빠르게 확산되는, 이른바 '평화의 종교'라는 거짓된 믿음에 속아 넘어갔다. 어쩌면 매우 완곡하게 잘못 번역한 쿠란을 읽었는지도 모른다. 나는 이슬람을 믿지 않지만 무슬림이다. 그리스도교의 문제는 신도들이 예수만 못하다는 점이다. 하지만 대부분의 무슬림들은 무하마드보다 훨씬 착하니 그나마 다행이다."

4. 인종갈등

1) 흑백문제: 에보니(Ebony)와 아이보리(Ivory)

미국의 좌익은 미국 내 인종차별의 역사를 조작해왔다. 인종평등과 인권운동에 앞장선 당이 어느 당인지 물으면 대부분의 사람들은 민주당이라고 답한다. 틀렸다. 밴더빌트(Vanderbilt) 대학에서 정치학과 법학을 가르치는 캐롤 M. 스웨인 교수는 평생 민주당 지지자였지만 민주당이 흑인들을 정치적으로 이용만 하는 데 분노하고 공화당 지지자로 돌아섰다. 스웨인 교수는 미국 인종차별의 역사에 대해 다음과 같이 말한다. 1829년에 창당한 민주당은 노예제도를 옹호했고 남북전쟁을 일으켰으며 종전 후 남부의 각 주를 연방에 다시 편입시키는 재건(The Reconstruction)에 반대했다. 또 민주당은 백인우월주의 테러집단인 KKK(The Ku Kux Klan)단을 창단하고 인종분리(segregation)정책을 실행했으며 흑인을 대상으로 사형(私刑, lynch)을 자행하고 1950년대와 60년대에 주요 인권 법안이 상정될 때마다 결사적으로 반대했다. 한편 공화당은 1854년 노예제도를 반대하고 새로 개척된 서부지역에 노예제도가 확산되지 못하도록 하는 한편 종국에는 노예제도를 완전히 폐지한다는 사명을 내세우면서 창당되었다.

하지만 대법원은 공화당이 이러한 사명을 추진하는 데 찬물을 끼얹었다. 1857년 〈드레드 스콧 대 샌포드(Dred Scott v. Sandford)〉 재판에서 대법원은 7대 2로 "노예는 시민이 아니라 사유재산"이라는 판결을 내렸다. 이 판결에 찬성한 대법관 7명은 모두 민주당 성향이었고 반대한 2명은 공화당 성향이었다. 결국 노예제도는 남북전쟁에서 노예제도의 철폐를 주장한 북군이 승리하면서 공화당 소속 에이브러햄 링컨 대통령이 폐지했다. 남군이 항복하고 엿새 후인 1865년 4월 14일 민주당원 존 윌크스 부스(John Wilkes Booth)가 링컨 대통령을 암살했고 민주당 소속 앤드루 존슨(Andrew Johnson) 부통령이 대통령직을 승계했다. 하지만 존슨은 새로 해방된 노예들을 남부지역의 경제적 사회적 질서에 통합시키려 한 링컨의 계획에 결사적으로 반대했었다. 존슨과 민주당은 노예제도를 폐지한다는 내용의 헌법 제13수정안, 흑인에게 시민권을 부여한다는 제14수정안, 흑인에게 투표권을 부여한 제15수정안에 모두 반대했다. 이 세 가지 헌법 수정안은 전적으로 공화당이 압도적으로 지지한 덕분에 통과되었다.

1865년부터 1877년 까지 재건이 진행되는 동안 남부지역에 주둔

한 연방군은 새로 해방된 노예들이 권리를 행사할 수 있도록 만전을 기했다. 수백 명의 흑인남성들이 남부지역의 주에서 공화당 소속으로 출마해 의원에 당선되었고 1900년 무렵 미국 연방의회에 입성한 공화당 소속 흑인 의원은 22명에 달했다. 하지만 민주당은 1935년에 가서야 흑인 남성을 연방 의회에 진출시켰다. 재건이 마무리되고 연방군이 귀향하자 남부지역에서 정치권력을 탈환한 민주당은 흑인이 재산을 소유하고 사업을 할 권리를 제약하는 조항을 담은 법을 만들고 흑인 시민의 투표권 행사를 방해하기 위해 인두세(poll tax)를 부과하는 등 남부 전역에 걸쳐 백인우월주의를 부활시켰다. 그리고 이러한 조치들을 집행하기 위해 테러를 자행했고 테러는 주로 네이선 베드포드 포레스트(Nathan Bedford Forrest)라는 민주당원이 창설한 KKK단이 담당했다. 역시 민주당 지지자인 역사학자 에릭 포너(Eric Foner)에 따르면, "KKK단은 민주당의 이익을 추구하기 위해 만들어진 군사조직이었다."

민주당 소속 우드로 윌슨(Woodrow Wilson) 대통령도 KKK의 주장에 대부분 공감했다. 윌슨 대통령은 연방공공기관에서 인종분리 정책을 부활시켰고 인종차별주의 영화인 〈국가의 탄생(The Birth of a Nation)〉 시사회를 백악관에서 열기도 했다. 그로부터 수십 년 후인 1964년 기념비적인 인권 법안이 상정되자 이에 강력하게 반대한 이들은 주로 민주당의원들이었다. 민주당 상원의원들은 이 법안의 통과를 막으려고 75일 동안이나 의사진행을 방해했고 공화당이 가까스로 찬성표를 추가로 더 확보한 끝에 교착상태에서 벗어나게 되었다.

노예제도는 바람직한 제도라고 주장한 정치인 존 C. 캘훈(John C. Calhoun) 상원의원, 각 주마다 자율적으로 노예제도 유지여부를 결정해야한다고 주장한 스티븐 A. 더글러스(Stephen A. Douglas) 상원의원, 흑인인권운동을 탄압한 보안관 불 코너(Bull Conor), 아칸소 학교 교문을 폐쇄해 흑인의 출입을 막은 오벌 포버스(Orval Faubus) 아칸소 주지사, 인종분리정책은 영원히 유지되어야 한다고 주장한 조지 월리스(Geroge Wallace) 앨라배마 주지사 등은 모두 민주당원이다. 한편 노예제도 폐지를 강력히 주장한 테디어스 스티븐스(Thaddeus Stevens) 상원의원과 찰스 섬너(Charles Sumner) 상원의원, 흑인노예 출신으로 노예제도 폐지운동을 한 뛰어난 웅변가이자 정치가 프레더릭 더글러스(Frederick Douglass), 인종분리정책을 폐지한 판결을 이끈 얼 워런(Earl Warren) 대법원장, 노예출신으로 흑인의 자립정신을 부르짖은 교육자 부커 T. 워싱턴(Booker T. Washington), 미군 내에서 인종분리를 폐지하고 연방군을 아칸소에 파병해 흑인들을 학교에 들여보낸 드와이트 D. 아이젠하워(Dwight D. Eisenhower) 장군, 메이저리그야구(Major League Baseball, MBL)에 최초로 진출한 흑인 잭 루즈벨트 로빈슨(Jack Roosevelt Robinson) 등은 모두 공화당원이다. 재키 로빈슨으로 더 잘 알려진 그의 미들네임은 그의 부모가 공화당 소속 시어도어 루즈벨트 대통령을 기리는 뜻에서 붙였다.

흑인을 예속 상태에 묶어두고 투표권 행사를 막으려는 모든 노력이 수포로 돌아가자 민주당은 새로운 전략을 생각해냈다. 흑인의 투표권 행사를 막을 수 없다면 민주당에 투표하게 만들겠다는 전략이었다. 민주당 소속 린든 B. 존슨(Lyndon B. Johnson) 대통령은 "검둥이들(Niggers)이 앞으로 200년 동안 민주당에 투표하게 만들겠다"라고 말했다. 앞으로는 어떻게 될지 모르지만 존슨 정부가 "위대한 사회"를 내걸고 실시한 대대적인 복지정책과 "빈곤과의 전쟁"은 지난 50여 년 동안 흑인을 민주당이라는 노예농장에 묶어두는 데 성공했다. 민주당은 오랜 세월동안 자신들이 그토록 억압해온 흑인들의 지지에 힘입어 번창하고 있다. 민주당은 공화당이 인종차별의 주범이라는 거짓된 주장을 해왔다. 많은 흑인들이 비생산적인 삶에서 여전히 헤어나지 못하고 있는 까닭은 민주당이 추진해온 정책들이 실패했기 때문이다. 민주당은 대대적인 복지정책으로 흑인 가족을 해체시켰고 학교선택권에 결사반대해 흑인 청소년들을 형편없는 공립학교에 묶어두고 있으며 PC 문화로 경찰이 몸을 사리는 바람에 흑인이 주로 거주하는 지역사회는 폭력범죄에 무방비상태로 노출되어 있다. 이에 대해 하나하나 자세히 살펴보도록 하겠다.

좌익이 밀어붙인 다문화주의, 정체성 정치, 억압과 핍박의 이분법적 이념으로 가장 피해를 입은 집단은 흑인이다. 다문화주의는 서로 다른 문화집단들 사이에 나타나는 소득, 학력, 범죄율의 격차는 문화에서 비롯된다는 사실을 외면한다. 다문화주의를 옹호하는 이들이 툭하면 쓰는 말이 '다양성'이다. 인구와 문화적 다양성은 사회에 이득이 된다는 주장인데 그게 사실인지 아무도 증거를 대지 않고 아무도 증거를 요구하지 않는다. 역사적으로 볼 때 이질적인 집단들이 모여 사는 사회는 집단 간에 유혈사태를 막기에 급급했다. 흑인에게 가장 중요한 인권은 오바마가 집권하기 40년 전에 인권운동을 통해 이미 쟁취했다. 지금도 여전히 흑인 빈곤층은 여러 가지 문제를 안고 있지만 이는 사회에서 부당하게 억압받기 때문이 아니라 흑인이 내면화한 가치나 문화와 관련 있다. 좌익은 여전히 흑인을 노예제도의 피해자로 보고 흑인들의 비생산적이고 자기 파괴적인 생활방식을 정당화할 구실을 찾거나 묵과하고 방조하고 부추겨왔다. 좌익은 흑인이 위법을 저질러도 인종차별 때문이라는 구실로 도덕적 비판에서 면제해 주었다. 1901년 W. E. B. 두 보이즈(W. E. B. Du Bois)는 흑인에 대한 백인의 인종차별과 더불어 흑인 지역사회에 대한 백인의 무차별적인 시혜 행위도 비판하면서 흑인이 경제 체제를 이해하지 못하면 절대로 구제받지 못한다고 말했다. 흑인 인권운동이 흑인의 법적 평등과 사회적 평등을 보장하고 성공적으로 마무리된 후인 1960년대 중반에도 좌익은 멈추지 않고 결과의 평등을 추구하기 시작했다.

토머스 소웰(Thomas Sowell) 교수는 1960년대부터 복지정책이 확대되면서 무차별적인 금전적 시혜와 흑인에 대한 무비판적인 태도가 복합적으로 작용해 흑인은 비생산적 삶의 방식이 초래할 고통스러운 결과들을 책임지지 않게 되었다고 말한다. 지식인들, 특히 많은 백인들은 흑인들의 자기 파괴적인 문화를 흑인으로서 지닌 정체성의 상징으로 여기며 비판으로부터 자유로운 성역으로 만들었다. 이들은 학계와 언론계에서의 막강한 영향력을 바탕으로 역사를 왜곡하고 오늘날 흑인들의 생활방식을 곡해하고 흑인들이 미래에 보다 나은 삶을 계획하는 데 방해가 되었다. 이들은 흑인이 겪는 모든 문제와 결함은 전적으로 백인 때문이라고 선동했다. 흑인의 문제는 흑인 문화에 내재되어있을 가능성에 대한 논의는 "피해자 탓(blaming the victim)" 하지 말라는 한 마디로 원천 차단해버렸다. 월터 E. 윌리엄스(Walter E. Williams) 교수는 노예제도와 짐 크로(Jim Crow)를 비롯한 혹독한 인종차별주의 정책도 하지 못한 일을 복지정책이 해냈는데 이는 흑인 가정의 파괴라고 말한다. 윌리엄스 교수는 정치력 없이 경제력을 달성하지 못한다는 주장을 뒷받침하는 증거는 어디에도 없다고 말하면서 처참한 삶에서 벗어나지 못하는 흑인이 가장 많은 지역사회 가운데 시장, 경찰서장, 교육감이 모두 민주당 소속 흑인인 경우가 허다하다고 말한다.

지난 수세기 동안 지속되어온 문화나 불우한 환경에 태어난 데 대해 개인이나 집단에게 책임을 물을 수는 없다. 하지만 집단 간에 격차가 나타난다고 해서 자동적으로 사회가 그런 격차의 원인이라거나 사회가 그런 격차를 없애야 한다고 예단해서도 안 된다. 그리고 그런 환경에 태어났더라도 남 탓을 하거나 특별한 보상을 바라기 보다는 그런 문화를 극복해야 미래에 발전이 가능하다. 그런데 어떤 분야에서든 흑인이 다른 집단보다 뒤처지는 이유를 사회 탓으로 돌리고 흑인과 백인 사이에 나타나는 통계적 수치의 격차는 무조건 인종차별에서 비롯되었다고 주장하는 게 좌익에게는 통상적인 관행이 되어버렸다. 이를테면 좌익은 사법시험이나 의사자격시험에서 백인이나 아시아인보다 흑인이 합격률이 낮은 이유는 흑인 자신에게 문제가 있어서가 아니라 시험이나 제도 자체에 문제가 있어서라고 주장한다. 〈뉴욕타임스〉의 앤드루 해커(Andrew Hacker)는 흑인이 학업 수행능력이 뒤지는 이유는 커리큘럼 자체가 백인의 논리를 바탕으로 하고 있기 때문이라고 주장한다. 그러면 이런 교육체제에서 왜 아시아인은 뛰어난 성과를 올리는지는 설명하지 않는다. 뉴욕시 3대 명문 공립학교는 아시아인의 비율이 백인 비율의 두 배다. 흑인은 아시아인보다 수세기는 더 오래 미국 문화 속에서 살아왔는데 말이다. 수학능력 평가를 통과하는 비율은 빈곤층 백인은 30퍼센트에 불과하지만 같은 빈곤층 카리브 해 출신 흑인은 50퍼센트에 달하는 이유도 설명하지 않는다. 흑인이 법률회사에서 파트너로 승진하는 비율이 낮으면 〈뉴욕타임스〉는 법률회사들이 소수인종을 파트너로 승진시키지 않는다고 대서특필한다. 흑인에게 일어나는 부정적인 현상은 뭐든지 사회 탓이다. 앤드루 해커는 백인 택시운전수가 밤에 흑인손님을 태우려 하지 않는 이유는 인종차별주의자기 때문이라고 주장한다. 하지만 흑인 택시운전수도 마찬가지로 밤에 흑인을 태우지 않으려 한다. 흑인의 범죄율이 월등히 높기 때문에 범죄의 피해자가 되고 싶지 않기 때문이다.

좌익은 오랜 세월 동안 흑인의 높은 범죄율을 부인해왔다. 그들은 통계가 부정확하다든가 똑같은 범죄를 저질러도 백인은 체포당하지 않고 흑인만 체포당하기 때문이라고 주장했다. 그러나 다른 통계수치와 마찬가지로 살인범죄에서도 흑인의 범죄율은 인구비율에 비해 매우 높다. 좌익은 흑인이 폭동을 일으키면 자동적으로 백인의 인종차별 탓으로 돌린다. 좌익이나 언론은 흑인범죄자, 건달, 폭도와 경찰이 충돌하는 사건이 일어나면 자동적으로 경찰 잘못으로 돌린다. 경찰이 흑인 지역사회의 범죄현장에 도착하거나 폭력을 진압하러 가서 물리력을 자제하면 일부러 상황이 악화되도록 방치했다고 비난하고, 상황이 악화되지 않게 하려고 물리력을 행사하면 경찰이 과잉폭력을 행사했다고 비난한다. 또 물리력을 행사해야 하는 사태를 미연에 방지하기 위해 경찰력이 대거출동하면 저항하지도 않는 시민들을 진압하려고 경찰을 대거 출동시켜 과민반응을 보인다고 비판한다. 그러니까 경찰은 어떻게 해도 비난을 받는다. 백인 좌익과 언론이 무차별적으로 경찰을 비판하기 때문에 가장 우범지역인 흑인 지역사회를 관할하는 경찰은 불법 행위가 발생해도 언론에 매도당할까봐 몸을 사리게 된다. 그렇게 되면 흑인 범죄자, 건달들은 제 세상 만난 듯 날뛰고 피해는 고스란히 성실한 준법시민인 흑인들에게로 돌아간다. 언론이 기사로 경찰을 융단폭격하고 나면 실제로 이런 일이 일어난다.

흑인을 무조건 감싸는 좌익의 완강한 고집과 자신이 처한 상황을 개선하려는 흑인의 노력의 부재가 복합적으로 작용해 상황은 악화된다. 대법원이 지역구를 인종에 따라 게리맨더링하지 못하도록 해 일부 흑인 정치인들이 유권자가 대부분 백인인 지역구에 출마하게 되자 〈뉴욕타임스〉 칼럼니스트 앤서니 루이스(Anthony Lewis)는 남부에서는 흑인들이 아무리 자질이 있어도 백인이 주로 사는 지역구에서 이길 확률이 거의 없다고 했지만 남부에서 이들 흑인 후보들은 재선에 성공했다. 과거에 백인이 흑인에게 보였던 적대감을 흑인이 다른 인종들에게 보이면 좌익들은 또 어떤 구실로 변명해줄까. 예컨대, 흑인의 반유대인 정서는 앤드루 해커 눈에는 보이지 않는다. 그는 유대인에 대한 백인과 흑인의 감정이 크게 다르지 않다고 얼버무린다. 그러나 흑인이 반유대인 정서가 훨씬 강하고 한국인 등 소수인종에 대해서도 반감을 보인다는 사실은 수많은 설문조사를 통해 명명백백하게 드러남에도 불구하고 〈뉴욕타임스〉같은 좌익 성향의 언론들은 이를 완전히 묵살한다. 언론과 문학계의 찬사를 한 몸에 받는 흑인 작가 타-네히시 코츠(Ta-Nehisi Coates)는 자신의 흑인 친구를 숨지게 한 경찰이 흑인인데도 "백인처럼 행동(act white)"했기 때문에 저지른 살인이라는 궤변을 늘어놓으며 백인 탓을 한다. 좌익은 인종차별은 권력 있는 집단만이 할 수 있고 흑인들에게는 그런 권력이 없다는 궤변을 늘어놓는다. 이런 논리를 따라가면 나치가 집권하기 전에 유대인에 대해 보인 적대감은 인종차별이 아니라는 결론에 도달한다. KKK단도 지금은 예전처럼 권력을 행사할 수 없으니 인종차별주의자가 아닌 셈이다. 인종차별을 정의하는 데 '권력'이라는 요소가 끼어들기 시작한 때는 흑인이 다른 소수인종들에 대해 보이는 적대감이 확산되자 흑인이 인종차별을 한다는 비난을 받지 않도록 해줄 구실을 찾기 시작하면서다.

많은 백인 지식인들은 깡패나 건달이 쓰는 입에 담지 못할 상스런 말과 래퍼(Rapper)의 거들먹거리는 건달 같은 생활방식을 용인하는 데서 그치지 않고 미화하기까지 한다. 교원위원회(Council of Teachers)는 도심 학교교실에서 힙합(Hiphop)을 교재로 활용하라고 권장한다. 〈롤링스톤(Rolling Stone)〉의 마이클 길모어(Michael Gilmore)는 무법천지의 폭력을 선동하던 래퍼 투팍 샤쿠어(Tupac Shakur)가 부당하게 아까운 인생을 마감하게 된 데는 사회에 책임이 있다고 했고 〈샌프란시스코 크로니클(San francisco Chronicle)〉의 편집자는 "경찰 좆까(Fuck the Police)!"라고 읊어대는 투팍 샤쿠어를 사회 정의를 위해 저항한 영웅이라고 칭송했다. 〈유에스에이 투데이(USA Today)〉는 교육에 대한 재정적 지원이 미흡해 학생들에게 효과적으로 자기 견해를 표하고 넓은 지역사회와 소통하는 기술을 가르치는 데 실패했기 때문에 갱스터 랩(gangster rap)이 탄생했다고 주장한다. 〈뉴 리퍼블릭(The New Republic)〉은 랩뮤직은 가난한 자가 정치적 견해를 표출하는 수단이라고 주장했다. 〈보스턴 글로브(Boston Globe)〉는 빈곤층이 사는 지역에는 제도적 무관심 때문에 학교 교육의 질이 엉망이 되고 거리는 우범지역이 되었으며 일자리가 사라졌고 모두가 나의 적이라는 정서가 만연한다고 주장하면서 빈곤과 절망감 때문에 빈곤층이 폭력적인 행동을 한다고 주장한다. 제임스 플린(James Flynn) 교수는 2차 대전 후 독일에 정착해 독일 여성과 결혼한 흑인 미군과 백인 미군의 자손들이 지능지수 차이가 없다는 사실을 발견하고 이는 미국의 흑인 하위문화(Subculture)가 독일에는 없기 때문이라는 결론을 내렸다. 미국 흑인 하위문화는 흑인이 사회적으로 성공하는 데 걸림돌이 되고 있다.

좌익의 관심사는 자기가 얼마나 흑인에게 베푸는지 과시하는 것이지 흑인들 스스로 할 수 있는 일이 무엇인지를 찾는 게 아니다. 그나마 흑인 스스로 애써 이룩한 성취마저도 좌익이 소수자우대 정책(Affirmative Action)이나 노예제도 보상(Reparation) 등으로 시혜를 베풂으로써 앗아가 버렸다. 흑인 스스로 이룩한 변화가 백인의 시혜성 정책보다도 훨씬 도움이 되었는데도 말이다. 흑인이 뒤처지는 이유는 백인의 차별과 억압 때문이라는 좌익의 시각이 옳다면 1960년대에 인권법이 재정된 후에 빈곤율이 감소했어야 한다. 하지만 결과는 정 반대다. 인구조사 자료를 보면 1929년과 1930년에 흑인의 경제활동 참가율은 백인보다 높았다. 흑인의 빈곤율이 가장 급격히 줄어든 시기는 인권운동이 일어나기 전인 1940년부터 1960년까지로 이 기간 동안 흑인의 빈곤율은 40퍼센트나 감소했다. 1970년대와 80년대에도 흑인 빈곤율이 계속 감소하기는 했지만 하락속도는 줄어들었다. 흑인의 빈곤은 백인의 차별과 억압이 원인이라는 주장은 수많은 언로를 통해 귀가 따갑도록 되풀이되어 이제는 엄연한 사실로 자리잡았다. 레닌 말대로 거짓이라도 끊임없이 되풀이하면 진실이 된다.

1961년부터 의회가 밀어붙이기 시작한 빈곤퇴치 정책의 일환인 최저임금제는 고용 비용을 증가시켜 흑인을 포함한 비숙련노동자들을 노동 시장에서 몰아내거나 고용 자체를 막는 결과를 낳아 빈곤층에게 가장 큰 피해를 주었다. 최저임금제는 빈곤퇴치가 아니라 빈곤존속 정책이라고 말하는 윌리엄스 교수는 흑인 청소년들이 부모에게서 용돈을 받는 대신 일을 해서 용돈을 벌면 일의 소중함을 깨닫게 되고 범죄나 마약 같은 일탈의 유혹에 빠질 가능성도 줄어드는데 최저임금제는 흑인 청소년들에게서 그런 기회를 박탈했고 이는 특히 가정환경, 교육환경, 거주환경이 처참한 흑인 청소년들에게 피해를 주었다고 말한다. 소월 교수는 1948년 16~17세 흑인 청소년의 실업률은 10퍼센트 이하였는데 최저임금제 때문에 다시는 이 비율로 돌아가지 못하게 되었다고 말한다.

미국의 좌익은 흑인과 백인 공히 역사를 곡해하고 있다. 그들은 노예제도라는 부도덕하고 사악한 관행을 오늘날 발생하는 모든 부정적인 사회 현상의 원인으로 여긴다. 흑인의 가정파탄, 학력저하, 낮은 경제활동참가율, 높은 범죄율과 폭력 등 수많은 사회적 병리 현상을 설명하는 데 전가의 보도처럼 쓰이는 게 노예제도다. 이런 주장을 뒷받침할 증거가 있는지, 있다면 무엇인지는 아무도 묻지도 따지지도 않는다. 흑인이 안고 있는 모든 문제를 백인이 시행한 노예제도의 탓으로 돌리며 보상을 요구하는 논리는 허점이 많고 꼼꼼히 분석해보면 여지없이 논리가 무너진다. 150년도 더 된 과거에 소수 백인들이

한 행동으로 오늘날 모든 백인들을 죄인 취급하는 것은 부당하다. 당시 백인 인구 가운데 노예소유주의 비율은 매우 낮았다. 많은 백인들은 노예 해방을 위해 목숨 바쳐 싸운 군인들의 후손들이다. 또 대부분의 백인들은 남북전쟁 후에 미국에 이민 온 사람들이다. 또 백인노예의 후손인 백인도 있고 흑인노예주의 후손인 흑인도 있다.

노예제도가 폐지되고 거의 100년 후인 1960년대에 흑인 편부모 가정에서 자란 자녀는 22퍼센트에 불과했다. 그런데 민주당 린든 B. 존슨 대통령이 "위대한 사회(The Great Society)"라는 구호 하에 대대적인 복지정책을 시행하고 30년이 지나 미혼모 가정에서 자란 자녀의 비율은 3배 이상으로 급증했다. 원인이 무엇이든 비생산적인 행동은 바뀌어야 한다. 백인 좌익은 흑인을 무조건 옹호함으로써 자신의 도덕적 위상을 높일 뿐 그런 태도가 흑인에게 진정으로 도움이 되는지는 관심이 없다. 피부색에 상관없이 바람직하지 못한 문화적 관행에 대한 비판은 억압해서는 안 된다. 흑인 건달이나 연예인의 어처구니없거나 심지어 불법적인 행동을 사회에 저항하는 의로운 행동으로 미화하는 백인 좌익 지식인들에게 흑인들은 지적 노리개에 불과하다. 노리개는 가지고 노는 사람이 있기 때문에 존재하고, 노리개의 복지나 안녕은 중요한 문제가 아니다. 비생산적인 행태를 부추기고 자기 파괴적인 행동도 변명해주면서 흑인이 안고 있는 대부분의 문제를 백인의 잘못으로 돌림으로써 백인 좌익 지식인들은 자신의 심리적 이념적 정치적 이득을 충족시킨다.

흑인에게 백인 좌익은 적보다 더 피해를 주는 친구 같은 존재다. 백인 좌익은 진정으로 흑인을 위하지 않는다는 사실을 명심해야 한다. 그들은 흑인을 피해자라고 보고 복지수당에 의존해 사는 미혼모, 범죄자, 분노팔이 흑인인권운동가들을 부당한 사회에 대한 저항문화의 상징으로 여기면서 흑인 범죄자들에게 희생되는 흑인들에게는 배려와 온정을 보이지 않는다. 현 사회 체제 내에서 노력해 다양한 전문분야에서 백인 못지않게 성공한 흑인이나 학업 능력이 뛰어난 흑인 학교들의 사례는 백인 좌익들의 관심사가 아니다. 성공한 흑인 교육자 마바 들로레스 콜린스(Marva Delores Collins)를 교육부 장관으로 임명한 사람은 워싱턴의 백인 좌익 정치인들이 아니라 공화당 레이건 정부였다. 좌익 지식인들은 가난한 이들에게 피해자라는 정서를 심어주고 사회에 대한 분노와 좌절을 부추겨 더욱 불리한 처지에 놓이게 만든다. 흑인 작가 제임스 아서 볼드윈(James Arthur Baldwin)은 다음과 같이 말한다. "백인 작가들의 모임에 참가할 때마다 누가 인종차별주의자인지 식별하는 나만의 비결이 있다. 내가 멍청하고 황당무계하고 터무니없는 온갖 장광설을 늘어놓으면 내 말을 경청한 뒤 찬사를 퍼붓는 자들이 있다. 이런 자들은 의심할 여지없이 더러운 인종차별주의자다."

미국 흑인들이 안고 있는 진짜 문제는 크게 다음 다섯 가지다. 첫째, 미혼모의 출산 급증현상이다. 복지정책으로 가장의 역할을 국가가 대체하면서 핵가족이 해체되고 미혼모 가구가 급증했다. 1965년 당시 노동부 차관이던 고(故) 대니얼 패트릭 모이너핸(Daniel Patrick Moynihan)은 보고서를 발표해 도시빈민가의 흑인가족이 해체되고 있고 이런 상황이 계속되면 저학력에 비숙련기술밖에 없는 흑인들이 빈곤에서 벗어나지 못하게 된다면서 미혼모에게서 태어난 흑인아동이 거의 25퍼센트에 달하고 이는 앞으로 심각한 재앙을 야기하리라고 주장했다. 당시 흑인 인권운동가들과 백인 좌익의 맹렬한 비난이 쏟아졌지만 모이너핸이 옳았다. 흑인 부부 가정의 빈곤율은 지난 20년 동안 계속 한 자리 숫자를 유지해왔다. 오늘날 미혼모 출산율은 백인이 36퍼센트, 히스패닉이 50퍼센트 이상인데, 흑인은 거의 75퍼센트에 달하고 일부 도심지역에서는 이보다 더 높다. 미국 인구조사국, 질병관리본부, 보건통계국(National Center for Health Statistics)등의 각종 통계자료를 보면, 공격성이나 행동장애를 보이는 아동들 가운데 85퍼센트, 가출아동 가운데 90퍼센트, 소년원 재소자의 70퍼센트, 자살하는 청소년의 63퍼센트, 성범죄자의 80퍼센트가 미혼모/편모 가정에서 성장했고 어린 시절 여성에게 성적 학대를 당한 것으로 나타난다. 물론 미혼부도 미혼모 못지않게 이런 사태에 책임이 있다. 그러나 이런 사태에 대한 책임과 비난은 모두 미혼부에게 쏟아지고 미혼모는 온갖 온정과 시혜와 찬사의 대상이 된다. 미혼모 가정에서 자란 흑인 남성들은 교육을 포기하고 폭력적인 갱스터 삶에 이끌리는 경우가 허다하다.

둘째, 도심 테러다. 도심 흑인지역사회에서 흑인에 대한 흑인의 폭력과 범죄가 만연하고 있다. 1980년부터 2008년까지 법무부가 행한 조사를 보면, 총인구에서 흑인의 비율은 13퍼센트에 불과한데, 살인사건 피해자의 거의 절반인 47.4퍼센트가 흑인이고 가해자의 절반 이상인 52.4퍼센트가 흑인이다. 터스키기 연구소(Tuskegee Institute)가 실시한 조사에 따르면, 남북전쟁 후인 1882년부터 인권운동 시대인 1968년 사이에 3,446명의 흑인이 사형(私刑)을 당했다. 1969년부터 최근까지 가해자와 피해자가 모두 흑인인 살인 범죄 사건의 6개월 평균 발생 건수가 그 이전인 80년 동안 사형(私刑)당한 흑인의 수를 훨씬 능가한다. 전체 흑인 가운데 2~3퍼센트가 이런 범죄를 저지르는데 흑인 지역사회가 이런 범죄자들을 감싸고 보호하기 때문에 문제가 더 심각해진다.

셋째, 생각, 의견, 정치적 성향의 다양성이 결여되어 있다는 점이다. 인종문제에 대해 허심탄회한 대화를 나누자고 끊임없이 주장하면서 백인과 흑인 간의 대화는 고사하고 흑인들끼리도 허심탄회하게 대화하지 않는다. 흑인이 안고 있는 모든 문제가 백인의 잘못은 아니라는 주장을 하는 흑인은 변절자, 엉클 톰, 인종배반자로 매도당한다. 흑인들은 피해자라는 집단사고에 매몰되어 미국사회는 인종차별이 팽배해있다며 흑인의 분노를 부추겨 자기 주머니를 채우는 자칭 인권운동가 제시 잭슨(Jesse Jackson)이나 알 샤프튼(Al Sharpton)같은 분노팔이 사기꾼들(hustler)에게는 백인 좌익의 찬사가 쏟아지지만 전문분야에서 업적을 쌓아 사회적으로 존경받는 동시에 개인의 책임을 강조하고 흑인들에 대해 쓴 소리를 하는 흑인 지식인들은 배척당한다. 인종문제에 대해 진솔한 대화를 하려면 백인과의 대화보다 흑인들끼리의 대화가 먼저 이루어져야 한다. 흑인은 다른 사람들에게는 다양성을 요구하면서 정작 흑인들 사이에서는 다양한 의견도 존중하지 못한다.

넷째, 피해자 정서다. 자신이 안고 있는 모든 문제를 남 탓으로 돌리고 자기 삶을 개선할 노력을 하지 않는다. 남이 잘못해서 생긴 문제를 내가 어떻게 해결하겠는가? 이런 생각을 하면 불행하고 절박하고 분노하게 될 뿐이다. 피해자가 흑인의 정체성처럼 되어버렸다. 유감스럽게도 수많은 흑인 교회에서 흑인목사들이 흑인은 피해자라고 설교를 한다. 부모는 자녀에게 학교선생은 학생들에게 흑인은 피해자라고 가르치고 언론에서도 흑인은 피해자라고 부르짖는다. 전미 흑인지위 향상협회(National Association for the Advancement of Colored People, NAACP)를 비롯한 온갖 흑인단체들도 흑인은 피해자라는 이념을 내세워 기부금을 모은다.

다섯째, 좌익이 추구하는 정책을 무조건적으로 옹호하는 태도다. 위의 모든 문제들은 바로 좌익이 시행한 이른바 "진보적인" 정책에서 비롯되었고 지금도 지속되고 있다. 빈곤에서 벗어나지 못하는 미혼모 가정, 무너지는 공교육, 만연하는 빈곤, 높은 범죄율이 모두 좌익의 정책에서 비롯되었다. 디트로이트, 필라델피아, 볼티모어 세 도시를 한 번 보자. 이 세 도시는 민주당이 수십 년 동안 장악해온 도시들이다. 민주당의 정책이 효과가 있었다면 이 세 도시는 경제 성장과 풍요의 본보기가 되었어야 하지만 결과는 처참하다. 좌익은 피해자 정서를 부추기고 이용함으로써 흑인의 자기 성찰을 방해하고 미혼모와 흑인 건달들의 자기 파괴적인 행태들을 눈감고 변명하고 미화하기에 급급했다. 이른바 진보적인 정책은 흑인이 빈곤에서 벗어나게 해주는 데 도움이 되기는커녕 오히려 빈곤을 악화시켜왔다. 윌리엄스 교수는 오늘날 흑인들이 직면한 빈곤은 물질적 빈곤이 아니라 정신적 영적 빈곤이라고 말한다. 윌리엄스 교수는 사회에서 성공하겠다는 야심도, 달성하려는 목표도 없고, 의존성과 병리적이고 반사회적인 행동만 팽배해 바람직한 삶에 대한 비전을 잃었다면서, 상품에 과세하면 가격이 비싸져서 소비가 줄고 보조금을 주는 상품은 저렴해져서 소비가 느는 법인데 복지 정책은 바람직하지 못한 행동에 재정적 지원을 해 부추긴 셈이라고 말한다. 건전한 행동은 보상하고 바람직하지 못한 행동은 처벌하는 방향으로 나아가게끔 현재 왜곡되어있는 경제적 유인책을 바로잡아야 비생산적인 문화적 관행도 바뀐다.

위에 흑인이 직면한 문제들을 열거하면서 인종차별은 거론하지 않은 이유가 있다. 흑인이 겪는 문제들을 해결하려면 흑인 지역사회가 직면하고 있는 문제들은 흑인이 자초한 문제들이라는 사실을 인정하고 직시하지 않는 한 해결책을 찾는 일은 요원하기 때문이다. 인종차별이 전혀 존재하지 않는다는 뜻이 아니다. 그러나 좌익이 주장하는 것처럼 미국 사회 전체에 팽배한 구조적이고 체계적인 인종차별은 존재하지 않는다. 흑인들이 자체적인 노력만으로도 해결할 수 있는 문제들이 산재해있고 그 문제들부터 해결해야 한다. 인종차별이 완전히 사라질 때까지 흑인의 비생산적인 문화나 가치관 탓을 해서는 안 된다는 주장만 늘어놓고 개선하려는 노력을 하지 않는다면 문제는 영원히 해결되지 않는다. 그런데 흑인들끼리 무엇이 문제인지 서로 대화하고 스스로 해결책을 강구하게 되면 백인 좌익의 정치적 영향력, NAACP나 흑인 인권 운동가들의 영향력, 대학에서 흑인 학(Black Studies)의 존재이유는 줄어들게 된다. 그들이 파는 상품은 분노와 좌절인데 흑인 문제가 개선되면 간판을 내리고 폐업해야하기 때문이다. 피해자 정서를 바탕으로 분노를 팔아 명성을 얻고 사회의 추앙을 받고 자기 주머니를 두둑하게 만드는 흑인들을 백인 좌익은 떠받들고 찬양한다. 과거에 인종차별주의자는 흑인을 증오하는 백인을 의미했었다. 그런데 이제는 흑인이 증오하는 대상이 인종차별주의자다.

2) 흑인 학(Black Studies)

셸비 스틸(Shelby Steele)교수는 인권운동 직후 블랙 파워 운동(Black Power Movement)이 한창이던 1968년 대학을 졸업하고 당시 정부가 추진하던 "위대한 사회" 정책에 편승해 대학에 독자적인 흑인 학과를 창설하는 데 앞장선 인물이다. 당시 백인은 백인으로서 특혜(White Privilege)를 누려왔다는 죄책감(White Guilt)에 젖어있었으므로 흑인의 요구는 무조건 다 들어주었고 70년대 중반 무렵 대학의 흑인 학과는 500개로 폭증했다. 그러나 학문적 성찰과 방법론과 체계 없이 급조된 흑인 학과는 실력 있는 진정한 학자들을 유치하지 못했고 그 결과 학계의 사기꾼과 선동꾼들로 들끓게 되었다고 스틸 교수는 한탄한다. 스틸 교수는 자신이 주도해 설립된 흑인 학과가 이제 선동에 능한 멍청한 사기꾼들이 학계에서 제공하는 온갖 혜택을 누리고 정년도 보장받는 부패의 온상이 되었다면서 흑인 학생들에게 흑인 학과를 전공해 시간낭비하지 말라고 말한다. 또한 정말로 실력 있는 흑인 학자들은 대학에서 교수로 초청받으면 흑인 학과는 기피하고 자신이 전공한 전문분야의 학과에 교수로 임명해달라고 요구한다고 말한다. 흑인 학과뿐만 아니라 대부분의 정체성 연구(Identity Studies) 학과는 자기 전문분야에서 실력 있는 학자들이 기피하는 학과다.

미국 흑인의 정체성과 문화에 대해 진지하게 비판하고 성찰한 뛰어난 학문적 업적은 1960년대 흑인 학과가 설립되기 전에 이미 존재했다. 존경받는 대표적인 교육자 부커 T. 워싱턴(Booker T. Washington)과 W.E.B. 두 보이즈(W.E.B. Du Bois)가 바로 그런 업적을 남긴 인물들이다. 워싱턴은 흑인 아동들을 책임 있는 준법시민으로 양성할 초중등 교육기관과 직업훈련학교 설립에 힘썼고 두 보이스는 흑인이 예술과 인문학을 접하고 고등교육을 받아야 발전가능하고 서구역사와 문화는 백인과 흑인 모두에게 지적 토대가 된다고 믿었다. 그러나 흑인 학과도 프랑크푸르트학파와 포스트모더니즘의 광풍으로부터 자유롭지 못했다. 흑인 학과는 "백인 우월주의(White Supremacy)"가 만들어낸 "허위의식(False Consciousness)"의 극복을 학문추구 목적으로 삼았다.

오늘날 흑인 학과에서 가장 추앙받는 인물이 하버드 대학의 헨리 루이스 게이츠 주니어(Henry Louis Gates Jr.)다. 격조 있는 흑인지식인을 갈망하는 백인 좌익의 입맛을 충족시키는 동시에 많은 흑인운동가나 학계인사들의 비위도 맞출 정도로 도발적인 주장을 하며 절묘하게 균형을 유지하는 인물이다. 게이츠가 쌓은 학문적 성과에는 새로운 사실을 발견하거나 기존의 이론을 새로운 시각에서 통찰력 깊게 비판을 한 흔적은 없다. 온갖 포스트모더니즘 학자들의 이론과 기존의 미국흑인 문학을 한 데 모아 포스트모던 전문용어와 장광설로 그럴듯하게 포장해놓은 게 전부다.

흑인 학과에서 게이츠 다음으로 추앙받는 인물이 코넬 웨스트(Cornel West)다. 게이츠가 격조 있는 고상한 지식인의 인상을 풍기고 주로 학계에서 활동하는 인물이라면 웨스트는 다양한 대중문화 활동에 적극적으로 참여하는 대중 친화적인 인물이다. 영화 〈매트릭스(Matrix)〉 2편과 3편에 출연하고 랩 CD도 발표한 웨스트는 TV에 자주 얼굴을 들이민다. 웨스트는 자신은 "미국사회 주류와 어울리며 그들의 권력을 정당화해주는 부커 T. 워싱턴 류의 유색인들과는 상종하지 않으며 (자신은) 서구문명의 기득권세력과 전쟁 중"이라고 주장한다. 2000년 웨스트가 하버드대학에 재직할 당시 로렌스 서머스

(Lawrence Summers) 총장이 웨스트에게 비학문적인 활동에 너무 치중하고 학문적 성과를 내지 못하는 점을 지적했다. 웨스트보다 훨씬 진지하게 학문을 추구하고 실력도 뛰어나지만 자리를 구하지 못하는 재능 있는 박사들이 넘치는 상황을 잘 아는 총장으로서는 당연히 할 만한 행동이다. 그러나 웨스트는 자기가 하는 모든 활동은 교육활동의 일환이라며 모욕당했다고 분개했고 2001년 프린스턴대학으로 자리를 옮겼다. 흑인 학과의 이 같은 "슈퍼스타"들은 같은 수준의 백인 교수들은 꿈이나 꿀 수준의 연봉을 받는다.

블랙 파워 운동이 흑인 학과 창설에 이어 낳은 또 하나의 결과가 블랙 아트 운동(Black Arts Movement)다. 1965년 이 운동을 주도했고 지금도 흑인예술계의 간판 인물인 시인이자 극작가 아미리 바라카(Amiri Baraka)는 예술에 호전성을 접목해 인종차별, 여성혐오, 동성애혐오, 반유대인 정서로 가득차고 문학적 소양은 전무한 다음과 같은 글을 쏟아낸다. "백인 여자아이들을 강간해라, 그들의 아버지들을 강간해라, 그들의 어머니들 목을 잘라라." "백인이 가진 걸 모두 빼앗으려면 흑인남성은 백인여성을 강간해야 한다." "백인 남자들은 패그(fag, 동성애자를 비하하는 단어 'faggot'의 줄임말)로 길들여진다." 바라카는 무기불법소지, 가정폭력, 경찰관폭행, 폭동 교사 등 전과경력도 화려하다. 그래도 미국문학예술 학술협회, 록펠러 재단, 구겐하임 재단, 미국 예술재단 등 온갖 권위 있는 단체의 상을 휩쓴다. 흑인을 제외한 다른 인종과 성소수자, 여성에 대한 증오를 쏟아내는 천박한 4류

예술가라도 흑인에게는 이익이 되지 불이익이 되지 않는다.

오늘날 흑인인권 운동은 번창하는 사업이다. 사회의 불의와 구조적 불평등에 맞서 싸운다며 흑인의 정치적 정신적 지도자를 자처하는 제시 잭슨과 알 샤프턴은 타의 추종을 불허하는 세계적 수준의 갈취의 달인(shakedown artist)이다. 두 사람은 대기업을 인종차별주의자라고 공개적으로 공격해서 돈을 뜯어내 자신과 자기 피붙이의 잇속을 챙기는 데 도가 텄다. 잭슨은 맥주회사 앤하우저-부시(Anheuser Busch)의 유통망 관리 직원들 가운데 소수인종 직원이 적다며 상품 불매운동을 벌였고 이 회사는 잭슨의 아들에게 맥주 유통 허가권을 주었다. 알 샤프턴도 대기업들로부터 자신이 운영하는 방송채널에 거액의 기부금을 받고 수차례 탈세 혐의로 벌금을 물었다. NAACP도 대기업으로부터 엄청난 기부를 받지만 흑인 지역사회를 위해 하는 일은 별로 없다. NAACP의 스포케인(Spokane) 지부장인 레이첼 돌러절(Rachel Dolezel)은 백인이면서 흑인인 척 해온 사실이 탄로나 자리에서 물러났고 인종전환자(trans-race)라는 조롱을 받았다. 실제로도 돌러절 본인도 방송에 출연해 자신은 "트랜스레이스(trans-race)"라고 주장했다. 흑인이 그토록 차별을 받는다면 왜 흑인도 아니면서 흑인을 자처하는 사람까지 나오겠는가?

셸비 스틸 박사는 흑인 유명 인사들을 두 부류로 나눈다. 하나는 "당신이 인종차별주의자가 아님을 입증하려면 흑인이 백인에게서 받은 고통에 대해 금전적으로 보상을 해야 한다"라고 암시하는 "도전자(challenger)"부류와 "당신이 인종차별주의자가 아니라고 간주할 테니 감사하는 뜻에서 나를 좋아하고 내가 나오는 방송을 시청하고 선거에서 나를 뽑아라"라고 암시하는 "협상가(bargainer)"부류다. 전자에 속하는 인물은 맬컴 X, 제시 잭슨, 알 샤프턴 같은 인물이고 후자에 속하는 인물은 마틴 루터 킹 주니어, 오프라 윈프리, 빌 코스비, 버락 오바마 같은 인물이다. 한 인터뷰에서 제시 잭슨이나 알 샤프튼 같은 이른바 인권운동가들이 개인의 책임을 강조하는 흑인 지식인들을 맹렬히 비난하는 이유가 뭔지 진행자가 묻자 토머스 소웰(Thomas Sowell) 교수는 이렇게 답한다. "마피아가 경찰을 싫어하는 이유와 같다. 이들은 분노와 갈등을 부추겨 돈과 정치권력을 얻는 사기꾼들이다."

3) 흑인에게 해로운 교육정책

1970년대 무렵 시작된 소수자우대 정책도 흑인에게 피해를 주었다. 흑인 중산층을 두텁게 하고 전문직 종사자를 늘리겠다는 게 이 정책추진의 목표다. 하지만 1996년 캘리포니아가 소수자우대정책을 폐지한 후 오히려 흑인과 히스패닉 졸업률은 2001~2003년에 55퍼센트 증가했고 과학, 공학, 수학 등 난이도가 높은 전공분야에서의 졸업률도 50퍼센트 증가했다. 이때까지 소수자를 돕는다는 정책이 오히려 전문직 종사자의 수를 늘리는 데 방해가 되어온 셈이다. 소수자우대정책이 있을 때는 학교와 학생이 서로 맞지 않아서 중퇴하는 경우가 많았는데 이 정책을 폐지한 후에는 그런 사례가 줄어들었다. 소수자우대정책이 우선하는 목표는 다양성이지 성공적으로 학업을 마치는 소수인종 학생들을 늘리는 게 아니었다. 대학 당국은 흑인학생을 받아들여 교정을 알록달록하게 만드는 게 학생이 졸업하는지 여부보다 중요하다. 소수자우대정책은 인종차별이 흑인의 대학진학을 방해한다는 전제를 바탕으로 만들어졌는데, 그러면 아시아계 학생들이 백인보다도 명문대 진학률이 높은 현상은 어떻게 설명할 텐가? 좌익은 소수자우대정책을 거론할 때 아시아계 학생들의 성공은 거론하지 않는다. 인종차별을 부르짖는 좌익의 논리가 무너지기 때문이다. 흑인이 야구나 미식축구, 농구에서 발군의 실력을 보이게 된 이유는 인종차별반대운동이나 소수자우대 정책 덕분이 아니다. 단지 흑인이라는 이유만으로 차별하기가 도저히 불가능하게끔 흑인이 발군의 실력을 보여주고 인정받았기 때문이다. 선한 의도로 시행한 정책은 부작용과 예기치 않은 결과를 낳고, 이를 바로잡기 위해 또 새로운 정책을 만들다 보면 또 새로운 부작용을 낳는 악순환은 계속 된다.

소월 교수는 흑인 학생들이 자격이 없어서가 아니라 오직 다양성을 위해 흑인학생들을 받아들이는 학교와 흑인 학생의 성향이 맞지 않기 때문에 문제가 된다고 말한다. 소월 교수가 코넬대학교에 재직하던 60년대에 흑인 학생의 SAT 평균은 75퍼센타일(percentile)[10]이

10) 특정 수험생의 점수보다 낮은 점수를 받은 수험생이 전체 수험생의 75퍼센트, 높은 점수를 받은 수험생이 25퍼센트라는 의미다.

고 백인 학생의 SAT 평균은 99퍼센타일이었다. 독서 속도나 수학 능력에서 75퍼센타일인 학생들이 99퍼센타일인 학생들을 따라가기란 쉽지 않다. 당시 코넬에 재학 중인 흑인 학생 절반이 학사경고(academic probation)를 받았다. MIT에 입학하는 흑인학생들은 미국 전체학생 SAT 수학 성적에서 상위 10퍼센트에 드는 학생들이지만 MIT 재학생들 가운데는 SAT 수학성적 하위 10퍼센트에 해당한다. 따라서 자신에게 보다 적합한 학교에서는 승승장구했을 학생들이 MIT에서 고전을 면치 못하고 중도탈락하게 된다. 소월 교수는 소수자 우대정책은 흑인 청년들에게 심리적 정신적 부담을 주고 자존감을 위축시킨다고 말한다. 학교에 입학하든 직장에 채용되든 소수자 우대정책으로 자신이 흑인이기 때문에 된 건지 정정당당하게 실력으로 얻은 성취인지 확신하지 못하게 되기 때문이다. 소월 교수는 인종차별을 신랄하게 비판했던 자신의 대학 은사 스털링 브라운(Sterling Brown) 교수가 자신이 하워드대학에서 하버드대학으로 편입할 때 했던 다음과 같은 말을 지금도 잊지 않는다. "나중에 돌아와서 백인이 못되게 굴어서 중도에 포기했다고 말하면 가만히 안 둔다."

초중등학교를 학부모가 선택하도록 하는 정책은 가난하지만 자녀들이 훌륭한 교육을 받게 하고 싶은 절박한 흑인 학부모들에게 인기 있지만 교원노조의 지원을 받는 흑인 인권운동가들과 NAACP는 이 정책에 결사적으로 반대한다. 교사가 2년 경력만 쌓으면 절대로 해고하지 못하게 만든 제도는 교사의 철밥통을 지키는 제도이지 교육의 질을 향상하는 데 도움이 되지 않는다. 학교선택 정책에 반대하는 이들은 이 정책이 공교육 규모로 확대 적용하기 불가능하다는 핑계를 대는데 일단 교육의 질이 엉망인 도심지역 학교들부터 적용하면 된다. 그러나 오바마 대통령은 말로는 학교선택권을 부르짖었지만 취임하자마자 루이지애나와 워싱턴 D.C.에서 학교선택 정책을 폐지하려 했다. 정작 자신은 대통령 취임 전에도 취임한 후에도 자기 자녀를 사립학교 보냈으면서 말이다. 좌익은 현상유지에 급급한 노동계와 교원노조의 정치적 지지를 잃지 않기 위해 가장 취약한 처지에 처한 흑인 아이들을 희생시키고 있다.

오바마는 "인종차별은 미국인의 DNA에 새겨져있다"라며 미국 백인 전체를 인종차별주의자로 매도했다. 어쩌면 백인에 대한 분노가 오바마의 DNA에 새겨져있는지도 모른다. 많은 미국인들이 오바마 당선은 흑인들의 처지를 개선하고 흑백갈등을 극복할 훌륭한 기회라 생각했는데 그는 오히려 흑인의 처지와 인종갈등을 악화시켰다. 좌익은 말로는 인종갈등을 극복하자고 하면서 인종갈등을 부추겨 인종차별을 계속 정치적 담론의 전면에 내세우려고 한다. 그게 그들에게 정치적으로 이익이 되기 때문이다. 흑인이 안고 있는 모든 문제는 인종차별에서 비롯된다는 논리를 내세움으로써 엄청난 이익을 챙기는 사람들, 즉 민주당과 흑인 인권운동가들은 흑인의 처지를 향상하는 데 방해가 된다. 공화당이 흑인의 지지를 호소하지 않는 이유는 인종차별 정서 때문이 아니라 선거에서 항상 민주당에 몰표를 주는 흑인의 표를 얻으려고 애쓰느니 차라리 그 에너지를 다른 데 소비하는 게 훨씬 효율적이라는 현실적인 고려를 하기 때문이다. 공화당이 흑인의 지지 없이는 선거에서 승리하지 못한다고 생각하지 않는 한 이런 태도가 바뀔 가능성은 낮다. 지금 공화당 내에서는 앞으로 히스패닉의 지지 없이 선거에서 승리할 수 있을지에 대한 진지한 토론이 오가고 있지만 흑인에 대한 토론은 없다.

존 매쿼터(John McWhorter) 교수는 흑인들 사이에서 피해자 정서, 흑백분리주의, 반지성주의가 팽배하면서 소수자우대 정책과 흑인 학과 설립에 대한 지지를 불러일으켜 흑인의 위상은 오히려 후퇴했다면서 이를 바로잡으려면 흑인의 정체성에서 근본적인 변화가 일어나야한다고 말한다. 매쿼터 교수는 백인을 협박해 시혜를 베풀게 하면 그런 백인은 흑인을 존중하는 척만 하지 진정으로 존중하지 않는다면서, 흑인이 백인의 시혜 없이 성공해야 존중을 받게 된다고 말한다. 맥쿼터 교수는 과거에 흑인이 이룬 진정한 업적을 포용하고 이를 널리 알리는 한편 흑인 청소년들에게는 어려움을 극복하고 이룩하는 승리가 훨씬 달콤하다는 사실을 가르쳐야 한다고 호소한다.

위에서 언급한 셸비 교수, 소월 교수, 윌리엄스 교수는 하나같이 좌익으로부터 맹렬한 공격을 받는 흑인 지식인들로서 모두 인권운동이 일어나기 전에, 소수자우대 정책이 시행되기 전에 명문대학에 진학해 학업을 마치고 자신의 전문분야에서 진출했다. 이들은 백인이 흑인을 좋아하는 척하는 게 유행이 되기 전, 소수자우대 정책도 없고 흑인의 자존감을 다칠까 전전긍긍하는 분위기도 아니었던 시절에 학업을 마쳐서 얼마나 다행인지 모른다고 말한다. 자신이 이룬 성과는 흑인이라고 봐줘서 얻은 성과가 아니라 정정당당하게 자신이 노력해 이룬 성과임을 알기 때문이다. 윌리엄스 교수는 고등학교 시절 자신이 제출한 숙제를 갈기갈기 찢어 자기 책상 위에 뿌린 뒤 다시 써오라고 한 백인 여교사가 자신의 인생에 가장 큰 영향을 미친 훌륭한 교사라고 말한다. 그 교사는 윌리엄스 학생의 실패를 변명할 구실을 만드는 대신 그가 탁월한 학생이 될 잠재력이 있음을 믿고 더 분발하도록 야심을 북돋아주었기 때문이다.

지식인은 자기주장이 틀려 엄청난 후유증을 낳아도 대가를 치르지 않는다. 린든 B. 존슨 대통령부터 시작해 좌익이 50여 년 넘게 시행해온 결과의 평등을 지향하는 정책들은 엄청난 폐단을 낳았는데도 여전히 끈질긴 생명을 이어가고 있고 아무도 책임지지 않고 있다. 미국 시민으로서 헌법을 깊이 가슴에 새기고 사는 윌리엄스 교수는 오늘날 미국인들은 헌법 정신에 대해 무지하거나 경멸적인 태도를 보인다면서 무지는 가르치면 되지만 경멸은 백약이 무효라고 우려한다. 윌리엄스 교수는 자신의 웹사이트에 "유럽인 후손 사면 선언문(Declaration of Amnesty and Pardon for All Persons of European Descent)"이라는 제목의 글에서 다음과 같이 말한다. "유럽인의 후손인 미국인들에게. 그들의 조상과 그들 자신이 흑인에게 한 행동들을 모두 깨끗이 용서하니, 앞으로 유럽인의 후손인 미국인들은 흑인에 대한 죄책감과 의무감을 떨쳐버리고 가슴을 활짝 펴고 당당하게 처신하기 바란다. 빌어먹을 멍청이처럼 굴지 말고."

5. 주류언론(Main Stream Media, MSM): 정치적 매춘부(Political Prostitute)

1) 왜곡(Distortion): 작위(作爲)의 범죄

2016년 미국 대통령 선거에서 ABC, NBC, CBS 지상파 3대 방송과, CNN, MSNBC, CNBC 등 유선방송, 〈뉴욕타임스(The New York Times), 〈워싱턴포스트(The Washington Post)〉등 대표적 일간지, 그리고 〈살론(Salon)〉, 〈폴리티코(Politico)〉를 비롯해 수많은 인터넷 언론은 언론이 아니라 힐러리의 선거 운동원이자 치어리더였다. 아니 언론인으로서의 윤리와 양심을 특정 정치 진영의 후보에게 팔아넘긴 정치적 매춘부였다. 그들은 민주당 대통령 후보 힐러리 클린턴이 이긴다고 기정사실화 해놓고 그 결론을 뒷받침할 사실을 찾아 헤맸다. 이들은 사실이 아니라 자신의 편견을 대중에게 널리 알리는 데 최선을 다했고 자기들과 의견이 다른 사람들을 조롱하고 모욕하고 입을 틀어막았다. 트럼프가 이길 가능성도 있다는 말을 하는 사람들은 모조리 정신병자 취급을 받았다.

미국 주류언론은 힐러리 클린턴이 대선에서 이긴다는 자기 확신과 트럼프에 대한 증오에 눈이 멀어 사실을 보도한다는 의무를 저버렸다. 그들은 트럼프에게 불리한 뉴스는 확대재생산하고 왜곡하고 조작하고 유리한 뉴스는 전혀 보도하지 않았으며 힐러리에게 불리한 뉴스는 축소하거나 묻어버렸고 힐러리에게 유리한 뉴스는 확대재생산하고 윤색하고 미화했다. 그리고 트럼프가 대통령으로 당선된 후 주류언론들은 유튜브, 페이스북, 트위터 등 소셜미디어에 난무하는 가짜뉴스(Fake News) 때문에 트럼프가 이겼다고 호들갑을 떨었다.

트럼프가 가짜언론 때문에 당선되었다는 주류언론과 좌익의 주장은 맞다. 하지만 가짜뉴스를 유포한 장본인은 소셜미디어가 아니라 주류언론이었다. 주류언론의 왜곡, 조작보도 행태와 중요한 뉴스인데도 보도하지 않는 행태가 소셜 미디어와 우익 대안 언론(Alternative Media)에 의해 낱낱이 폭로되었다. 언론이 뉴스를 왜곡하는 방법은 크게 두 가지, 사실을 자기 입맛에 맞게 조작하는 왜곡(distortion)과 뉴스가치가 있지만 자기 입맛에 맞지 않는 뉴스를 아예 보도하지 않는 누락(omission)이다. 주류언론이 이 두 가지 방법을 통해 어떻게 언론인으로서의 의무와 윤리를 저버렸는지, 과거와 이번 대선 기간동안 있었던 사례들을 통해 살펴보겠다.

2004년 9월, 대통령 선거를 두 달 앞두고 민주당의 대통령 후보 존 케리와 당시 재선에 출마한 조지 W. 부시 대통령은 치열하게 경합하고 있었다. 그런데 CBS 간판앵커 댄 래더(Dan Rather)가 〈60 미니츠 II(60 Minutes II)〉 프로그램에서 부시 대통령의 평판에 치명상을 입힐 내용이 담긴 주방위군 복무 기록(National Guard Service)을 입수해 폭로했다. 그런데 문서 조작논란이 일자 CBS는 전직 법무부 장관 딕 손버그(Dick Thornburgh)와 와 AP 통신의 전 사장 루이스 보카디(Louis Boccardi)에게 독자적인 조사를 의뢰했고 조사 끝에 조사단은 그 문서의 진위와 CBS가 이 문서를 보도한 과정에 대해 심각한 의문이 제기된다고 밝혔다. 또 당시 이 프로그램 프로듀서 메리 맵스(Mary Mapes)는 이 문서에 관해 보도하기 전에 존 케리 선거본부의 참모와 접촉한 것으로 드러났다. 이 사건으로 CBS 고위급 간부 3명과 댄 래더는 자리에서 물러났다. 2015년 10월 영화배우 로버트 레드포드(Robert Redford)는 이 사건을 〈진실(Truth)〉이라는 영화로 만들어 개봉했다. 물론 그 문서가 진짜라고 주장하는 내용이다.

주류언론은 경찰 총격으로 흑인이 사망하면 자초지종이 밝혀지기 전에 항상 경찰의 인종차별과 폭력대응으로 몰고 가면서 인종갈등을 부추긴다. 2012년 플로리다주 샌포드(Sanford)에서 출입이 제한된 주택단지 경비를 돌던 조지 지머먼(George Zimmerman)이 911에 전화를 걸어 수상한 사람이 서성거린다고 말한다. 지머먼은 주택단지를 서성이던 흑인 트레이본 마틴(Trayvon Martin)과의 격투 끝에 마틴을 총으로 쏴 숨지게 한다. 지머먼은 경찰이 아니라 단순히 주택단지를 순찰하는 경비였고 백인이 아니라 흑인, 히스패닉 등 여러 인종이 섞인 혼혈이었는데도 주류언론들은 아랑곳하지 않고 백인의 인종차별로 몰고 갔다. CNN과 〈뉴욕타임스〉는 지머먼을 "백인 히스패닉"이라고 했고 NBC는 911 전화 통화내용을 편집해서 조지 지머먼이 마치 트레이본 마틴이 흑인이기 때문에 편견이 있어서 총을 쏜 것처럼 내용을 왜곡했다가 나중에 들통이 나 사과했다. 당시 재선 선거운동에 한창이던 오바마는 "트레이본 마틴은 35년 전 나였을 수도 있다"라고 말했다.

2014년 미주리 주 퍼거슨(Ferguson)에서 편의점을 턴 마이클 브라운(Michael Brown)이 그를 추격한 경찰의 총을 빼앗으려다가 경찰의 총격에 숨지자 흑인폭동이 일어났다. CNN을 비롯한 언론은 마이클 브라운이 "손들었다. 쏘지 말라(Hands up. Don't Shoot)"라고까지 했는데 경찰이 쐈다고 대서특필했다. 그러나 경찰의 행동은 정당방위였고 주류언론의 보도는 거짓말로 드러났다.

2016년 8월 위스콘신 주 밀워키(Milwaukee)에서 무장한 흑인이 경찰의 지시를 따르지 않아 총격에 사망하자 흑인들이 폭동을 일으켰다. 사망자의 여동생 셰렐 스미스(Sherelle Smith)가 시위대를 향해 "우리 동네에서 불 지르지 마라. 불 지른다고 해도 아무 도움도 되지 않는다"라고 외친다. CNN은 사망자의 여동생이 평화를 호소했다고 보도했다. 그런데 CNN은 스미스가 뒤이어 "불 지르려면 교외지역에나 가서 불 질러라"라고 외친 부분을 편집해 잘라내고 보도했다. 그러나 소셜미디어와 대안 언론(Alternative Media)이 스미스의 발언 전체를 보여주는 동영상과 흑인 폭도들이 지나가던 백인을 쫓아가 공격하고 운전자가 백인인 자동차를 골라서 공격하는 동영상을 인터넷에 올렸고 CNN은 정정 보도를 해야 했다.

2016년 9월 11일 뉴욕에서 9/11테러 추모식 행사가 끝나고 밴(van)에 탑승하기 위해 걸어가던 힐러리가 쓰러지면서 경호원들에게 질질 끌려 차에 올라타는 모습이 포착되었다. 한 시민이 찍어 유튜브에 올린 이 동영상은 급속도로 퍼져나갔지만 주류언론들은 힐러리가 발을 삐끗했을 뿐이라고 축소보도하느라 호들갑을 떨었다. 힐러리가 국무장관 시절 낙상해 한동안 장관직을 제대로 수행하지 못하게 되고 뇌에서 혈전이 발견되면서 건강이상설이 끊임없이 돌았다. 위키리크스가 폭로한, 민주당전국위원회(Democratic National Committee, DNC)와 힐러리 선거본부 참모들이 주고받은 이메일에도 힐러리가 선거유세나 강연을 할 때 반드시 기댈 연단이 있어야 한다, 힐러리가 정신이 오락가락한다, 라고 하는 내용이 담겨있다.

2016년 9월과 10월 두 차례 힐러리와 트럼프의 TV 토론이 끝나고 나서 CNN은 힐러리가 토론에서 승리했다고 떠벌렸다. 하지만 여론조사 대상 표본에 민주당 지지자를 더 많이 포함시켜 조작한 여론

조사였다. 트럼프의 선거유세를 취재하는 주요언론들은 절대로 관중석은 보여주지 않았다. 트럼프의 선거유세장마다 수만 명이 모여들었지만 그 모습은 유튜브 동영상이 아니면 볼 수 없었다.

1975년 아칸소에서 변호사로 일하던 힐러리는 12살짜리 소녀를 강간한 강간범 변호를 맡아 무죄판결을 받아냈다. CNN은 몇 년 전 이 사건과 관련해 힐러리와 아칸소주 기자가 인터뷰한 내용을 담은 녹음테이프를 방송했다. 이 녹음테이프에서 힐러리는 다음과 같이 말한다. "(범인이) 거짓말 탐지기를 통과했지 뭡니까. 그 이후로 저는 거짓말 탐지기에 대한 신뢰를 완전히 잃었어요." 그리고 뒤이어 힐러리의 웃음소리가 들린다. 그런데 2016년 대선에서 이 녹음테이프 내용이 다시 문제가 되자 CNN은 완전히 180도 돌변해서 힐러리는 변호사로서 해야 할 일을 했을 뿐이고 마지막에 웃지도 않았다고 주장했다.

2) 누락(Omission): 부작위(不作爲)의 범죄

2016년 미국 대통령 선거에서 주류언론이 거의 외면한 내용이 세 가지 있다. 첫째, 민주당전국위원회(Democratic National Committee, 이하 DNC)와 힐러리 선거운동본부, 그리고 주류언론이 주고받은 이메일들을 위키리크스가 입수해 폭로했는데 주류언론은 이에 대해 거의 보도하지 않았다. 둘째, 프로젝트 베리타스(Project Veritas)라는 조직이 DNC에 잠입해 내부 사정을 몰래 촬영한 동영상인데 주류언론은 이 내용도 거의 보도하지 않았다. 위키리크스가 폭로한 이메일 가운데는 이 동영상에 담긴 내용이 사실임을 입증하는 이메일도 있었다. 미디어 리서치 센터(Media Research Center)에 따르면 ABC, NBC, CBS가 트럼프의 음담패설[11]을 담은 녹음테이프에 대해 보도한 시간은 일주일 동안 198분이나 되는 반면 위키리크스가 폭로한 힐러리 관련 이메일에 대해 보도한 시간은 겨우 13분에 불과했다. 셋째, 힐러리가 국무장관 시절 빌 클린턴이 운영하던 클린턴 재단과 각국 기업들과 독재정부 간에 오고간 금전과 정책적 특혜에 관한 내용이다. 여기서는 첫째와 둘째 내용을 다루고 세 번째 내용은 뒤에 〈소수자 우대 정서의 수혜자: 힐러리와 오바마〉에서 다루도록 하겠다. 우선 위키리크스가 폭로한 이메일에 포함되어있던 내용부터 살펴보겠다. 그러나 여기 소개한 내용은 아주 일부에 불과하다는 점을 염두에 두기 바란다.

CNBC 워싱턴 지부장이자 〈뉴욕타임스〉 객원기자 존 하우드

---

11) 10년도 더 된 2005년에 트럼프와 TV 연예프로그램 진행자 빌리 부시(Billy Bush, 조지 W. 부시 집안사람이다)가 드라마 촬영장 차량 안에서 은밀히 나눈 대화를 녹음한 내용이 절묘한 시기에 언론에 폭로되었다. 트럼프는 이 대화에서 다음과 같이 말한다. "나는 아름다운 여성에게 자동으로 끌린다. 그냥 입을 맞춘다. 마치 자석 같다. 무작정 입을 맞춘다. 기다리지도 않는다. 유명인사라면 그렇게 해도 여성들이 그냥 내버려둔다. 무슨 짓을 해도 된다. 음부를 움켜쥐어도 내버려 둔다(I'm automatically attracted to beautiful [women]-I just start kissing them. It's like a magnet. Just kiss. I don't even wait. And when you're a star they let you do it. You can do anything ... Grab them by the pussy)."

(John Harwood)는 가장 죄질이 나쁘다. 그는 2015년부터 대선 기간 내내 힐러리 선거운동본부장 존 포데스타(John Podesta)와 연락을 주고받으면서 힐러리의 선거유세에 대한 평가와 조언을 했다. 하우드는 2015년 5월 당시 공화당 대통령후보 경선에 나섰던 벤 카슨(Ben Carson)이 잠재적으로 문제가 될 가능성이 있으므로 "조심하라(Watch out)"고 조언하면서 자기가 카슨과 인터뷰한 동영상도 이메일에 첨부했다. 2015년 9월, 포데스타에게 보낸 이메일에서는 당시 공화당 대통령 후보경선에 나섰던 젭 부시(Jeb Bush)와 자기가 인터뷰를 할 예정인데 어떤 질문을 하면 좋을지 포데스타에게 의견을 물어보았다. 2015년 11월에 보낸 이메일에서는 경제문제와 관련해 자신이 힐러리와 인터뷰하도록 해달라며 심층적이고 알찬 내용의 인터뷰를 해주겠다고 애걸하는 내용이 담겨있다. 2015년 12월에 포데스타에게 보낸 이메일에서는 공화당 대통령 후보 경선 토론회에 진행자로 나서서 트럼프의 신경을 거스르고 조롱하는 질문을 했다며 으쓱해한다.

2015년 7월, 〈뉴욕타임스〉 기자 마크 레보비치(Mark Leibovich)는 힐러리 선거운동본부의 홍보국장 제니퍼 팔미에리(Jennifer Palmieri)에게 이메일을 보내 자신이 힐러리를 인터뷰한 기사내용 일부에 대해 "여러 가지 대안들을 제시하니 선택(option to use the following portions)"해달라고 했고 이에 대해 팔미에리는 이 가운데 취사선택하고 단서조항을 달아 승인하는 답장을 보냈다. 팔미에리가 레보비치에게 보낸 이메일 마지막 문장은 "함께 일해서 기쁘다(pleasure doing business)"라고 쓰여 있었다.

2015년 1월부터 2016년 5월까지 DNC 당직자들 사이에 오고 간 이메일에서는 당시 힐러리의 경쟁자였던 버니 샌더스의 신상정보 수집과 더불어, 중립을 지켜야 할 DNC 위원장 데비 와서먼 슐츠(Debbie Wasserman Shultz)가 샌더스에 대해 매우 비판적인 어조로 말하는 내용이 담겨있다. 이 이메일이 폭로된 후 슐츠는 DNC 위원장 자리에서 물러났다.[12] 힐러리의 선거매니저 로비 무크(Robby Mook)가 존 포데스타에게 보낸 2015년 5월 26일자 이메일에는 "우리에게 버니 샌더스를 상대로 쓸 지렛대(leverage)가 있다는 사실을 샌더스에게 인식시켜야한다"라는 내용이 담겨있다.

2016년 3월, CNN에서 정치평론가로 고정출연하던 도나 브라질(Donna Brazile)은 제니퍼 팔미에리에게 이메일을 보내 후보들로부터 "때때로 미리 질문지를 받는다. 힐러리와 관련해 우려스러운 질문이 하나 있다"라며 사형제도와 관련한 질문을 팔미에리에게 제안했다. 그 다음날 CNN이 주관한 타운 홀(Town Hall) 방송에서 진행자는 사형제도와 관련해 힐러리에게 입장을 물었다. 이후에도 브라질은 미리 CNN의 질문지를 힐러리 측에 제공한 사실이 드러났다. 슐츠의 뒤를 이어 DNC 위원장을 맡고 있던 도나 브라질은 이 내용이 폭로

12) 경선이 공정하게 치러지리라는 기대 하에 버니 샌더스 후보에게 선거자금을 기부했던 지지자들은 DNC와 데비 와서먼 슐츠에 대해 사기혐의로 집단 소송을 걸었지만 2017년 8월 플로리다 연방법원 판사는 이 소송을 기각했다.

된 후 CNN에 더 이상 출연하지 못하게 되었다. 위키리크스가 폭로한 이메일로 궁지에 몰린 브라질은 러시아가 미국의 선거절차에 개입해 미국의 민주주의를 훼손하려 하고 있으며 위키리크스와 그 창립자 줄리언 어산지(Julian Assange)도 러시아가 벌이는 음모에 가담했다고 주장했다.

〈폴리티코(Politico)〉의 글렌 스러시(Glenn Thrush)는 "귀찮게 해서 죄송합니다"라는 제목의 이메일에서 존 포데스타에게 "당신들과 관련된 기사 부분 전체를 보낸다. 내가 보냈다고 아무한테도 말하지 말아 달라. 내가 뭐 잘못 쓴 부분 있으면 알려주기 바란다"라고 썼다.

〈보스턴 글로브(The Boston Globe)〉의 마조리 프리처드(Marjorie Pritchard)가 힐러리 선거본부장 존 포데스타에게 이메일을 보내 힐러리가 뉴햄프셔에서 유세하기 전에 보도할 예정인 기사인데 마음에 드는지 승인을 해달라며 그 기사가 나가면 힐러리의 존재감이 부각될 것이라고 말하고 있다.

위키리크스가 폭로한 이메일에는 존 포데스타가 자택에서 여는 "비공개(off-the-record)" 만찬에 63명의 언론인을 초청해 "미국 국민들을 물리칠(beat) 전략"을 논의하자는 내용이 있다. 초청된 언론인의 소속언론사는 ABC, NBC, CBS, CNN, MSNBC, CNBC, 〈뉴요커〉, 〈뉴욕타임스〉 〈월스트리트저널〉, 〈LA타임스〉, 〈피플(People)〉, 〈폴리티코(Politico)〉, 〈허핑턴포스트〉 등 주요 언론사를 모두 망라한다. 하지만 우익성향 TV 폭스 뉴스(Fox News) 소속 언론인은 한 명도 없다.

CNN의 앵커 크리스 쿠오모(Chris Cuomo)는 "소시지 제조과정을 보면 (역겨워서) 소시지를 먹을 수 없듯이 정치도 마찬가지"라면서 위키리크스가 폭로한 힐러리 관련 이메일은 "불법으로 입수했기 때문에 개인이 이를 소지하거나 읽는 행위는 불법이지만 언론은 다르다, 따라서 필요하면 언론에서 알려줄 테니 언론을 통해서만 정보를 취득하라"라는 뻔뻔스러운 발언까지 서슴지 않는다. 실제로 힐러리 클린턴은 부동산개발업자들 회의에 초청되어 행한 비공개 연설에서 다음과 같이 말했다. "정치는 소시지 제조 과정처럼 역겹다. 예전부터 늘 그랬다… 따라서 사적인 입장과 공적인 입장 둘 다 필요하다."

NBC의 간판 앵커 브라이언 윌리엄스(Brian Williams)는 2003년 이라크 전쟁 때 헬리콥터를 타고 취재 중 로켓공격을 받았다고 12년 동안이나 끊임없이 거짓말을 해오다가 당시 헬리콥터에 동승했던 군인들이 참다못해 공개적으로 증언해 거짓말이 들통이 나 2015년 사과하고 당시 진행 중이던 프로그램 앵커자리에서 물러났다가 CNBC 앵커로 복귀했다. 윌리엄스는 최근 자신이 진행하는 CNBC 프로그램에서 2016년 대선에서 가짜뉴스가 트럼프 당선에 큰 영향을 미쳤다면서 자기주장을 뒷받침할 증거로 좌익 성향의 인터넷 가짜뉴스 버즈피드(Buzzfeed)의 분석을 소개하는 어처구니없는 행태를 보였다.

위키리크스가 폭로한 DNC 이메일과 관련해 주목해야 할 사건이 두 가지 있다. 이 두 사건은 주류언론에서는 전혀 다루지 않고 있다. 첫째 세스 리치(Seth Rich) 살해 사건이다. 2016년 7월 10일 새벽 4시 20분 쯤 DNC 직원인 세스 리치가 워싱턴 D.C. 자택 근처에서 등에 총탄 두 발을 맞고 병원으로 옮겨졌으나 숨졌다. 경찰은 강도미수라고 밝혔지만 이를 뒷받침하는 그 어떤 증거도 제시하지 않았고, 신용카드와 휴대전화, 상당한 액수의 현금 등 리치의 소지품은 모두 그대로 있었다. 세스 리치가 살해되고 12일이 지난 2016년 7월 22일 위키리크스는 DNC 내부에서 주고받은 이메일을 폭로했다. 2016년 8월 위키리크스의 줄리언 어산지는 언론과의 인터뷰에서 DNC의 이메일을 제공한 정보원이 세스 리치냐는 기자의 질문에 "위키리크스는 정보원의 신분을 밝히지 않는다"라는 원칙을 내세우며 시인도 부인도 하지 않았다. 그런데 위키리크스는 리치의 살해사건에 대한 정보를 제공하는 사람에게 2만 달러의 사례금을 내걸었다.

DNC는 이메일 서버를 해킹 당했다고 주장하면서도 연방수사국에는 수사를 요청하지 않고 사이버안보 전문회사 크라우드스트라이크(CrowdStrike)를 고용해 자체적으로 조사를 한 끝에 2016년 12월, 러시아가 해킹에 관여했다는 보고서를 발표했다. 그러나 2017년 3월 24일, 미국의 소리(Voice Of America) 방송은 "미국 사이버안보 회사, 논란의 중심에 선 러시아 해킹 보고서의 일부를 고쳐 쓰다"라는 제목의 기사에서 크라우드스트라이크가 2016년 미국 대선과 관련해 러시아가 해킹을 했다는 주장을 뒷받침하는 데 이용한 보고서를 수정하고 철회했다고 보도했다. 2017년 3월부터 5월까지 위키리크스는 연속적으로 "볼트 7(Vault 7)"라는 일련의 자료를 공개했다. 이 자료는 미국중앙정보국이 사이버 감시와 사이버전을 수행하는 능력과 활동에 대해 구체적인 정보를 담고 있는데 자체적인 해킹 전술과 코드를 이용해 휴대전화 등 각종 전자제품과 웹브라우저, 오퍼레이팅 시스템 등을 오도할 수 있다는 사실을 보여준다. 줄리언 어산지는 미국중앙정보국이 사이버전쟁을 수행하기 위해 막강한 무기를 구축했지만 지난 수년 동안 정보요원들의 보안의식이 심각할 정도로 해이해져서 볼트 7 같은 기밀정보를 어렵지 않게 입수했다면서 그동안 미국의 고위공직자, CEO 등 주요 인사들이 해킹을 당했는데 제대로 조사하지 않고 덮어버린 경우도 있다고 말했다.

세스 리치의 가족이 고용한, 전직 워싱턴 D.C. 경찰 강력계 형사인 사립탐정 로드 휠러(Rod Wheeler)는 2017년 5월 15일 폭스뉴스와의 인터뷰에서 그동안 워싱턴 D.C. 경찰과 연방수사국이 세스 리치의 살인 사건 수사에 매우 소극적이고 비협조적이었고, 경찰 내 자신의 정보원이 상부에서 조사를 중단하라는 지시가 내려왔다고 했으며, 경찰과 연방수사국 둘 중 하나가 세스 리치의 컴퓨터를 보유하고 있는데 그 안에 살인 사건에 대한 단서가 담겨있고 지금까지의 조사한 바에 따르면 리치와 위키리크스가 이메일을 주고받았다는 점은 확실하다고 여러 차례 강조했다. 또한 휠러는 자신이 3월에 정보를 얻으려고 경찰에 연락했지만 회신을 받지 못했는데 그 까닭은 DNC 고위직 간부가 리치 가족에게 연락해 휠러가 세스 리치 사건을 파헤치는 이유를 물었기 때문이라고 주장했다. 또 휠러는 세스 리치가 이 DNC 간부와 갈등을 겪었다고 주장했다. 휠러는 며칠 후 이 DNC 간부는 도나 브라질(Donna Brazile)이라고 밝혔다.

또 익명을 요구한 연방수사국 정보원은 폭스뉴스와의 인터뷰에서, 자신이 세스 리치와 위키리크스 사이에 오간 이메일을 직접 봤고 읽었다면서, 연방수사국이 리치의 컴퓨터를 분석한 결과 탐사보도기자이자 위키리크스를 이끌던 개빈 맥페디언(Gavin MacFadyen)을 통해서 세스 리치가 위키리크스와 접촉한 사실이 드러났고, 2015년 1월부터 2016년 5월까지 DNC 내부에서 오고간 44,053건의 이메일과 17,761건의 첨부파일이 세스 리치로부터 맥페디언에게 전달되었는데 이는 위키리크스가 폭로한 이메일 건수, 첨부파일 건수와 정확히 일치한다고 말했다. 사건 당시 영국 런던에 거주하고 있던 맥페디언은 미국 대선이 실시되기 보름여 전인 2016년 10월 22일 사망했는데 사망진단서에 사인은 간암으로 적혀있다. 이보다 앞선 2016년 4월 22일에는 영국에서 줄리언 어산지를 변호하던 영국 인권변호사 존 존스(John Jones)가 기차에 치여 숨졌고 경찰은 그의 사망과 관련해 미심쩍은 점은 없다고 밝혔다. 2016년 5월 11일에는 미국에서 줄리언 어산지를 변호하던 미국 인권변호사 마이클 래트너(Michael Ratner)가 숨졌고 〈뉴욕타임스〉는 그의 동생의 말을 인용해 암 합병

증으로 숨졌다고 보도했다. 위키리크스와 관련된 인물들의 시신이 점점 늘어나고 있다.

휠러의 인터뷰가 방송된 후, 워싱턴 D.C. 경찰 대변인은 휠러가 근거 없는 주장을 하고 있다고 밝혔고, 리치 가족의 대변인 브래드 바우먼(Brad Bauman)은 근거 없는 주장들이 제기되면 경찰의 수사에 방해만 될 뿐이라며 기밀유지 약속을 파기하고 리치 가족의 동의 없이 언론과 인터뷰를 한 휠러가 계약을 위반했다고 비난하면서 세스의 죽음이 강도미수 사건이라는 데 의혹을 제기하는 사람은 "지옥에 특석은 따 놓은 당상(deserve a special place in hell)"이라고 저주를 퍼부었다. 위키리크스는 리치 가족의 대변인 브래드 바우먼이 민주당 정치후보들과 노조에게 전략적 홍보와 위기관리 자문을 하는 홍보회사 패스토럼 그룹(The Pastorum Group)의 직원이라고 폭로했다. 바우먼을 고용하는 데는 상당한 비용이 드는데 리치 가족 대변인 역할과 관련해 누가 비용을 대는지는 밝혀지지 않았다. 연방수사국은, 익명의 연방수사국 정보원의 말을 인용한 폭스뉴스의 보도와 관련해, 세스 리치의 컴퓨터를 분석한 적도 없고 세스 리치와 관련한 수사와 문의는 전적으로 워싱턴 D.C. 경찰 소관이라고 주장했다. 로드 휠러는 폭스뉴스와 인터뷰를 한지 채 24시간이 지나지 않아 이번에는 CNN에 출연해 세스 리치가 살해되기 전에 위키리크스와 접촉했다는 정보는 자신이 폭스뉴스와 언론매체를 통해 전해 들었을 뿐이라며 하루 전의 주장을 일부 번복했다.

한편 지난해인 2016년 7월 10일 세스 리치가 총을 맞은 현장에 처음 도착한 세 명의 경찰관들 가운데 한 명인 로버트 윈게이트 로빈슨(Robert Windgate Robinson)은 힐러리의 선거본부장 존 포데스타가 조지타운대학교에 교수로 재직할 당시에 조지타운에 재학 중이었고 그의 여동생 낸디(Nandi)는 2016년 힐러리 선거본부에서 연구원으로 일한 후 현재 민주당 의회선거 위원회에서 일하고 있다. 경찰 사건 보고서에 따르면 경찰이 사건 현장에 도착했을 때 세스 리치는 살아 있었고 경찰과 긴급구조원의 질문에 답변도 할 정도로 의식도 있었다. 총격 현장에 도착한 세 경관은 모두 바디캠(bodycam)을 착용하고 있었고 사건 현장 길 건너편에는 사건현장을 여러 각도로 보여주는 CC-TV가 넉 대나 설치된 플래글러(Flagler)라는 편의점도 있지만 경찰은 현장을 촬영한 증거를 확보했는지 여부도 밝히지 않았고 있다면 공개하지도 않았다. 편의점 CC-TV 영상은 당일로부터 7일 동안만 보존하므로 이미 삭제되고 없으며 편의점 주인도 지난 5월에 바뀌었다. 존 포데스타의 형인 로비스트 토니 포데스타(Tony Podesta)의 전 부인 헤더 포데스타(Heather Podesta)는 세스 리치가 살해될 당시 워싱턴 D.C. 경찰서장이던 캐시 래니어드(Cathy Lanyard)와 함께 워싱턴 D.C. 경찰재단에 이사로 근무했다.

리치가 워싱턴 병원으로 후송된 후 가장 먼저 리치를 응급처치 한 4년차 외과 레지던트는 리치가 등 아래쪽에 총상을 입어 간과 소장 일부가 손상되는 중상을 입었지만 리치보다 더 치명적인 총상을 입고도 생존한 사례들이 많다고 밝혔다. 그런데 당직의사가 이 레지던트에게 더 이상 세스 리치의 회진을 하지 말라고 지시했고 그 후로 세스 리치가 사망할 때까지 접촉한 의사는 당직의사 뿐이었다. 이 당직의사는 잭 사바(Jack Sava) 박사로서 2001년부터 힐러리 클린턴을 열렬히 지지해왔고 2016년에는 힐러리 선거본부에 선거자금 기부도 했으며 존 포데스타로부터 민주당 행사에 초청받기도 했다. 백악관 공식 방명록에 따르면 사바 박사는 여섯 차례, 박사 부인은 스물세 차례 백악관을 방문했다. 또 세스 리치가 사망하기 전 마지막으로 목격된 블루시티바(Blue City Bar)의 총지배인 조 커폰(Joe Capone)은 세스 리치가 살해되기 나흘 전인 2016년 7월 6일 백악관을 방문했는데 방문구역은 아무나 방문할 수 없는 이스트 윙(The East Wing)으로 영부인과 참모들의 집무실이 있는 곳이다.

세스 리치 살해사건을 집중적으로 보도하던 폭스뉴스의 앵커 션 해너티(Sean Hannity)는 2017년 5월 23일 "세스 리치 가족의 뜻을 존중하는 의미에서 더 이상 세스 리치 사건을 거론하지 않겠다"고 발표했다. 해너티는 자신의 "입을 막으려는 시도가 벌어지고 있고 좌익 성향의 언론비평 감시 단체인 〈미디어 매터즈(Media Matters)〉가 자신의 프로그램 광고주들에게 불매운동을 벌이겠다고 협박하고 있다"라면서 바로 이런 행태가 "리버럴 파시즘(liberal fascism)"이라고 말했다. 그러나 해너티는 트위터를 통해 "내 힘이 닿는 데 까지 최선을 다하겠다. 진실을 파헤치는 일을 멈추지 않겠다"라고 밝혔다. 2017년 5

월 25일, 위키리크스의 줄리언 어산지는 다음과 같은 트위터 메시지를 날렸다. "@hannity와 관련해: 정치적 성향을 떠나서, 광고주들을 위협해 담론의 범위를 제약하고 억압해서는 안 된다. 우리는 정보원으로 추정되는 사람이 해를 당했다는 그 어떤 주장도 심각하게 받아들인다. 살인의 심각성을 축소하거나 도구로 이용해서는 안 된다."

최근 위키리크스는 세스 리치 피살사건의 단서를 제공하는 사람에 대한 사례금을 13만 달러로 인상했고, 대안언론인 원아메리카뉴스(One America News, OAS)가 10만 달러, 공화당 로비스트 잭 버크먼(Jack Burkman)이 13만 달러의 사례금을 내걸었지만, 자금력이 막강한 DNC는 자기조직의 직원이 죽었는데도 지금까지 단 한 푼의 사례금도 제시하지 않았다. 그리고 주류언론, 공화당, 민주당은 모두 세스 리치 사건에 손을 대기는커녕 10미터 길이의 장대로도 건드리지 않고 있다. 세스 리치의 살해에 민주당이 연루되어있다는 결정적 증거는 없다. 하지만 러시아가 미국 대선에 개입했고 트럼프 선거본부 측과 내통했으며 위키리크스가 러시아의 앞잡이 역할을 했다는 주장을 뒷받침하는 결정적 증거도 정황증거도 없다. 그리고 정황증거로 치자면 세스 리치 사건은 차고 넘친다. 그런데도 주류언론은 세스 리치 사건과 관련한 보도는 전혀 하지 않고 러시아와 미국 대선과 트럼프의 연관성을 주장하는 기사를 연일 내보냈다.

DNC 이메일 유출과 관련해 주류언론이 전혀 다루지 않는 또 하나의 사건은 아완 가족 관련 사건이다. 2017년 2월 2일, 10여 년 넘게 민주당에 IT 서비스를 제공해온 이른바 IT 전문가 아비드 아완(Abid Awan), 임란 아완(Imran Awan), 자말 아완(Jamal Awan), 히나 알비(Hina Alvi)와 나탈리아 소바(Natalia Sova)는 미국 하원 컴퓨터 네트워크 접속을 금지 당했다. 파키스탄 출신의 삼형제와 두 형의 부인들로 구성된 가족 전체가 민주당에 고용된 셈이다. 미국 의회의 정보가 외부 서버로 유출되고 다양한 의회 IT 장비들이 분실된 사실이 밝혀진 후 아완 가족은 미국 의회 경찰의 조사를 받아왔고 연방수사국도 수사에 합류했다. 아완 가족은 2000년대 초부터 외교위원회, 정보위원회, 국토안보 위원회 등 기밀 정보를 다루는 위원회들에 소속된 80여 명의 민주당 의원들에게 IT 서비스를 제공하면서 이메일과 민감한 정보를 담은 자료들에 접근해왔고 아완 가족이 미국 하원에 IT 서비스를 제공하면서 벌어들인 돈은 500만 달러에 달한다. 그동안 여러 IT 기업들이 아완 가족보다 훨씬 저렴한 가격으로 서비스를 제공하겠다고 제안했지만 줄줄이 거절당하면서 아완 가족이 민주당 의원들을 협박할만한 정보를 쥐고 있다는 우려가 끊임없이 제기되었다. 아완 가족은 2005년부터 플로리다주 민주당 소속 하원의원이자 DNC 전 의장인 데비 와서먼 슐츠에게도 IT 서비스를 제공해왔는데 2016년 7월 위키리크스가 폭로한 DNC 관련 이메일(2016년 5월 4일자 이메일)에는 임란 아완이 당시 DNC 의장이었던 슐츠 의원의 이메일 사용자이름과 패스워드를 알고 있다는 사실을 입증하는 내용이 담겨있었다. 2017년 2월 아완 가족의 하원 인터넷 접속망 접근이 금지된 후에도 슐츠 의원은 임란 아완을 해고하지 않고 '자문' 명목으로 계속 고용해 임금을 지불했다. 미국의회 경찰은 임란 아완이 쓰던 노트북을 압수했지만 슐츠가 이 노트북은 자기 소유물이라면서 접속권한을 주지 않아 조사를 못하고 있다.

미국 하원에서 다루는 정보에 접근하는 인물들은 철저한 신원조회를 거쳐 고용되는데, 아완 가족은 화려한 범죄전력에도 불구하고 채용되었다. 다양한 재판기록과 공식문서들에 따르면, 아완 가족은 탈세, 개인파산선고 사기, 대출사기, 보험사기, 갈취 등 각종 형사범죄에 연루되었고 등록되지 않은 차량을 운전하거나 운전면허가 정지된 상태에서 운전을 했고 음주 운전한 경력도 있었다. 또한 임란 아완은 테러단체 헤즈볼라와 관련 있고 미국정부의 지명수배자 명단에 오른 인물에게 거액의 부채를 지고 있다. 사법당국의 조사가 시작되자 2017년 5월 임란 아완의 부인 히나 알비는 부부가 소유한 미국 내 부동산들을 매물로 내놓고 자녀들과 함께 파키스탄으로 도주했다. 2017년 7월 24일 임란 아완은 카타르를 경유해 파키스탄으로 가려다가 덜레스 공항에서 금융사기 혐의로 체포되었다. 임란 아완이 체포되고 나서야 슐츠 의원은 마지못해 그를 해고한다고 발표했다. 임란 아완은 클린턴 부부의 오랜 측근인 크리스 고원(Chris Gowen)을 변호사로 고용했고 고원 변호사는 "임란 아완과 그의 가족에 대한 공격은 극우세력 뿐만 아니라 민주주의의 전당인 미국 하원에도 무슬림에 대한 반감과 편견이 존재한다는 증거"라고 게거품을 물었다. 개인파산 신청을 한 임란 아완이 크리스 고원 같이 몸값이 비싼 변호사의 수임료를 어떻게 감당하려는지 모를 일이다. 게다가 세스 리치 피살 사건과 임란 아완의 사건을 관할하는 워싱턴 D.C. 지방검찰청에 다름 아닌 데비 와서먼 슐츠의 남동생 스티븐 와서먼(Steven Wasserman)이 검찰차장으로 근무한다. 그런데 2017년 2월에 미국 하원 컴퓨터 시스템 접속을 금지당한 임란 아완이 8월 현재 여전히 미국 하원 컴퓨터 시스템에 접속할 수 있는 비밀 이메일 계정을 사용하고 있었다.

다시 대선 기간으로 되돌아가보자. 제임스 오키프(James O'Keefe)가 이끄는 〈프로젝트 베리타스(Project Veritas)〉[13]라는 비영리단체는 민주당 전국위원회(DNC)에 잠입해 몰래 촬영한 동영상을 공개해 민주당을 쑥대밭으로 만들었다. 이 동영상에는 스콧 포벌(Scott Foval)이라는 인물이 등장해 다음과 같이 말한다. "힐러리 캠페인이 DNC에, DNC가 민주당 동반자(Democracy Partners, DP)라는 조직에, DP가 우리 조직 포벌 그룹(The Foval Group)에 재정적 지원을 하면 우리

13) 〈프로젝트 베리타스〉는 지금까지 좌익 성향의 여러 비영리단체에 잠입해 국민세금으로 부정부패와 불법이 자행되는 장면을 몰래 촬영해 폭로해왔다. 그 가운데는 오바마가 인구조사와 유권자 등록관련 업무를 맡긴 〈에이콘(Association of Community Organizations for Reform Now, ACORN)〉이라는 비영리단체도 있다. 이 단체는 〈프로젝트 베리타스〉가 몰래 촬영해 폭로한 동영상 때문에 연방정부 지원이 끊겼고 2010년 해산되었다. 좌익 진영은 〈프로젝트 베리타스〉가 촬영내용을 자의적으로 짜깁기 편집해서 현실을 왜곡한다는 비판을 해왔다. 〈프로젝트 베리타스〉는 순전히 일반인의 자발적인 기부금으로 운영되고 있다.

가 현장에서 작전을 실행한다." DP의 창립자 로버트 크리머(Robert Creamer)는 오바마처럼 지역공동체 조직책(community organizer)으로 일한 경력이 있는 인물로서 시카고의 민주당하원의원 남편이고 오바마 부부와 만나러 백악관에 수백 번 드나든 인물이다.

포벌은 다음과 같은 말도 한다. "트럼프 유세장에서 갈등을 조장하고 혼란을 일으켜 트럼프 지지자들과 경호팀을 소스라치게 만들어야 한다." "합법성, 윤리, 그런 거 신경 안 쓴다. 이 씨발 놈(mother fucker)을 이겨야 한다." "시위를 조작해 트럼프 선거유세를 혼란스럽게 만들어서 트럼프와 지지자들을 악당으로 만들어야 한다. 절대 우리가 시위자들에게 지시했다는 사실이 CNN 등 언론에 노출되면 안 된다. 시위하다 체포되거나 다치는 사람은 우리가 재정적으로 지원해준다." "트럼프 유세장에서 폭행당했다고 주장한 여성은 우리가 고용한 여성이다. 버드도깅(birddogging, 유세장 앞자리를 차지하고 있다가 선거후보가 연설을 마치고 연단에서 내려올 때 언론이 취재하는 앞에서 상부에서 지시한 대로 후보를 곤란하게 만들 질문을 하는 수법) 훈련을 받은 여성이다." '버드도깅'이라는 표현은 위키리크스가 폭로한 DNC 이메일에도 등장한다. 포벌은 다음과 같은 말도 한다. "노숙자나 정신이상자들에게 돈을 주고 미친 짓을 하라고 시키는 일을 20년 넘게 해왔다." "노조원들은 시키는 대로 다 한다. 예를 들어 아칸소에서 할 일이 있으면 미국노동총연맹산별회의(AFL-CIO) 지부장에게 전화를 해서 이러이러한 일을 해달라고 부탁하면 다 들어준다." "우리는 버스로 사람들 동원하는 일을 50년 동안 해왔는데 이제 와서 왜 그만두겠는가." 이 몰래카메라 동영상이 폭로되고 나서 스콧 포벌과 로버트 크리머는 DNC 관련 일을 그만 두었다.

이 동영상에는 DNC 신속대응 담당자(Rapid Response Coordinator) 애런 블랙(Aaron Black)이 등장해 "시카고 시위 그거 우리가 한 거다. 나보다는 로버트 크리머가 했다고 해야겠지. 하지만 절대로 우리가 주도했다고 알려지면 안 된다. 군중이 한 걸로 해야 한다. 민주당으로 연결되면 안 된다"라고 말한다. 실제로 시카고에서 열린 트럼프 유세장에서 지지자와 시위대가 충돌해 폭력사건이 일어나 경찰을 포함해 여러 명이 다쳤다. 애런 블랙이 그 시위 장소에서 어슬렁거리는 모습을 유튜버 크리스티나 히긴스(Christina Higgins)가 포착해 동영상을 올렸다.

위키리크스가 폭로한 DNC 이메일 가운데 DNC 홍보 부본부장 에릭 워커(Eric Walker)가 누군가에게 보낸 이메일에서 트럼프에 반대하는 시위에서 쓸 여러 가지 구호를 제안하는 내용이 있다. 그런데 이 이메일이 전달된 날로부터 며칠 후 CNN이 트럼프에 반대하는 시위를 보도했는데 그 영상에서 실제로 워커가 제안한 구호들이 등장했다.

대선 때부터 트럼프와 러시아의 공모와 러시아의 대선개입을 주장하던 주류언론들은 트럼프가 대통령에 취임한 후에도 끊임없이 대통령의 탄핵에 불을 지펴왔다. 특히 CNN이 근거 없는 날조된 보도를 하는 데 앞장섰다. 그런데 2017년 6월 CNN에 악재가 연달아 터졌다. CNN은 2017년 1월 트럼프가 대통령 취임하기 전에 트럼프의 측근인 앤서니 스카라무치(Anthony Scaramucci)와 러시아 투자자가 만나 러시아에 대한 제재를 푸는 방안을 논의했다고 보도했는데, 2017년 6월 26일 CNN은 이 보도를 철회한다고 밝히면서 당사자로 지목한 스카라무치에게 공개적으로 사과했고 이 보도와 관련된 CNN기자 세 명이 사임했다. 6월 27일부터 사흘 동안은 앞서 언급한 〈프로젝트 베리타스(Project Veritas)〉가 몰래 찍은 CNN 관련 동영상을 며칠에 걸쳐 순차적으로 공개했다. 6월 27일 공개된 동영상에는 CNN의 총괄 프로듀서 존 보니필드(John Bonifield)가 등장해 다음과 같은 내용을 털어놓는다. 첫째, "트럼프와 러시아 관련 보도는 다 순전히 개소리(big fucking bullshit)"이고 결정적 증거(smoking gun)도 믿을만한 증거도 없다. 시청률 올리려고 보도하는 거다. 트럼프 대통령은 언론이 자신을 마녀사냥하고 있다고 비판하는데 일리가 있다." 둘째, "'리버럴' 성향의 시청자들에게 영합하기 위해서 계속 트럼프의 일거수일투족을 비판하는 뉴스를 내보내고 있는데 그 덕에 시청률이 엄청나게 올라갔다. 그런데, 만약 오바마 전 대통령에 대해 이런 식으로 보도했다면 아마 시청자들이 CNN을 꺼버렸을 것이다." 셋째, "파리기후협약 보도를 이틀 집중해서 내보냈더니 제프 저커(Jeff Zucker, CNN의 최고경영자)가 이제 그만 하면 됐으니까 다시 트럼프와 러시아 관련 뉴스에나 집중하라고 했다."

6월 27일 보너필드 관련 동영상이 폭로되고 나서 CNN은 다음과 같은 성명서를 발표했다. "CNN은 존 보너필드 프로듀서를 지지하며 개인이 지닌 의견을 존중하는 게 CNN이 지닌 장점으로서 우리는 다양한 의견을 환영하고 포용한다." 솔직하게 사실을 말했다는 이유로 존 보너필드가 해고되지 않아서 다행이기는 하나 이런 얼토당토않은 성명서 내용을 보니 턱이 발등에 닿도록 벌어진 입이 다물어지지 않는다. CNN이 얼마나 의견의 다양성을 존중하는지 한번 볼까? 하버드 케네디 스쿨의 미디어, 정치, 공공정책 연구소인 쇼런스틴 센터(Shorenstein Center)에서 조사한 자료에 따르면. 2017년 1월 20일부터 4월 29일까지의 기간 동안 각 주류언론이 보도한 트럼프 대통령 관련 뉴스 성향을 분석한 결과, 부정적보도/긍정적 보도의 비율이 CNN 93/7, NBC 93/7, CBS 91/9, 〈뉴욕타임스〉 87/13, 〈워싱턴포스트〉 83/17, 〈월스트리트저널〉 70/30, 폭스뉴스 52/48인 것으로 나타났다.

〈워싱턴포스트〉의 폴 파리(Paul Farhi)는 보너필드가 CNN애틀랜타 지국에 근무하는 의학부문 담당 총괄 프로듀서이고 따라서 외교전문가도 아닌데 오키프가 이 사실을 밝히지 않았다면서 오키프의 신뢰성을 깎아내리고 보너필드의 발언의 중요성을 애써 축소하는 보도를 내보내며 CNN 지원사격에 나섰다. 그러나 동영상 원본을 보면 오키프가 분명히 보너필드를 애틀랜타 CNN에 근무하는 의학담당 총괄프로듀서라고 소개하는 장면이 나온다. 오키프는 〈워싱턴포스트〉에 정정 보도를 요구했지만 폴 파리는 '내 눈에 흙이 들어오기 전에는 절대 안 돼'라며 버티다가 오키프가 법정소송을 불사하겠다고 하자 마지못해 결국 7월 8일 정정 보도를 신문에 실었다.

뒤이어 6월 28일 〈프로젝트 베리타스〉가 공개한 동영상에서는 CNN의 간판앵커 밴 존스(Van Jones)가 트럼프와 러시아 관련 보도는 "순전히 속빈 강정(big nothing burger)"이라고 말한다. 〈프로젝트 베리타스〉는 6월 30일에는 CNN 어소시에이트 프로듀서(associate producer) 지미 카(Jimmy Carr)가 등장해 다음과 같이 말하는 동영상을 공개했다. 첫째, "미국 유권자들은 멍청하기 이를 데 없다(stupid as shit)." 둘째, "내 동료들 가운데 90퍼센트는 트럼프가 완전 미치광이(crazy as batshit)라고 생각한다. 켈리앤 콘웨이(Kellyanne Conway)[14]는 삽으로 한 대 내리친 것처럼 생겼다." 주류언론의 트럼프-러시아 보도는 아무리 까도 똑같은 인형만 계속 나오는 러시아 인형 마트료시카(matryoshka) 같다. 오키프의 단체가 찍은 CNN 동영상이 폭로되고

14) 콘웨이는 트럼프의 대선후보 선거메니저로 활약했고 현재 백악관 고문으로 일하고 있다. 그녀는 대선을 지휘해 승리로 이끈 최초의 여성 선거메니저이다. 정치적 이념을 초월해 자기 분야에서 능력을 입증한 여성이니 찬사를 받을 만하다. 그러나 페미니스트들을 비롯해 좌익은 그녀의 외모를 조롱하고 여성비하적인 발언을 서슴지 않고 쏟아내고 있다. 정치적으로 우익 성향의 여성은 페미니스트와 좌익의 보호 대상이 아니다.

나서 트럼프 대통령은 다음과 같은 트위터를 날렸다. "CNN는 가짜 뉴스이자 쓰레기 언론(garbage journalism)이라는 사실이 마침내 드러났다. 진즉에 그랬어야 하는데… CNN을 가짜 뉴스(Fake News)가 아니라 사기 뉴스(Fraud News)라고 부를까 생각중이다."

2017년 7월 2일 트럼프는 동영상 하나를 트윗하고 #FraudNewsCNN #FNN이라는 해시태그를 달았다. 레슬링연맹의 경기에 트럼프가 등장해 누군가를 때려눕히는 시늉을 하는 과거의 실제 영상인데 트럼프한테 당하는 사람의 얼굴에 CNN 로고를 합성한 동영상이었다. 이 동영상은 삽시간에 퍼져나갔고 CNN은 대통령이 언론인에 대한 폭력을 부추긴다면서 펄펄 뛰었다.[15] 7월 3일 CNN은 이 동영상을 올린 사람을 추적해 알아냈다며 레딧(Reddit)이라는 사이트에서 "HanAssholeSolo"라는 아이디로 활동하는 사람이라고 보도했다. CNN보도가 나간 후 이 사람은 같은 사이트에 언론을 조롱해서 미안하다는 사과문을 여러 차례 올렸고 CNN에 자신의 신분을 밝히지 말아달라고 호소했다. 7월 4일 CNN은 레슬링 동영상을 올린 사람에게 사과를 받긴 했지만 위협한 적은 없다면서 CNN은 이 사람의 안전을

15) 해마다 여름에 뉴욕 시 센트럴파크에서 열리는 "셰익스피어 인 더 파크(Shakespeare in the Park)" 행사에서 올해는 《줄리어스 시저(Julius Caesar)》를 현대판으로 각색해 공연했다. 극중에서 누가 봐도 트럼프를 연상시키는 외모의 줄리어스 시저는 여러 차례 칼에 찔려 죽는다. CNN이 섣달그믐날 방송하는 송년행사에 해마다 출연하는 코미디언 캐시 그리핀(Kathy Griffin)은 참수당해 피투성이가 된 트럼프의 머리 모형을 한손에 치켜든 사진을 공개했다. CNN은 이 두 사건이 보도되었을 때 표현의 자유를 주장했고 폭력을 부추긴다고 펄쩍펄쩍 뛰지도 않았다.

위해 신분을 밝히지 않기로 결정했지만 여전히 상황이 허락하면 이 사람의 신분을 공개할 권리가 있다고 보도했다. 다시 말해 거대언론이 민간인 신상 털기(doxing)를 한 셈이다. 이 보도를 하던 CNN 앵커 앨리신 캐머로타(Alisyn Camerota)는 그래도 이 나라에 한줄기 희망은 남아있다며 뿌듯해 했다. 힘없는 일개 시민을 쥐어박아 사과를 받아내고 언론의 자유를 수호했다고 우쭐해 하는 꼴이 참으로 애처롭다. 이럴 때 딱 맞는 말이 있다. "덩치 값 좀 해라(Pick your own size)."

줄리언 어산지는 7월 4일 "거대 TV 방송이 자기를 풍자하는 동영상을 만들었다는 이유로 민간인을 협박하는 행태는 언론의 자세가 아니다, CNN아"라는 트윗을 날렸다. 2017년 7월 5일 레딧 사용자들은 표현의 자유를 억압한 CNN에 굴복하면 안 된다며 CNN에 동영상 밈 전쟁(meme war)을 선포했고, 레딧 사용자들을 비롯한 네티즌들은 온갖 슈퍼히어로 영화와 액션영화, 비디오게임과 스포츠 명장면에 등장하는 승자와 패자의 얼굴에 트럼프의 얼굴(승자)과 CNN의 로고(패자)를 합성한 동영상을 만들어 대량으로 살포하고 퍼 날랐으며, 영향력 있는 유튜버들을 비롯해 수많은 네티즌들도 CNN을 맹렬히 비판하고 CNN을 패러디한 동영상을 만들어 올리면서 지원사격을 하고 나섰다. 구덩이에 빠지면 버둥거리지 않는 게 상책이다. 발버둥 칠수록 구덩이가 점점 깊이 파여 빠져나오기가 더 힘들어지기 때문이다. CNN은 트럼프 대통령에 대한 증오에 눈이 멀고 상황판단이 흐려져 벌집을 쑤시고 매를 벌었다.

3) 좌익 진영과 주류언론은 운명공동체

2016년 미국대통령 선거 다음날 미국의 좌익과 우익을 대표한다고 할 〈뉴욕타임스〉와 〈월스트리트저널〉의 1면 표제기사를 비교해 보자. 〈월스트리트저널〉은 "새로운 정치질서(A New Political Order)"라고 썼다. 건조하고 중립적이고 간결하다. 〈뉴욕타임스〉는 "민주당원, 학생, 미국의 동맹국들, 트럼프 집권이라는 현실에 직면하다(Democrats, Students, and Foreign Allies face the reality of a Trump Presidency)"라고 썼다. 트럼프의 집권은 암담한 현실이라는 견해를 노골적으로 나타낸다. 미국 대선 선거운동 기간 내내 〈월스트리트저널〉도 전혀 트럼프를 지지하지 않았지만 결과가 나온 뒤에는 중립적인 입장에서 제목을 뽑았다. 그로부터 3일 후인 11월 13일 〈뉴욕타임스〉는 발행인과 편집인 명의로 사과문 비슷한 글을 실어 부정확하고 편파적인 보도를 했다며 독자의 신뢰를 저버려서 유감스럽다고 밝혔다.

2016년 12월, 세 차례 에미상을 수상한 기자 앰버 라이언(Amber Lyon)은 오바마 행정부가 CNN에 돈을 주고 편집권을 행사했고 CNN은 외국정부로부터도 돈을 받고 사건들을 선별적으로 보도하거나 가짜 뉴스를 만들어 보도해왔다고 주장하면서 한 가지 사례를 들었다. 2011년 3월 CNN은 "아랍의 봄(Arab Spring)"을 취재하기 위해 바레인에 라이언을 포함해 네 명의 팀을 특파했고 라이언은 정부로부터 고문을 당한 이들을 인터뷰하고 비무장 민간인 시위대에게 정규군이 발포하는 장면을 취재하는 등 신변의 위험을 무릅쓰고 놀라운 성과를 거두어 기사를 제작해 보냈지만 CNN은 이를 보도하지 않았고 보도하지 않은 정당한 이유도 밝히지 않았다. 라이언이 보도하지 않는 이유를 밝히라고 CNN에 집요하게 요구하자 CNN은 라이언에게 입을 다물라고 위협했다. 라이언은 CNN을 그만두고 미국 언론 매체의 막후에서 벌어지는 일을 폭로하는 데 힘쓰고 있다.

선거가 끝나고 주류언론들과 각종 소셜미디어 CEO들은 가짜뉴스와의 전쟁을 선포하고 나섰다. 누가 가짜뉴스인가? 그들이 진정으로 '가짜뉴스'와 싸우고 싶다면 검열(censorship)이 아니라 사실(fact)을 무기삼아 싸워야 한다. 그러나 그들은 대부분 좌익 성향인 소셜 미디어 CEO들와 의기투합해서 사실이 아니라 검열이라는 무기를 휘두르기 시작했다. 주류언론과 소셜 미디어 CEO들이 말하는 '가짜뉴스'와의 전쟁은 자기들 입맛에 맞지 않는 모든 정보의 유통과 그들의 권력을 약화하는 독자적인 언론의 입을 틀어막겠다는 의지의 표명에 지나지 않는다. 드디어 탈사실 시대(Post-Fact Era)가 도래했다.

2016년 미국 대선에서는 주류언론이 왜곡하거나 은폐한 뉴스를 폭로하고 바로잡는 데 대안 언론(alternative media)과 소셜 미디어를 운영하는 민간인들이 큰 기여를 했다. 인터넷 뉴스정보원은 신속히 정보를 확산시키는 장점이 있지만 보도의 질이 천차만별이라는 문제도 있다. 주류언론이 전통적인 언론 윤리관행과 지켜야할 기준을 폐기했고 언론인들 사이에는 객관성은 구태의연한 기준이고 지켜봤자 시청율과 구독률만 떨어진다는 정서가 팽배하게 되었다. 심지어 이제는 객관성을 잃었다는 사실 조차 인정하지 않고 특정 입장을 옹호하는 행태를 당연히 여기기까지 하고 있다.

CNN 앵커 크리스 쿠오모는 트럼프가 CNN을 '가짜 뉴스'라고 부르자 "언론을 가짜뉴스라고 부르는 것은 흑인을 N으로 시작하는 단어(흑인을 비하하는 단어 Nigger를 말함)로 부르는 것만큼 모욕적"이라고 게거품을 물었다. 그러자 트럼프는 한술 더 떠서 CNN은 그냥 '가짜뉴스'가 아니라 "아주 가짜뉴스(very fake news)"라고 되받아 쳤다. 2016년 미국 대통령 선거에서 CNN이 보인 행태를 보면 가짜뉴스라고 모욕을 당해도 싸다.

2016년 10월 기준으로 언론인들이 힐러리 선거운동본부에 기부한 액수는 38만 2천 달러였고 트럼프에게 기부한 액수는 1만 4천 달러였다. 인디애나대학 언론학 교수 라스 윌라트(Lars Willat)와 데이비드 위버(David Weaver)에 따르면 2014년 미국의 언론인은 28퍼센트가 민주당 지지자 8퍼센트가 공화당 지지자라고 답했고 65퍼센트는 중립이라고 답했다. 그러나 퓰리처 상 수상자인 전직 〈뉴욕타임스〉 기자 주디스 밀러(Judith Miller)는 이 주장은 허구이고 나머지 65퍼센트도 압도적으로 민주당 성향이며 이는 심각한 좌편향 보도로 이어진다고 주장한다. 이처럼 언론의 정치적 편향성이 심해지면 보도수준이 저하되고 이렇게 되면 언론은 대중의 신뢰를 잃고 언론매체의 수익은 떨어진다.

갤럽(Gallup) 조사에 따르면, 언론에 대한 미국인의 신뢰는 거의 바닥이다. 2000년에는 아주 신뢰/어느 정도 신뢰한다고 한 응답자가 51퍼센트였는데 이는 2015년에 40퍼센트, 2016년에는 32퍼센트로 떨어졌고 '아주 신뢰'한다는 비율만 보면 겨우 6퍼센트에 불과했다. 응답자의 정치 성향별로 보면 공화당 지지자 가운데 언론을 아주 신뢰/어느 정도 신뢰한다고 답한 비율은 2015년 32퍼센트에서 2016년 14퍼센트로 급격히 하락했다. 민주당 지지자 가운데 같은 응답을 한 비율은 2015년 55퍼센트에서 2016년 51퍼센트로 약간 하락했다. 미국 언론매체들이 얼마나 좌편향 되어있는지를 보여주는 수치다. 연령 별로 보면 18세~49세 연령대에서 언론을 아주 신뢰/어느 정도 신뢰한다고 답한 비율은 2001년 55퍼센트에서 2016년 26퍼센트로, 50세 이상 연령대에서는 2001년 50퍼센트에서 2016년 38퍼센트로 하락했다. 퓨 리서치(Pew Research)의 조사에 따르면 신문 판매 수익(annual print revenue)은 2006년 466억 달러에서 2014년 164억 달러로 급격히 감소했고 디지털구독 수익은 2006년부터 2014년까지 거의 35억 달러로 변함이 없다.

2008년 미국의 대표적 신문 〈뉴욕타임스〉는 주식이 정크본드

(junk bond) 등급으로 떨어지기 직전까지 가고 광고수입은 바닥을 쳤으며 4억 달러에 달하는 부채 상환 시한이 다가오면서 파산할 위기에 처했다. 다급해진 〈뉴욕타임스〉는 멕시코 갑부 카를로스 슬림(Carlos Slim)이 내민 손을 덥석 잡았다. 슬림은 1990년 당시 멕시코 대통령 카를로스 살리나스(Carlos Salinas)에게서 통신사업 독점권을 얻어 현재 멕시코 통신시장의 70퍼센트를 점유하고 있고 멕시코 주식시장에 상장된 회사의 40퍼센트를 차지하는 200여개 사업체를 소유하고 있다. 미국에 거주하는 멕시코 이민의 75퍼센트가 복지수혜를 받고 있고, 합법 이민자의 73퍼센트, 불법체류자의 83퍼센트가 멕시코로 송금을 하고 있다. 멕시코인은 미국에 거주하는 가족친지들에게서 받은 돈으로 슬림의 사업체가 생산하는 물건들을 입고 먹고 마신다. 미국에 거주하는 멕시코인이 많을수록 슬림에게는 이득이다. 〈뉴욕타임스〉는 슬림이 구세주로 등장하기 전까지만 해도 "불법이민은 해결하기 어려운 중요한 문제다. 의회는 국경지역에서 불법입국을 막을 방법을 강구해야 한다"라며 멕시코 불법체류자 문제에 대해 우려를 표했었다. 그러나 2008년 슬림의 이익을 옹호하는 앞잡이가 된 이후로는 멕시코 불법체류자를 사면하라고 앞장서서 외치고 있다. 〈뉴욕타임스〉는 이제 카를로스 슬림의 블로그로 전락했다.

4) 좌익 유명 인사들의 위선과 이중성

언론은 아니지만 일반 대중의 여론 형성에 큰 영향을 미칠 수 있는(하지만 2016년 미국 대선에서는 유권자들로부터 완전히 무시당하고 조롱거리가 되었다) 좌익 성향 유명 인사들의 위선과 이중성도 짚어볼 필요가 있다. 그들은 '내가 하는 대로 하지 말고 하라는 대로 하라(Do as I say, not as I do)' 정신으로 무장한 위선자들이다. 노엄 촘스키를 정신적 대부로 받드는 마이클 무어(Michael Moore)는 미국은 기업이 지배하는 나라라는 주장을 바탕으로 모든 사회적 문제를 야기하는 원흉이 기업이라며 대중을 선동하는 다큐멘터리를 양산해낸다. 무어는 여러 경로를 통해서 자신은 주식시장에 절대 투자하지 않는다고 누누이 강조해왔다. 주식투자는 부도덕한 행위이고 거기서 얻은 수익은 더러운 돈이라는 이유에서다. 그런데 무어는 정신적 대부가 밟아온 이중성과 위선의 길을 충실히 따라간다. 무어와 그의 부인은 조세피난처를 마련해 수십만 달러 어치의 주식을 소유하고 있다. 소유하는 주식의 종류도 무어가 그토록 맹렬하게 비난해온 일라이 릴리(Eli Lily) 같은 제약회사, 보잉(Boeing)이나 허니웰(Honeywell) 같은 군산복합체 기업, 무어가 다스 베이더(Darth Vader)라고 일컫는 다국적 석유기업 할리버튼(Halliburton)의 주식이다. 더할 나위 없는 말과 행동의 모순이다. 무어는 대학가를 돌아다니면서 청년들에게 대기업에 들어가서 노예가 되지 마라, 주식에 투자하지 마라, 그런 더러운 일을 하면서 살지 마라, 하면서 반기업 정서를 퍼뜨리고 본인도 실천하지 않는 삶의 방식을 청년들에게 실천하라고 부추긴다.

소수자우대정책을 강력히 지지하는 무어는 또한 이 정책의 문제점을 지적하는 사람은 모조리 인종차별주의자로 매도한다. 무어는 대기업 이사회나 고위간부 회의에 가보면 온통 백인뿐인데 이는 바로 인종차별의 증거라고 목소리를 높인다. 그러면 무어는 소수자우대정책을 스스로도 실천할까? 마이클 무어가 1990년대부터 영화나 TV 프로그램 제작, 자료조사 등을 위해 고용한 책임자급 직원 134명 가운데 겨우 3명이 흑인이었다. 무어는 또한 사람들이 거주지를 선택할 때도 인종차별적인 선택을 한다고 주장한다. 백인은 백인끼리 흑인은 흑인끼리 모여 사는데 이는 백인이 인종차별 정서를 바탕으로 의식적으로 거주지를 선택하기 때문이라는 주장이다. 미국인구조사국에 따르면, 무어가 유권자로 등록한 거주지이자 대부분의 시간을 보내는 미시건주의 센트럴 레이크 지역은 단 한 명의 흑인도 살지 않는 지역이다. 또 무어는 자선사업으로 거액을 쓴다고 주장하지만 그가 설립한 자선 재단은 사실상 조세피난처 역할을 하며 세금을 면제받기 위해 필요한 최소한의 금액만 기부를 한다.

가수 바브라 스트라이젠드(Barbra Streisand)는 민주당의 열렬한 지지자이고 정치 기금모금 활동도 적극적으로 하며 환경보호에도 앞장서왔다. 그녀는 자신의 웹사이트나 잡지에 기고한 글에서, 지구를 살리려면 미국인들이 과잉 소비를 줄여야 한다고 목소리를 높이고, 휘발유가 많이 드는 SUV를 금지하고 집의 실내온도를 좀 더 낮춰야 한다고 주장한다. 그녀가 지금은 헤어진 남편과 함께 살던 캘리포니아주 남부에 있는 저택은 단지 안에 집이 다섯 채가 있었고 12,000평방

피트 크기의 마구간에도 에어컨이 설치되어 있었다. 또한 그녀의 저택에는 드넓은 잔디가 펼쳐져 있는데 수도세가 한 해에 22,000달러에 달했다. 캘리포니아는 툭하면 물 부족으로 위기를 겪는 지역이다. 이런 인간이 평범한 미국인에게 과잉소비를 자제하라고 훈계할 자격이 있는가?

열대우림을 보호하자는 홍보영상에 출연하고 환경운동을 하는 해리슨 포드(Harrison Ford)는 비행기를 일곱 대 보유하고 있고 전세기 타고 치즈버거 사러 간 적도 있다. 엄청나게 거대한 탄소족적(carbon footprint)을 남긴다. 아카데미상이나 에미상 시상식장에는 프리우스(Prius) 같은 하이브리드 자동차를 타고 나타나 환경보호에 힘쓰는 '개념'있는 인간인 척 하지만 평소에 하는 짓을 보면 정말 환경은 앞장서서 훼손하고 돌아다닌다. 가수 본 조비(Bon Jovi)는 뉴저지에 수십 에이커에 달하는 땅을 소유하고 있지만 부동산세는 달랑 100달러 낸다. 그 땅에서 양봉을 하기 때문에 나라에서 양봉 보조금을 받기 때문이다. 가수 브루스 스프링스틴(Bruce Springsteen)도 수백 에이커에 달하는 땅을 소유하지만 그 땅에서 유기농 농사를 짓는 농부가 있기 때문에 부동산세를 거의 내지 않는다. 둘 다 오바마의 열렬한 지지자이자 빈곤층을 도와야한다며 부자 감세에 극렬히 반대하면서 농부인 척하고 국가보조금 받는 인간들이다.

미국의 자칭 공산주의 혁명 지하단체이자 게릴라조직인 웨더 언더그라운드(Weather Underground)는 수많은 인명을 살해하고 건물을 폭파하는 폭탄테러도 저지른 집단인데, 이 집단의 우두머리인 빌 에어스(Bill Ayers)는 1995년 오바마가 일리노이주 상원에 출마했을 때 자택 거실에서 오바마를 초청해 정치자금 모금 행사도 했고, 두 사람은 시카고에 있는 미간재단 시카고 우즈 펀드(Woods Fund of Chicago)의 이사로 함께 재직하기도 했다. 빌 에어스는 이런 이력을 지닌 인물인데도 일리노이대학에서 초등교육 이론가로 수십 년 동안 후학들을 가르치고 은퇴했다. 로버트 레드포드(Robert Redford)는 이 조직의 테러 활동을 미화하는 영화 〈동지(The Company You Keep)〉도 제작했다. 할리우드 배우들은 오바마의 재선 선거운동 때 오바마에게 "종(servant)으로서 충성을 맹세(pledge allegiance)"한다는 내용의 홍보영상도 제작했다. 아니 무슨 왕조국가인가? 개인에게 충성을 맹세하다니. 이정도면 거의 공산 전체주의국가 개인숭배 수준이다.

기후변화 대처와 환경보호에 앞장서는 할리우드 특급 배우들, 브래드 피트, 앤젤리나 졸리, 리나도 디캐프리오 등 수없이 많은 '개념' 있는 유명 인사들은 엄청난 에너지와 물을 소비하는 수천만 달러짜리 대저택에 살면서 늘 전세기를 타고 돌아다닌다. 리나도 디캐프리오는 환경보호에 힘쓴 공로로 수상자로 선정되자 트로피 하나 받자고 전세기를 타고 8,000마일을 왕복했다. 리비아 독재자 가다피의 아들 생일파티에서 노래를 불러주고 400만 달러를 받은 자칭 페미니스트 비욘세(Beyonce)는, 자기 남편인 래퍼 제이 Z(Jay-Z)가 상습적으로 외도를 하고 노래 가사는 한 단어 건너 한 단어가 '개년(Bitch)' 아니면 '쌍년(Whore)'이라도 참고 산다. 열녀 나셨다. 도대체 이들은 자신의 말과 행동이 모순된다는 사실을 인식은 하고 있는 걸까? 언론은 이런 유명인들의 위선을 지적하지도 않는다. 어떻게든 유명인사와 단독 인터뷰 기사를 따내서 한 탕 해보려고 아첨하느라 바쁘기 때문이다.

2016년 대통령 선거에서 트럼프가 미국 남쪽 국경에 차단벽을 건설하겠다고 하자 유명 연예인들은 그를 인종차별주의자고 맹비난하면서 트럼프가 당선되면 다른 나라로 이민 가겠다고 공언했다. 에이미 슈머(Amy Schumer), 레나 더넘(Lena Dunham), 바브라 스트라이젠드, 브라이언 크랜스턴(Brian Cranston), 마일리 사이러스(Miley Cyrus), 존 스튜어트(Jon Stewart), 셰어(Sher), 새뮤얼 L. 잭슨(Samuel L. Jackson), 우피 골드버그(Whoopi Goldberg) 등이다. 그런데 하나같이 캐나다로 이민 가겠다고 했지 멕시코나 베네수엘라, 사우디아라비아로 이민 가겠다고 한 인간은 하나도 없었다. 전직 총리인 아버지가 물려준 신탁기금으로 편히 살면서 내세울만한 경력이라고는 대체교사(substitute)에 시간제 스키강사가 전부인 현재 캐나다 총리 저스틴 트뤼도(Justin Trudeau)는 유럽에 질 새라 병적 수준의 다문화주의 정책으로 캐나다를 말아먹고 있다. 한 캐나다 의원이 이슬람 국가에서 일어나는 명예살인이나 여성성기절제 같은 관행을 "야만적(barbarian)"이라고 비판하자 트뤼도 총리도 분노했다. 그런 관행이

야만적이어서가 아니라 그 의원이 남의 나라의 문화적 관행을 야만적이라고 했다는 게 이유다. 트뤼도 총리는 아마 자기처럼 똑같이 머리가 텅 빈 미국 연예인들이 이민을 온다면 두 팔 벌려 환영할 텐데 지금까지 캐나다로 이민 간 미국 연예인은 하나도 없다.

페이스북 CEO 마크 저커버그(Mark Zuckerberg)도 차단벽을 설치하겠다는 트럼프를 맹렬히 비난하면서 "차단벽이 아니라 서로를 이을 가교(bridges)를 건설하고 국경을 개방해야 한다"라고 주장했다. 그런데 정작 본인은 하와이에 새로 짓는 거대한 저택 주위에 높은 담벼락을 쌓아 주변 이웃집들의 조망권을 침해해 원성을 사고 있다. 또 현재 살고 있는 팔로알토(Palo Alto) 저택 주위의 이웃집 네 채를 사들여 바깥에서 자기 집을 들여다보지도 못하도록 외부와 격리하는 완충지대를 만들고 있다. 또한 총기를 규제해야한다고 목소리를 높이면서 정작 자신은 어딜 가든 총기로 무장한 여러 명의 건장한 경호원들에 둘러싸여 다니고 심지어 조깅할 때도 무장한 경호원들과 같이 달린다. 미국은 이민의 나라이며 시리아 난민을 더 받아들여야 한다고 부르짖는 영화배우 조지 클루니는 그동안 영국에 거주했는데 잇단 테러 공격으로 더 이상 위험해서 못살겠다며 부인과 갓 난 쌍둥이를 데리고 로스앤젤레스로 이주하기로 했고, 이탈리아 코모(Como) 호수에 있는 1,000만 달러짜리 별장을 매각하고 "사람들이 접근하기 훨씬 어려운(less accessible)" 새 장소를 물색하고 있다고 발표했다. 정신 나간 클루니, 루니 클루니(Loony Cloney).

내친 김에 외모가 딸려서 연예계에는 진출 못하고 3류 연예계인 정치에 종사하는 좌익의 이중적인 면모도 살펴보자. 무뚝뚝하지만 진솔한 이웃집 할아버지 분위기를 풍기는 청렴결백의 상징 버니 샌더스(Bernie Sanders)도 알고 보니 집이 3채나 되고 2017년 6월 상원의원 재산공개 내역을 보면 지난해에 100만 달러 이상의 소득을 올려 본인이 그토록 비난하는 소득상위 1퍼센트에 진입했다. 버니 샌더스 부부는 현재 금융사기(bank fraud)로 미국 법무부와 연방수사국의 수사를 받고 있다. 버니 샌더스 상원의원의 지역구인 버몬트주에 있는 벌링턴 칼리지(Burilngton College)의 총장으로 재직했던 그의 부인 제인 샌더스(Jane Sanders)가 총장 재직 당시 거의 700만 달러어치에 달하는 면세 채권을 부정 취득했는지 여부를 조사하고 있다. 제인 샌더스가 무리하게 밀어붙인 기금모금으로 이 소규모 칼리지는 2016년 갑자기 폐교되었다. 2004년부터 2011년까지 총장을 지낸 제인 샌더스는 학교확장계획을 세우고 학생 수를 200명에서 400명 이상으로 늘리고 1,000만 달러 빚을 내 새로운 캠퍼스 부지를 매입하기로 했다. 그러나 부동산 매입은 처참한 실패로 이어졌고 제인 샌더스는 총장자리에서 물러났으며 결국 학교도 폐교되었다.

제인 샌더스는 가톨릭 교구가 성폭행 소송관련 보상금을 마련하기 위해 내놓은 부지를 매입하기 위해, 비영리단체들에게 면세 채권을 발행해주는 버몬트주 재무당국에 도움을 요청했고 재무당국은 벌링턴 칼리지에 650만 달러의 면세채권을 발행해주었으며, 국민 연합 은행(People's United Bank)은 벌링턴 칼리지가 이 채권을 매입하도록 650만 달러를 융자해주었다. 당시 제인 샌더스는 은행 측에 여러 기부자로부터 이미 500만 달러를 확보했고 추가로 240만 달러를 약속받았다고 했고, 은행은 이러한 제인 샌더스의 말을 근거로 대출을 승인했다. 그러나 벌링턴 칼리지가 받은 기부금은 2010년부터 2016년까지 겨우 67만 달러였다. 2011년 9월, 부지매입을 위한 사전정지 작업을 마무리한지 1년이 채 안된 시점에서 총장 임기를 2년 남겨놓고 제인 샌더스는 갑자기 총장직을 사임했고 며칠 만에 학교 측으로부터 퇴직금 20만 달러를 받았다. 1972년에 창설된 벌링턴 칼리지는 개교 이래로 학생 수가 300명을 넘어본 적이 없으며, 쿠바 교환학생 프로그램 등을 운영했으며 보유기금은 사실상 거의 전무했다. 버니 샌더스 상원의원은 제인 샌더스가 제출한 은행융자 신청서를 승인하라고 은행에 압력을 넣었다는 혐의를 받고 있는데 사실이라면 심각한 윤리규정 위반이다.

하원에서 부자로 손꼽히는 민주당 낸시 펠로시(Nancy Pelosi) 의원은 샌프란시스코 요식업 종사자 노조가 파업을 선언했을 때 적극적으로 지지했다. 그런데 펠로시와 그녀의 남편은 피아티라는 체인음식점과 나파 밸리(Napa Valley)에 있는 고급 호텔의 공동소유주로 종업원 수가 1,200여 명에 달하지만 엄격히 노조 결성을 금지하고 있다.

앨 고어(Al Gore)는 지구온난화가 초래할 재앙을 알리는 데 앞장서

온 환경전도사다. 지구온난화를 주제로 책도 쓰고 《불편한 진실(The Inconvenient Truth)》이라는 영화도 만들고 노벨상도 탔다. 그러나 정작 본인은 전세기를 타고 돌아다니면서 화석연료를 물 쓰듯 쓰고 캘리포니아에 있는 10,000 평방피트 저택, 테네시에 있는 14,000평방피트 저택을 비롯해 미국 전역에 에너지 먹는 하마 같은 저택을 여러 채 보유하고 있다. 앨 고어는 커런트 TV(Current TV)라는 유선방송 회사도 설립했지만 처참하게 실패했고 정부에서 자본수익에 부과하는 세율을 인상하려 하자 서둘러 2013년 1월 이 방송국을 매각했다. 그것도 반미 성향에 오사마 빈 라덴에게 심정적으로 동조하는 프로그램도 제작한 알 자지라(Al Jazeera)에 팔아넘겼다. 그가 만든 영화 제목처럼 삶이 불편한 진실 투성이인 인간이다.

힐러리 클린턴은 아동인권을 강력히 옹호해왔다. 13~14세 아동도 부모의 간섭 없이 자체적으로 낙태나 성형수술 등과 같은 중요한 결정을 내릴 수 있어야 하고 그럴 능력이 있다고 주장했다. 하지만 정작 자신의 딸 첼시는 매우 엄격하게 키웠다. 첼시가 13세 때 귓불을 뚫겠다는 것도 허락하지 않았고 통금시간과 시청이 허락되는 TV 프로그램을 엄격히 정해놓았다. 다른 부모들에게는 13~14살짜리 자녀 인생에 간섭하지 말라면서 자기 자식의 삶은 엄격하게 관리했다. 클린턴 부부, 조지 소로스(George Soros), 케네디 일가, 부유한 민주당 상원의원들을 비롯해 좌익 성향의 부자들은 상속세 존속을 강력히 주장하면서도 신탁기금을 설치해 자자손손 풍요를 누릴 토대를 마련하고 그들이 그렇게 강력히 주장하는 상속세를 회피하고 있다. 그런데도 이런 위선에 대해 보도하는 언론은 하나도 없다.

민주당 거물급 정치인 고(故) 테드 케네디(Ted Kennedy) 상원의원은 총이 있다고 더 안전해지지 않는다면서 30여 년 넘게 총기규제를 강력히 주장했다. 그런데 그의 경호원 하나가 미국 의회 의사당에서 불법무기 소지로 체포되었는데 권총 한 자루, 기관단총 두 자루, 총탄 146발을 소지하고 있었다. 경호원이 이렇게 중무장을 한 이유에 대해 문의를 받은 케네디 의원실 측은 "케네디 의원이 이 도시에서 안전하게 거주하려면 적절한 보안 조치가 필요하다"라는 답변을 내놓았다.

미국 대선에도 출마한 적이 있는 사회운동가 랄프 네이더(Ralph Nader)는 늘 진지한 표정에 옷차림도 검소하고 평생을 약자를 위해 산 언행일치의 본보기처럼 보인다. 네이더는 노동조합의 열렬한 지지자로 12명 이상을 고용한 사업장에는 노조가 있어야 노동자의 권리를 보호할 수 있다고 주장해왔다. 그런데 정작 자신이 고용한 직원들이 노조를 결성하려고 하자 그들을 해고해버리고 출입문 잠금 쇠도 바꿔버렸다. 네이더의 주식 투자 패턴도 매우 흥미롭다. 네이더는 A회사 주식을 보유한 상태에서 A회사의 경쟁사인 B회사를 공격한다. 예컨대, 2000년 네이더가 마이크로소프트사의 해체를 주장할 당시 그는 그의 주장에 동조하는 경쟁사의 주식을 수십만 달러 어치 보유하고 있었고 실제로 마이크로소프트사가 해체되었다면 상당한 이득을 보았을 것이다.

반기문 전 유엔 사무총장이 도시와 기후변화 특사로 임명한 거부 마이클 블룸버그(Michael Bloomberg)는 햄튼(Hampton)에 대저택, 맨해튼에 호화 타운하우스, 뉴욕 주 북부에 널찍한 농장주택, 버뮤다 해변에 저택, 콜로라도에 호화 숙소를 보유하고 있고 물론 전세기, 요트, 고급 승용차도 소유하고 있다. 어쩌면 블룸버그 혼자서 소규모 제3세계 국가가 배출하는 만큼의 탄소를 배출할지도 모른다. 좌익의 이런 이중성과 위선은 어쩌다 한번 원칙을 어기고 저지르는 인간적인 실수가 아니라 오랜 세월 일관성있게 지속되어 온 현상이다.

5) 할리우드: 좌익의 문화전 진지(文化戰 陣地)

1947년 10월 비미국적 활동 하원조사위원회(House Un-American Activities Committee, HUAC)는 할리우드에 공산주의가 깊숙이 침투해있다고 보고 이를 조사하기 위해 청문회를 열었다. 조사위원회에 소환당해 청문회에 출석한 할리우드 인사들 가운데 10명은 본인이 공산당원(미국에도 1919년에 창당되어 뉴욕에 본부를 둔 미국공산당(The Communist Party USA, CPUSA)이 있었고 소련 공산당의 지령을 받고 움직였다)인지 여부와 할리우드 동료들 가운데 공산주의자들이 누군지 밝히라는 조사위원회의 질문에 답하지 않고 헌법 수정안 제1조(표현의 자유)와 제5조(묵비권)을 내세우며 답변을 거부하다가 의회모독죄로 구속되어 6개월에서 1년의 형을 살았으며 이들은 블랙리스트 명단에 올라 1960년까지 공개적으로 할리우드에서 일감을 얻지 못했다.

"할리우드 10인(Hollywood 10)"으로 불리게 된 이들은 "표현의 자유를 수호하다가 의회모독죄로 구속되고 할리우드에서 일할 수 없게 된 양심적이고 용감한 영웅"으로 지금도 칭송을 받는다. 그러나 블랙리스트 명단에 오른 이른바 "피해자"들은 피해자는커녕 필요하다면 폭력혁명으로 공산주의 유토피아를 미국에 건설하려한 열렬한 스탈린 추종자들로서 뉴욕에 본부를 둔 미국공산당 당원으로 밝혀졌다. 이들은 자신들이 쓴 시나리오나 제작한 영화 곳곳에 공산주의를 찬양하는 모티프를 삽입해 소련을 찬양했고, 스탈린과 히틀러가 불가침협정을 체결하자 나치를 칭송하는 선전선동에도 앞장섰으며, 스탈린과 히틀러가 우호적인 관계를 유지하는 동안에는 미국의 2차 대전 참전을 반대하면서 평화를 외치다가 히틀러가 협정을 깨고 소련을 침공해 소련이 위기에 처하자 180도 돌변해 미국의 참전을 적극적으로 주장했다. 즉, 미국의 적인 소련 전체주의를 구하기 위해 미국청년들을 전쟁터로 내몰라고 주장한 셈이다. 이 10명은 자신들이 지닌 재능을 전체주의에 팔아넘긴 부역자들이었고 이 가운데 공개적으로 공산주의를 버린 인물은 영화감독 에드워드 드미트릭(Edward Dmytryk) 단 한 명뿐이다.

할리우드 10인 가운데 가장 잘 알려진 인물은 덜튼 트럼보(Dalton Trumbo)다. 트럼보는 한 때 할리우드에서 가장 몸값이 비쌌던 시나리오작가로서 〈로마의 휴일(The Roman Holiday)〉, 〈스파르타쿠스(Spartacus)〉, 〈빠삐용(Papillon)〉, 〈영광의 탈출(Exodus)〉 등 고전적 명작의 시나리오를 썼다. 트럼보는 블랙리스트에 오른 기간 동안에도 가명이나 다른 작가의 이름을 빌려 적어도 15편의 시나리오를 썼고 블랙리스트에 오른 작가들 가운데 최초로 1960년 공개적으로 본인 이름으로 다시 시나리오를 쓰게 되었다. 트럼보는 "정복자는 누구든 피정복자에게는 비인간적이기 마련이다"라며 나치의 만행을 변호했고 북한 김일성의 독재를 찬양하는 시나리오도 썼다. 하원 조사청문회가 열린지 50년이 지난 1997년 10월 미국 영화예술과학아카데미(Academy of Motion Picture Arts and Sciences)는 할리우드 10인을 비롯해 47년 청문회에서 "탄압" 받은 인사들을 기리는 행사를 열었고 "표현의 자유를 수호한" 이들에게 기립박수와 찬사를 퍼부었다. 이들은 자유민주주의 체제 하에서 표현의 자유를 만끽하면서 그런 자유를 허용하지 않는 전체주의 체제에 부역한 자들이지 표현의 자유를 수호한 자들이 아니다.

오늘날 할리우드에서 스탈린을 추종하는 인물은 없지만 스탈린의 후예들에게 사로잡힌 인물들은 여전히 많다. 소련은 붕괴되고 동유럽 위성국가들은 소련의 궤도에서 벗어났으며 중국 공산당도 마오쩌뚱의 경제정책을 폐기했건만 할리우드는 여전히 마르크스주의에 대한 향수에 사로잡혀있다. 할리우드 유명 인사들은 앞 다퉈 쿠바의 공산 전체주의 독재자 피델 카스트로를 만나고 그를 입에 침이 마르게 칭송했다. 2002년 스티븐 스필버그(Steven Spielberg) 감독은 새벽 동이 틀 때까지 카스트로와 담소를 했다면서 "카스트로와 함께 한 여덟 시간이 내 인생에서 가장 중요한 시간"이었다고 감격했다. 영화배우 잭 니콜슨(Jack Nicholson)은 카스트로를 "천재"라고 칭송했고 모델 나오미 캠벨(Naomi Campbell)은 카스트로가 "전 세계에 영감을 주는" 인물이라고 했다. 그 밖에도, 코미디언 체비 체이스(Chevy Chase), 로버트 레드포드, 스파이크 리(Spike Lee), 대니 글로버(Danny Glover), 셜리 멕클레인(Shirley MacLaine), 리나도 디캐프리오(Leonardo DiCaprio), 케빈 코스트너(Kevin Costner) 등 수많은 유명 인사들이 앞다퉈 카스트로를 만나고 할렐루야를 외쳤다.

2001년 쿠바미사일 위기를 다룬 〈D-13(Thirteen Days)〉 홍보 차 쿠바를 방문해 카스트로를 만난 케빈 코스트너는 "그가 젊은 시절 겪은 일을 생생하게 들려주었는데 일생일대의 경험이었다"라며 감격했다. 카스트로가 젊은 시절 겪은 일이란 바로 미국을 핵무기로 공격하라고 소련에 종용한 일이었는데 말이다. 미디어산업의 황제 테드 터너(Ted Turner)와 가수이자 영화배우인 해리 벨라폰테(Harry Belafonte)는 에스텔라 브라보(Estela Bravo) 감독이 제작한 이름만 "다큐멘터리"인 〈피델(Fidel)〉에 대해 찬사를 퍼부었는데 〈뉴욕타임스〉에 영화비평을 쓰는 A. O. 스콧(A. O. Scott)마저도 이 영화를 "전기가 아니라 영웅숭배 습작(an exercise not in biography but in hero worship)"이라고 혹평했다. 올리버 스톤(Oliver Stone) 감독은 베네수엘라를 풍비박산 낸 우고 차베스(Hugo Chavez)를 비롯해 남미 사회주의 독재자들을 찬양하는 다큐멘터리 〈국경의 남쪽(South of the Border)〉을 제작했다. 데니 글로버(Denny Glover), 션 펜(Sean Penn), 나오미 캠벨, 마이클 무어도 차베스를 만나 머리를 조아리거나 그가 빈곤을 퇴치했다며 찬사를 쏟아냈고, 노엄 촘스키는 차베스가 "더 나은 세상을 만들었다"라고 칭송했다. 언론인 존 스토슬(John Stossel)이 최근 노엄 촘스키에게 "베네수엘라는 현재 위기에 처했는데 이제는 학생들에게 사회주의는 국민의 삶을 파탄시킨다고 가르쳐야 하지 않는가?"라고 물었더니 촘스키는 다음과 같이 답했다. "나는 차베스의 국가 자본주의 정부(state capitalist government)를 사회주의라고 한 적 없다."

카스트로의 앞잡이였던 체 게바라(Che Guevara)에게 매료된 할리우드 인사들도 수없이 많다. 스티븐 소더버그(Steven Soderbergh) 감독은 〈체(Che)〉라는 영화를 제작했는데, 체 게바라가 저지른 무자비한 대학살과 그가 추구한 전체주의적 이념은 무시한 채, 계급 없는 사회를 꿈꿨다며 그를 칭송했고, 주인공 역할을 한 배우 베니치오 델 토로(Benicio Del Toro)는 체 게바라를 예수 그리스도에 비유했다. 도대체 무엇 때문에 할리우드 유명 인사들은 이토록 카스트로와 체 게바라에게 매료되었을까? 많은 할리우드 인사들이 스탈린에게 매료되었던 이유와 똑같은 이유에서이다. 그리스도교와 자유민주주의를 바탕으로 한 서구문명의 보루인 미국과 자본주의를 증오하는 공산 전체주의 독재자이기 때문이다. 2016년 피델 카스트로가 사망하자 미국 주류언론과 유명 인사들은 한 시대를 풍미한 위대한 정치가가 세상을 떠났다며 애도했다. 하지만 카스트로의 무자비한 폭정을 탈출해 목숨을 걸고 바다를 건너 플로리다 주 마이애미에 정착한 쿠바 이민자들은 길거리로 나와 환호성을 올리며 축제를 열었다. 흠… 생존해있는 나치 전직 고위 장교를 만나고 와서 자랑스럽게 떠벌리는 할리우드 유명인이 있다면 어떤 일이 일어날까. 궁금하다.

할리우드 영화계 종사자들은 왜 대부분 좌익이고 왜 명성만 얻었다 하면 사회운동가로 변신할까? 청운의 꿈을 안고 무작정 상경해 할리우드 주변을 맴돌며 식당종업원을 비롯해 여러 가지 허드렛일을 하며 근근이 살다가 우연히 발탁되어 출연한 영화가 대박이나 갑자기 돈더미에 앉게 되고 모든 사람이 우러러보는 유명인사가 되면 내가 정말 이런 대우를 받아도 되나 하는 실존적 죄책감이 들게 되고 그 죄책감을 덜기 위해 이러저러한 명분을 추구하는 사회운동을 하면서 자신의 존재이유를 정당화하고 인정받으려 한다. 그리고 세계적으로 주목을 끌만한 명분을 하나 골라 홍보대사로 나선다. 할리우드에서 생활고에 시달리는 동종업계 종사자들의 처우 개선이라든가, 영화 한편을 제작할 때 함께 일한 수많은 제작진과 수익을 보다 공평하게 나누고 상생할 방법을 제시한다든가 하는 구질구질하고 대중이 관심을 보이지 않는 일은 하지 않는다. 늘 아프리카 내전에서 고통 받는 이들을 위해 구호활동을 하고, 기후변화로 지구에 닥칠 위기와 후세대를 걱정하고, 부패한 거물정치인의 선거운동에 뛰어들어 한 끼에 몇 만 달러씩 하는 정치후원금 모금행사를 한다. 양심 없는 철면피 정치인과의 친분이 자신의 사회적 도덕적 위상을 높여준다고 여긴다.

할리우드 배우들은 영화계에 발을 들여놓는 순간부터 머리가 아니라 직관, 본능, 감정에 충실하라고 훈련을 받는다. 따라서 그들에게 가장 중요한 정보의 원천은 이성이나 머리가 아니라 감성이고 직관이다. 좌익이 세상을 보는 시각은 직관적이고 단순하고 흑백논리처럼 명료하다. 단순명료하게 규정한 문제와 단순명료한 해결책은 즉각적인 만족감을 준다. 인간은 모두 평등하므로 서로 평가하지 말고 존중하고 뭐든 똑같이 나누고, 장벽을 허물고 서로 포용하고 관용을 베풀면 평화로운 세상이 된다는 비현실적이고 상투적인 유치원 수준의 해결책에서 벗어나지 못한다. 그래서 할리우드 연예계는 좌익에 끌린다. 그러면서 정작 본인들은 철저한 자본주의의 산물인 30초짜리 광고에 출연해 상품을 팔아 보통사람은 평생 꿈이나 꿀 수백만 달러를 벌고, 자유민주주의 체제가 보장하는 표현의 자유와 자본주의의 제도인 저작권의 보호를 받는 영화 단 한 편만 성공해도 수천만에서 수억 달러를 긁어모으며, 수천만 달러짜리 대저택에서 수없이 많은 사람들을 고용해 부리며 산다. 미국 할리우드 영화계는 세계 그 어느 나라, 한 사회의 그 어느 분야보다 철저히 자본주의가 지배하는 분야이고 종사자들 간의 빈부격차도 세계 최고다. 할리우드 유명 인사들이 진정으로 계급 없는 평등한 사회를 실현하고 싶다면 대량학살범인 공산주의 독재자들을 미화하는 영화를 만들고 전체주의 독재자 앞에서 머리를 조아릴 게 아니라 영화제작에서 벌어들인 소득을 제작에 참여한 모든 사람들과 공평하게 나누는 일부터 실천하기 바란다. 그렇게 한다면 진정성을 조금은 믿어주겠다. 사람이 어떤 신념을 지녔는지는 그 사람의 말이 아니라 행동으로 판단해야 한다. 할리우드 유명인들은 입으로는 모두가 평등한 사회주의를 부르짖으면서 정작 본인의 삶에서는 철저히 자유민주주의와 자본주의가 주는 혜택을 누리며 산다. 이들은 자신의 언행이 모순된다는 사실을 인식하지도 못 할 만큼 지력이 떨어진다. 유럽 영화배우들과 미국 영화배우들이 보이는 모순된 행태도 가관이다. 돈은 지겨울 정도로 번 미국 특급 영화배우들은 '상업적 성공에 초연하고 예술적인' 유럽 영화 시장과 영화제에서 인정을 받아 '비중 있는 예술가'로 인정받으려고 혈안이 되어있는 반면 천박하고 상스럽다며 미국을 그렇게 깔보는 유럽의 배우들은 할리우드 상업영화에 진출해 대중적 인지도와 몸값을 높이려고 안달이고 아카데미상 수상을 배우 인생 최고의 영광으로 여긴다.

2008년 대통령 선거에서 할리우드 영화계가 정치권에 쏟아 부은 기부금은 민주당에 3,650만 달러, 공화당에 1,400만 달러였다. 미국 국내정치에 엄청난 영향력을 행사하는 셈이다. 미국연방선거위원회의 자료를 조금만 들춰보면 누가 어느 당에 정치헌금을 했는지 알아낼 수 있다. 정치헌금의 "투명성(transparency)"을 높인다는 미명하에 실시되는 이 제도가 공화당 성향의 기부자들을 색출해 고용에 불이익을 주거나 사회적으로 매장하는 데 악용되고 있다. 공화당에 기부했다는 사실이 드러나면 할리우드에서는 일감을 얻을 기대는 접는 게 좋다. 캘리포니아에서 프로포지션 8(Proposition 8, 동성애자의 결혼을 법적으로 인정할지 여부를 담은 법안)이 찬반투표에 붙여졌을 때 전통적 개념의 결혼에 찬성한다는 쪽에 소액이라도 기부한 사람은 유명인이 아니어도 색출되어 좌익으로부터 보복을 당했다. 예컨대, 할리우드 유명 인사들이 단골로 드나드는 엘 카요티(El Coyote)라는 레스토랑에서 일하는 한 웨이트리스도 전통적 결혼에 찬성하는 쪽에 기부했는데 이 사실을 알아낸 좌익들이 레스토랑 측에 그 웨이트리스를 해고하라고 압력을 넣었다. 새크라멘토에서 연극 감독으로 일하는 스콧 에컨(Scott Eckern)도 전통적 개념의 결혼을 찬성하는 쪽에 기부를 했는데 〈LA타임스〉가 스콧과 같은 입장을 지닌 기부자들의 명단을 온라인으로 공개해 스콧은 일자리를 잃었고 다른 이들도 보이콧 대상이 되거나 블랙리스트에 올랐다. 공개적으로 정치성향을 밝히지 않은 배우들은 기부 자료를 통해, 또는 공화당과 간접적으로라도 관련된 비공식적인 행사에 참가했다가 드러나 보복을 당할까 봐 전전긍긍한다.

2004년 아리아나 허핑턴(Arianna Huffington)을 도와 인터넷 신문

〈허핑턴 포스트(Huffington Post)〉을 창간하고 허핑턴의 자료조사국장을 지낸 앤드루 브라잇바트(Andrew Breitbart)는 후에 우익 인터넷 신문 〈브라잇바트(The Breitbart)〉를 창간했다. 언론계, 영화계 급진좌익이 모여 온갖 음모를 주고받는 칵테일파티에서 그들과 어울리면서 그들이 생각하는 방식을 터득한 그는 언론계, 할리우드, 민주당이 거대한 복합체라는 사실을 깨닫게 되었다. 대학시절까지만 해도 패션좌익이었던 브라잇바트는 자신은 대학 시절 강의에 제대로 출석하지도 않고 늘 파티를 즐긴 C학점짜리 학생이었지만 오히려 그 덕분에 프랑크푸르트학파와 포스트모더니즘 같은 쓰레기 이념에 세뇌되지 않았다면서, 중립과 객관성의 가면을 쓰고 선동과 왜곡을 일삼는 주류언론을 무너뜨리는 게 일생의 목표라고 말하곤 했다.

브라잇바트는 주류언론, 할리우드, 민주당이라는 복합체가 운영되는 방식을 다음과 같이 설명한다. 주류언론들은 우익성향 웹사이트에는 부여하지 않는 권위를 좌익성향의 웹사이트들에게 부여해준다. 좌익성향의 사이트들은 좌익에게 부정적인 뉴스가 우익성향의 블로그계(blogosphere)에서 부상하기 시작하면 주류언론이 이 뉴스를 다뤄야 하는 상황이 생기기 전에 묻어버리는 역할을 하는데 이런 작전은 민주당과 긴밀한 협력 하에 이루어지고 민주당은 좌익성향의 웹사이트에 좌익에게 부정적인 기사를 묻어버릴 아이디어나 기사거리를 제공해준다. 라디오토크쇼 부문에서는 우익 성향 진행자들의 프로그램 시청률이 압도적으로 높은데 그 이유는 좌편향 되어있는 주류언론의 보도에 대한 분석과 비판과 정정이 주된 내용이기 때문이다. 좌익 성향 라디오토크쇼는 주류언론과 성향이 같기 때문에 이야깃거리가 없고 따라서 청취율이 높을 수가 없다. 언론계 권력을 완전히 장악한 주류 언론은 매우 집요하게 자신들의 의제를 밀어붙인다. 라디오토크쇼가 어느 정도 주류언론을 견제하고 균형을 잡는 역할을 하지만 역부족이고 할리우드는 주류언론보다 훨씬 영향력과 파급력이 크다.

우익 진영은 〈내셔널 리뷰(National Review)〉, 〈위클리 스탠더드(Weekly Standard)〉 같은 우익성향 잡지 몇 개, 싱크탱크 몇 군데만으로도 좌익과 이념적으로 투쟁하고 선거에서 맞서기에 충분하다는 안이한 생각에 젖어있는데, 대중문화를 절대로 무시하면 안 된다는 사실을 아는 브라잇바트는 할리우드에서 좌익 주류정서에 동의하지 않는 인사들을 돕기 위해 〈빅 할리우드(Big Hollywood)〉라는 웹사이트를 시작했다. 할리우드의 많은 거물급 인사들과 무명의 영화계 종사자들이 브라잇바트에게 연락을 해와 좌익의 행태에 대해 하는 이야기는 거의 똑같았다. 자신이 공개하지도 않은 정치적 성향이 노출되어 불이익을 당하거나 협박을 받는 일이 비일비재하나는 얘기다. 냉전시대 때 할리우드 작가 몇 명이 자신의 이념적 성향 때문에 익명으로 시나리오를 썼다는 사실을 마치 냉전시대에 일어난 가장 끔찍한 반인륜적 사건이라도 되는 듯 영화로 제작해 호들갑을 떠는 사람들이 지난 40년 동안 자신과 의견이 다른 우익 성향 인사들을 잔인하게 짓밟고 매도하고 사악하게 굴었다. 《쥬라기 공원The Jurassic

Park)》의 저자로서 할리우드뿐만 아니라 대중문화계의 거물인 마이클 크라이튼(Michael Crichton)이 2008년 세상을 떠났을 때, 주류언론과 할리우드 영화계는 그의 죽음을 완전히 무시했다. 할리우드가 종교처럼 여기는 기후변화 문제에 대해 크라이튼이 생전에 이견을 표명했기 때문이다.

할리우드 황금기인 1930년대에 제작된 대표적인 걸작들, 〈바람과 함께 사라지다(Gone With the Wind)〉, 〈오즈의 마법사(Wizard of Oz)〉, 〈멋진 인생(It's a Wonderful Life)〉, 〈스미스 씨 워싱턴에 가다(Mr. Smith Goes to Washington)〉 등은 예술적 고전이자, 본질적으로 미국인의 삶을 찬양하는 따뜻한 시선을 담은 영화들이다. 〈오즈의 마법사〉의 주인공 도로시(Dorothy)가 등장하는 도입부에서 도로시의 고향 캔자스 주는 흑백으로 처리되어 황량한 분위기를 풍긴다. 하지만 도로시는 온갖 화려하고 신나는 모험을 하고 나서 마지막에 집이 최고라면서 빨리 집으로 돌아가고 싶다고 한다. 미국 같은 곳은 없다는 뜻이다. 할리우드에서 창의적이고 재능 있는 우익 성향의 인물들은, 좌익이 선불리 건드리지 못하는 아주 극소수 거물급 인사들을 제외하고는, 좌익 성향의 인물들처럼 마음껏 자유롭게 행동하지 못한다. 그렇게 했다가는 처절하게 보복당하기 때문이다. 브라잇바트는 영화계의 우익 성향의 종사자들이 자신이 소중하게 생각하는 가치를 담은 영화를 제작하게 되는 날이 올 때 비로소 할리우드가 변했다고 말할 수 있다며 그 날을 앞당기기 위해 애쓰겠다고 다짐했다.

2011년, 브라잇바트는 2012년 대선을 앞두고 워싱턴 정계에서 방귀 깨나 뀐다는 공화당 후보들이 2퍼센트 3퍼센트 지지율을 면치 못하고 허덕이고 있을 때, 그들에게 이런 말을 했다. "이 나라에서는 유명인이 최고다. 2008년 대선에서 버락 오바마가 언론을 가지고 놀았듯이 언론을 맘대로 주무르는 기술을 터득하지 못하면, 도널드 트럼프가 선거 주기에 맞춰 언론을 가지고 놀듯이 언론을 주무르는 기술을 터득하지 못하면, 공화당에서는 아마 유명인사가 후보로 나서게 될지도 모른다." 마치 앞날을 예견한 듯한 발언이다. 2016년 미국 대통령에 당선된 도널드 트럼프는 〈브라잇바트 뉴스(Breitbart News)〉의 회장에서 물러나 트럼프의 선거본부장으로 활약한 스티브 배넌(Steve Bannon)[16]을 백악관 전략참모로 임명했다. 앤드루 브라잇바트

---

16) 2017년 8월 배넌은 백악관 전략참모직에서 물러나 바로 〈브라잇바트〉 CEO로 복귀했다. 그는 사임이 공식화된 직후 〈위클리 스탠더드〉와의 인터뷰에서 "애초부터 트럼프 대선 캠페인에 동참한 지 1년이 되는 시점에서 자진해 그만둘 생각이었다"라며 이렇게 말했다. "여전히 우리는 거대한 운동세력이고 트럼프 정권을 통해 중요한 목표를 달성할 것이다. 하지만 이제 트럼프 대통령임기의 성격이 바뀌게 된다.… 우리는 반대 세력에 맞서 트럼프를 위해 싸울 것이다." 트럼프 지지자들은 백악관에 "힐러리 밑에서 일해도 전혀 어색하지 않을 인물들"이 포진해있고 그들과의 갈등 때문에 배넌이 사임했다고 본다. 트럼프 지지자들은 백악관에서 그들의 정서(엄격한 이민제한과 불법체류 단속, 강경한 대 이슬람 정책, 경제 활성화, 고립주의를 표방하는 내셔널리스트)를 대변하는 극소수 가운데 한 사람이 배넌이라고 분석하면서 트럼프가 좌우 기득권세력(개방적 이민정책, 유화적인 대 이슬람 정책, 개입주의를 표방하는 글로벌리스트)에 영합하는 게 아닌지 신경을 곤두세우고 있다. 배넌은 다음과 같이 말했다. "공화당 기득권세력은 트럼프가 성공하기를 바라지도 않고 트럼프가 추진하려는 정책들에 전혀 관심도 없을 뿐만 아니라 사사건건 발목을 잡고 있으며, 앞으로 공화당 진영에서 이른바 '온건파(moderate guys)'들이 줄줄이 트럼프 정책노선에서 이탈하게 된다.…그러나 트럼프의 당선과 더불어 이미 미국 정치의 지각변동이 시작되었고

는 2012년 3월 세상을 떠났다.[17]

싸움은 이제 시작일 뿐이다.…이제 자유로운 몸이 되었으니 바깥에서 기득권세력에 맞서 트럼프를 엄호사격 하겠다."

트럼프 지지자들은 배넌에 이어 백악관 참모 서배스천 고카(Sebastian Gorka) 박사가 물러날지 모른다고 우려했고 그 우려는 실현되었다. 2017년 8월 25일 고카 박사는 트럼프의 선거공약이 "최근 몇 달에 걸쳐 (백악관) 내부에서 조직적인 반대에 부딪히고, 묵살되고, 훼손되어 왔다.…미국을 다시 위대한 나라로 만들자(Make America Great Again)는 공약을 지지하지 않는 세력이 백악관 내에서 부상하고 있다"라고 사임의 변을 피력했다.

2017년 9월 26일, 앨라배마 주에서 12월에 실시될 상원의원 보궐선거에 출마할 공화당 후보를 뽑는 프라이머리에서 로이 무어(Roy Moore)가 득표율 10퍼센트 차이로 루터 스트레인지(Luther Strange)를 꺾었다. 공화당 기득권세력은 3,000만 달러의 선거자금을 쏟아 부으면서 스트레인지를 지지했고 트럼프 대통령도 그를 지지했지만 주민들은 스티브 배넌이 지지한 무어를 선택했다. 스티브 배넌은 무어의 선거 유세에서 다음과 같이 말했다. "나는 뼛속까지 트럼프 지지자다.…트럼프를 지지하는 유권자는 귀족처럼 군림하려드는 부패한 공화당 기득권 세력에 맞서는 무어에게 투표해야 한다." 트럼프 지지자들은 트럼프 개인을 지지하는 게 아니라 트럼프가 내세운 공약을 지지한다는 점을 분명히 밝힌 셈이다.

17) 2012년 3월 아침 자택 근처에서 걸어가던 브라잇바트가 갑자기 쓰러져 병원으로 옮겨졌으나 숨졌다. 로스앤젤레스 카운티 검시관은 부검결과 심근경색으로 숨졌고 체내에서 어떤 처방 약품이나 불법마약을 섭취한 흔적도 발견되지 않았으며 혈중알코올농도는 0.04퍼센트로 살해당한 증거가 없다고 밝혔지만 그의 죽음을 둘러싸고 미국 연방정부가 관여했다는 등 온갖 소문들이 꼬리를 물었다.

6. 소수자 우대 정서의 수혜자: 힐러리와 오바마

1) 힐러리 로덤 클린턴(Hillary Rodham Clinton): 대마불옥(大馬不獄, Too Big to Jail)

(1) 국가안보에 구멍을 낸 이메일 게이트(Emailgate)

힐러리는 국무장관으로 취임하기 8일 전인 2009년 1월 13일, 뉴욕 자택에 설치한 사설 서버(server)에 "hdr22@clintonemail.com"이라는 계정을 만들었다. 1월 22일 힐러리는 국무장관으로 재직하는 동안 주고받은 구두 통신(oral communications)을 포함해 "기밀이라고 표시되어 있든 그렇지 않든 상관없이" 모든 정보에 대한 기밀유지 서약서(non-disclosure agreement)에 서명했다. 공직자로서 업무와 관련해 주고받는 이메일은 정부 서버에 보관되는 정부 소유물이며 정보자유법(Freedom of Information Act)에 따라 차후에 민간인도 요청할 수 있다. 미 국방부 서버만 해도 하루에 10만 차례 해킹 시도가 이루어진다. 따라서 국가기밀이 오가는 정부서버는 철저한 보안이 중요하다. 그런데 국무성이 사설 이메일 계정은 보안상 문제가 있어 국무성이 제공하는 휴대용 단말기로 확인하면 안 된다고 하자 힐러리는 여러 단말기를 휴대해야하는 상황을 피하기 위해 사적인 용도의 단말기를 사용하기로 한다. 국무성은 또한 국무성의 이메일 주소를 힐러리에게 만들어주었지만 힐러리는 이를 거부하고 개인 서버에 만든 이메일 계정을 사용하기로 했다. 2009년 3월 18일 힐러리는 사설 서버로 개통한 이메일 계정을 사용하기 시작했다.

2012년 11월, 우익성향의 단체 사법감시(Judicial Watch)는 정보자유법(Freedom Of Information Act, FOIA)에 따라 국무성에 벵가지[18] 참사와 관련된 모든 이메일과 정보를 요청했다. 2012년 12월 10일 힐

18) 2012년 9월 11일, 이슬람 무장 세력이 리비아 벵가지(Benghazi)에 있는 미국대사관을 습격해 크리스토퍼 스티븐스(Christopher Stevens) 대사와 세 명의 미국인이 살해되었다. 1979년 이후 최초로 미국 대사가 공무 중 살해를 당한 사건이다. 처음에 오바마 대통령을 비롯해 미국 고위 관료들과 주류언론은 반무슬림 정서를 담은 비디오 〈무슬림의 순수성(Innocence of Muslims)〉이 촉발한 우발적인 시위가 나은 참사라고 발표했다. 그러나 뒤이은 조사 결과 그런 시위는 일어나지도 않았고 대사관 공격은 알카에다가 사전에 치밀하게 계획해 시행한 것으로 드러났다. 후에 대사관 공관 내에서 발견된 스티븐스 대사의 일기를 보면 그는 주변지역에 알카에다의 세력이 확대되고 있고 자신이 알카에다의 살해대상 명단에 올랐다는 사실에 대해 우려를 표하고 있다. 미국 안보담당관 에릭 노드스트롬(Eric Nordstrom)은 벵가지에 있는 미국 대사관의 보안을 강화해달라고 국무부에 두 번이나 요청했지만 그의 요청은 모두 거절당했다. 2013년 힐러리 클린턴은 의회 청문회에 출석해 벵가지 공관과 관련한 안보사항 결정은 국무성 안보 전문가들이 다루었고 자신은 "안보 강화를 요청하는 문서를 본 적도 없고 승인한 적도 없고 승인을 거부한 적도 없다"라고 발뺌을 했다.

러리는 질병을 이유로 북아프리카와 중동 방문을 취소했고 국무성은 며칠 후에 힐러리가 낙상으로 "뇌진탕(concussion)"이 일어났는데 "심각하지 않다"고 발표했지만 빌 클린턴은 후에 힐러리가 회복하기까지 "여섯 달"이 걸렸다고 말했다. 힐러리는 예정되어 있던 의회 증언을 연기했고 국무성은 12월 30일 힐러리 머리에서 "혈전(blood clot)"이 발견되었다고 발표했다. 2013년 2월 힐러리는 국무장관 임기를 마쳤다.

2013년 3월 고커(Gawker)라는 블로그는 빌 클린턴 대통령의 보좌관이었던 시드니 블루멘설(Sidney Blumenthal)의 이메일 계정에 침투한 한 해커가 알아낸 힐러리의 이메일 주소를 공개했다. 같은 달, 구치퍼(Guccifer)라는 이름을 쓰는 해커가 힐러리 보좌관의 이메일 계정을 통해 힐러리의 이메일을 해킹했고 힐러리가 사설 이메일로 기밀정보를 받았다는 사실을 폭로했다.

2014년 8월 국무성이 미국 하원 벵가지 조사위원회에 힐러리와 주고받은 이메일 8건을 제출하면서 힐러리가 사설 이메일 계정을 사용했다는 사실이 처음으로 드러났다. 2014년 9월, 국립자료원(The National Archives)은 개인 이메일과 관련한 새 규정을 발표해 공적업무와 관련해 공직자들의 사적 이메일 계정 사용을 금지했다. 2014년 10월 국무성은 힐러리를 포함해 전직 국무장관들의 직무관련 이메일을 요청했다. 2014년 11월, 벵가지 참사를 조사하는 하원특별위원회는 2012년 9월 벵가지 사태와 관련된 힐러리의 이메일을 제출하라고 요청했다. 힐러리 측은 사설 이메일 계정에서 300여 건의 이메일을 추려 위원회에 제출했다. 같은 달, 오바마 대통령은 공직자들이 직무관련 이메일을 모두 정부계정 주소로 넘기도록(forward)하는 연방기록물법안에 서명했다.

2014년 12월, 힐러리 측 변호사는 국무장관 재직 시 사설 이메일 계정으로 주고받은 3만여 건의 이메일의 “인쇄본”을 국무성에 전달하면서 자체적으로 힐러리의 사적인 이메일로 분류한 나머지 3만 여 건은 전달하지 않았다. 2015년 1월 무렵 힐러리의 이메일 정리에 관여한 변호사들의 노트북에 저장된 힐러리의 이메일들이 ‘블리치비트(BleachBit)’라는 프로그램으로 영구삭제되었다. 2015년 2월, 국무성은 하원 벵가지 조사위원회에 힐러리는 정부계정 이메일을 개통하지도 사용하지도 않았고 힐러리의 변호사가 2014년 12월 인쇄본 형태로 이메일을 넘기기 전까지는 힐러리의 이메일을 입수한 적이 없다고 밝혔다. 2015년 3월, AP 통신은 힐러리의 이메일 주소가 힐러리의 뉴욕 자택에 설치된 사설 이메일 서버와 연결되어있다고 보도했다. 이 보도를 접한 하원 벵가지 조사 특별위원회는 힐러리의 사설 이메일 계정에 저장된 이메일들을 확보하고 제출하라는 소환장을 발부했다.

2015년 4월 힐러리는 대선 출마 선언을 한다. 2015년 7월 힐러리는 이메일과 관련해 자신은 주고받을 "당시에(at the time)" 기밀로 분류된 정보를 이메일로 주고받은 적이 절대로 없다고 확신한다고 말한다. 2015년 8월 15일 힐러리는 기밀이라고 "표시된(marked)" 이메일을 주고받은 적이 없다고 말한다. 앞서 언급한 바와 같이 힐러리 정도의 고위급 공직자라면 주고받을 당시에 기밀로 분류 됐든 아니든, 기밀이라고 표시가 되었든 아니든 상관없이 모두 기밀로 간주하고 다루어야 했다.

8월 15일 힐러리의 발언 후 다음과 같은 사실이 드러났다. 2015년 7월 31일 사법감시 단체의 정보자유법 관련 소송을 담당한 연방판사가 힐러리와 힐러리 보좌관인 셰릴 밀즈(Cheryl Mills)와 후마 아베딘(Huma Abedin)에게 위증하면 처벌받는다는 전제하에 다음 세 가지 사항에 대해 답하라고 요구했다. 첫째, 그들이 소유한 모든 정부기록들을 제출했다. 둘째, 또 다른 정부 기록들이 있으면 즉각 제출하겠다. 셋째, 정부업무를 수행하기 위해 힐러리의 이메일 서버를 이용했다. 셰릴 밀즈의 변호사는 2015년 8월 연방정부 기록들을 제출하게 될 것을 예상하고 밀즈에게 수중에 있는 모든 연방정부 관련 전자메일 복사본을 삭제하라고 지시한 것으로 밝혀진다. 그러자 사법감시 단체는 기록물 파손을 저지해달라는 긴급요청서를 제출한다.

2015년 8월 11일 상원에 출석한 감사원장(Inspector General)은 힐러리가 이메일을 주고받을 당시에 기밀로 분류된 정보가 포함된 이메일이 있었다며, 힐러리의 주장과 모순되는 증언을 한다. 2015년 8월 20일, 국무성은 판사에게 힐러리가 국무성이 제공한 보안유지용 블랙베리 단말기를 사용하지 않았고 힐러리의 보좌관 셰릴 밀즈와 후마 아베딘이 사용한 블랙베리들은 파괴되었을 가능성이 높다고 보고한다. 2015년 8월 31일, 국무성은 7,000쪽에 달하는 힐러리의 이메일을 공개하는데 이 이메일들은 앞서 정보자유법에 따라 제출하라고 했을 때 제출되지 않은 이메일들로서 이는 정보자유법의 명백한 위반이었다. 2015년 9월 3일, 클린턴의 선거본부에서 일한 국무성 직원 브라이언 팔리아노(Bryan Pgliano)(클린턴의 사설 서버 구축에 관여했다)는 묵비권을 행사하겠다며 증인으로 출석하라는 의회의 소환장을 거부한다. 2015년 9월 25일, AP 통신은 오바마 정부가 힐러리와 데이비드 페트레어스(David Petraeus)장군 사이에 오간 업무관련 이메일을 찾아냈는데 이 이메일들은 힐러리가 제출하지 않은 이메일이라고 보도한다. 따라서 힐러리가 서버에 저장된 업무관련 이메일은 "모두" 제출했다는 주장이 거짓임이 드러났다.

2015년 11월 30일, 국무성은 추가로 힐러리의 이메일 8,000쪽을 공개하는데 이 가운데 일부는 "기밀(classified)"이라는 표시가 되어있었다. 2016년 1월 15일, 정보관련 부서들을 감사하는 감사원장 찰스 매컬러프(Charles McCullough)는 의회에 출석해 힐러리가 감춰두었던 이메일 가운데 기밀을 주고받은 것으로 확인된 이메일이 수십 건이 있고 일부는 극비(top secret)보다 등급이 높은 기밀이라고 증언한다.

2016년 1월 말, 국무성은 내용 전체를 삭제한 형태로도 공개할 수 없는 "극비"문서 22건이 힐러리의 이메일에 들어있었다고 확인했다. 2016년 2월, 정보관련부서와 국무성이 국가안보를 훼손하기 때문에 공개할 수 없다고 한 힐러리의 이메일에는 "작전정보(operational intelligence)"가 들어있었고, 보안이 취약한 사설 이메일 서버에 이런 이메일이 저장되어 있었다면 "정보원의 생명을 위험에 빠뜨리고 정보를 취득한 방법이 노출 되었을 가능성"이 있다고 이메일을 검토한 정부관리가 말했다.

거의 평생 공직을 맡아온 사람이라면 기밀 표시가 되어있든 되어있지 않든 모두 기밀로 간주했어야 하고 이를 위반하면 국가안보에 중대한 위협이 된다는 사실은 중학생 정도의 상식수준이라도 알만한 사항이다. 기밀정보를 다루는 공직자는 보안이 되지 않는 경로를 통해 기밀 정보가 유통되면 보고하도록 되어있다. 연방규정에 따르면 보안등급을 인정받은 모든 미국 공직자는 정보를 보낸 사람이든 받은 사람이든 기밀정보가 분실되거나 노출되거나 보안이 뚫렸을 가능성만 있어도 이러한 문제를 다루는 담당자에게 즉시 보고해야 한다. 힐러리의 사설 서버가 위험에 노출되었을 가능성이 매우 높다는 사실이 드러나자 군사작전이나 정보작전을 완전히 바꿔야 할 지경에 이르게 되었다. 보안이 뚫려 정보가 유출되었을 가능성이 조금이라도 있으면 국가안보팀은 정보가 유출되었다고 전제하고 움직여야 하기 때문이다. 더군다나 힐러리는 자기 보좌관에게 보안유지가 필요한 문서를 보안유지가 되지 않는 팩스로 보내라고 지시했고, 보내기 전에 “기밀 표시를 제거”하고 보내라고까지 지시하는 정신 나간 짓을 한 것으로 밝혀졌다.

국무성이 공개한 이메일 가운데는 힐러리 국무장관과 존 케리 상원의원(힐러리의 후임 국무장관)이 둘 다 보안장치가 되어있지 않은 사적인 이메일 계정을 통해 주고받은 이메일도 있는데 이 가운데 일부는 극비사항이라 완전히 지워져(redacted)있다. 사법감시단이 입수한 2009년 이메일 가운데는 국무성 고위관료인 패트릭 케네디(Patrick Kennedy)가 힐러리의 보좌관 셰릴 밀즈에게 이메일을 보내 “독자적인 서버 설치는 아주 좋은 생각이다”라고 한 내용도 포함되어 있다. 즉 미국 하원의 벵가지 참사 조사와 관련해 힐러리의 이메일과 관련된 요구사항에 어떻게 대응할지를 책임진 국무성 관료가 애초부터 힐러리가 사설 서버를 구축하는 데 관여했다는 뜻이다. 오바마 대통령은 힐러리가 국무장관에 재직하는 동안 사설 이메일만 이용했다는 사실이 언론에 공개되고 나서야 알게 되었다고 했지만 오바마 대통령이 힐러리의 사설 이메일 주소로 메일을 주고받은 사실로 미루어 볼 때 애초부터 힐러리가 사설 이메일 주소를 사용한다는 사실을 알고 있었음이 분명하다.

도대체 힐러리는 왜 사설 이메일 서버를 설치했을까? 주고받는 이메일 가운데 정부로부터 숨겨야 하는 이메일이 있었기 때문이라고 밖에는 볼 수가 없다. FBI는 힐러리의 사설 서버가 구글의 지메일(gmail) 보다도 보안이 취약하다고 밝혔다. 어떤 나라가 해킹해서 힐러리의 이메일을 들여다봤는지 규명할 길이 없다. 힐러리가 정부로부터 이메일을 감추기 위해 비밀 정보요원들의 신분과 국가 기밀을 적에게 노출시켰을 가능성을 배제할 수 없다. 힐러리의 변호사들은 FBI와 국무성에 넘겨주지 않은 3만 건에 달하는 이메일들과 더불어 서버를 완전히 파기해버렸다. 파기한 이메일은 클린턴 재단과 국무성의 관계와 관련한 이메일일 가능성이 크다. 힐러리는 끊임없이 거짓말을 했다. 이메일 주소는 하나뿐이고 휴대전화 단말기도 하나만 가지고 다녔다고 말하지만 거짓말이었고, FBI의 조사에 전적으로 협조하지도 않았으며 국무성 규정도 따르지 않았다. 기밀정보는 이메일로 보내지도 않고 받지도 않았다고 했지만 이 주장도 거짓말이었고 업무관련 이메일을 모두 국무성에 넘겼다고 했지만 이도 거짓말이었다.

위키리크스가 폭로한 33,000건의 힐러리 이메일 가운데는 다음과 같은 내용이 들어있다. 힐러리가 국무장관에서 사임한지 얼마 되지 않은 2014년 초, 존 포데스타와 힐러리 클린턴이 주고받은 이메일에는 지하디스트 집단인 ISIS와 급진적 수니 단체에게 사우디아라비아와 카타르 정부가 물류와, 재정적 지원을 하고 있다는 내용이 들어있다. 미국 정부는 사우디 인물들이 ISIS에 재정적 지원을 한다는 사실을 알고 있었지만, 일부 불량한 사우디 왕자들의 일탈 행위일 뿐이며 사우디 정부는 이들의 행동을 비난한다고 일축해왔다. 하지만 힐러리와 포데스타가 주고받은 이메일은 이런 미국정부의 변명이 거짓임을 입증해준다. 사우디아라비아 정부와 카타르 정부는 클린턴이 국무장관에 재직하는 동안 많은 언론기관과 클린턴 재단에 거액을 기부했다. 힐러리가 국무장관으로 재직하는 동안 국무부가 승인한 무기판매액은 두 배로 증가했고, 특히 800억 달러라는 역대 최대 규모의 무기 판매 계약을 사우디아라비아와 맺었다. 악명 높은 지하디스트 집단인 ISIS에게 자금을 지원한 장본인들이 클린턴 재단에도 기부를 했다는 뜻이다.

위키리크스가 폭로한 힐러리의 이메일 가운데 1,700건은 리비아에 대한 내용인데 이 이메일들을 보면 힐러리가 가다피를 제거하고 리비아 국가를 전복시킴으로써 이를 대통령 선거에서 자신에게 유리한 호재로 이용하려고 했다는 사실이 드러난다. 2011년 말에 오간 내부 문건 '리비아 틱톡(Libya tick-tock)'에는 리비아를 무너뜨리는 데 힐러리가 중심적인 역할을 했다는 사실이 시간 순으로 잘 정리되어 있다. 가다피가 사망하고 리비아가 혼돈에 빠지자 ISIS를 비롯한 지하디스트들이 리비아에 침투했다. 지중해에 접하고 있는 리비아는 사실상 아프리카에서 유럽으로 가는 관문역할을 했는데 리비아 국경이 통제 불가능한 상황이 되자 내전중이거나 경제적으로 파탄지경에 이른 아프리카 무슬림 국가들의 국민들이 리비아를 통해 지중해를 건너 유럽으로 진입하기 쉬워졌고 유럽 난민 위기를 야기했다. 2011

년 가다피는 리비아를 폭격해 파괴하면 아프리카 이민과 지하디스트들이 대거 유럽으로 유입된다고 공개적으로 경고했었는데 그의 말대로 된 셈이다.

2016년 6월 28일, 하원 벵가지 조사 특별위원회의 최종보고서가 발표되기 전 애리조나 주 피닉스에 있는 비행장에서 빌 클린턴은 로레타 린치(Loretta Lynch) 법무장관을 비밀리에 만나 39분 동안 이야기를 나누었다. 린치 법무장관은 만나기로 약속한 게 아니라 우연히 비행장에서 마주쳤고 손자들과 골프 얘기를 나누었을 뿐 국무성 이메일이나 벵가지 관련 이야기는 나누지 않았다고 밝혔다. 힐러리 이메일 조사를 담당한 FBI는 법무부 소관부처다.

기밀정보를 다룰 때 중과실(gross negligence)을 범하는 것만으로도 강력한 처벌이 뒤따른다. 기밀을 누출할 '의도'가 있었는지 여부는 전혀 고려사항이 아니다. 그러나 2016년 7월 5일 제임스 코미(James Comey) FBI 국장은 힐러리의 이메일 스캔들을 조사한 최종 결과를 발표하면서 힐러리가 주고받을 당시에 기밀로 표시된 이메일이 110건이고, 그 가운데 "기밀(Secret)"은 65건, "1급 기밀(Top Secret)"은 22건이 포함되어있다고 밝혔으며 힐러리와 보좌관들이 기밀정보를 "극도로 부주의하게(extremely careless)" 다루었으며 연방법을 위반했을 가능성이 있다고 하면서도 기밀을 유출할 '의도'가 없었으므로 기소하지 않기로 결정했다고 발표했다. 그러나 앞서 언급했듯이, 주고받은 이메일에 기밀이라는 표시가 되어있든 되어있지 않든, 기밀을 유출할 의도가 있었든 없었든 중과실만으로도 처벌받아야 하는 데도 FBI는 처벌하지 않기로 했다.

FBI는 법무부 소관부처다. 힐러리 사설 서버와 이메일 사건의 조사를 책임진 FBI 부국장 앤드루 매케이브(Andrew McCabe)의 부인은 지방 선거에 출마했을 때 민주당 소속 버지니아 주지사 테리 매컬리프(Terry McAuliffe)가 운영하는 정치활동위원회(Political Action Committee, PAC)로부터 67만 5천 달러의 정치자금을 받았다. 매컬리프는 클린턴 부부의 오랜 측근이자 DNC 위원장도 지냈다. 법무부 차관 피터 캐직(Peter Kadzik)과 힐러리 선거운동본부장 존 포데스타는 수십 년 지기 절친한 친구로서 클린턴 이메일 조사가 시작된 이후로 여러 차례 저녁 식사를 함께 한 사실이 위키리크스가 폭로한 이메일을 통해 밝혀졌다.

2016년 10월 제임스 코미 FBI국장은 힐러리 이메일 사건과 관련 있는 새로운 이메일들이 발견되어 재조사에 들어갔다고 의회에 통보했다. 힐러리의 보좌관 후마 아베딘의 남편 앤서니 위너(Anthony Weiner)[19]의 노트북에서 새롭게 발견된 이메일 때문이다. 위너는 섹

19) 깨알정보: 이른바 "위너게이트(Weinergate)"로 알려지게 된 이 사건은 2011년 〈브라잇바트(Breitbart)〉가 특종으로 보도했다. 남성의 성기를 핫도그소시지에 비유해 "위너(wiener)"라고 하는데 공교롭게도 앤서니 위너의 성과 발음이 일치해 조롱거리가 되었다. 역시 사람은 이름값을 한다.

스팅(sexting, sex와 texting의 합성어), 즉 소셜 미디어로 노골적인 성적인 메시지와 자기 성기 사진을 누군가에게 보내 뉴욕 주 지방하원의원 자리에서 물러났고, 물러난 뒤에도 수차례 미성년자를 포함해 여러 여성과 섹스팅을 한 사실이 드러났다. 위너를 조사하는 과정에서 그가 부인인 아베딘과 함께 사용하는 노트북에서 힐러리와 관련된 이메일들이 발견된 것이다. 그러나 2016년 11월, 코미 FBI국장은 기존의 조사결론에 변함이 없다고 의회에 통보하고 조사를 마무리했다. 제임스 코미는 힐러리 이메일 추문과 관련해 힐러리를 포함한 핵심적인 증인들을 심문하기도 전에 이미 책임을 면제해주는 내용의 조사발표문을 작성했다는 사실이 2017년 8월에 밝혀졌다. 결론을 미리 내려놓고 형식적으로 조사를 진행한 셈이다.

데이비드 페트레어스 장군(David Petraeus, 전 CIA 국장)은 24시간 경호를 받는 자신의 자택에서 서재에 있는 책상 서랍에 기밀문서를 넣어놓고 서랍을 잠그지 않았다는 이유로 기소되어 유죄선고를 받았다. 잠수함 갑판에서 셀카를 찍은 해군병사는 사진 배경에 기밀인 수중음파탐지기가 잡혔다는 이유로 기소되어 유죄선고를 받았다. 힐러리는 이메일 사건과 관련해 자기가 컴퓨터를 잘 다룰지 몰랐을 뿐이지 알고 한 일은 아니라며 변명을 했다. 무식하다고 무죄가 되지는 않는다. 국가기밀이 관련된 예민한 문제에서는 알고 그랬든 모르고 그랬든 '의도'는 중요하지 않다. 국가기밀을 수호하는 데 만전을 기하지 못했다는 사실 자체가 중요하며 그럴 의도는 없었다는 변명 자체가 과실(negligence)을 인정한 셈이고 따라서 유죄를 인정한 셈이다. 힐러리는 국무장관에 취임하면서 FBI로부터 국가기밀을 다루는 법에 대해 브리핑을 받았고 위증하면 처벌을 받겠다고 선언서에 서명을 했다. 깜빡 잊었다든가, 부주의했다든가 하는 변명은 처벌을 모면할 사유가 되지 않는다. 힐러리같은 거물급 정치인은 투옥하기에 너무 몸집이 큰 당신이었다.

(2) **신사업모델:** 클린턴 재단(The Clinton Foundation)

아프리카에서 천연 자원은 거의 정부소유다. 따라서 아프리카에서 채광과 같은 자원개발 사업을 하려면 아프리카 각국 독재자들에게 뇌물을 주고 거래를 해야 한다. 아프리카에서 자원개발 사업을 하려는 기업들은 클린턴 재단에 거액을 기부하거나 빌 클린턴에게 거액의 강연료를 지불했고 빌 클린턴은 아프리카 독재자들을 만나 친분을 다지고 이들의 정권에 정당성을 부여해주면서 거액을 기부한 기업들과 아프리카 독재자들 간에 거래가 성사되도록 기름칠을 했으며 힐러리도 한몫 거들었다.

조 윌슨(Joe Wilson)은 클린턴 부부의 오랜 측근이자 지지자로서 클린턴 재단에도 거액을 기부했다. 2009년 힐러리가 국무장관에 취임할 당시 윌슨이 부회장으로 재직하던 자치 캐피털(Jarch Capital)이라는 회사는 힐러리에게 이메일을 보낸 직후 내전 중이던 남 수단의 군벌지도자와 40만 헥타르에 달하는 토지를 50년 동안 조차(租借)하는 계약을 체결했다. 이 군벌지도자들은 대량 학살과 인권유린을 서슴지 않고 있었다. 윌슨이 맺은 이 계약은 이른바 주권 변경(sovereignty change)에 투자한다는 내용이었는데, 군벌지도자들이 정권을 잡으면 위의 영토에 대한 접근권을 얻어, 광물, 석유 등을 채굴해 엄청난 수익을 올리게 되어있는 계약이었다.

스웨덴의 광물투자가인 루카스 룬딘(Lukas Lundin)이 2007년 클린턴 재단에 1억 달러를 기부할 당시 그는 끔찍한 인권유린이 자행되고 있는 콩고민주공화국에서 채광권을 따내 엄청난 수익을 올리고 있었는데 계속 고수익을 올리려면 콩고의 정치적 안정이 유지되어야 했다. 힐러리는 뉴욕 상원의원이던 2006년 콩고민주공화국의 정치개혁과 민주화를 촉진하는 법안을 발의했었다. 그런데 2009년 국무장관에 취임한 힐러리는 콩고의 정치개혁이 아니라 현상유지를 지지하는 입장으로 돌변했다.

나이지리아는 자원과 석유가 풍부한 나라지만, 부패한 소수 권력자들이 자원을 독점해 외국기업에게 팔아넘기고 수익은 스위스 비밀계좌에 집어넣어 국민들에게는 혜택이 돌아가지 않아 빈곤이 만연해 있다. 미국 정부는 해외원조를 할 때 원조물자가 필요한 이들에게 전달되는지 여부를 확인할 투명성이 확보되지 않으면 원조를 금지하고 있는데, 국무장관에게는 이러한 규정의 적용을 보류할 재량권이 있다. 힐러리는 국무장관이 된 후 이런 재량권을 나이지리아에 적용했고 나이지리아는 원조물자 배급체계의 투명성을 제고하지도 않고 수억 달러의 미국원조를 받았다. 이 와중에 빌 클린턴은 나이지리아 대통령과 가까운 나이지리아 기업으로부터 두 차례 연설을 하는 대가로 140만 달러를 받았다. 그때까지만 해도 빌 클린턴의 강연료는 한 번 강연에 20만 달러 안팎이었다.

나이지리아에서 막강한 영향력을 행사하는 인물로 손꼽히는 길버트 차구리(Gilbert Chagoury)는 10억 달러를 클린턴 재단에 기부했는데 그는 빌 클린턴의 또 다른 측근인 마크 리치(Marc Rich)와 연관되어있다. 오사마 빈 라덴과 나란히 FBI의 10대 수배자 명단에 오른 리치는 2001년 빌 클린턴이 대통령 퇴임 직전 사면해준 인물이다. 리치는 50명의 미국인을 인질로 잡고 있던 이란 호메이니 정권과 석유거래를 하는 등 미국의 경제제재 대상이었던 여러 나라 정권과 석유거래를 했던 인물이다. 차구리는 리치의 사업동반자로 나이지리아 석유자산을 장악했고 석유를 시장에 내다 팔아 부패한 나이지리아 권력자 아바차(Abacha)에게 큰 수익을 안겨주었다. 아바차는 40억에서 80억 달러에 달하는 금액을 몰래 나라 밖으로 빼돌려 유럽은행에 입금한 것으로 알려져 있는데, 이를 도운 차구리는 돈세탁과 범죄기업행위 교사로 기소되어 유죄판결을 받았다.

2010년 1월 아이티(Haiti)에서 대규모 지진이 발생해 수많은 인명과 재산 피해가 났다. 힐러리 국무장관은 아이티를 방문해 인명 구조와 물자 지원을 약속했고 미국의 해외원조 비용을 비롯해 국제 구호 재단들로부터 엄청난 구호품과 자금이 아이티로 쏟아져 들어갔다. 미 국무부도 공식적인 역할을 했다. 힐러리의 국무부 보좌관 셰릴 밀즈가 미국의 원조금 배분을 책임졌고, 아이티 특사로 임명된 빌 클린턴은 아이티 전 외무장관과 함께 아이티 복구위원회 공동위원장을 맡았다. 아이티 국민들은 건물과 도로 복구 등이 급선무라고 생각했다. 하지만 힐러리를 비롯해 복구 작업을 이끈 인사들의 생각은 달랐다. 이들은 자연재해를 투자기회로 삼아 자기 주머니를 채우는 재해 자본주의(disaster capitalism)에 자기 측근들에게 수익을 올릴 기회를 주는 정실 자본주의(crony capitalism)를 한 데 섞어 사기 행각을 벌였다.

미국 정부가 혈세 1억 2천 5백만 달러를 투입한 최대 규모의 복구 사업인 카라콜(Caracol) 프로젝트는 아이티 북부에 있는 카라콜이라는 지역에 섬유공장을 건설하고 6만개의 일자리를 창출해 경제성장에 큰 기여를 하게 된다고 대대적으로 홍보한 사업이었다. 하지만 지진 피해를 입은 지역은 주로 남부 지역이었고 북부 지역은 전혀 피해를 입지 않았다. 그리고 이 지역에서 창출된 일자리는 겨우 5천 개에 불과했다. 타게트(Target), 월마트(Walmart), 갭(GAP)같은 미국 기업들은 이 지역에서 저임금 노동력을 이용해 제품을 생산하고 생산된 제품은 무관세 혜택을 받았다. 아이티인들에게 돌아간 혜택은 미미했다.

빌 클린턴은 주택을 비롯해 사회기간시설을 복구하는 대대적인 프로젝트를 진행하기 위해 계약업체들도 선정했다. 클린턴 재단에 소액을 기부한 한 플로리다의 한 기업은 1백만 달러를 들여 아이티에 복구 장비를 운송했지만 복구사업 계약을 따내지 못했다. 정작 지진 피해지역 복구사업을 따낸 기업들은 수만 채의 주택을 건설하기로 하고 약속한 것의 몇 분의 일도 건설하지 않았다. 예컨대, 한 주민 정착 프로젝트는 5,300만 달러를 들여 주택 15,000채를 건설하기로 되어 있었는데 거의 두 배에 달하는 9,000만 달러를 들여 겨우 2,600채를 건설하는 데 그쳤지만 아무도 문제 삼지 않았다.

아이티 지진복구 사업에서 아일랜드 사업가 데니스 오브라이언(Denis O'Brien)만큼 노다지를 캔 사람은 없다. 클린턴 재단에 5백만에서 1천만 달러를 기부한 통신사업계 거부인 그는 빌 클린턴의 강연도 주선해주었다. 힐러리 국무장관은 아이티 국민들이 휴대전화를 통해 현금 원조를 받을 수 있도록 하는 시스템 구축을 제안했고 오브라이언의 회사 디지셀(Digicel)이 이 프로젝트에 응모했다. 그로부터 몇 주 후 디지셀은 빌 클린턴이 자메이카에서 강연을 하도록 주선하고 20만 달러가 넘는 강연비용을 지불했다. 그로부터 넉 달만에 디지셀은 1차로 국무성 프로젝트 진행 비용을 받게 되었다. 아이티 지진이 발생한 후 아이티 복구위원회를 통해 수천 억 달러가 들어오고 복구사업에 투입되었지만 정작 아이티인들에게 돌아간 혜택은 별로 없었고 클린턴과 관련 있는 기업들은 재난 복구사업을 통해 상당한 수익을 올렸다.

아이티인들은 맨해튼에 있는 힐러리 집무실 근처에서 시위를 벌였다. 그들은 아이티 재건 사업에 쓰일 수백억 달러를 힐러리 국무장관과 클린턴 재단이 기업들에게 흘러가도록 해주고 뇌물을 받았다며 시위를 벌였다. 아이티를 재건할 기회는 클린턴과 기업인들의 주머니를 채우는 기회로 변질되었다. 클린턴이 아이티에서 한 역할을 가장 잘 보여주는 증거가 있다. 아이티인들이 새 삶을 시작할 수백만 채의 주택 건설이 아니다. 미국 해외원조금으로 급조해 난민을 수용한 천막 막사에서 겨우 수마일 떨어진 곳에 건설된 호화 호텔들이었다. 아이티의 복구에 대한 세상의 관심이 시들었지만 클린턴 재단에 기부한 사업가들에게 혜택이 돌아가는 모습을 목격한 기업들은 매우 중요한 투자기법을 터득했다.

아이티 정부는 50년 동안 금광채굴권을 양도하지 않았지만 클린턴 부부가 주도한 지진 재건 사업이 진행되는 동안 채굴권을 내주기 시작했다. 채굴권을 따낸 기업가운데 VCS 마이닝(VCS Mining)이라는 기업이 있다. 이 회사는 금맥을 캔 경험은 거의 없지만 인맥이 있었다. 그런데 VCS 마이닝이 채굴권을 따낸 직후 이 회사의 이사회에 새로운 인물이 합류했다. 바로 힐러리의 남동생인 토니 로덤(Tony Rodham)이었다. 아이티는 지진이라는 천재지변에 이어 클린턴 부부가 야기한 인재지변까지 당한 셈이다.

캐나다에서 루이지애나와 텍사스로 석유를 운송하는 키스톤 XL

송유관(Keystone XL Oil Pipeline) 건설은 좌익과 환경보호운동가들이 격렬히 반대하는 프로젝트였다. 당연히 좌익인 클린턴 부부와 오바마 정권이 이들의 주장에 동조하리라고 생각하는 게 상식이다. 2008년 말 힐러리가 국무장관에 임명되었을 때 이미 이 프로젝트는 논란이 되고 있었고 힐러리는 이 프로젝트의 진행 여부를 결정할 권한이 있었다. 그런데 바로 그때 빌 클린턴은 10번 강연에 거의 2백만 달러에 달하는 짭짤한 강연료를 주겠다는 제안을 캐나다의 TD 뱅크 인베스트먼트(TD Bank Investment)라는 회사로부터 받았다. 빌 클린턴은 2011년 5월에 마지막 강연을 했고 그로부터 석 달 후 힐러리 국무장관은 키스톤 프로젝트를 대체로 승인하는 것으로 해석될 환경영향 평가서를 발표해 환경보호운동가들을 경악하게 했다. TD 뱅크 인베스트먼트는 키스톤 XL 파이프라인 프로젝트의 최대 주주로 손꼽힌다.

빌 클린턴에게 강연료를 지불하는 기업, 지불 시기, 그 기업이 이전에도 강연료를 지불한 적이 있는지 여부를 보면 독특한 패턴이 드러난다. TD 뱅크 인베스트먼트는 키스톤 프로젝트 이전에는 빌 클린턴에게 강연료를 지불한 적이 없다. 그런데 2008년 말 힐러리가 국무장관에 임명되어 키스톤 송유관 건설 프로젝트의 명운을 결정할 입장이 되자 뜬금없이 빌 클린턴에게 강연료를 지불하기로 한다. 클린턴 부부는 그동안 기후변화에 대응하고 미국의 해외석유 의존성을 줄여야한다고 공언해왔는데 2백만 달러에 그 원칙을 팔아넘겼고 오바마도 이를 묵인한 셈이다. 대가성 청탁과 뇌물수수라고 볼 수 있는 이들의 행동패턴은 끊임없이 반복된다. 또 한 가지 눈여겨 볼 변화가 있다. 1회에 20만 달러 안팎이던 빌 클린턴의 강연료는 2008년 말 힐러리가 국무장관에 임명되면서 급증했다. 빌 클린턴이 50만 달러 이상의 강연료를 받은 13차례 강연 가운데 11차례는 힐러리가 세계 최강의 외교관인 국무장관이 된 이후에 이루어졌다.

빌 클린턴의 1회 강연료로 사상 최고가를 경신한 기업은 스웨덴 통신회사 에릭슨(Ericsson)이다. 에릭슨은 2009년과 2010년 미 국무성과 큰 갈등을 빚고 있었다. 미국 국무성이 예의주시하던 이란, 벨로루시를 비롯해 폭압 정권에 통신장비를 판매했기 때문이다. 에릭슨은 미국 연방정부가 규정한 "적국과 교역하는 기업" 명단에 오를 위기에 처했다. 당시 미국 정부는 에릭슨이 이란 정부에 판매하고 있던 바로 그 기술의 판매 금지를 비롯해 이란에 대한 제재를 확대하려는 움직임을 보이고 있었다. 지금까지 한 번도 빌 클린턴의 강연료를 낸 적이 없는 에릭슨은 통 크게 1회 강연에 75만 달러를 지불하기로 했다. 빌 클린턴이 이 강연을 하고 일주일 후 힐러리 국무장관은 이란에 대한 제재를 확대하지 않기로 했고 에릭슨 같은 기업들의 판단과 재량에 맡긴다는 성명서를 발표했다. 단돈 75만 달러로 에릭슨은 미국정부와 외교적 갈등을 빚게 될 위기를 모면하고 규제 대상인 국가들과의 계약을 통해 얻는 고수익을 포기할 필요도 없게 되었다.

클린턴 부부가 수십 년 동안 고수해온 인권과 환경보호에 대한 입장을 바꾼 이유는 뭘까? 클린턴 재단에 기부한 인물들의 면면을 보면 해답이 나온다. 클린턴 재단에 최고액을 기부한 인물은 프랭크 주스트라(Frank Giustra)다. 환경보호와는 거리가 먼 채광산업을 하는 그는 세계 도처에 채광권을 소유하고 있고 클린턴 부부와의 관계를 이용해 수익을 챙기고 있다. 콜롬비아(Colombia)에서 일어난 일을 살펴보자. 빌 클린턴과 주스트라는 같은 시기에 같은 나라에 출몰하는 경향이 있다. 주스트라는 캐나다에서 투기성이 매우 높은 이른바 페니 증권 시장(penny stock market)에 투자에 엄청난 부를 축적했다. 캐나다 뱅쿠버 증권시장은 뉴욕증권시장과는 달리 천연자원 관련 주식이 압도적으로 많은 투자의 무법지대다. 투기자들이 많고 근거 없는 소문이 판치고 이렇다 할 자산도 없으면서 수익성 높은 금광채굴권을 따냈다고 주장하는 기업들로 넘친다. 이들은 소문을 퍼뜨린 다음 대중들이 앞 다퉈 페니 주식을 사게 만든 다음 주주들이 자산을 매각할 수 있게 돕는다.

2010년 6월 빌 클린턴과 프랭크 주스트라는 콜롬비아 보고타로 함께 날아가는데 비슷한 시기에 힐러리 클린턴 국무장관도 콜롬비아 보고타에 나타난다. 그곳에서 빌과 힐러리는 저녁을 함께 먹었는데 이에 대해 힐러리는 자서전에서 우연히 같은 식당에서 만났을 뿐이라고 주장했다. 그런데 그 다음날 아침 빌 클린턴은 퇴임을 앞둔 알바로 우리베(Alvaro Uribe) 콜롬비아 대통령과 조찬회동을 하고, 뒤이어 힐러리 클린턴이 우리베와 오찬회동을 한다. 힐러리는 콜롬비아 정부가 원하는 기술협정을 비롯해 여러 가지 특혜를 베푸는 데 합의한다. 그 후 매우 극적인 일이 일어난다. 주스트라가 소유한 세 기업이 콜롬비아 정부로부터 굵직한 허가권을 따낸다. 한 기업은 열대우림 벌목권을 따내고 벌목한 목재는 미국이 아니라 중국으로 수출하게 된다. 이 사실을 알게 된 환경운동가들이 격렬히 항의하자 후임 콜롬비아 대통령은 벌목허가권을 취소했지만 이미 주스트라의 회사가 열대우림 벌목으로 이익을 단단히 챙긴 뒤였다. 클린턴 부부는 열대우림의 벌목에 대해 끊임없이 우려를 표해왔고 탄소가스를 줄이기 위해 열대우림을 보존해야 한다고 강조해왔다.

힐러리 국무장관은 미국과 오바마 정부는 핵무기 없는 세상을 만들기 위해 구체적인 조치들을 취하는데 힘쓰겠다고 다짐했다. 인도 핵협상은 미국의 안보와 직결되는 중요한 문제다. 빌 클린턴은 대통령 재임 시 유엔에서 핵실험금지 협정과 핵확산방지조약 서명을 추진했다. 하지만 1998년 인도가 지하 핵실험을 하면서 조약이 유명무실해졌다. 빌 클린턴은 인도에 대한 제재조치로서 인도가 핵확산금지조약에 서명하기 전까지 미국은 기술지원을 중단한다고 선언했다. 파키스탄이나 중국 같은 핵보유국에 둘러싸여있는 처지였던 인도는 민간 핵 기지를 확대하고 싶었고 2005년 이 제재조치를 풀기 위해 클린턴 재단에 기부하기 시작했다. 수억 달러에 달하는 자금이 인도 핵협정과 관련된 주체들로부터 빌 클린턴의 강연료라는 명목으로 클린턴 재단으로 흘러들어갔다. 법안을 통과시켜주는 대가로 인도 의원들에게 뇌물을 공여한 혐의로 수차례 기소된 아마 싱(Amar Singh)은 1백만에서 5백만 달러를 클린턴 재단에 기부했다. 그런데 문제는 싱은 그런 거액을 기부할 만한 자산가가 아니라는 점이다.

산트 차트왈(Sant Chartwal)은 클린턴 부부와 오랜 세월 동안 친분을 유지해온 인도사업가로서 힐러리의 2008년 대선 선거운동자금으로 5백만 달러를 모금했고 빌 클린턴은 차트왈의 아들 결혼식에도 참석했으며 그의 아들을 클린턴 재단의 이사에 임명했다. 힐러리가 2000년 미국 상원에 출마했을 때 차트왈은 미국 연방예금보험공사에 빚진 수백만 달러를 갚지 못해 궁지에 몰려 있었다. 2000년 차트왈은 힐러리를 위한 정치기금 모금행사를 열었고 본인도 50만 달러를 기부했다. 그로부터 몇 달 후, 당시 대통령이던 빌 클린턴 정권 하에서, 차트왈은 연방예금보험공사와 단돈 125,000달러만 상환하고 부채를 털어버리는 데 합의했다. 연방정부가 거액을 대출해주고 푼돈만 되돌려 받은 셈이다. 후에 차트왈은 18만 달러를 불법으로 힐러리 선거운동에 기부한 유죄를 인정했는데 그 이후로 클린턴 재단은 웹사이트에서 차트왈과 관련된 정보를 모두 삭제했다. 차트왈은 인도 핵협정과 관련해 힐러리의 입장을 바꾸는 데 기여한 공로로 인도 정부가 민간인에게 수여하는 최고 훈장을 받게 되었다. 2008년 미국의 민간 핵기술을 인도에 제공할지 여부에 대한 표결이 의회에서 이뤄지기 전날, 힐러리를 잘 알지도 못하는 아마 싱이 힐러리를 만나 두 시간 동안 인도핵협상을 의논했고 결국 인도 핵협정은 표결에서 통과되었다.

위키리크스가 폭로한, 힐러리 선거본부장 존 포데스타의 이메일에는 2011년 클린턴 재단의 내부감사 자료가 포함되어있다. 심슨 대처 앤드 바틀렛(SimpsonThacher & Bartlett)이라는 뉴욕의 권위 있는 법률회사가 내부감사 후 작성한 자료에 따르면, 클린턴 재단에 거액을 기부한 이들은 "대가성 기부(quid pro quo)"를 했고, 클린턴 재단 직원들이 재단 운영에 대해 자체 평가한 점수를 보면 가장 높이 평가한 점수가 10점 만점에 4점이었고 많은 직원들이 겨우 1점을 주었다.

힐러리와 빌은 정치계의 보니와 클라이드(Bonnie and Clyde)다. 보니와 클라이드는 미국 대공황 시기에 미국 중부지역을 돌면서 은행, 상점 등을 강탈하고 경찰과 민간인을 여러 명 살해한 남녀 강도단으로 결국 잠복 중이던 경찰들로부터 50발이 넘는 총탄에 맞아 벌집이 된 채로 사망했다. 이들의 이야기는 페이 더너웨이(Fay Dunaway)와 워런 비티(Warren Beatty)가 주연해 영화로 제작되었고 킴 베이싱어(Kim Basinger)와 알렉 볼드윈(Alec Baldwin)이 주연해 리메이크되기도 했다. 힐러리와 빌은 총 대신 정치권력으로 무장한 부부 사기단이나 마찬가지다. 빌 클린턴이 클린턴 재단을 통해 수금을 하면 힐러리는 국무장관으로서의 정치권력을 이용해 미국의 도움이 필요한 기업가나 독재자에게 정책적으로 외교적으로 도움을 주었다. 빌 클린턴의 성추문, 폴라 존스 재판에서의 위증(perjury), 모니카 르윈스키를 위협해 거짓 진술서를 제출하게 한 법집행방해(obstruction of justice), 그리고 뒤이은 탄핵으로 엄청난 법률비용을 지불하느라 클린턴 부부는 백악관을 떠날 때 빈털터리였다. 빌 클린턴이 자신의 추태를 변호하기 위해 국민의 세금으로 운영되는 법무부를 자기가 사적으로 고용한 법률회사처럼 십분 활용했는데도 말이다. 힐러리와 빌은 정치권력 매매라는 새로운 비즈니스모델을 창조해 자산이 수천만 달러에 달하는 갑부가 되었다.

(3) 한 쌍의 페미니스트: 빌러리(Billary)

미국 공화당 대통령후보 경선 첫 번째 토론회에서 진행을 맡은 폭스뉴스의 앵커 메긴 켈리(Megyn Kelly)는 트럼프에게 "당신은 여성을 역겨운 돼지라고 하는 등 여성을 비하했다. 당신은 여성을 혐오하는가?" 라고 질문했다. "로지 오도널(Rosie O'Donnell)한테만 그랬다"라고 트럼프가 답하자 관중석에서 폭소가 쏟아진다. 트럼프는 한 유명 여성 코미디언을 역겨운 돼지라고 했고 앞서 언급한 대로 한 TV 연예프로그램 진행자와의 사적인 대화에서 음담패설을 했다. 그럼 힐러리는 어떨까? 힐러리는 트위터를 통해, 또 강연회에서 성폭행 피해자들의 주장에 귀를 기울이고 "성폭행이 아니라는 증거가 없는 한 성폭행 피해자의 말을 믿어야한다"라고 했다. 무죄추정원칙과 적법절차에 위배되는 발언일 뿐만 아니라 힐러리가 그동안 해온 행동과도 모순된다. 빌 클린턴이 아칸소 주 법무장관을 지내고 주지사를 역임할 때부터 수없이 쏟아져 나온 성추문 관련 여성들과 강간당했다고 주장하는 여성에 대해 힐러리는 "골빈 여자들의 분출(bimbo eruptions)", "이동식 주택에 사는 쓰레기(trailer trash)", "우익의 거대한 음모(vast right-wing conspiracy)"라고 매도하면서 평생 빌 클린턴을 두둔했다. 그런데 이번 대선 과정에서 열린 한 간담회에서 "성폭행 당했다는 여성들의 주장은 그들의 주장을 반박하는 증거가 나오기 전까지는 일단 믿어야 한다"라는 힐러리의 주장에 대해 한 기자가 "그럼 빌 클린턴에게 성추행이나 성폭행 당했다는 여성들의 주장도 믿어야 하는 것 아닌가?"라고 질문하자 자리를 박차고 나가버린다.

빌 클린턴과 관련해 가장 잘 알려진 성추문은 크게 네 가지다. 제니퍼 플라워즈(Gennifer Flowers)와의 관계는 불륜이나 합의에 의한 성관계로 빌 클린턴이 처음에는 부인했지만 결국 나중에 "딱 한 번" 성관계를 했다고 시인했고. 성추행으로 빌 클린턴을 고소한 폴라 존스(Paula Jones)에게 빌 클린턴은 85만 달러를 주고 합의했으며, 빌 클린턴이 아칸소 주 법무장관 시절 자신을 강간했다고 주장한 화니타 브로드릭(Juanita Broddrick)은 1999년 NBC 시사 프로그램 〈데이트라인(Dateline)〉에 출연해 세세한 정황을 털어놓았고 힐러리가 자신의 입을 막으려고 했다고 주장했다. '만취해 인사불성인 상태에서 성관계를 했는데 한 엿새 후 곰곰이 생각해보니 강간이었다.' 같은 종류의 긴가민가한 강간이 아니라 '저항하는 사람의 팔다리를 누르고 옷을 찢고 강제로 성기를 삽입했다.' 같은 전통적인 의미에서의 강간이었다. 그때도 이미 주류언론은 왼쪽으로 기울어있었지만 '사실 확인

(Fact-checking)'과 '가치 있는 뉴스는 보도한다'는 언론의 기본 원칙을 완전히 포기하지는 않았는지라 NBC는 브로드릭이 강간당했다고 주장한 날짜와[20] 당일 빌 클린턴의 행적[21], 목격자들의 증언[22]과 사건이 벌어진 장소[23] 등을 철저하게 조사해 사실 확인을 한 다음 브로드릭의 주장이 매우 설득력이 있다고 결론을 내리고 방송을 했다. 더군다나 브로드릭은 본인이 자발적으로 나선 게 아니라 브로드릭 사건의 내막을 아는 누군가의 제보로 폴라 존스 성추행 사건 재판에 증인으로 채택되어 본의 아니게 언론의 주목을 받게 되었고 결국 진실을 밝히기로 마음먹었다. 브로드릭의 주장에 대해 클린턴은 자기 입으로

---

20) 1978년 4월 25일.

21) NBC는 백악관 측에 여러 차례 이 자료를 요청했으나 거절당했다. 그러나 주정부 법무장관의 일정은 공식기록으로 남기 때문에 과거 행적을 확인하기가 어렵지 않다. 또 NBC는 아칸소주에서 발간되는 신문 45종을 샅샅이 뒤져 그 날 클린턴이 사건이 발생한 장소에 있었다는 사실을 재확인했다.

22) 목격자들은 브로드릭이 깨물린 입술이 퉁퉁 붓고 치마와 팬티스타킹이 찢긴 모습이었다고 증언했다.

23) 사건 현장은 아칸소주 리틀록(Little Rock)에 있는 캐멀롯 호텔(Camelot Hotel)로서 당시 간호사이던 브로드릭은 이 호텔에서 열리는 요양원 컨벤션 행사에 참석하고 있었다. 브로드릭은 클린턴이 자신을 강간한 후 태연하게 선글라스를 쓰더니 "거기 얼음찜질 좀 해야겠소"라고 말한 후 자리를 떴다고 한다. 그로부터 13년 후인 1991년 브로드릭은 리틀록에서 열린 또 다른 요양원 관계자 행사에서 당시 주지사이던 빌 클린턴과 마주쳤다. 클린턴은 브로드릭에게 "화니타, 내가 정말 잘못했소, 이제 예전의 내가 아니오, 용서해주겠소? 내가 어떻게 하면 좋겠소?"라고 말했고 브로드릭은 어처구니가 없어서 지옥에나 떨어지라고 말하고 자리를 떴다. 그 직후 클린턴은 민주당 대선후보 경선에 출마한다고 발표했다.

직접 부인한 적이 없다. 주류언론이 철저히 검증해 대대적으로 보도한 신빙성 높은 강간혐의 주장에 대해 대통령이 조목조목 따지지도 않고 적극적으로 대응하지도 않았다는 뜻이다.[24] 고(故) 크리스토퍼 히친스(Christopher Hitchens)가 쓴 《더 이상 속일 사람이 없다(No One Left To Lie To)》라는 책에는 빌 클린턴이 오랜 세월 동안 저질러온 저열하고 범죄적인 성행각과 그에 못지않게 비열한 방법으로 뒷수습[25]을 하는 힐러리 클린턴의 행태가 자세히 설명되어 있다. 히친스에 따르면, 클린턴은 아칸소 주지사로 재직할 당시 주 기동경찰대원(state

24) 1999년 2월 19일 빌 클린턴의 개인변호사 데이비드 켄덜(David Kendall)은 "20여 년 전 대통령이 브로드릭 여사를 성폭행했다는 그 어떤 주장도 새빨간 거짓이다(Any allegation that the President assaulted Mrs. Broddrick more than 20 years ago is absolutely false). 이상이다"라고 달랑 한 줄 반박성명을 발표했다. 당시 클린턴을 잘 알지도 못했던 켄덜 변호사는 이미 르윈스키 사건과 관련해 공개적으로 "구강성교는 성행위가 아니다"라고 주장한 바가 있었다. 즉, 구강성교는 성행위가 아니므로 클린턴은 르윈스키와 성관계를 하지 않았다는 뜻이다.
그로부터 한 달 후 열린 기자회견에서 ABC의 샘 도널슨(Sam Donaldson) 앵커가 클린턴에게 강간혐의에 대해 답변을 요구하자 클린턴은 1인칭으로 답변하지 않고 개인 변호사가 한 말을 그대로 되풀이했고, 도널슨 앵커가 "그냥 간단히 부인하시면 안 됩니까(Can you not simply deny it, sir)?"라고 재차 추궁했지만 클린턴은 답변하지 않았다. 그런데 여기서 클린턴의 개인변호사인 켄덜이 성명서에서 선택한 어휘를 잘 봐야 한다. 20여 년 전인 당시 "대통령"은 지미 카터였고, 브로드릭 여사는 브로드릭 씨와 재혼하기 전이었으므로 첫 남편의 성을 따라 히키(Mrs. Hickey)여사로 불렸다. 교묘한 말장난이다.

25) 빌 클린턴의 정치행보에 걸림돌이 될 과거의 여성들의 뒤를 캐 중상모략하고 협박하기 위해 테리 렌즈너(Terry Lenzner)와 잭 팔라디노(Jack Palladino) 같이 야비하고 저열한 인간들을 사립탐정으로 고용한 장본인이 힐러리다.

troopers)들을 시켜 성관계를 할 여성들을 조달하기도 했다. 사적인 욕구를 충족시키고자 공적자원을 이용한 셈이다. 히친스는 르윈스키 사건을 비롯해 클린턴의 성추문들과 관련해 의회에 증인으로 출석하기도 했다. 평생 좌익이었던 히친스는 클린턴을 비판했다는 이유로 주류언론-민주당 복합체로터 "주정뱅이, 반역자"라는 인신공격을 받았다.

빌 클린턴이 대통령 재직 시 대통령 집무실에서 구강성교(fellatio)를 해준 백악관 인턴 모니카 르윈스키(Monica Lewinsky)에 대해서 힐러리는 "자기도취적인 정신 나간 또라이(narcissistic loony toon)"라고 했고 빌 클린턴은 TV를 통해 전 국민이 지켜보는 가운데 집게손가락으로 삿대질을 해가면서 "나는 그 여성과 성관계를 하지 않았다(I did not have sexual relation with that woman)"라고 단호하게 주장했다. 또 백악관 직원들을 동원해 르윈스키가 빌 클린턴을 괴롭힌 "스토커(Stalker)"라고 중상모략 했다. 두꺼운 콘크리트 벽으로 둘러싸이고 경호원 여러 명이 24시간 눈을 부릅뜨고 지키는 대통령 집무실에 있는 클린턴을 무슨 수로 스토킹한다는 말인지 참 궁색하기 이를 데 없는 변명이다. 르윈스키가 빌 클린턴의 정액이 묻은 파란색 갭(GAP) 원피스를 간직해두지 않았다면 그 사건도 유야무야 될 뻔했다. 이 사건이 밝혀진 후 미국인들 사이에서는 '삽입'이 아닌 '구강성교'를 '성관계'로 보아야하는지 여부를 두고 열띤 논쟁이 벌어졌다.

1998년[26] 초 빌 클린턴과 르윈스키의 관계에 대해 처음 보도한 주인공은 주류언론이 아니라 〈드러지 리포트(Drudge Report)〉라는 인터넷 사이트였다. 매트 드러지(Matt Drudge)[27]가 운영하는 이 사이트는 당시 구독자들에게 국내외 뉴스를 한 데 모아 이메일로 보내주고 때로는 자신이 직접 기사를 작성해 보내기도 했다. 드러지는 클린턴-르윈스키 사건의 전모를 한꺼번에 밝히지 않고 시차를 두고 조금씩 정보를 흘렸다. 마침내 드러지가 성추문의 당사자인 르윈스키의 이름을 밝히자 수개월동안 클린턴을 방어하느라 동분서주하던 주류언론은 드러지에 대한 인신공격과 중상모략에 나섰고 주류언론에 반격할 기회를 엿보던 드러지는 메가톤급 폭탄을 투하해 주류언론을 쑥대밭으로 만들었다. "르윈스키, 시가(cigar)와 섹스하다: 백악관 성추문의 충격적인 내용을 둘러싸고 언론의 고민이 깊어지다"라는 제목에 나

---

26) 빌 클린턴은 탄핵절차가 진행되던 시기인 1998년 8월, 11월, 12월 세 차례에 걸쳐 각각 수단, 아프가니스탄, 이라크에 크루즈미사일 공격을 감행했다. 그럴 때 마다 주류언론은 전쟁 중인 최고사령관이 중요한 업무에 집중하도록 사생활에 대한 공격을 자제해야 한다며 장단을 맞췄다. 크리스토퍼 히친스는 미사일 공격 시기와 탄핵 절차에서 중요한 일정이 잡혀있는 시기(예컨대, 르윈스키의 대배심 출석)와 절묘하게 일치하며, 공격의 명분으로 클린턴이 내세운 논리가 얼마나 근거 없는지 조목조목 반박하면서, 미사일 공격은 클린턴이 탄핵 절차를 지연시키고 여론을 "클린턴의 거시기(Clinton's thing)"에 대한 관심에서 "클린턴의 체면(Clinton's face)"을 세워줘야 한다는 주장으로 호도하기 위해 저지른 "전쟁범죄(war crime)"라고 주장한다.

27) 깨알정보: 아리아나 허핑턴에게 앤드루 브라이잇바트를 소개해준 주인공이 바로 매트 드러지다.

른한 대낮에 대통령 집무실에서 르윈스키가 시가를 가지고 자위행위를 하는 모습을 클린턴이 지켜보았다는 내용의 기사였다. 이미 몇몇 언론사는 이 충격적인 사실을 입수하고도 깔고 앉아서 전전긍긍하고 있었는데 드러지가 먼저 터뜨린 것이다. 좌편향 주류언론 골리앗이 1인 매체 다윗에게 초토화된 사건이었다. 이렇게 미국에서는 1990년대부터 이미 1인 매체시대의 막이 오르고 있있었다.

빌 클린턴과 모니카 르윈스키의 성추문이 터졌을 때, 글로리아 스타이넘을 비롯한 페미니스트들은 세계에서 가장 막강한 정치인을 끌어내리려고 한 창녀에 불과하다며 르윈스키에게 비난을 퍼부었다. 르윈스키가 비난받을 행동을 한 것은 사실이다. 하지만 굳이 잘못의 경중을 따지자면 누가 더 비난을 받아야 하는가? 철없는 스물한 살짜리 인턴에 불과했던 르윈스키인가 아니면 쉰 넘은 세계 최고의 권력자인 빌 클린턴인가? 페미니스트들은 정치이념을 초월해 여성의 권리를 위해 싸우는 집단이 아니라 민주당 여성지부나 다름없다.

빌 클린턴은 르윈스키 코앞에서 바지 지퍼를 열심히 내리던[28] 기간 중에 또 다른 여성과도 관계를 하고 있었다. 빌 클린턴 대통령의 경호원을 지낸 게리 번(Garry Byrne)은 저서 《품성의 위기(Crisis of Character)》에서 빌 클린턴이 르윈스키와 관계하던 기간 동안 월터

28) 깨알정보: 이 사건은 "지퍼게이트(Zippergate)"로 불리게 되었다.

먼데일(Walter Mondale) 전 부통령의 딸이자 기자인 엘리노어 먼데일(Eleanor Mondale)과도 성관계를 했으며 아침이면 대통령 집무실에 아무렇게나 널 부러져 있는 타월을 모아 소각했는데 그 타월에는 립스틱과 정액이 묻어있었다고 털어놓았다. 빌 클린턴은 백악관을 떠난 후에도 제프리 엡스틴(Jeffrey Epstein)이라는 갑부이자 자선사업가와 전세기를 타고 어울려 다녔는데 엡스틴은 아동 매춘으로 기소되어 유죄판결을 받고 13개월을 복역했으며 현재 성범죄자로 등록되어있다. 이 때문에 그의 전세기는 "롤리타 특급(Lolita Express)"이라고 불렸다. 그는 법정에서 빌 클린턴에게 미성년자 소녀들을 공급했는지 여부에 대한 질문을 받고 묵비권을 행사했다. 빌 클린턴은 또한 민주당의 막강한 정치헌금 후원자인 투자가이자 자선사업가 로널드 버클(Ronald Burkle)과 전세기를 타고 돌아다니며 자선활동을 했는데 그 전세기 내에서는 자선활동 외에 과외로 성적 활동이 활발하게 이루어져 대통령 전세기인 공군 1호기(Air Force One)에 빗대어 "공중씹 1호기(Air Fuck One)"라고 불렸다. 로널드 버클은 알 고어가 커런트 TV 유선방송국을 설립할 때 재정적인 지원을 한 인물이다.

영화사 20세기 폭스는 CNN 법률평론가 제프리 투빈(Jeffrey Toobin)의 저서 《거대한 음모: 대통령을 거의 끌어내릴 뻔한 진짜 성추문(A Vast Conspiracy: The Real Sex Scandal That Nearly Brought Down A President)》이라는 책의 영화 판권을 샀다. TV 드라마 제작자 라이언 머피(Ryan Murphy)에 따르면 이 책은 "클린턴 부부를 너무

나도 경멸한 나머지 폴라 존스, 모니카 르윈스키 등 여성들을 이용해 대통령을 끌어내리려 한 우익 단체의 부상을 그린 흥미진진한 책이다." 빌 클린턴과 모니카 르윈스키의 추문은 명명백백한 사실인데 여전히 거대한 우익의 음모라고 떠드는 한심한 인간이 아직도 있고, 그런 역사 왜곡을 영화로 제작하겠다는 한심한 영화사도 있다.

게리 번은 위에 소개한 저서에서 힐러리 클린턴이 성경책으로 경호원 뒤통수를 치고, 아침인사를 건네는 경호원에게 다짜고짜 "나가 뒈져(Go fuck yourself)!"라고 욕설을 퍼부었다는 이야기도 털어놓는다. 힐러리는 2016년 대통령 선거 개표가 거의 마무리되어 갈 무렵 추운 날씨에 떨면서 기다리는 지지자들 앞에 직접 나타나지 않고 대신 선거본부장 존 포데스타를 내보내 지지자들에게 아직 결론이 나지 않았으니 희망을 잃지 말고 기다리라고 했다. 그 와중에 힐러리는 트럼프에게 전화를 걸어 선거 패배를 인정하고, 기다리던 지지자들에게는 코빼기도 보이지 않고 집으로 가버렸다. 힐러리는 자신을 지지해준 유권자들에게 최소한의 예의도 지킬 줄 모르는 뻔뻔하고 오만한 철면피다.

공화당 남성 정치인이라면 빌 클린턴 같은 성추행 이력으로 그렇게 긴 정치수명을 누릴 수 있었을까? 천만의 말씀이다. 빌 클린턴처럼 퇴임 후에도 활개를 치고 다니기는커녕 애초에 대통령도 되지 못했을 것이다. 빌 클린턴의 과오에 대해 힐러리에게 공동책임을 지우는 것은 부당하다고 말하는 이들이 있다. 그러나 클린턴 부부는 선거 유세 때마다 "원 플러스 원(1+1)"이라는 구호를 내걸고 둘 중 하나를 뽑으면 나머지 하나도 딸려온다며 정치적 공동운명체임을 주장해왔고 빌과 힐러리를 합성한 "빌러리(Billary)"라는 별명까지 얻었다. 선거가 무슨 대형마트 할인행사도 아니고 정말 천박한 싸구려 정치인들이다. 게다가 빌 클린턴이 일을 저질러도 방조하고 저열한 방법으로 뒷수습을 해왔다는 점에서 힐러리도 책임을 면할 수 없다.

2008년 대통령 선거 민주당 후보 경선에서 테드 케네디 상원의원이 힐러리를 제쳐두고 버락 오바마를 민주당 대선후보로 지지하자 빌 클린턴은 "테드 케네디가 오바마를 지지한 이유는 단지 그가 흑인이기 때문이다. 몇 년 전이라면 오바마는 우리한테 커피 심부름이나 했을 사람이다"라고 말했다. 2011년 힐러리 클린턴은 제럴드 포드(Gerald Ford) 전 대통령의 부인 베티 포드(Betty Ford)여사 장례식에 초청받자 당시 영부인이던 미셸 오바마와 같은 전세기를 타지 않겠다며 주최 측에 별도로 전세기를 보내달라고 요청했다. 공화당 정치인과 그의 부인이 빌과 힐러리처럼 행동했다면 아마 인종차별주의자로 낙인찍혀 정치생명이 끝나고 사회적으로 매장당하고도 남았다.

힐러리가 2016년 대통령 선거에서 진 이유는 아직 여성을 차별하는 정서와 여성에 대한 편견이 존재하기 때문이라는 정신 나간 주장을 하는 사람들이 있다. 오히려 그 반대다. 위와 같은 온갖 부정부패와 위법행위를 저지르고 안하무인에 철면피인 힐러리가 거물 정치인이 될 수 있었던 까닭은 여성이기 때문이다. 우익성향의 백인 남성이 힐러리와 똑같은 짓을 하고도 힐러리 정도의 거물 정치인 될 수 있었을까? 어림도 없다. 힐러리는 흰 집(The White House, 백악관)이 아니라 큰 집(The Big House, 교도소)에 입주해야 한다. 아, 클린턴 부부는 남녀 임금 격차를 해소해야 한다며 입에 거품을 물었던 페미니스트들이다. 그런데 클린턴 재단은 여성 직원들보다 남성 직원들에게 훨씬 높은 연봉을 지급했다. 힐러리가 양성평등에 기여한 바가 있기는 하다. 여성도 남성 못지않게, 아니 남성을 훨씬 능가하는 부패한 정치인이 될 수 있다는 사실을 입증했으므로.

2) 버락 후세인 오바마(Barack Hussein Obama)

(1) 오바마의 눈부신 업적

"희망(Hope)"과 "변화(Change)"를 내걸고 백악관에 입성한 오바마가 집권한 8년 동안 미국은 "절망과 분노와 갈등"이 팽배한 사회로 "변질"되었다. 지식인, 유명인, 주류언론은 오바마가 집권한 8년 내내 오바마와 밀월관계를 이어갔고 그의 실책을 눈감고 찬사만 늘어놓았다. 오바마가 월스트리트의 탐욕이 낳은 참사의 책임자들을 처벌하기는커녕 혈세를 쏟아 부어 목숨을 부지해 주어도, 일곱 개 나라에 드론으로 폭탄을 퍼부어 벌집을 만들어도, 국가부채가 산더미처럼 싸여가고 실업과 빈곤이 증가해도, 흑인과 백인 사이의 골이 그랜드

캐니언(Grand Canyon)보다 깊어져도 일편단심 주류언론은 할렐루야를 외쳤다. 주류언론 언론인들은 가랑이 사이로 치아가 보일 정도로 오바마에게 머리를 조아리고 아첨을 했다. 흑인 작가 타-네히시 코츠는 〈애틀랜틱(The Atlantic)〉에 기고한 "나의 대통령은 흑인이었다"라는 제목의 장광설에서 아부의 끝을 보여주었다. 그는 오바마가 "절망과 역사와 중력을 거슬렀다"라고 했다. 예수 승천이 따로 없다. 영화배우 조지 클루니는 "오바마가 방으로 들어오는 순간 어디든 졸졸 따라다니고 싶은 마음이 든다"라고 했다. 정체성 정치(identity politics)라는 방부액에 절여진 좌익의 뇌에 오바마는 무오류의 신처럼 각인되었다. 거의 개인숭배 수준이었다.

오바마 정부는 2008년 9월 서브프라임 모기지로 인한 금융위기 사태 때 은행들을 구제하느라 국민세금 7천억 달러를 쏟아 부었다. 사람들은 대부분 그것으로 사태가 마무리되었다고 생각하지만 그 이후에도 오바마 정부는 16조 8천 억 달러를 구제기금으로 책정해놓고 2015년 7월 까지 4조 6천억 달러를 지출했다. 경제에 미치는 영향이 크므로 구제해야 한다는 대마불사(大馬不死, too big to fail)의 명분으로 당시에 구제받은 은행들은 이제 망하도록 내버려두기에는 경제에 미치는 영향이 더 커졌다. 부동산 거품 경제가 한창일 때 서브프라임 모기지를 파는 은행들에 최고신용등급을 매긴 스탠다드 앤드 푸어(S&P), 멕시코 마약 카르텔의 돈을 세탁해준 HSBC 미국지부, 자기들이 야기한 금융위기에서 헤지펀드와 공모해 떼돈을 번 JP 모건 체이스와 골드만 삭스, 투자금융회사들로부터 내부자정보를 얻어 거액을 챙긴 70개 헤지펀드들 가운데 기소되어 교도소에 간 사람은 거의 없고 그들이 번 액수에 비하면 형편없이 적은 푼돈을 벌금으로 무는 데 그쳤다. 정말 사회적 약자를 위하는 대통령이었다.

오바마는 미국 역사상 그 어느 대통령보다 오랜 기간 동안 전쟁을 수행했다. 그는 8년 임기 동안 내내 끊임없이 전쟁을 벌였고 드론(drone) 공격으로 10만 개가 넘는 폭탄을 투하했다. 비밀리에 전쟁을 수행한 군과 정보기관(CIA는 자체적인 드론 프로그램을 운영했다)들은 조지 W. 부시 정권 때보다 훨씬 대규모였고 더욱 막강했다. 〈외교협회(Council on Foreign Relations)〉 조사에 따르면 2016년 한 해에만 오바마가 떨어뜨린 폭탄이 26,171개로 하루에 72개꼴이다. 오바마는 아프가니스탄, 리비아. 예멘, 소말리아, 시리아, 이라크, 파키스탄에 폭탄을 퍼부었고 드론으로 헬파이어(hellfire) 미사일을 결혼식, 장례식 등에 퍼부어 4,700명이 숨졌다. 오바마는 독재자가 집권하는 이집트에 F-16 20대를 판매한 것을 비롯해 역대 어느 대통령보다 중동지역에 무기를 많이 판매했다. 그런데 부시 정권 하에서 그렇게 격렬히 반전 시위를 하던 시위대는 오바마 정권 하에서는 자취도 없이 사라졌다. 부시는 의회의 승인을 받고 이라크 전쟁에 돌입했지만 오바마가 리비아에 군사 개입할 때는 의회의 승인을 구하지도 않았다. 오바마가 가다피를 제거하고 리비아가 내전상태에 빠지면서 제대로 국경이 통제되지 않자 북아프리카 이민자들이 대거 유럽으로 유입되면서 오늘날 유럽을 난민 위기에 빠뜨리는 데도 기여했다. 오바마가 집권하는 기간 동안 이슬람 무장 세력은 더욱 극성스럽고 잔인해졌고 테러 사건도 급증했으며, 사상자 수도 치솟았다.

세계 주류언론이 국제평화에 기여했다고 대서특필한 이란 핵 협정도 악의 본질을 파악하지 못한 순진한 유화책에 불과하다. 악은 흔히 암흑에 비유되는데 어쩌면 악은 눈부시게 밝다고 하는 게 맞을지도 모른다. 너무 밝은 나머지 눈이 부셔서 외면해버리게 된다. 그래서 악의 존재를 부인하는 사람이 많은지도 모른다. 일단 악의 존재를 인정하면 맞서야하고 대부분은 악에 맞서기를 주저하기 때문에 그 존재를 애써 부정한다. 바로 이런 태도 때문에 2차 대전이 발생했고 5,500만 명이 목숨을 잃었다. 서구진영의 많은 이들은 나치라는 악의 존재를 부정하고 못 본 척하다가 나치가 점점 강해지자 유화정책을 썼다. 2015년 미국, 유럽, 러시아, 중국이 이란과 맺은 협정은 서구 민주주의 국가들이 나치 정권의 세력 확장을 수수방관하다가 1938년에 체결한 뮌헨 협정의 복사판이다. 1938년 네빌 챔벌레인(Neville Chamberlain) 영국총리는 뮌헨에서 아돌프 히틀러를 만나 평화를 약속받는 대신 독일이 체코슬로바키아 영토 대부분을 합병하도록 허락하는 뮌헨 협정을 채결하고 나서 "우리시대에 평화가 왔다(Peace of our time)"라고 선언했다.

나치독일처럼 이란도 경찰국가다. 나치독일의 지상과제는 유럽에서 유대인을 몰살하는 것이었다면 이란의 지상과제는 이스라엘 제거다. 서구진영은 히틀러를 유대인들 문제로 치부했다. 오늘날 서구진영은 이란을 이스라엘 문제로 치부한다. 나치독일이 유럽을 지배하려 했다면 이란은 중동지역을 비롯해 이슬람 세계를 지배하려 한다. 나치 독일에 대해 유화적인 태도를 보인 영국과 프랑스 두 나라는 이번에는 미국과 손잡고 이란에 대해 유화적인 태도를 보였다. 이란의 동결자산 1,500억 달러를 해제해주고 핵개발 프로그램은 그대로 두는 이란 협정은 소기의 목적을 달성하기 불가능한 협정이다. 1938년 뮌헨 협정 체결 이전까지만 해도 히틀러는 유럽에서 유대인을 섬멸하겠다고 공공연하게 주장하지 않았다. 그러나 이란은 2015년 이전부터 수십 년 동안 이스라엘을 섬멸하겠다고 공언해왔다. 1938년 당시 독일에는 "미국에게 죽음을"이라고 외치는 시위대도 없었다. 하지만 이란에서는 툭하면 이런 시위가 벌어진다. 1938년에 나치 독일은 지금의 이란처럼 세계 곳곳에서 테러를 자행하지도 않았고 이란처럼 1,000명 이상의 미국인의 목숨을 앗아가지도 않았다.

2015년 네빌 챔벌레인의 화신(化身)들은 이란 협정을 옹호하면서 두 가지 근거를 들었다. 첫째, 협정의 유일한 대안은 전쟁이며, 둘째, 이 협정은 이란을 국제공동체의 책임 있는 구성원으로 만드는 효과가 있다는 주장이다. 전쟁이 유일한 대안이라는 주장은 틀렸다. 첫째, 이란 협정의 대안은 전쟁이 아니라 제재를 지속적으로 강화해서 이란 정권을 약화시키고 테러집단에 재정 지원할 능력을 약화시키는 방법이다. 둘째, 이란 협정은 이란의 입지를 강화해 오히려 전쟁 가능성을 높인다. 사악한 팽창주의적 정권이 재정적으로 튼튼해지면 그 돈을 국민들에게 쓰지 않고 세력 확장에 쓴다. 셋째, 이란은 수십 년 동안 미국과 전쟁을 벌여왔다. 이란 협정이 이란을 국제공동체의 책임 있는 구성원으로 만들리라고 생각하는 사람은 이란 정권의 속성에 대해 정말 무지한 사람이다. 종교광신자들로 구성된 이란 정권은 대량학살을 자행하는 이슬람 무장 세력과 다르지 않다. 이란 정권은 중국에 이어 두 번째로 많은 자국민들을 처형했고, 동성애자라는 이유만으로 6,000명의 자국민을 죽였다. 이란 여성은 남편의 허락 없이는 집밖으로 한 발짝도 나가지 못한다. 이란 정권은 끊임없이 이스라엘 섬멸을 부르짖고 있으며 테러단체에 가장 대대적으로 지원하는 국가로 손꼽힌다. 이제 동결 해제된 1,500억 달러의 자금과 무기와 미사일 교역금지 해제와 이미 보유하고 있는 핵시설로 무슨 짓을 할지 모른다. 이란 협정은 완전한 실패다.

오바마 정권의 대북 정책 또한 처참한 실패로 끝났다. 1990년대에 클린턴 정부가 첫 단추를 잘못 끼우면서 북한 폭탄돌리기가 시작되어 버락 오바마 정부에서 절정에 이른 대북 외교정책 실패는 트럼프 대통령의 정권을 곤혹스럽게 만들고 있다. 1994년 빌 클린턴은 북한이 핵무기 개발을 포기하는 대가로 한 해에 50만 톤의 중유를 공급하고 경수로 2기를 건설해주기로 했다. 그러나 북한은 계약서의 잉크가 마르기도 전에 약속을 깨면서 클린턴의 "유화정책"은 완전한 실패로 끝났고 이러한 무력한 대북정책은 부시 정권에서도 이어졌다. 오바마의 이른바 "전략적 인내(strategic patience)" 정책은 수수방관하겠다는 말장난이었다. 오바마 행정부는 미국 국방예산을 무참하게 삭감해 미국의 군사전략적 선택지를 극도로 축소시켰고 국가미사일방위체계에 대한 재정적 지원을 삭감해 미국의 마지막 방어선을 심각하게 무력화시켰다. 정치적 성향을 떠나 많은 군사전문 분석가들은 북한이 미국 본토에 있는 목표물을 타격하기 위해 대륙간 탄도미사일에 장착할 수 있을 정도로 핵무기를 소형화하는 단계에 위험스러울 정도로 가까이 접근했다고 믿는다.

2009년 노벨상심사위원회는 취임한지 1년이 채 되지 않는 오바마에게 노벨평화상과 140만 달러의 상금을 수여했다. 평화에 기여하는 가시적인 성과를 내기도 전에 평화에 기여하리라는 지레 짐작을 바탕으로 수상자를 선정하는 참으로 오묘한 행태에 세계가 고개를 갸우뚱했다. 노벨상심사위원회가 수상자를 선정하는 과정에서 점점 노골적으로 정치성향을 드러낸다는 의심을 지울 수가 없다. 백인이라는 죄책감과 감상적인 소수자 우대 정서에 찌들어 유색인종이라면 무조건 우상화하고 미화하기에 바쁜 성향 말이다. 피부색만 가무잡잡하면 아무 업적이 없어도 평화를 수호하는 성인으로 우상화된다. 과거에도 세계 평화와 화해에 기여했다는 이유로 노벨평화상을 받은 이들 가운데는 사악한 정권에 속아 넘어가 순진한 유화책을 펼침으로써 오히려 세계를 더욱 더 불안정하게 만든 사람들이 적지 않다. 오바마는 지구상에서 가장 위험한 두 정권에게 핵무기라는 날개를 달아주었다. 임기 내내 전쟁 중이었던 오바마에 대해 노벨상심사위원회는 지금은 무슨 생각을 하고 있을지 궁금하다.

오바마는 2008년 대선 선거유세에서 조지 W. 부시 정권이 차세대의 미래를 담보로 무책임하고 비애국적인 재정 정책을 펴 나라를 빚더미에 앉혔다고 비판했다. 그런데 오바마야말로 무분별한 복지와 재정지출로 역대 어느 대통령보다 더 많은 8조 달러에 달하는 국가부채를 재임기간 동안 냈다. 오바마는 해마다 경제 활성화 정책으로 돈을 쏟아 부었지만 임기동안 단 한 해도 경제 성장률이 3퍼센트를 넘은 적이 없는 미국 최초의 대통령이 되었다. 오바마는 임기동안 일자리 700만 개를 창출했다고 자랑하지만 인구는 2,000만 명 이상 증가했고 노동연령 인구의 증가율은 일자리 증가율보다 훨씬 높았다. 오바마 집권동안 빈곤율은 3.5퍼센트 상승했고, 가구당 실질중간소득(real median income)은 2.3퍼센트 하락했으며, 푸드 스탬프(food stamps)에 의존하는 미국인은 3,300만 명에서 4,600만 명으로 39.5퍼센트 증가했다. 2016년 3월에 발표된 4.9퍼센트라는 실업률은 구직을 포기한 사람들을 고려하지 않은 수치이고 노동시장 참가율이 66퍼센트에서 62.9퍼센트로 하락한 점을 감안한다면 실제 실업률은 9.4퍼센트에 달하는 셈이다. 오바마 재임 기간 동안 흑인들의 처지도 더욱 악화되었다. 흑인 가구당 실질중간소득은 1.5퍼센트 하락했고, 푸드 스탬프 수령자는 58퍼센트 폭증했으며, 자택소유자는 9.1퍼센트 하락했다.

무엇보다 오바마의 가장 큰 실책은 인종관계의 악화다. 2008년 오바마가 대통령에 당선되었을 때 그의 정책에는 동의하지 않는 많은 미국인들도 이제 미국이 정치적으로 인종갈등에 집착하는 시대를 극복하고 미래로 나아가게 되었다고 생각했고 그런 희망이 반영되어 2009년 1월 오바마 취임 직후 인종관계를 긍정적으로 보는 시각이 77퍼센트에 달했다. 그러나 오바마 정부는 미국이 여전히 체계적 구조적으로 심각한 인종차별이 만연한 나라라는 주장을 전면에 내세웠고 인종차별을 가능한 한 폭넓게 재정의하고 분열과 갈등을 조장했다. 미국 최초의 흑인 대통령 정권하에서 인종관계는 최악의 수준으로 급전직하했다. 갤럽의 조사를 보면 흑백 인종관계는 레이건과 41대 부시 대통령 집권 기간 중에 더 좋았고 클린턴 정부에서 악화되다가 43대 부시 대통령 집권 내내 꾸준히 개선되었고 오바마 정권 들어 다시 악화되어 흑백 인종관계가 좋다고 답한 비율이 34퍼센트로 20년 만에 최저치를 기록했다.

오바마 정부는 흑백 간에 격차가 나는 모든 통계 수치에서 있지도 않은 인종차별 정서를 읽어냈다. 인종관계의 담론을 왜곡하고 분열을 조장한 오바마 행정부의 정책을 몇 가지 살펴보자. 2010년 오바마 정부의 교육부와 법무부는 미국 전역의 학교들을 대상으로 조사를 벌여 흑인학생들이 처벌받는 비율이 다른 인종 학생에 비해 3.5

배 높다는 사실을 알아냈다. 교육부는 흑인학생들이 폭행과 같은 심각한 비행으로 학교에서 체포될 확률은 백인에 비해 25배 높고 흑인학생이 학교 주변에서 비행을 저지를 확률이 훨씬 높다는 통계자료들은 몽땅 무시하고, 유색인종 학생들이 교육현장에서 불이익을 받고 있다는 결론을 내렸다. 2014년 오바마 정권은 미니애폴리스 공립학교에서 흑인과 히스패닉이 백인과 아시아인보다 10배나 많이 정학조치를 받자 이를 인종차별을 금지한 인권 법안 위반사항으로 보고 정학 비율의 인종별 격차를 줄이라고 지시했다. 그러자 미니애폴리스 교육감은 흑인과 히스패닉 학생들의 정학비율을 줄이고 백인과 아시아인 학생의 정학비율을 높이라는 지침을 내렸다. 조너선 하이트(Jonathan Haidt) 교수에 따르면 흑인과 히스패닉의 미혼모/편모 가정 비율은 백인과 아시아인보다 훨씬 높고 이런 가정에서 자란 학생들이 문제 행동을 할 확률은 다섯 배 이상이다. 오로지 인종별 격차가 나타나는 통계수치만 보고 인종차별이 원인이라고 단정한 어처구니없는 정책이었다.

오바마 정권의 주택도시개발부는 부유층이 주로 사는 뉴욕 웨스트체스터 같은 교외지역의 주민 인구구성을 다양하게 하라고 강제했다. 새로운 규정에 따라 연방정부는 부유층이 거주하는 지역공동체가 적극적으로 인종차별적인 정책에 관여했다는 증거가 없어도 지역공동체의 주택과 건축 규정 적용을 유보해 저소득층 유입을 유인하라고 강제할 수 있게 되어있다. 단지 어떤 마을의 인구구성이 다양하지 않다는 이유만으로 인종차별이 원인이라고 간주하고 지역공동체의 성격을 바꾸겠다는 정책이다. 그런데 공교롭게도 2012년 대선에서 웨스트체스터 지역 주민가운데 3분의 2가 오바마에게 투표했다.

오바마는 경찰의 총격으로 흑인이 사망하는 사건이 벌어질 때마다, 심지어 경찰의 행동이 정당했다고 입증된 사건에서조차 경찰을 공격하고 비난했다. 오바마는 "공권력이 부당하게 흑인 청년에 대한 편견을 지니고 그들을 집중적으로 노리기 때문에 흑인 청년들이 분노와 적개심과 무력감을 느낀다"라고 주장했다. 하지만 흑인이 저지르는 범죄의 가장 큰 희생자도 흑인이다. 해마다 6,000명의 흑인이 살해당하는데 이 가운데 압도적인 다수가 같은 흑인의 손에 죽음을 당한다. 경찰이 흑인들이 주로 사는 지역을 순찰하는 이유는 그런 지역이 범죄발생률이 높기 때문이다. 오바마 재임 기간 동안 인종차별 정서가 악화되고 있다고 믿는 미국인의 수가 거의 두 배로 증가했지만 그런 정서의 급격한 증가를 뒷받침할 만한 근거는 거의 없다. 소수인종에 대한 경찰 총격이 상당히 증가했다는 사실을 증명하려고 언론이 눈에 불을 켜고 파헤치지만, 경찰이 총을 발사하는 회수는 수십 년 동안 해마다 감소해왔다.

맨해튼 연구소의 헤더 맥도널드(Heather MacDonald)가 제시한 통계수치를 몇 가지 살펴보자. 첫째, 2015년에 경찰의 총격에 사망한 백인은 흑인의 두 배였다. 이 통계치를 두고 흑인은 인구의 13퍼센트에 불과한데 인구비율에 비해 경찰총격에 사망하는 비율이 높으므로 인종차별의 증거라고 주장하지만 흑인이 강도의 62퍼센트, 살인의 57퍼센트, 폭행 45퍼센트를 저지른다는 사실을 감안해보면 인종차별이라고 할 수 없다. 둘째, 살해사건에서 경찰 총격으로 사망하는 민간인의 비율은 백인과 히스패닉이 12퍼센트, 흑인은 4퍼센트다. 셋째, 백인경관보다 흑인과 히스패닉 경관이 흑인에게 총을 발사할 확률이 3.3배 높다. 넷째, 비무장 흑인이 경찰에게 살해될 확률보다 경찰이 흑인에게 살해될 확률이 18.5배 높고 민간인에게 살해되는 경찰의 40퍼센트가 흑인 남성의 손에 살해된다. 오바마는 인종갈등을 극복할 적임자로서 많은 미국인들이 그에게 걸었던 희망을 저버리고 오히려 인종갈등을 심화시키는 데 큰 공을 세웠다. 하버드 경제학과 교수이자 흑인인 롤런드 G. 프라이어 주니어(Roland G. Fryer, Jr.)의 연구팀이 발표한 〈경찰의 무력행사에서 나타난 인종 간 격차에 대한 실증적 분석(An Empirical Analysis Of Racial Differences In Police Use of Force)〉에서도 경찰총격사건에서 흑인에 대한 편견은 발견되지 않았다는 결론을 내리고 있다.

⑵ 오바마 정부의 이메일 게이트

2013년 5월 10일 다음과 같은 사실이 언론에 보도되었다. 2010년 4월부터 2012년 4월까지 미국 국세청(Internal Revenue Service, IRS)은 단체명에 공화당 성향의 단어가 들어간 수백 개의 단체들이 제출한 면세지위(tax-exempt) 신청서 심사를 보류했다. 같은 기간 동안 국세청이 면세지위를 부여한 공화당 성향의 단체는 겨우 4개였고 민주당 성향의 단어가 단체명에 들어간 단체 가운데 면세지위를 받은 단체는 수십 개에 달했다. 추가로 2014년 2월에는 기존의 비영리단체들 가운데 국세청의 감시대상으로 지목된 단체의 83퍼센트가 공화당 성향의 단체라는 사실이 밝혀졌다. 국세청이 회계감사 대상으로 선정한 단체들은 100퍼센트 공화당 성향이었다. 2012년 대통령 선거에서 우익 단체들의 활동을 제약할 목적으로 이 단체들의 신청서 심사를 보류하거나 기각시킨 것으로 보인다. 이 같은 보도가 나간 후 엿새 만인 5월 16일 오바마는 국세청의 이러한 행태는 "용납할 수 없다"라며 이러한 사실이 보도되기 전에는 전혀 몰랐다고 말했다. 하지만 그 다음날인 5월 17일, 국세청이 공화당 성향의 단체들을 집중적으로 겨냥한다는 사실을 백악관이 인지한 시기는 2012년 대통령 선거가 열리기 다섯 달 전인 6월 4일부터였다는 사실이 보도되었다. 5월 22일 국세청 추문과 관련해 열린 하원청문회에 출석한 국세청 면세단체 심사국장 로이스 러너(Lois Lerner)는 형식적인 사과를 담은 모두발언이 끝나자마자 묵비권을 행사하겠다면서 의원들의 질문에 일절 답하지 않았고 그 다음 날 휴직에 들어갔다.

2013년 8월 하원 예산심사 및 정부개혁 위원회는 2009년 1월부터 2013년 8월까지 로이스 러너가 주고받은 이메일을 모두 제출하라는 소환장을 발부했고, 국세청이 내부조사 끝에 로이스 러너가 "의무를 소홀히"한 책임이 있다고 발표하면서 러너의 해고를 요청했고

2013년 9월 23일 로이스 러너는 국세청을 사임했다. 2014년 6월 국세청은 컴퓨터 고장으로 로이스 러너의 이메일 상당량이 유실되었다고 했고 며칠 후 국세청 추문에 가담한 또 다른 여섯 명의 국세청 직원들의 이메일도 복구불가하다고 의회에 통보했다. 2014년 6월 18일, IT 전문가들이 고장 난 컴퓨터에서 로이스 러너의 이메일을 복구할 수 있다고 발표하자, 국세청은 하드드라이브를 폐기했다고 발표했다. 전화 한통, 이메일 한 통으로 납세자의 삶을 뒤집어놓을 막강한 위력을 휘두르고 납세자들에게는 감사받게 될 가능성에 대비해 7년치 소득신고 자료를 보관하라고 주문하는 국세청이 직원 이메일도 제대로 간수하지 못했다. 아니 안했다.

2014년 하원이 공개한 최종 보고서에는 국세청 면세단체 심사국장 로이스 러너와 부서원들이 〈티파티(Tea Party)〉를 끌어내리기 위해 공모하면서 주고받은 이메일 수백 건이 담겨 있었다. 〈티파티〉는 2010년 총선거에서 공화당이 승리하는 데 견인차 역할을 한 단체인데, 그해 총선거는 상하 양원과 주지사, 주 입법기관 의석들을 공화당이 휩쓸면서 오바마 정권에 참패를 안겨준 선거였다. 그런데 이런 단체의 열정과 에너지가 2년 만인 2012년에는 완전히 사라졌다. 2012년 대선을 앞두고 〈티파티〉는 국세청으로부터 기부자 명단, 강연자 명단, 페이스북 포스팅 내용을 제출하라고 요구받고 다른 단체보다 평균 10배 이상 회계감사를 받는 등 국세청의 위협과 감시와 조사에 시달리느라 공화당 후보들을 위한 대대적인 선거운동과 정치기금 모금활동을 하지 못했다. 특히 〈티파티〉 운동이 활발하던 버지니아, 플로리다, 오하이오, 콜로라도주의 지부들이 집중적으로 국세청에게 시달렸다. 오바마는 이들 주에서 공화당 대통령 후보 미트 롬니에게 근소한 차이로 승리했다.

의회 조사결과 국세청이 지목해 집중적으로 감시하고 감사한 민주당 성향 단체는 6개, 공화당 성향 단체는 292개에 달했고, 2010년 국세청이 공화당 성향의 단체들을 겨냥하기 시작할 때 비영리단체 심사를 담당하던 새라 홀 잉그램(Sarah Hall Ingram)은 2011년 이후로 백악관을 165차례 방문해 백악관 고위참모들과 만난 것으로 드러났다. 잉그램과 백악관 참모들이 주고받은 이메일에는 납세자 관련 비밀 정보가 포함되어있었다. 국세청 직원이 납세자와 관련된 정보를 유출하면 최고 5년 징역형에 처해진다. 페퍼다인대학의 법과대학원 교수 폴 L. 캐런(Paul L. 캐런)에 따르면 2012년 대선에서 정치 헌금을 낸 국세청 소속 변호사들 가운데 95퍼센트가 오바마에게 기부를 했다. 그러나 연방정부기관 변호사들의 좌편향성은 국세청에서만 나타나는 게 아니다. 교육부 소속 변호사 100퍼센트, 국방부 소속 변호사 68퍼센트 등이 오바마에게 압도적으로 많은 기부를 했다.

증오와 차별과 폭력의 대상인 새로운 인종이 탄생했다. 그들은 인종차별유전자를 지닌 채 태어나고 대대손손 특권을 누려왔으므로 그들에게는 침을 뱉어도 되고 주먹을 휘둘러도 되고 그들의 가게 유리

창에는 벽돌을 던져도 된다. 그렇게 해도 아무도 증오와 폭력을 조장한다고 비난하지 않는다. 오히려 과거에 저지른 업보의 대가로 당해도 싸다고 여기고 언론도 박수를 치고 환호한다. 그 새로운 인종은 바로 우익 성향의 백인이다. 2016년 대선 선거유세에서 힐러리 클린턴은 트럼프를 지지하는 수천만 명의 유권자를 "한심한 무리, 인종차별주의자, 성차별주의자, 동성애혐오자, 외국인혐오자, 이슬람혐오자 가지가지다(basket of deplorables, racist, sexist, homophobic, xenophobic, Islamaphobic, you name it)"라고 싸잡아 낙인을 찍었고 오바마는 "인종차별이 미국인의 DNA에 새겨져있다"라고 했다. 평범한 백인 다수에 대한 분노와 증오심을 부추겨 소수자와 유색인종의 지지를 몽땅 긁어모으겠다는 비열한 계산이 깔려있다. 좌익 기득권층은 이런 정체성 정치에 매몰 되어 백인들을 점점 궁지로 몰았다. 트럼프의 일거수일투족에서 비난할 꼬투리를 찾아내는 데 혈안이 되어 그를 품위 없고 천박하다고 비난한 자칭 "진보, 리버럴"이라는 이들은 거울을 들여다보아야 한다. 그들의 정체성 정치가 얼마나 흉측한 모습을 하고 있는지. 그들은 진보도 아니고 리버럴도 아니다. 그들의 적은 트럼프가 아니라 그들 자신이다. 트럼프의 승리에 기여한 일등공신은 입으로는 정의와 분배와 평등과 평화를 외치면서 정작 자기 삶에서는 편법으로 부를 축적하고 분노와 갈등을 조장하고 드론의 지옥불로 세계 곳곳을 벌집으로 만든 힐러리와 오바마 같은 가짜 진보, 가짜 리버럴, 그리고 이들을 찬양하고 이들 앞에서 굽신 거린 주류언론이다.

아, 한 가지 더. 버락 오바마와 미셸 오바마 부부는 펭귄 랜덤하우스(Penguin Random House)와 자서전 출판 계약을 맺고 선인세로 6,500만 달러를 받았다. 사상 최고의 선인세다. 힐러리는 예전에 출간된 자서전에서 자신의 이름은 인류 최초로 에베레스트 정상에 오른 에드먼드 힐러리 경(Sir Edmund Hillary)의 이름을 따서 지었다고 주장한다. 새빨간 거짓말이다. 힐러리 경은 1953년에 에베레스트 등정에 성공했고 힐러리 클린턴이 태어난 해는 1947년이다. 오바마는 예전에 출간된 자서전에서 자신의 조부가 인도네시아에서 네덜란드 식민지에서 벗어나기 위해 독립 투쟁을 하다가 사망했다고 주장했다. 하지만 오바마의 조부는 의자에 올라가 커튼을 교체하다가 낙상해 숨졌다. 작은 거짓말이 큰 거짓말이 되고 바늘 도둑이 소도둑 되는 법이다. 오바마 부부가 워싱턴 D.C.에 장만한 800만 달러짜리 저택에서 《해리 포터(Harry Potter)》를 능가하는 픽션을 탄생시킬지 기대된다. 장담컨대 오바마도 클린턴 부부의 신사업모델을 바탕으로 재단을 설립하고 30분 강연에 몇 십 만 달러를 챙기며 천문학적인 수입을 올리게 될 것이다. 아니나 다를까 백악관을 떠난 지 100일 남짓한 2017년 4월, 예상대로 오바마가 40만 달러를 받고 월스트리트 금융회사 캔터 피츠제럴드(Cantor Fitzgerald)가 후원하는 회의에서 연설을 하기로 했다는 보도가 나왔다. 사악한 월스트리트에 맞서 싸운 십자군 행세를 하던 오바마에게 비난이 쏟아지자 오바마 측은 다음과 같이 참으로 가관인 변명을 내놓았다. "2008년 오바마는 역사상 그 어떤 대통령보다 월스트리트에서 많은 정치자금을 모금했지만 루스

벨트 대통령 이후로 월스트리트에 대해 가장 강력한 개혁을 성공적으로 추진했다." 이 액수는 약과다. 2017년 5월에는 밀라노에서 열린 식품산업과 생산에 기술혁신과 기후변화가 미치는 영향을 논하는 "시즈 앤드 칩스(Seeds and Chips)"라는 행사에서 한 시간 반 길이의 연설을 해주고 무려 320만 달러를 받았다. 대통령 재임시절 업적은 형편없어도 말은 청산유수니 청중을 홀리는 데는 문제없으리라고 본다. 일찌감치 2014년에 설립된 오바마 재단도 오바마가 퇴임하기도 전인 2016년부터 기부금을 긁어모으면서 순항하고 있다. 아, 오바마가 집권하는 동안 눈에 띄게 좋아진 게 하나 있긴 하다. 바로 오바마 본인의 골프 실력이다. 역대 대통령 가운데 재임 중에 오바마만큼 광적으로 골프채를 휘둘러 댄 대통령은 없다. 오바마가 퇴임한 후 지미 카터(Jimmy Carter) 전 대통령이 몰래 화장실 구석에 쭈그리고 앉아 기쁨의 눈물을 흘렸다는 확인되지 않은 소문도 들린다. 드디어 미국 역대 최악의 전직대통령 자리를 물려주게 되었다면서. 보니와 클라이드 한 쌍이 또 탄생했다. 이번에는 주인공이 흑인 부부다. 미국에 인종차별은 없다. 기득권층 흑인과 백인은 정치 사기행각으로 동등하게 보상받는다.

3) 힐러리와 오바마의 정신적 스승: 솔 D. 얼린스키(Saul D. Alinsky)

앞서 언급한 민주당전국위원회 몰래카메라 동영상에서 현장선거운동을 하는 이들이 거론한 기만전술의 역사는 시카고에서 지역공동체 조직책(Community Organizer)이었던 급진좌익 솔 얼린스키(Saul Alinsky)라는 인물이 활동하던 1960년대로 거슬러 올라간다. 신좌익을 종교로 친다면 마르쿠제는 교리를 정립한 교주고, 솔 얼린스키는 그 교리를 전파할 전략전술과 구체적으로 실천할 행동수칙을 마련한 사도(使徒)라고 할 수 있다.

1971년에 출간된 얼린스키의 책 《급진주의자를 위한 수칙: 현실적 급진주의자를 위한 실용적 입문서(The Rules for Radicals: A Pragmatic Primer for Realistic Radicals)》는 위와 같은 기만전술들이 가득한, 사실상 신좌익의 선언문(manifesto)이다. 이 책은 다음과 같이 시작된다. "이 책은 세상을 현상(現狀)에서 당위(當爲)로 바꾸려는 이들을 위한 책이다. 《군주론(Il Principe)》이 마키아벨리(Machiavelli)가 가진 자들에게 권력을 유지하는 비결을 제시하는 책이라면 이 책은 못가진자들에게 그 권력을 빼앗는 비결을 제시해준다." 자칭 급진주의자인 얼린스키는 세상을 "가진 자(Haves, 상류층과 중산층)"와 "못 가진자(Have-nots, 빈곤층)"로 양분하고 권력과 부의 재분배라는 목적을 달성하기 위해서는 수단과 방법을 가리지 않아도 된다는 신념을 바탕으로 "공동체 조직화(community organization)" 이론의 토대를 마련했다. 얼린스키는 게릴라전술과 시민불복종을 통해 가진 자와 못 가진자 사이의 권력의 격차를 메워야한다고 주장했다.

여기서 얼린스키가 제시한 열세 가지 수칙을 간단히 살펴보자. 수칙 1, "실제로 지닌 힘만 힘이 아니다. 당신이 힘을 지녔다고 적이 생각한다는 사실도 힘이다." 수칙 2, "사람들이 지닌 전문성에서 절대 벗어나지 말라. 행동이나 전술이 사람들의 경험 영역 밖으로 벗어나면 사람들은 혼란스러워 하고 두려워하며 위축된다. 의사소통도 와해된다." (합리성과 증거를 무시하고 사람들이 지닌 잘못된 편견을 부추기는 수법이다) 수칙 3, "가능하다면 언제든지 적의 전문성을 벗어나라. 그러면 적은 혼란스러워하고 두려워하고 위축된다." 수칙 4, "적으로 하여금 그들이 스스로 세운 수칙을 준수하도록 만들라. 교회가 그리스도교 교리를 제대로 준수하지 못 하듯이 적들도 자신들이 세운 수칙을 실천하지 못 한다." (빌 클린턴과 르윈스키 추문이 터지고 클린턴의 위증에 대해 의회에서 탄핵을 추진하자 좌익 성향인 언론은 탄핵을 찬성하는 공화당 의원들의 사생활을 폭로했다.) 수칙 5, "조롱은 가장 강력한 무기다. 조롱은 반격할 방법이 없다. 조롱은 적을 분노하게 만든다. 적이 흥분하면 상황이 당신에게 유리해진다." 수칙 6, "사람들이 즐거워해야 훌륭한 전술이다. 사람들이 실행할 때 재미를 느끼지 못 하는 전술은 하자가 있는 전술이다." 수칙 7, "똑같은 전술을 너무 오랫동안 질질 끌지 말라. 사람들이 특정 사안에 관심을 집중하는 데는 한계가 있다. 똑같은 전술을 너무 오래 끌면 일요일 아침에 예배 보러 교회에 가듯이 일상적인 관례처럼 되어버린다." 수칙 8, "계속 압박하라. 다양한 전술을 총동원해 목적을 달성하라." 수칙 9, "어떤 대상이 지닌 위협을 실제보다 과장하고 극대화하라." (이 수칙은 환경보호운동가, 평화주의자가 잘 써먹는 수법이다.) 수칙 10, "전술이 성공하려면 상대방에게 끊임없이 압박을 가할 실행 방법을 개발해야 한다. 집요하고 중단 없이 압박을 가해야 상대방이 반응을 보이고 그래야 전술이 성공한다." 수칙 11, "부정적인 전술이라도 집요하게 밀어붙이면 긍정적인 전술이 된다. 즉, 긍정과 부정은 동전의 앞뒷면이다." (경찰에게 먼저 폭력을 행사하면 경찰이 방어차원에서 폭력을 행사하게 되므로 폭력을 유발한 원인제공자가 오히려 대중의 동정심을 사게 되는 경우가 바로 이에 해당한다.) 수칙 12, "상대방 공격에 성공하면 건설적인 대안을 제시해야 하는 대가를 치러야 한다." 수칙 13, "목표물을 정하면 그 목표물을 꼼짝 못 하게 만들고, 그 목표물에 대한 공격을 사사로운 일로 만들고, 사람들을 이간질하라." (이번 미국 대선에서 언론들은 트럼프에게 투표하면 친구, 연인, 가족을 잃게 된다는 보도를 끊임없이 해 트럼프 지지자들을 심리적으로 위축시켰다.)

얼린스키는 힐러리 클린턴과 밀접한 관계가 있다. 힐러리의 웰즐리 칼리지(Wellesley College) 졸업논문 주제가 바로 얼린스키다. 1968년 힐러리는 이 졸업논문을 쓰는 동안 얼린스키를 여러 차례 만났고 얼린스키와의 친분과 그의 철학에 대한 공감은 힐러리가 1969년 예일대학교 법학대학원에 들어간 후에도 수년 동안 계속 이어졌다. 2014년 〈워싱턴 프리 비컨(The Washington Free Beacon)〉은 힐러리가 얼린스키에게 보낸 편지를 입수해 보도했는데 이 편지에는 위에서 언급한 얼린스키의 책이 나오기를 학수고대한다는 내용과 더불어, 힐러리가 얼린스키와 얼마나 사상적으로 친밀한 관계였는지 보여주는 내용이 들어있다.

힐러리 클린턴과 얼린스키의 관계는 수십 년 동안 사람들 입에 오르내렸는데, 빌 클린턴이 집권하면서 백악관 요청에 따라 웰즐리 대학 당국은 힐러리의 1968년 졸업논문 공개를 금지하면서 논란이 되었다. 얼린스키의 신념과 투쟁방식을 힐러리 클린턴이 얼마나 내면화하고 그에 동화되었는지를 감추기 위해서였다. 〈오직 투쟁뿐…: 얼린스키 모델 분석(There is Only the Fight…: An Analysis of the Alinsky Model)〉이라는 제목의 힐러리의 졸업논문은 2001년에 마침내 공개되었는데 힐러리가 대체로 얼린스키의 신념과 주장에 동조하고 있다는 사실을 보여준다. 다만 얼린스키는 정부에 압력을 넣어 좌익의 의제를 실현시키는, 체제 밖에서의 투쟁을 주장한 반면 힐러리는 제도권 내에 진입해 변화를 꾀해야 한다는 방법론적인 차이를 보여준다.

힐러리는 국무장관에서 물러난 후 본격적으로 금전적 탐욕을 충족시키는 데 나서 헤지펀드, 월스트리트, 대기업, 대학교 등에서 연설을 해 수백 만 달러를 긁어모았고, 남편인 빌 클린턴과 함께 2008년 금융위기의 원흉인 골드만 삭스, J.P. 모건, 시티그룹 등 투자은행으로부터 클린턴재단을 통해 기부금을 받아 챙겼다. 힐러리와 신좌익의 우상인 얼린스키와의 관계는 급진좌익 학생에서 탐욕스럽고 타락한 금권정치가로 변신한 힐러리라는 인물의 정치적 역정을 보여줄 뿐만 아니라, 오늘날 좌익 직업정치꾼들은 신좌익운동이 절정이었던 1960년대에 그들이 품었던 이상과 얼마나 동떨어진 부패하고 타락한 삶을 누리고 있는지 잘 보여준다.

힐러리 클린턴과 달리 오바마는 얼린스키를 만난 적도 없고 얼린스키가 사망한 1972년에 오바마는 겨우 11살이었다. 하지만 오바마가 시카고에서 지역공동체 조직책으로 활동하던 시절 정신적 스승으로 여겼던 세 인물이 얼린스키가 창립한 학교에서 지역공동체 조직책이 지녀야 할 철학과 행동 수칙을 가르쳤다. 2008년 미국 대통령 선거 당시 얼린스키의 아들 L. 데이비드 얼린스키(L. David Alinsky)는 〈보스턴 글로브(The Boston Globe)〉에 보낸 서신에서 다음과 같이 말했다. "민주당전국위원회는 솔 얼린스키가 제시한 요소들을 모두 갖춘 완벽한 행사를 조직했다… 시카고에서 거물급 지역공동체 조직책들에게서 훈련을 받은 버락 오바마가 얼린스키 전략의 효과를 입증해보이고 있다. 놀라울 정도로 강력한 전략이다. 작고한 우리 아버지의 전략은 메시지를 전달하고 지지자들을 동원하는 데 백발백중이다. 주도면밀하게 집행하면 변화를 일으키는 데 이만큼 강력한 전략이 없다. 오바마가 아주 제대로 배웠다. 우리 아버지가 만든 조직화 전략이 지역 공동체를 넘어 2008년 민주당 대선 선거운동이라는 전국차원에서 성공적으로 실행되는 모습을 보니 뿌듯하다. 탄생 100주년이 다가오는 아버지의 영전에 바치는 더할 나위 없는 헌사다."

제3장

유럽의 PC

1. 반미정서와 몰락한 공산주의에 대한 향수

독일 나치로부터 유럽을 구했고 냉전시대에는 소련으로부터 유럽을 보호해주었으며 현재도 유럽의 안보에 기여하고 있는 미국에 대해 유럽이 보이는 경멸과 증오심은 이해가 불가할 정도다. 예전에 유럽에서 반미정서는 사회 주변부에 머물렀으나 이제는 사회의 전반에 퍼졌다. 유럽의 언론들은 끊임없이 미국을 조롱하고 비하하는 왜곡된 보도들을 쏟아내고 정치인들은 반미 정서를 표출하면 지지도가 급증한다. 유럽인들은 미국인들이 격조 없고 천박하고 인스턴트 음식에 중독되어 비만에 시달리며 멍청하고 단순하고 미개하고 툭하면 총이나 휘두르고 성경이나 읊조리는 무식한 인간들이라고 생각한다. 미국과 사촌이라고 할 만큼 가까운 영국의 신뢰받는 공영방송이라는 BBC도 미국에 대해 경멸적인 태도를 보인다.

유럽의 정치계, 언론계, 학계 등 기득권세력은 평균적인 유럽인은 미국의 문화에 대해 호감을 지니고 있다는 사실을 잘 알고 있다. 그리고 유럽의 기득권 세력이 보기에 이러한 호감은 미국식 정치체제, 즉 낮은 세금과 국민의 삶에 대한 간섭을 자제하는 작은 정부에 대한 지지로 전환될 위험이 있다는 사실도 잘 알고 있다. 따라서 그런 가능성을 미연에 방지하려면 유럽 대중의 머리에 미국에 대한 왜곡된 이미지를 심어주어야 한다는 사실을 그들은 오래전에 깨달았고 이 전략은 상당히 오랫동안 실행되어 왔다. 따라서 유럽 언론매체들은 미국을 조롱하고 왜곡하는 보도들을 끊임없이 내보내고 출판계에서는 오늘날 세계가 직면한 가장 큰 문제는 미국이라고 주장하는 미국인과 유럽인들이 쓴 책들로 넘치고 이런 책들은 베스트셀러가 된다.

그런데 유럽에서 몰락한 소련과 사회주의 독재정권들에 대한 향수는 반미정서 못지않게 강렬하다. 학계, 언론계, 정치계 기득권세력은 냉전시대의 공산주의가 그립다고 대놓고 말하지는 않지만 그래도 그때는 미국을 견제할 균형자가 있었다고 주저하지 않고 말한다. 정말 어처구니가 없다. 노르웨이의 신문 〈베르덴스 강(Verdens Gang, VG)〉의 기자는 2005년 북한을 취재한 기사에서 놀이공원에서 북한 주민들이 공을 던져 "미국인을 죽이는" 게임에 참가해 미국인 다섯 명 가운데 세 명을 "죽여" 북한 주민들로부터 박수를 받았다고 자랑을 늘어놓는다.

유럽의 언론들이 북한보다 훨씬 열광하는 대상은 쿠바의 카스트로다. 40년간 독재를 하면서 수많은 국민들을 고문하거나 처형했고 인권을 짓밟았다는 이야기는 그냥 넘어가기 일쑤다. 그 대신 물질에 집착하는 자본주의가 만연한 진부한 세상에서 쿠바인들은 독자적인 노선을 택해 독특한 문화를 지켜낸 매우 행복한 국민들이라고 칭송한다. 유럽의 언론에는 그들이 "맥도널드 문화"라고 조롱하는 미국에 도달하기 위해 수많은 쿠바인들이 바다를 건너다가 목숨을 잃은 이야기는 눈을 씻고 봐도 없다. 유럽의 어떤 나라 어느 언론을 봐도 쿠바의 긍정적인 면모를 소개하는 보도로 넘친다. 유럽인에게 카스트로는 폭군이 아니라 미국의 패권으로부터 국민들을 보호한 반미주의의 보루였다.

2004년 노르웨이 정부소유 방송인 NRK는 "자유로운 아바나"라는 프로그램에서, 쿠바의 경제적 어려움은 미국 탓이고 어쨌든 쿠바인들에게 물질적인 풍요는 중요하지 않으며 아메리카 대륙에서 영혼이 있는 나라는 쿠바뿐이라고 보도했다. 카스트로의 오른팔이었던 체게바라(Che Guevara)의 얼굴이 찍힌 티셔츠는 유럽 어디를 가나 마주치게 되며 그는 유럽 젊은이들의 최고의 우상이다. 쿠바 혁명 당시 총살단의 우두머리였고 집단노동수용소 체계를 구축해 동성애자, 반체제인사, 에이즈 환자를 감금한, 자유의 적인 체게바라가 자유의 상징으로 영웅시되고 있다. 체게바라 티셔츠뿐만이 아니다. 레닌의 얼굴이 담긴 우편엽서, 소련 국기의 상징인 망치와 낫을 인쇄해 넣은 팔찌, 동독을 뜻하는 DDR(Deutsche Demokratische Republik)과 소비에트사회주의공화국연방을 뜻하는 CCCP(Сою́з Сове́тских Социалистúческих Респу́блик)가 인쇄된 티셔츠도 불티나게 팔린다.

2002년 독일 ZDF 방송은 쿠바의 한 공연단을 소개하면서 이들 가운데 한 명도 망명하지 않은 점으로 미루어 보아 모국에 대한 자부심과 애정이 넘치는 쿠바인들이라고 극찬을 했다. 그런데 2004년 미국 라스베이거스에서 공연을 하던 이 쿠바 공연단 43명은 미국에 망명신청을 했다. 물론 ZDF는 이 사실을 보도하지 않았다. 2002년 프랑스에서 출간 직후 베스트셀러 1위에 올라 몇 달 동안 1위 자리를 빼앗기지 않은 책은 티에리 메이상(Thierry Meyssan)이라는 급진좌익 언론인이 쓴 《새빨간 거짓말(L'Effroyable Imposture)》이다. 9/11 테러에 대한 온갖 음모론을 집대성한 책이다. 이 책에서 메이상은 9/11테러는 알 카에다가 아니라 미국 정부가 일으켰고, 뉴욕 세계무역센터로 돌진한 비행기들은 납치범들이 조종한 게 아니라 원격조종되었으며, 펜타곤으로 돌진한 아메리칸 에어라인 77기는 존재하지도 않으며 펜타곤은 미사일 공격을 받았다고 주장한다. 30세 이하 독일인 가운데 거의 3분의 1이 미국 정부가 9/11 공격을 사주했다고 믿는다. 메이상은 아랍리그(Arab League)와 걸프협력위원회(Gulf Cooperation Council)의 지원을 받아 유엔에서 9/11 국제진상조사위원회를 꾸려 조사해야한다는 운동을 펼쳤지만 채택되지 않았다.

유럽의 학계, 정치계, 언론계 등을 장악한 좌익 지도층은 대부분 젊은 시절 소르본, 튀빙겐, 옥스퍼드 같은 명문대에 다니면서 카페에 둘러 앉아 형편이 어려운 가정 출신 청년들이 서빙하는 커피를 홀짝이면서 사르트르, 마르크스나 들먹이면서 지적인 허영과 사치를 누리고 허드렛일이라고는 해본 적도 없는 금수저들이다. 이들은 반미정서를 훈장처럼 달고 다니면서 깨어있는 지식인 행세를 한다. 이들은 부는 한정되어 있고 따라서 가난한 나라가 가난한 까닭은 부유한 나라(물론 원흉은 미국이다)가 부를 독차지했기 때문이라는 제로섬 경제논리에 사로잡혀 있다. 부가 부를 창출한다는 개념은 이들에게는 생소하다. 그들의 실제 삶과 행동은 자본주의, 생각과 말은 온통 자본주의를 상징하는 미국을 혐오하는 사회주의다.

2. 유라비아(Eurabia)의 로맨스: 이슬람

미국인 저자 브루스 바우어(Bruce Bawer)는 1999년부터 북유럽 여러 나라를 경험했다. 동성애자인 그는 미국의 그리스도교 근본주의자들이 동성애자에 대해 보이는 편협함에 환멸을 느끼고 자유주의의 가치가 만개하고 관용이 물처럼 흐른다는 노르웨이로 이주했다. 그는 이주 직후에 반지성주의(anti-intellectualism), 외국어와 학업성취에 대한 무관심, 천박한 TV보도에 쉽게 속아 넘어가는 국민성 등 미국을 비판하는 책을 쓰려고 했다. 하지만 지상의 낙원, 이상적인 복지정책으로 널리 알려진 북유럽의 편협한 민낯을 보게 되면서 오히려 유럽을 비판하는 책을 쓰게 되었다. 《유럽이 잠든 사이(While Europe Slept)》라는 책에서 바우어는 북유럽과 서유럽에 팽배한 반미, 반이스라엘, 반유대인, 반그리스도교 정서, 친 이슬람 정서, 몰락한 공산주의와 사회주의 독재정권에 대한 향수, 이견을 존중하지 않고 획일적인 사고를 강요하는 정치기득권 세력과 이와 결탁해 정치인들이 원하는 대로 대중을 세뇌시키는 주류언론, 현실과 동떨어진 다문화주의 정책의 처참한 실패, 편협한 전체주의적인 체제까지도 포용하는 병적인 관용주의와 가치의 상대주의에 대해 통렬하게 비판했다. 바우어가 편협한 그리스도교 근본주의자들을 비판하는 책 《예수 도용하기(Stealing Jesus)》를 출간했을 때만 해도 미국 주류 언론과 좌익은 바우어를 영웅시하고 찬사를 퍼부었다. 그러나 《유럽이 잠든 사이》가 출간되자 주류 언론과 좌익은 180도 돌변해 바우어를 편협한 인종차별주의자라고 매도하고 비난을 퍼부었다.

역사학자 바트 예오르(Bat Ye'or)는 2005년에 출간한 저서 《유라비아(Eurabia)》에서 유럽은 이슬람 세계의 식민지가 되어가고 있고 이는 유럽이 방관해서가 아니라 의도한 결과라고 주장한다. 예오르에 따르면, 수십 년 동안 유럽기득권층을 대표하는 유럽연합(EU)과 아랍 정부들은 유로-아랍 대화(Euro-Arab Dialogue, EAD)를 통해 다방면으로 협력해왔는데 유럽이 아랍지역에서 대거 이민을 받아들이되 이들이 유럽에 동화되지 않도록 하는 모종의 합의가 있었다고 주장한다. 예오르는 유럽연합이 아랍세계 정권의 폭정에 눈감고 대대적인 재정적 지원을 해주는 동시에 이들 정권과 이슬람 문화에 대해 찬사를 퍼부어왔다면서 EAD 회의는 밀실에서 진행되고 회의 결과나 활동도 공개되지 않는다고 한다. 최근 수십 년 동안 유럽 내에서 이슬람 세계의 정권이나 무슬림 이민자들에 대한 비판을 억누르고 반미, 반유대인, 반이스라엘 정서를 부추기는 데는 EAD가 지대한 공헌을 했으며 평범한 유럽 시민들은 부지불식간에 수십 년 동안 이러한 PC 문화로 세뇌를 받아왔다고 주장한다.

이슬람세계의 무슬림들은 자신들이 점령한 지역에 거주하는 비무슬림을 디미(Dhimmi)라고 한다. 이들의 법적 지위는 무슬림 보다 낮고 무슬림에게 공격을 받아도 자신을 방어해서는 안 되며 단지 자비를 베풀어달라고 애원할 수만 있다고 여겨진다. 이러한 지위를 받아들이는 디미는 억압하는 자에게 아첨하고 조공을 바쳐야 살아남고 거부하면 죽음을 당한다. 유럽기득권세력이 무슬림에게 보이는 태도가 바로 이런 디미의 태도라고 예오르는 지적한다.

3. 다문화정책: 포용의 가면을 쓴 인종차별

40여 년 전 이민을 대거 받아들이기 시작하면서 유럽 기득권층은 무슬림에 대한 낭만적인 환상을 국민들에게 심어주었다. 그들의 눈에 무슬림들은 억압받는 자, 피해자로 비춰졌다. 어떤 이유로도 무슬림에 대한 비판은 허용되지 않았고 비판하는 사람은 인종차별주의자이며 이민자가 일으키는 모든 문제는 인종차별에서 비롯된다고 굳게 믿는다. 유럽 기득권층은 무슬림은 특정한 믿음과 가치체계를 추구하는 정체성을 지녔다는 사실을 애써 간과하고 그저 음식이나 옷차림이나 피부색과 관련되어있다고 여기고 싶어 한다. 따라서 무슬림이 서구 민주주의에 정면으로 배치되는 가치를 주장하면 그 논리에 맞서지 않고 자신이 인종차별주의자가 아니라는 사실을 증명할 기회로 삼는다. 따라서 무슬림 공동체 내에서 존재하는 배타성, 여성차별, 자기들끼리 모여 살려는 폐쇄성, 배우자 학대, 강제혼인, 조혼 등은 다문화 사회에서 받아들여야 할 문화적 차이로 여긴다.

그러나 이 다문화정책 저변에는 매우 은근한 인종차별 정서가 깔려있다. 자기들 끼리 지역사회를 이루고 이슬람의 관습을 유지하며 살려는 무슬림들의 이해와 무슬림들에게 현지문화에 동화되기를 강요하지 않고 다문화주의를 표방하는 유럽인들의 이해는 맞아떨어진다. 유럽인들은 이민을 받아들이고 이들을 같은 국민이라고 칭하긴 하지만, 자기들이 내는 세금으로 정부가 이민자들을 돌보기를 바랄 뿐이지 내심으로는 이민자들을 같은 노르웨이인, 스웨덴인, 네덜란드인으로 생각하지 않는다. 마음 깊은 곳에는 이민자들이 자신들과 동등한 전문직 종사자로서 자신들 사이에 섞여 산다는 데 대해 강한 거부감을 느낀다.

이라크에서 노르웨이로 이민 온 왈리드 알-무바이시(Walid al-Kubaisi)는 1996년에 발간된 《나의 믿음, 그대의 신화(My Faith, Your Myth)》라는 책에서 노르웨이 국제문화센터에서 겪은 일을 털어놓는다. 이 센터에서 하는 각종 활동을 소개하기 위해 여러 인종 집단들을 행사에 초대했는데 각 집단마다 별도의 공간을 제공하기에 그가 항의하자 담당자는 "이국적인 분위기"을 조성하려한다고 해명했다. 그가 다시 외국인들이 노르웨이인들에게 '이국적인' 맛을 보여주는 일보다 이민자들이 노르웨이 문화와 가치를 배우는 일이 훨씬 중요하지 않느냐고 반박하자 그 담당자는 "노르웨이 문화를 가르치는 게 내 일이 아니다. 그건 원하면 여러분 각자 알아서 결정할 문제다. 외국인들은 화려한 문화를 지니고 있는데 그렇게 생각하면 여러 가지 문제가 생긴다. 우리는 우리문화를 유지하고 당신은 당신 문화를 유지해야 한다"라고 대답했다. 그가 다시 "표현의 자유, 종교의 자유 그런 가치를 말하는 것이다"라고 하자 그 담당자는 다시 이렇게 대답한다. "물론 노르웨이의 가치는 무슬림에게도 적용된다. 종교의 자유가 있으니 이슬람을 믿는 것도 자유고 율법에 따라 생활하고 다른 사람들에게 이슬람과 훌륭한 문화에 대해 얘기해줄 표현의 자유도 누릴 권리가 있고 노르웨이의 인종차별주의자를 비판할 수도 있다." 그가 무슬림이 자기 신앙을 비판하거나 개종할 자유도 보장이 되냐고 묻자 담당자는 못 마땅해 하며 다음과 같이 말한다. "당신은 무슬림이다. 자기 정체성을 잃으면 안 된다. 당신이 노르웨이인이 되면 우리는 당신을 있는 그대로 받아들이지 못 하게 된다. 당신은 당신 자신으로 살아야 한다." 그가 다시 내가 표현의 자유를 믿으면 내 정체성을 잃는다고 생각하느냐고 묻자 담당자는 이렇게 대답한다. "그건 당신 스스로 결정할 문제지만 당신의 이런 태도는 많은 문제를 낳는다. 우리는 다문화 사회를 만들고 싶지 외국의 문화들을 없애고 싶지 않다. 당신이 이런 태도를 보이면 우리가 계획한 대로 추진할 수 없다. 이민자들 간에 갈등을 조장한다. 나는 문화담당자이지 갈등조정자가 아니다." 이 문화담당 관료의 태도는 유럽 기득권층이 지닌 다문화주의 태도를 가감 없이 정확하게 보여준다.

그렇기 때문에 진정으로 서구사회의 가치를 받아들이고 현지 문화에 동화해 보다 나은 삶을 살려는 이민자들은 2세, 3세가 되어도 자신이 태어난 나라에서 환영받지 못한다고 생각하게 되고 소속감을 느끼지 못한다. 그렇게 되면 고학력의 중산층 이상의 무슬림 2세, 3세들이 급진적인 테러리스트로 변하는 극단적인 결과가 나오는 경우도 있다. 이런 다문화주의는 관용에서 우러나온 행동이 아니다. 이 때문에 비교적 자유주의적 성향을 지니고 쉽게 현지문화에 적응하는 무슬림들은 대부분 미국으로 향하고 문맹률이 높고 저학력에 시대착오적이고 전근대적인 관습을 지닌 무슬림들은 유럽에 정착해 자기들만의 문화 관습을 그대로 유지하면서 나머지 사회와 단절된 채 복지혜택을 받으며 살게 된다.

유럽이 이민자들을 받아들이는 이유는 단순이 관용에서 나온 이타주의가 아니다. 복지체제를 지탱하려면 인구 규모가 유지되어야 하는데 심각한 저출산을 겪고 있기 때문이다. 그러나 유럽에 필요한 노동력은 대부분 숙련기술이 필요한 노동력이고 이슬람국가에서 이민 온 무슬림들은 대부분 저학력에 언어 소통도 원활하지 않으며 심지어 모국어 문맹률도 높다. 엄격한 노동법으로 게으르고 무능력한 직원을 해고하기가 하늘에 별 따기보다 어려운 유럽에서 이런 사람들을 채용할 리 만무하다. 또 사회복지사들은 구직상담을 하러 찾아온 이민자들에게는 주로 허드렛일을 권한다. 이민자 입장에서는 경제적으로 절박하다면 일단 탐탁지 않은 일이라도 열심히 하겠지만 복지혜택이라는 기댈 곳이 있는 상황에서는 하기 싫은 일을 할 이유가 없다. 복지에 의존해 하는 일 없이 방황하는 무슬림 청년들은 일탈하고 과격해진다. 유럽 교도소 수감 인구는 대부분 무슬림이다. 프랑스의 경우 무슬림이 교도소 수감 인구의 70퍼센트에 달한다. 유럽 전역에서 교도소는 이슬람 포교의 중심지다. 교도서 안에서 비무슬림은 이슬람으로 개종하고 종교적 색채가 짙지 않던 무슬림은 광신자로 변질된다.

유럽으로 이주한 대부분의 무슬림들은 무슬림들끼리 지역사회를 이루고 살아가는데 많은 이민자들이 서구 복지국가가 베푸는 혜택을 대단히 성공적으로 착취해왔다. 예컨대 덴마크의 무슬림 인구는 전체인구의 5퍼센트에 불과하지만 총 복지지출의 40퍼센트가 이들에게 돌아간다. 10년 전 수치이므로 지금은 아마 더 늘었을 가능성이 높다. 유럽 다른 나라들도 사정은 비슷하다. 스칸디나비아 국가들의 복지 체제가 성공적으로 운영될 수 있었던 까닭은 대부분의 국민들이 신뢰와 정직과 양심을 바탕으로 복지정책을 남용하지 않는 자제력을 발휘해왔기 때문이다. 이민자가 현지 문화에 동화될 수 있는 가장 중요한 방법이 바로 노동시장에 참여하는 방법이다. 노동시장에 참여하지 않고 복지수당에 의존하는 이민자들은 북유럽의 문화적 가치를 받아들이고 사회와 소통할 기회를 얻지 못하고 고립된다.

많은 무슬림 이민자들은 정부의 부패가 만연한 저개발국가의 가난한 농촌출신이고, 정부나 공공기관에 대해 냉소적인 시각을 지닌 이들은 정부의 정책과 제도를 최대한 활용하는 게 목표다. 그들의 관점에서 보면 국가가 제공하는 혜택을 십분 활용하지 않는 사람이 바보다. 게다가 그들이 따르는 종교지도자들인 이맘(imam)들은 이슬람 율법에 따라 무슬림들은 이교도(infidel)의 제도를 최대한 이용할 권리가 있다고 주장하면서 "무슬림들을 받아들여준 나라들을 속이고 그런 나라들에게 거짓말을 할" 권리가 있다고 무슬림들에게 말한다. 그리고 무슬림들이 받는 복지혜택은 지지야(Jizya, 무슬림이 점령한 나라의 비무슬림 원주민들이 목숨을 부지하기 위해서 무슬림들에게 바쳐야 하는 조공)라고 설교한다.

4. 시리아 난민

2015년 터키 해변에서 발견된 시리아 어린이의 시신 사진 한 장은 전 세계를 발칵 뒤집어놓았고 메르켈 독일 총리를 비롯해 유럽 주요 국가 지도자들은 자국의 국경을 활짝 열어 제치고 '시리아 난민'을 대거 받아들였다. 어려움에 처한 난민을 도와야 한다는 데 반박할 사람은 아무도 없겠지만 어떻게 도와야 가장 효과적으로 제대로 도울 수 있을지에 대한 고민이 전혀 없었다. 유럽의 지도자들은 서로 자기가 훨씬 이타적이고 인류애가 넘친다고 경쟁이라도 하듯이 난민을 무작정 받아들이고 이런 무모한 정책이 낳을 부작용을 우려하는 사람들을 인종차별주의자로 매도하며 입을 틀어막아버렸다.

터키 해변에서 발견된 아이는 부모가 시리아 출신이기는 하지만 터키에서 자랐고 터키에서 안전하게 살고 있었다. 총탄이 빗발치는 시리아 전쟁터에서 탈출한 난민이 아니라 터키에서 그리스를 거쳐 복지혜택이 후한 서유럽으로 가려다가 변을 당했다. 이들처럼 배를 타고 터키에서 그리스를 거쳐 유럽 복지국가로 가려다 사망하는 이들이 많은데 사람들은 왜 이런 일이 일어나는지 근본적인 이유를 냉정하게 생각하려하지 않는다. 지중해만 건너면 경제적으로 풍족한 삶이 보장된다는 유인책이 있으면 당연히 가려고 하지 않겠는가.

무분별하게 난민 유입을 밀어붙이는 유럽의 기득권층과 좌익은 자신이 얼마나 인류애에 넘치고 도덕적이며 인권을 소중이 생각하는지 과시하고 싶어 한다. 그래서 난민 정책의 문제점과 부작용을 지적하고 진정으로 난민들에게 도움이 될 방안을 마련해보자는 사람들과 합리적인 토론을 거부한다. 진정으로 난민들을 돕고 싶다면 왜 대화를 거절하는가. 유럽의 기득권층과 좌익은 이민과 난민 정책은 오로지 장점만 있고 경제에 도움이 될 뿐 절대 해가 되지 않는다는 비과학적이고 현실을 왜곡한 주장을 한다. 지금 유럽 각국은 이질적인 문화권에서 유입된 난민들로 사회적 갈등이 심해지고, 범죄와 복지재정지출이 폭증해 심각한 사회문제가 되고 있다.

난민 포용 정책을 주장하는 유럽인들은 대부분 중상류층으로 생활반경에서 난민이나 이민자와 마주칠 일이 거의 없는 사람들이다. 난민 정책의 부작용으로 발생하는 문제를 떠안고 살아야 하는 사람들은 열심히 일해 꼬박꼬박 세금 내는 성실하고 평범한 시민들이다. 유럽 기득권층은 평범한 국민들이 열심히 일해서 낸 세금으로 인류애 발휘라는 정신적 도덕적 사치를 하느라 국민들의 삶의 기반을 송두리째 흔들고 있다.

유럽의 지도층이 정말 난민을 돕고 싶다면 그들이 성장한 문화와 비슷한 지역에 재정착하게 하고 상황이 호전될 경우 본국으로 돌아가도록 돕는 편이 훨씬 낫다. 한 조사에 따르면 중동출신 난민 1명을 미국에 정착시키는 데 드는 비용으로 13명을 중동지역에 정착시킬 수 있다고 한다. 같은 비용으로 더 많은 난민들을 도울 수 있고 서구 지역도 갑작스러운 난민의 대거 유입으로 발생하는 문화적 충돌, 사회 구성원들 간의 신뢰훼손, 범죄 급증, 복지비용 급증 등 여러 가지 사회적 비용을 치르지 않아도 된다.

시리아 난민 사태와 관련해 정말 이해가 가지 않는 점이 있다. 첫째, 시리아 난민들 가운데 아무도 중동의 부유한 국가로 발길을 향하는 사람도 없고 중동의 부유한 국가들 가운데 시리아 난민을 한 사람이라도 받아들인 나라도 없다는 사실이다. 국제사면기구(Amnesty International)에 따르면 시리아 내전이 시작된 2011년 3월 이후 사우디아라비아를 비롯해 걸프 지역 6개 국가가 수용한 시리아 난민은 단 한 명도 없다. 왜 국제사회는 서구 선진국에게만 난민을 받아들이라고 아우성일까? 사우디아라비아에는 하지(haji, 메카 순례) 때 세계 각지에서 오는 순례자들을 수용하기 위해서 에어컨까지 설치되어 있는 고급 텐트 10만 개가 텅 빈 채로 끝없이 줄지어있는데, 4백만에서 5백만 명까지 수용할 수 있는 이 텐트는 1년에 겨우 닷새 사용된다. 다른 걸프 지역 국가들과 함께 난민 기금 몇 푼 기부하면서 돕는 시늉만 한 사우디아라비아는 2015년 독일에 난민들을 위해 모스크 200개를 지어주겠다고 제안하기까지 했다. 모스크 200개를 지을 돈으로 난민들이나 돕지.

둘째, 시리아 난민이라며 유럽에 유입되는 무슬림들 가운데 진짜 시리아 난민은 30퍼센트 정도에 불과하고 나머지는 아프리카와 중동의 다른 이슬람 국가에서 온 경제 이민이다. 그리고 전체 난민의 70퍼센트 이상이 전쟁수행이 가능한 연령인 16세에서 35세 사이의 남성이다. 최근 유로스태트(Eurostat)의 〈분기별 난민현황 보고서(Quarterly Asylum Report)〉에 따르면 2017년 1/4분기에 이탈리아에 난민 신청을 한 이들 가운데 시리아 인은 1.3퍼센트에 불과하고, 남성이 85퍼센트이며 그 중에 81퍼센트가 18세에서 35세의 남성이다. 도대체 여성과 아이들은 다 어디로 가고 전쟁수행 연령인 남성들이 대거 난민 신청을 하는 걸까? 교황청 근위대가 철통같은 경비를 하고 높은 담장으로 둘러싸인 안전한 바티칸 시에 거주하는 프란치스코 교황은 유럽이 국경을 개방하고 난민을 더 받아들여야한다고 주장한다. 참 팔자 편한 소리 한다. 그러는 바티칸 시는 시리아 난민을 몇 명이나 받아들였을까? 0명이다.

그토록 인류애가 넘치는 프란치스코 교황은 2017년 2월 "자비로운 교회(merciful church)"라는 미명하에 일부 아동성애자 신부들과 그들의 고위직 동료신부들의 탄원을 받아들여 아동성애자 신부 두 사람의 형량을 "종신 기도와 참회(lifetime of prayer and penance)"로 감형했다. 이것은 처벌이 아니라 가톨릭 신자라면 일상적으로 하는 일이다. 사실상 무죄 방면되고 신부직까지 유지하게 된 셈이다. 2012년 12세 소년을 비롯해 다섯 명의 아동을 성폭행한 혐의로 이탈리아 형사법정에서 유죄판결을 받고 가톨릭 교단으로부터 성직박탈 선고를 받은 마우로 인졸리(Mauro Inzoli)를 프란치스코 교황은 종신 기도형으로 감형해주었다. 이에 대해 비난이 쏟아지자 바티칸 측은 아동성애자 신부들의 성직을 박탈하고 사회로 내보내면 교단이 더 이상 그들을 통제할 수 없기 때문에 사회가 더욱 위험해진다면서 교황은 "끔찍한 범죄를 저지른 사람들"에게도 자비를 베풀어야 한다는 점을 강조했다는 얼토당토않은 변명을 늘어놓았다. 도대체 피해자를 위한 정의 구현은 중요하지 않다는 말인가.

2017년 2월 영국의 비영리단체 왕립국제문제연구소(Royal Institute of International Affairs)가 10개 유럽연합 회원국들을 상대로 한 설문조사에서 무슬림 다수인 국가로부터의 이민을 중지해야 한다고 한 응답자는 55퍼센트, 중지하지 말아야 한다고 한 응답자는 20퍼센트에 불과했다. 환경은 현세대가 후손에게서 잠시 빌려왔으므로 잘 보존해서 물려줘야한다는 주장처럼 서구사회도 후손을 위해 개인의 자유와 안전을 지켜야 한다. 국민의 절규에 귀 막고 눈 감고 현실을 외면하면서 엄연한 사실을 지적하는 사람들을 인종차별주의자라고 매도하고 입을 틀어막는다고 문제가 해결되지 않는다. 어려움에 처한 사람들을 어떻게 돕는 게 그들을 위하고 자신들의 후손을 위하는 길인지 현명하고 냉철하게 생각해야 한다. 온정, 공감, 희망 사항이 아니라 지식, 사실, 냉철한 분석을 전략으로 삼아야 한다. 수집한 사실을 바탕으로 해도 바람직하고 효과적인 정책을 만들기 힘든데 하물며 엄연한 사실마저 외면한다면 옳은 정책은 더더욱 나오기 힘들다.

EU는 시리아 난민 사태가 일어나면서 각 회원국들에 수용할 이민의 수를 할당하고 이를 어기는 회원국에 대해서는 제재를 가하고 응분의 조치를 취하겠다고 위협해왔다. 경제, 정치, 문화 등 여러 분야를 망라하는 포괄적인 거대한 체제를 구축하기 위해 서로 이질적인 집단들을 계속 체제에 편입시키면 집단들 사이에, 또 각 집단과 체제 사이에 이질성이 높아진다. EU처럼 획일적이고 전체주의적인 거대한 구조를 구축해 각국이 처한 다양한 상황을 무시하고 동일한 정책을 강요하면 내부에서부터 균열이 생기기 시작한다. 유럽에서 높아지고 있는 EU 탈퇴 정서는 대마불사(大馬不死, Too Big To Fail)라는 어리석은 이념이 붕괴되기 시작했음을 시사한다. 대마불사가 아니라 대마필사(大馬必死, So Big It Certainly Fails)가 맞다. 조직이 유지되려면 구성원들이 그 조직에 대해 어느 정도의 동질성을 느낄 수 있어야 한다. 그런데 조직의 규모가 비대해지고 이질성이 높아지면 구성원들은 그 조직에 대한 동질감을 느끼지 못하게 되고 조직에 합류하기 이

전의 상태로 되돌아가게 되는데 지금 유럽에서 국가의 주권을 강조하면서 EU를 탈퇴하려는 정서가 높아지고 있는 이유는 바로 이 때문이다. 그동안 EU 집행부에서 얼굴 없는 관료들이 각 회원국들이 처한 현실을 완전히 무시한 법이나 정책들을 만들어내면서 회원국 국민들이 EU에 대해 지닌 반감이 높아져왔고 2017년 초 영국이 EU를 탈퇴하는 브렉시트(Brexit)를 국민투표에서 통과시키면서 이러한 반감은 표면화되었다. EU 고위관료들과 각 회원국의 기득권세력이 추진하는 정책과 그 결과를 감당해야 하는 국민들이 체감하는 정서의 간극이 너무 커져서 EU라는 조직이 더 이상 지탱될 수 없게 되었다. 그런데 브렉시트의 투표결과가 발표되자 좌익과 주류언론들은 찬성한 측을 무식하고 편협한 민족주의자나 인종차별주의자라고 매도했다. 에드먼드 버크 이후로 영국에서 가장 권위 있는 보수주의 철학자로 손꼽히는 로저 스크루튼 경(Sir Roger Scruton)은 브렉시트 투표결과에 대해 다음과 같이 말했다. "EU에 대해 영국 국민들은 오래 전부터 반감을 느껴왔다. 민주주의란 국민이 국가의 주인으로서 자국에 적용되는 법을 스스로 만들 수 있는 체제다. 그런데 영국의회는 EU 본부의 관료들이 영국의 독특한 실정을 무시하고 만들어 내려 보낸 법들을 그대로 통과시키는 고무도장에 지나지 않았다. 의회에서 통과된 법안의 3분의 2가 바로 EU가 만든 법이었다. 영국 국민들은 뼛속까지 민주주의적이기 때문에 실책에 대해 책임지지 않는 관료들에게 통치 받는 현실을 용납하지 않는다는 사실을 전문가들은 깨닫지 못했다."

5. 네덜란드

1) 벌집이 된 영화제작자

2004년 11월 아침 9시, 테오 반 고흐(그는 화가 빈센트 반 고흐의 동생 테오 반 고흐의 증손자다)는 자전거를 타고 암스테르담 동쪽에 있는 사무실로 출근하다가 사무실 근처 길모퉁이에서 잠복하고 있던 남자에게 살해당했다. 범인이 반 고흐를 향해 권총을 발사하자 총상을 입은 반 고흐는 길 건너편으로 달아나 길바닥에 쓰러졌다. 범인은 길바닥에 쓰러져 있는 반 고흐에게 가까이 다가가 침착하게 여러 발을 더 쏘았다. 거의 스무 발을 쏜 범인은 큼직한 칼로 반 고흐의 목을 절단하려다가 실패하고 반 고흐의 가슴에 칼을 깊숙이 꽂아 넣었다. 칼이 척추에 닿을 때까지. 그리고 반 고흐의 시신에 자기가 쓴 쪽지를 작은 칼로 꼽아 놓았다. 쪽지에는 다음 차례는 아얀 히르시 알리(Ayaan Hirsi Ali)라는 경고와 함께, 이집트 테러집단을 거론하며 서방세계와 유대인을 위협하는 글을 남겼다.

범인은 모로코 이민 2세인 27세 무슬림 모하마드 부예리(Mohammad Bouyeri)였다. 재판에서 부예리는 재판을 참관하던 반 고흐의 모친을 향해 다음과 같이 말했다. "당신의 아들이 네덜란드인이라서, 또는 그가 모로코인인 나를 모욕해서가 아니라 내 신념에서 한 행동이라는 점을 알았으면 한다. 나는 모욕을 당했다고 느껴본 적이 없다…따라서 내가 모로코 인으로서 모욕을 당해서라느니, 고흐가 나를 모욕해서 그랬다느니 하는 말은 낭설이다. 나는 내 믿음을 바탕으로 그렇게 행동했다. 고흐가 우리 아버지나 형이었어도 똑같이 했을 거다… 장담컨대, 내가 석방된다고 해도 주저 않고 똑같이 행동한다. 알라와 그의 선지자를 모욕하는 사람은 누구든 목을 따라고 내게 명령하는 바로 그 법은 표현의 자유를 주장하는 나라에 거주하지 말라고 내게 명령한다."

아얀 히르시 알리는 테오 반 고흐의 단편영화 〈복종(Submission)〉의 각본을 쓰면서 제작에 참여했다. 여성을 억압하는 이슬람을 비판하는 내용의 영화였다. 이 영화에는 간통했다는 이유로 채찍질을 당하고 자신이 경멸하는 남성에게 강제로 결혼을 당하고, 남편에게 두들겨 맞고, 오빠에게 강간당하고 이 사실을 안 아버지로부터 집에서 쫓겨난 무슬림 여성들이 등장해 종교가 자신에게 이렇게 고통을 준다면 더 이상 종교에 복종하고 싶지 않다고 고백한다. 그리고 이 여성들에게 고통을 준 가해자들은 모두 쿠란의 구절을 인용해 자신들이 행한 폭력을 정당화한다. 그 이후 히르시 알리는 살해 위협에도 굴하지 않고 무슬림 사회에서 자신이 겪었던 일들을 책으로 엮어냈다.

소말리아 출신인 히르시 알리는 쿠란을 암기시키는 이슬람 학교인 마드라사(Madrassa)에 다녔고 십대 때는 무슬림형제단(Muslim Brotherhood)을 지지했다. 스물두 살이던 당시 케냐에서 살고 있던 그녀는 아버지가 생면부지의 친척 남자와 중매결혼을 하라고 하자 도망쳐 우여곡절 끝에 네덜란드에 도착했다. 그녀는 네덜란드에서의 삶이 "마치 낙원에 사는 것 같았다…모두가 하나같이 합리적이고 너그러웠다"라고 말한다. 9/11 테러 직후 라이덴(Leiden)대학교를 졸업한 그녀는 노동당 싱크탱크에 채용되어서 네덜란드에 거주하는 무슬림 여성들의 삶과 관련한 정책을 연구하게 되었는데 그녀가 제안한 정책들을 본 당 지도부는 경악했다. 그녀는 무슬림 학교를 폐지하고 이민자 수를 줄이고 무슬림 공동체 내의 여성들이 직면한 문제들을 심각하게 받아들이라고 주장했지만, 당 지도부는 거부했다. 당 지도부의 지지를 받지 못하게 된 히르시 알리는 독자적으로 목소리를 내기 시작했고 무슬림을 나머지 사회로부터 단절시키는 다문화정책을 재고하라고 촉구했다.

히르시 알리는 "다문화 정책은 좌익의 모순을 보여준다. 좌익은 평등과 해방이라는 이상을 추구하면서, 무슬림 사회 내에 존재하는 불평등과 억압은 외면한다. 심지어는 억압을 부추기기까지 하고 있다"라고 말한다. 그녀가 무슬림에게서 살해협박을 받았을 때도 당 지도부는 미온적인 태도를 보였다. 당 지도부에게는 네덜란드의 급진적인 이슬람주의자들의 심기를 건드리지 않는 게 무엇보다도 중요했기 때문이다. 이에 환멸을 느낀 히르시 알리는 탈당했다. "사회민주주의자들은 전통적으로 약자를 보호해왔는데, 그 약자가 무슬림 가정 내의 여성과 어린이인 경우에는 외면한다. 다른 문화를 존중해야 한다는 PC에 어긋난다는 이유에서이다. 사회주의자들은 약자인 무슬림 여성과 어린이들을 배반하면서 도덕적 권위를 잃었다"라고 그녀는 말한다.

반 고흐가 살해된 후 헤이그에서 히르시 알리가 거주하던 지역의 이웃주민들은 테러리스트의 목표인 인물이 근처에 살면 자신들의 안전이 위협받는다며 법정에 호소했고 법정은 히르시 알리에게 퇴거 명령을 내렸다. 히르시 알리는 네덜란드 의원직을 사임하고 2006년 미국으로 이주했고 2011년 스코틀랜드 출신 역사학자 니얼 퍼거슨(Niall Ferguson)과 결혼해 아들을 두었으며 2013년 미국 시민권을 취득했다. 지금도 여성을 억압하는 이슬람의 전근대성을 비판하며 활발한 여성운동을 하고 있는 히르시 알리는 늘 방탄차량을 타고 다니고 어딜 가든 경호원들이 동행한다. 네덜란드는 표현의 자유와 여성의 권리를 위해 싸우던 영웅에게서 등을 돌리고 서구의 가치를 위협하는 적에게 무릎을 꿇은 셈이다.

네덜란드 라이덴(Leiden) 대학교의 법학자 아프신 엘리안(Afshin Ellian)은 이란 출신이다. 1979년 이란 혁명이 일어난 후 호메이니 정권이 자유사상가들을 숙청하기 시작하자 이란을 탈출했고 우여곡절 끝에 1989년 부인과 함께 네덜란드에 자리를 잡았다. 수 년 동안 불철주야 네덜란드어를 터득하고 법과 철학을 공부해 오늘날에 이르렀다. 그는 테오 반 고흐가 살해된 후, 지식인들이 그리스도교를 조롱과 예술적 탐구와 철학적 검증의 대상으로 삼아왔듯이 이슬람도 동등하게 취급하자며 지식인들에게 호소하는 글을 신문에 게재했다. 그러나 지식인들이 보인 반응은 침묵뿐이었다. 지금 그는 날마다 경호원 두 사람을 동반하고 다니며 그의 집무실을 방문하는 손님은 전자보안장치를 한 유리문을 통과해야 그를 만날 수 있다. 마틴 루터 킹 목사가 이런 말을 했다. "결국에는 우리의 적이 한 말이 아니라 우리의 친구가 지킨 침묵만 기억하게 된다."

2) 빌더르스 씨는 유죄

네덜란드 국회의원인 헤이르트 빌더르스(Geert Wilders)도 이슬람에 대해 상당히 비판적인 의견을 공개적으로 표명해왔다. 2008년 빌더르스는 쿠란의 내용과 2001년 9/11테러, 2004년 마드리드 테러, 2005년 런던 테러 공격을 병행해 다루면서 쿠란에서 '증오를 부추기는' 구절을 삭제해야 한다고 주장하는 내용의 영화 〈피트나(Fitna)〉를 만들어 발표했다. 그 후 알카에다는 빌더르스를 살해하라는 파트와

(Fatwa)를 발표했다.

이슬람에 비판적인 입장이라는 이유로 빌더르스는 여러 가지 불편과 위험을 감내해야 한다. 네덜란드 항공사 KLM은 "보안"상의 이유로 빌더르스의 모스크바행 항공기 탑승을 거부했고, 그의 경호원들은 익명을 유지해야 하며 신변에 대한 위협의 수위가 높아지면 그는 그날 밤을 어디서 보낼지 알 수 없는 경우도 있다. 몇 달 동안 보안이 철저한 아파트에서 일주일에 겨우 두 번 밖에 부인을 만나지 못하고 공식석상에서 연설을 할 때는 방탄조끼를 입어야 하며 식당에 갈 때는 보안요원들이 미리 식당을 점검해야 한다.

2009년 1월 영국 상원의원 맬컴 피어슨(Malcom Pearson)은 빌더르스를 영국의회로 초청해 〈피트나〉 시사회와 간담회를 하려고 했지만 노동당 소속 상원의원인 무슬림 나지르 아흐메드(Nazir Ahmed)가 무슬림 1만 명을 동원해 빌더르스의 의회출입을 저지하겠다고 위협했고 초청은 취소되었다. 의회의 발상지인 영국 의회가 위협에 굴복하는 상황이 모욕적이고 견디기 힘들었던 피어슨 의원은 2월에 빌더르스 의원을 다시 초청하겠다고 발표했지만 네덜란드 헤이그 주재 영국대사관은 빌더르스를 공공의 안전과 화합을 해치는 '기피인물(Persona non grata)'로 지정하고 비자를 발급하지 않았다.

당시 영국 외무장관 데이비드 밀리밴드(David Miliband)는 영국 정부의 그러한 결정을 옹호하면서 다음과 같이 말했다. "우리는 표현의 자유를 신봉하지만, 우리 법은 관중이 들어찬 영화관에서 '불이야!'라고 외칠 자유를 보장하지는 않으며 종교적 인종적 증오를 부추기는 발언을 할 자유도 보장하지 않는다." 여기서 객석이 꽉 찬 극장에서 '불이야'라고 외치는 상황은 표현의 자유를 어디 까지 허용할지를 두고 벌어지는 논쟁에 단골로 등장한다. 이 비유는 미국 대법원 판사 올리버 웬들 홈즈(Oliver Wendel Homes Jr.)가 했는데 그가 한 말을 직접 인용하면 다음과 같다. "아주 철저하게 표현의 자유를 보호한다고 해도 극장에서 거짓으로(falsely) '불이야!'라고 외쳐 공황 (panic)을 일으킬 자유까지 보호하지는 않는다." '거짓으로' 불이 났다고 외쳤을 경우에는 표현의 자유로 보호받지 못 한다는 단서가 붙어있다. 빌더르스는 아무도 위협하거나 폭력을 조장하지도 않았고 단지 무슬림과 이슬람에 대해 비판적인 견해를 표했을 뿐이다.

2014년 3월 빌더르스는 헤이그에 있는 바(bar)에서 열린 소규모 유세에서 "네덜란드에 모로코인이 좀 줄었으면 좋겠느냐(fewer Moroccans)"라고 청중에게 질문을 던졌다가 "차별을 부추기고 소수집단을 모욕"했다는 죄로 기소되었고 2016년 유죄선고를 받았다. 문제는 네덜란드 급진좌익인 노동당 정치인들은 빌더르스보다 훨씬 과격한 발언을 했지만 아무도 기소되지 않았다는 사실이다. 그들은 "우리 지역구에 거지같은 모로코인들(shit Moroccans)이 있어." "모로코인들에게 모욕을 줘야 해(humiliate Moroccans)" "모로코 인들은 온갖 말썽은 다 부리는 종족이야(ethnic monopoly on troublemaking)"와 같은 발언을 했지만 아무도 기소되지 않았다. 네덜란드에서 우익인 정치인에 대한 탄압이자 보복이다.

빌더르스의 유죄판결은 단순히 빌더르스라는 일개 국회의원에 대한 부당한 판결에 그치지 않는다. 유럽에서는 최초로 네덜란드에서 무슬림에 대한 비판을 범죄로 규정하는 역사적 오점을 남겼다는 중요한 의미가 있다. 그의 유죄 판결은 이슬람이 얼마나 서구사회의 기본적인 가치를 잠식하고 있는지를 보여주는 증거다. 네덜란드 라이덴(Leiden) 대학교의 법학자 아프신 엘리안(Afshin Ellian) 교수는 빌더르스의 유죄판결에 대해 다음과 같이 말한다. "무슬림은 전통적인 의미에서 우리가 말하는 소수자나 약자가 아니다. 막강한 권력을 휘두르는 소수집단이다. 빌더르스가 법정에 서게 된 까닭은 무슬림 로비스트들이 강력히 요구했기 때문이다. 네덜란드 정부의 각료 두 명이 무슬림이고, 무슬림은 유럽 각국 의회와 행정부에 포진해있는 막강한 소수 집단이다. 다른 이들로 하여금 자기 집단에 대한 글을 못 쓰게 하거나 이슬람에 대해 자유롭게 의견을 개진하지 못하게 할 힘이 있는 집단은 절대 나약한 소수 집단이 아니다." 표현을 통제하면 자기검열을 하게 되고 이는 다시 사상의 통제로 이어진다.

3) 네덜란드의 이민 현황

여기서 빌더르스 의원이 모로코 출신 이민자들을 언급한 이유를 잠깐 살펴볼 필요가 있다. 네덜란드에는 1940년대부터 60년대까지는 주로 인도네시아, 수리남 등 네덜란드의 이전 식민지에서 이민이 유입되었지만 60~70년대부터 노동력이 부족하다는 이유로 외국인 노동자를 유입하기 시작하면서 제3세계, 주로 이슬람 국가의 이민이 늘었고 2015~2016년에는 시리아 난민의 유입으로 이민이 폭증했다. 2016년 현재 네덜란드의 인구는 1,700만 명이고 이 가운데 약 28퍼센트인 375만 명이 외국 출신 이민자로서 터키, 모로코, 수리남 등 이슬람 국가 출신이 압도적으로 많다.

교도소 인구 비율은 비서구(Non-west) 지역 이민자(모로코, 수리남, 앤틸리즈, 터키 등)가 44.5퍼센트를 차지한다. '비서구'는 사실상 이슬람 국가에서 온 이민자를 뜻한다. 총인구에서 이들이 차지하는 인구 비율에 비해서 엄청나게 높은 교도소 인구 비율이다. 2015년 실업률도 네덜란드인(6퍼센트)에 비해 비서구 지역 이민자(15~18퍼센트)가 몇 배는 높고, 복지수혜자 비율도 네덜란드인을 비롯해 서구지역 이민자들(4퍼센트)보다 비서구지역 출신 이민자들(14퍼센트)이 훨씬 높으며 소말리아 출신 이민자는 50퍼센트 이상이 복지에 의존하고 있다. 네덜란드의 정부 부채는 2009년 2,000억 유로에서 6년 만인 2015년에 4,130억 유로로 폭등했다.

더 큰 문제는 2세대로 갈수록 상황이 더 악화되고 있다는 사실이다. 비서구지역 이민자 1세대보다 2세대의 범죄율과 실업률이 훨씬 높다. 2015년에는 12세~24세 사이의 모로코 출신 이민자들 가운데 40퍼센트가 체포되거나 범죄혐의를 받거나 기소되었다. 이민자들이 집중적으로 거주하는 지역의 범죄율은 50퍼센트가 넘고 40개의 진입 금지 구역(No Go Zone)이 존재하며, 경찰이 이러한 구역의 진입을 꺼리는 사실로 미루어 볼 때 공식적으로 보고되지 않는 범죄도 많을 것으로 짐작된다.

그렇다면 좌익은 왜 주로 제3국가에서 이민자들을 들여오려고 할까? 단지 어려운 처지에 있는 사람들을 돕겠다는 숭고한 의도에서일까? 그렇지 않다. 좌익은 저 출산과 인구감소로 노동력이 필요하다는 이유로 제3세계 이민을 장려하지만 제3세계 출신의 이민자들은 경제활동 인구가 아니라 복지수혜 인구로 대거 유입된다. 따라서 그들은 큰 정부, 베푸는 정부를 원하고 선거에서 좌익을 지지할 확률이 높다. 좌익은 본래 자국민들로부터 세금을 거둬들여서 이민자들에게 나누어 주고 그 대가로 표를 얻어 정권을 계속 유지하는 셈이다. 국가의 일차적인 책무는 난민을 구제하는 자선사업이 아니다. 자국민의 자유와 안전을 보호하고 그들의 삶을 재정적으로 뒷받침하는 일이다. 자기 나라를 파멸시키면서까지 고집하는 병적인 이타주의는 아무에게도 도움이 되지 않는다. 자신이 얼마나 공감능력이 뛰어나고 온정적이며 미덕이 넘치는 사람인지를 과시하는 신호보내기(virtue signaling)에 불과하다.

6. 덴마크

14년 동안 소련과 워싱턴에서의 해외특파원 생활을 마치고 덴마크로 돌아와 덴마크 최대 일간지 〈질란즈-포스텐(Jyllands-Posten)〉의 문화부 편집을 담당하게 된 플레밍 로즈(Flemming Rose)는 2004년 11월 2일 예전에 〈질란즈-포스텐〉에서 인턴으로 일했던 사람으로부터 연락을 받았다. 그 사람은 네덜란드 암스테르담에서 영화제작자 테오 반 고흐가 무슬림 청년에게 살해당했다며, 자기가 사건 바로 전날 반 고흐를 인터뷰했는데 틀림없이 고흐가 생전에 마지막으로 한 인터뷰일 텐데 자기 기사를 사겠느냐고 했다. 로즈는 반 고흐가 누군지 알지도 못했고 따라서 그 기사는 별 가치가 없다고 판단했다. 그는 '듣도 보도 못한 영화제작자가 무슬림에게 살해당했는데. 뭐 어쩌라고?'라고 생각하고 기사를 사겠느냐는 제의를 거절했는데 이는 엄청난 실책이었다. 머지않아 그는 자신이 이슬람에 대한 지식만 일천한 게 아니라 당시 이슬람이라는 이름으로 서방세계에서 벌어지고 있던 폭력과 위협에 대해서도 너무나 무지하다는 사실을 깨닫게 된다.

2005년 로즈는 덴마크의 유명한 아동도서작가가 무하마드의 생애를 그린 아동도서를 저술했는데 책에 넣을 삽화를 그릴 일러스트레이터를 구하지 못해 애를 먹는다는 이야기를 들었다. 그때 로즈는 유럽의 많은 예술가들이 무슬림의 협박과 폭력이 두려워서 표현의 자유를 마음껏 누리지 못하고 몸을 사리고 스스로 검열을 한다는 사실을 알게 되었다. 어처구니가 없었다. 로즈는 자신의 조국 덴마크에서 언론의 자유가 어엿하게 살아있다는 사실을 증명하기로 마음먹었다. 그는 열두 명의 덴마크 일러스트레이터들을 선정해 "본인이 생각하는 그대로" 무하마드를 묘사한 만평을 그려달라고 요청했고 이들이 그린 만평을 신문에 실었다. 만평이 실리고 2주 후 덴마크 주재 이슬람 국가들의 대사 대표단은 덴마크 정부에 만평을 공식적으로 비판하고 책임자들을 처벌해달라고 요구했다. 그러나 덴마크 정부는 언론의 자유에 정부가 간섭할 권리가 없다며 그들의 요구를 일축했다. 그러면 그렇지, 로즈는 당연하다고 생각했다.

그러나 대단한 착각이었다. 신문에 무하마드 만평이 실린 후 로즈는 자신이 특파원으로 소련에 거주할 때나 목격했던, 언론의 자유에 대한 폭압을 직접 경험하게 되었고 참혹한 사건들이 이어졌다. 2006년 2월, 시리아 주재 덴마크와 노르웨이 대사관, 레바논 주재 덴마크 대사관이 불탔고, 나이지리아에서 파키스탄에 이르기까지 여러 나라에서 만평을 규탄하는 시위가 일어나 모두 139명이 사망했다. 덴마크 만평가들의 목을 따오는 사람에게 100만 달러를 주겠다며 현상금을 내건 인도의 한 주정부 고위관료도 있었다. 같은 해 3월에는 덴마크 만평을 실은 베를린 주재 신문사 〈디 벨트(Die Welt)〉의 편집자를 죽이겠다며 파키스탄 출신 학생이 칼을 들고 신문사에 찾아왔다가 체포되었다. 2010년에는 덴마크 만평가 쿠르트 베스터고르(Kurt Westergaard)를 죽이겠다며 한 소말리아 남성이 도끼와 칼을 들고 그의 집에 침입했으나 베스터고르가 함께 있던 다섯 살짜리 손녀를 데리고 패닉 룸(panic room)으로 피신해 다행히 미수에 그치고 체포되었다. 열두 가지 만평 가운데 가장 유명해진 만평이 바로 쿠르트 베스터고르가 그린, 터번에 폭탄을 숨긴 무하마드 만평이었다.

2006년 로즈는 미국의 〈워싱턴 포스트(The Washington Post)〉에 "내가 그 만평들을 출판한 이유"라는 제목의 글을 기고했다. 이 글에서 그는 쿠르트 베스터고르는 과거에도 예수, 다윗의 별 등에 대해 만평을 그려 논란을 불러일으켰지만 그 때문에 대사관이 화염에 휩싸이거나 살해협박을 받은 적이 결코 없었다며 다음과 같이 말했다. "〈질란즈 포스텐〉이 이슬람을 모욕하고 폄하했을까?…나는 이슬람 사원을 방문하면 신발을 벗고 예우를 갖춘다. 그리고 교회나 유대교 예배당에 가면 그곳 신도의 관습을 따르듯이 이슬람 사원에 가면 무슬림의 관습을 따른다. 그러나 신앙인이 자신이 금기시 여기는 사항들을 신앙인이 아닌 내게 공적인 영역에서도 금기시 하라고 요구한다면 존중이 아니라 복종하라고 요구하는 셈이다. 그리고 이는 세속적 민주주의에 정면으로 배치된다…우리는 왕실을 비롯해 공적인 인물들을 풍자하는 전통이 있다. 만평가들은 그리스도교, 불교, 힌두교 등 다른 종교들과 이슬람을 똑같이 대우한다. 그리고 덴마크에 거주하는 무슬림들도 덴마크 인들과 똑같이 대우하고 이방인이 아니라 우리 사회의 구성원이라고 생각하기 때문에 우리는 그들을 풍자라는 덴마크의 전통에 포용한다. 그 만평은 무슬림들을 배척하려는 게 아니라 포용하려는 시도였다."

남을 불쾌하게 만드는 언행은 피해야하지 않느냐는 질문에 로즈는 다음과 같이 말했다. "나는 날마다 신문에 실린 기사들을 보면서 불쾌해지고 모욕을 느낀다. 오사마 빈 라덴의 연설문, 아부 그라이브(Abu Ghraib) 수용소의 포로학대 사진, 이스라엘이 지구상에서 사라져야한다는 사람들의 주장, 홀로코스트는 일어난 적이 없다는 사람들의 주장에 관한 기사들 말이다. 그러나 그렇다고 해도 신문의 윤리규정과 법이 허락하는 한도를 벗어나지 않는 한 그런 기사들을 보도해야 한다… 과거 소련 특파원을 했던 나로서는 모욕적이라는 이유로 검열을 요구하는 현 사태가 매우 우려스럽다. 전체주의자들이 단골로 쓰는 수법이기 때문이다. 정당한 비판이나 토론을 모욕으로 규정하고 모욕을 행한 사람을 처벌하는 수법이다. 우리는 냉전을 통해 뼈아픈 교훈을 얻었다. 일단 전체주의의 요구에 항복하기 시작하면 거기서 그치지 않고 또 다른 요구사항으로 이어진다는 사실을 말이다."

2013년 로즈와 베스터고르는 알카에다의 암살 대상자 명단에 올랐다. 이 명단에는 《악마의 시(The Satanic Verses)》를 쓴 소설가 살만 루시디(Salman Rushdie)와 소말리아 출신 여성 인권운동가 아얀 히르시 알리도 포함되어있다. 로즈는 "민주주의 사회에 살면 언론의 자유, 거주이전의 자유, 투표권, 집회와 결사의 자유, 종교의 자유 등 많은 자유와 권리를 누리게 된다. 그런데 민주주의 사회에서 유일하게 누릴 수 없는 권리가 있다. 그건 바로 불쾌하지 않을 권리다"라고 말한다. 그는 현재 24시간 경호원의 경호를 받으며 살고 있다.

1988년 소설 《악마의 시》를 발표한 후 수없이 살해 협박을 받고 이란의 호메이니가 그를 상대로 살해하라는 명령인 파트와(Fatwa)를 발행하기도 한 살만 루시디는 로즈와의 인터뷰에서 다음과 같이 말했다. "누구든지 자기가 원하는 방식대로 이야기를 할 권리가 있다. 이는 우리가 어떤 사회를 원하는 지와도 연관되어 있다. 개방적인 사회에서 살고 싶다면 사람들은 각자 나름대로 이야기를 할 수 있어야 한다. 그 과정에서 설사 누군가를 모욕하고 화나게 한다고 해도 말이다. 사람마다 다 각자 불쾌해하는 게 있다. 그건 우리가 개방적인 사회에 살기 위해서 치러야 할 대가다. 특정한 표현을 제한하거나 규제하기 시작하는 순간 더 이상 자유가 관장하지 않는 세상에 발을 들여놓게 된다. 그리고 그 순간부터는 부자유를 어느 정도나 받아들일지에 대해서만 논의하게 된다. 그렇게 되면 이미 부자유의 원칙을 수용한 셈이 된다."

로즈는 만평 사건이 터지기 전인 2004년, 이븐 와라크(Ibn Warraq)를 인터뷰했다. 그의 저서 《내가 무슬림이 아닌 이유(Why I Am Not a Muslim)》의 덴마크어 번역판이 출간된 직후였다. 파키스탄 출신으로 어린 시절 영국에서 학교를 다닌 와라크는 법치주의, 양성평등, 법 앞에 평등, 정교의 분리, 언론의 자유, 종교의 자유와 같은 가치들에 대해 유럽은 절대로 타협해서는 안 된다며 그렇지 않으면 "이슬람을 민주화하는 대신 오히려 민주주의가 이슬람화 되는 위험에 처하게 된다"라고 유럽 전체에 경고했다. 와라크는 로즈와의 인터뷰에서 서구 사회의 가장 큰 장점은 스스로를 비판을 하는 능력이라고 했다. 즉, 자기 잘못을 바로잡고 권력을 자의적으로 행사하지 않고 권위에 도전할 능력이 있다는 뜻이었다. 바로 이 때문에 그는 좌익 진영이 세계 도처에서 벌어지는 억압에 침묵하고 비판하기를 꺼리는 태도가 이해가 가지 않는다고 했다. 와라크는 좌익은 이슬람 세계에서 자행되는 인권침해에 대한 정당한 비판과 서구 사회에서 이민자에 대한 인종차별과 편협한 태도에 맞설 필요성은 별개의 문제라는 사실을 깨닫지 못한다고 꼬집었다.

에이모스 오즈(Amos Oz)는 에세이집 《광신자를 어떻게 치유할 것인가(How to Cure a Fanatic)》에서 다음과 같이 말한다. "광적인 신념의 본질은 다른 사람들을 억지로 바꾸려는 욕망이다. 자기 이웃을 더 나은 사람으로 만들고, 자기 배우자의 단점을 고치고, 자식을 자기가 원하는 사람으로 만들고, 자기 형제를 올바르게 살게 만들려는 욕망이다. 그냥 내버려두지 못한다. 광신자는 가장 비이기적인 인간이다. 광신자는 더할 나위 없는 이타주의자이다…광신자는 다른 사람의 영혼을 구제하고 속죄하게 만들기를 갈망하며, 죄, 흡연, 잘못된 믿음, 혹은 믿음이 없는 상태로부터 해방시켜주고 싶어 한다. 광신자는 다른 사람의 식습관을 개선하거나 음주습관, 투표성향을 고쳐주고 싶어 한다." 오즈의 말대로라면 오사마 빈 라덴은 9/11을 통해 이교도(infidel)에 대한 애정을 표현한 셈이다. 빈 라덴은 이교도를 너무도 아끼는 나머지 무슬림으로 개종시켜 더 나은 인간으로 만들고 서구 민주주의, 언론의 자유, 물질만능주의, 술, 섹스, 마약 등과 같은 속세의 악으로부터 구원하겠다고 다짐했는지도 모른다. 오즈는 유럽 사회가 이슬람에 대해 보이는 순진한 태도를 미심쩍어했다. 오즈는 유럽인들이 모든 갈등은 본질적으로 서로에 대한 오해에서 비롯되며 갈등 당사자들이 마주 앉아 충분한 시간 동안 대화를 하면 해결된다는 순진무구하고 천진난만한 생각에 빠져있다고 본다.

미국 사진작가 안드레 세라노(Andres Serrano)는 유리컨테이너에 플라스틱 십자가를 넣고 자기 소변을 채워 찍은 사진 〈피스 크라이스트(Piss Christ)〉를 공개해 논란을 불러일으켰다. 미국의 여러 우익인사들이 그리스도교를 모욕했다며 격렬하게 비판했지만 〈뉴욕타임스〉를 비롯한 언론과 예술가들은 표현의 자유라는 이름으로 작가를 변호했다. 월경혈, 정액, 모유 등 신체분비물을 작품(이걸 작품이라고 부르기도 참 역겹다)에 이용하는 이 작가는 〈피스 크라이스트〉를 27만 7천 달러에 팔았다. 이때가 1980년대 말이다. 2005년 덴마크 신문의 무하마드 만평으로 세계 각지에서 테러 폭력이 발생했을 때 〈뉴욕타임스〉, 〈워싱턴포스트〉, 〈LA타임스〉, 〈시카고 트리뷴〉 등 미국의 주요 언론은 비겁하게 이 만평을 싣기를 거부했다. 의회가 표현의 자유를 제한하는 어떤 법도 제정하지 못하도록 한 헌법 수정안 제1조라는, 유럽에는 없는 표현의 자유를 누리면서도 미국의 언론과 예술가들은 침묵했다. 표현의 자유가 20년이나 후퇴한 셈이다. 원칙은 지키기 어려울 때 위험을 무릅쓰고라도 지켜야 비로소 의미가 있다.

덴마크 만평 사건이 일어난 후 플레밍 로즈는 파시스트, 나치, 이슬람혐오자라는 온갖 비난을 받았다. 풍자는 이성적이고 문명적으로 폭력에 대항하는 방법인데 이를 증오발언으로 규정하고 법적으로 제재하려고 하면 민주주의의 가장 핵심 원리인 표현의 자유가 사라지게 된다. 설사 증오 발언이라고 해도 이는 도덕적으로 질타할 문제지 법으로 제재할 문제가 아니다. 무슬림의 폭력이 만평 탓이라고 주장하는 이들은 무슬림들은 이성적인 사고를 할 능력이 없다고 깔보는 셈이다. 그들도 다른 이들과 똑같이 조롱과 비판의 대상이 된다는 사실을 깨닫도록 하고 동등하게 대우해야 한다. 이제 정치인이나 언론은 테러는 이슬람과 무관하다는 거짓말을 중단해야 한다. 그들은 매우 신학적인 해석을 바탕으로 폭력을 정당화하고 있다.

덴마크에는 형법에 신성모독(blasphemy)죄가 있지만 사문화(死文

化)된 지 오래다. 그런데 덴마크도 서서히 이 케케묵은 법전의 먼지를 털어내고 가사(假死) 상태이던 법에 생명을 불어넣기로 마음먹었다. 1997년 덴마크 공영라디오는 성경을 불태우는 행위예술을 재정적으로 지원하고 이 모습을 TV로 방송했다. 항의도 있었고 검찰에서 조사를 하기도 했지만 아무도 처벌받지 않았다. 하지만 2017년 한 덴마크 남자가 기소될 처지에 놓였다. 최근 자기 집 정원에서 자기 쿠란을 태우고 이를 찍은 동영상을 페이스북에 올리고 "자유 옹호, 이슬람 거부, 이웃을 생각해라, 태울 때 악취가 진동한다"라고 썼다는 이유로 말이다. 검찰총장은 다음과 같이 기소 이유를 들었다. "성경이나 쿠란을 태우면 종교를 공개적으로 모욕하거나 조롱하는 행위와 관련된 신성모독 규정을 위반할 수 있다. 이 사건을 계기로 사법부가 이 문제와 관련해 입장을 정리하게 되기 바란다." 검찰총장은 예의상 발언에 성경을 끼워 넣기는 했지만 성경을 태웠다고 처벌받은 사람은 아무도 없다. 이슬람에 대한 비판을 막기 위한 꼼수다. 수세기 동안 싸운 끝에 쟁취한 표현의 자유를 이렇게 헌신짝처럼 버리고 중세로 되돌아가자는 건가?

7. 영국

1) 다문화주의와 PC라는 신앙에 제물로 바쳐진 소녀들

1988년 영국 울버햄튼(Wolverhampton)이라는 지역에서 시크교도(Sikh) 폭력단과 무슬림 폭력단들 간에 폭력적인 충돌이 끊임없이 일어났다. 같은 해에 비슷한 사건은 버밍엄에서도 연달아 일어났고 BBC는 이 사건을 다룬 프로그램 〈동쪽을 보라(Look East)〉에서 무슬림 청년 사회복지사의 말을 인용해 시크 폭력단이 나누어준 전단지가 사건의 발단이 되었다고 보도했다. 그 전단지에는 "무슬림 청년들이 시크 학교 근처에서 어슬렁거리다가 시크 소녀들을 납치해가서 강간한 다음 매춘을 시키고 있다"라고 적혀있었다. 시크 폭력단은 전단지에 적힌 내용을 경찰에 알렸지만 경찰이 아무 조치도 취하지 않았다고 주장했고 당시 버밍엄 경찰국장 데이비드 러브(David Love)는 그런 신고를 받은 일이 없다고 부인했다. 사법당국이 아무 조치를 취하지 않자 직접 해결에 나선 시크 남성 세 명은 폭력을 행사해 형사처벌을 받았지만 이들이 전단지에 적힌 주장에 대한 수사는 진행되지 않았다.

1991년 브래드퍼드(Bradford)에서도 폭력단이 고아원에서 소녀들을 데려가 매춘을 시킨 다음 밤에 도로 고아원에 데려다주는 일이 일어났지만 아무도 형사처벌을 받지 않았다. 고아원에서 발생한 일인 것으로 미루어 볼 때 아동 복지사들은 무슨 일이 벌어지고 있는지 알았던 게 분명하다. 그러나 경찰 조사도 없었고 언론도 관심을 보이지 않았다. 1991년 브래드퍼드에서 첫 사례가 보고된 후 영국에서는 처음으로 1995년 폭력단의 성매매 피해자들을 돕는 프로젝트가 진행되었고, 브래드퍼드에서는 영국의 그 어떤 지역보다 성매매 폭력단이 기승을 부렸지만 폭력단원을 형사처벌한 사건이 단 한 건도 없었다. 그로부터 20여 년이 지난 2012년에 가서야 한 아동복지사가 성매매 사례들을 거론하면서 성매매폭력단(grooming gang)[29]이 형사처벌을 받게 되었다.

2011년 아동자선단체 바나도스(Barnado's)가 발표한 보고서에 따르면, 1995년 브래드퍼드에서 시작된 성매매 피해자 돕기 프로젝트

29) 한국어로 마땅한 표현이 없어서 '성매매폭력단'이라고 했지만, 본래 영어 명칭인 그루밍 갱(grooming gang)은 성매매폭력단과는 질적으로 다르다. 그루밍 갱은 남자 친구로 가장하고 소녀들을 유혹해 정서적으로 의존하게 만들어 길들인 다음 성매매를 시키는 범죄 집단으로 보통 성매매폭력단 보다 훨씬 치밀하고 사악하다.

를 책임진 새라 스완(Sara Swann)은 폭력단이 소녀들을 유혹하는 수법을 다음과 같이 설명했다. 피해자는 보통 18세에서 25세, 많게는 40대 중반인 '남자친구'의 덫에 걸려드는데, 이 남자친구는 소녀에게 선물공세를 하고 거의 매일 자동차를 몰고 하교하는 소녀를 데리러 가면서 소녀가 자신에게 의존하게 만든다. 그는 소녀의 이름도 바꾸고 다른 사람들과 소녀의 관계를 단절시킨 다음, 정말로 소녀를 사랑하는 척 하면서 한편으로는 모욕과 협박을 하고 공포심을 불어넣어 완전히 소녀를 장악하게 된다. 그가 소녀를 완전히 장악해 '자발적인 피해자(willing victim)'로 만들면 소녀는 그때부터 시키는 대로 성매매를 하게 되고 매춘으로 번 돈은 고스란히 남자 주머니로 들어간다. 소녀는 심지어 다른 소녀들을 자기 남자친구의 성매매 조직으로 유인하기까지 한다. 영국에서 무슬림 인구비율이 가장 높은 브래드퍼드에서 시작된 이 프로젝트의 자료에는 성매매에 연루된 남성이 '아시아인(Asian)'이 압도적으로 많다고 언급한다.

1995년 중반 무렵 경찰과 아동복지사들은 성매매 폭력단이 대규모로 활동한다는 증거를 수집했지만 공개되지 않았다. 1997년 로더럼(Rotherham)에도 브래드퍼드에 설치된 것과 비슷한 프로젝트가 설치되었지만 두 지역 주민들은 무슨 일이 일어나고 있는지 까맣게 모르고 있었고 두 지역에서 동시에 똑같은 사건들이 일어나고 있다는 사실은 언론이 다루지도 않았다. 전국적으로 뉴스가 될 기미가 보이자마자 은폐하려는 시도가 일어났고 2011년에 가서야 다시 수면 위로 떠올랐다.

1998년 시크 공동체는 1988년부터 무슬림 성매매 폭력단이 활동하던 지역인 웨스트 미들랜즈(West Midlands) 지역에 시크 감시 협회(Sikh Awareness Society, SAS)를 창립해 시크교도 여학생과 학부모들에게 성매매 폭력단의 위협을 알리기 시작했고 일찍이 2006년 무렵이 폭력단이 전국적인 차원에서 활동하고 있다는 사실을 인식했다. SAS가 창립되고 나서도 언론인, 페미니스트, 좌익, 다문화주의자들은 SAS의 활동에 대해 침묵했고 어쩌다 토론이 열리면 성매매 폭력단을 '아시아인'으로 지칭했다.

2001년 다비(Derby)에 있는 학교에서 시크교도들이 연관된 폭력사건이 발생했다. 독실한 무슬림 근본주의자들이 무슬림 청년들에게 시크와 힌두 소녀들을 꼬드겨 이슬람으로 개종시키라고 부추기는 내용의 문서가 발견되었기 때문이다. 이 문서는 쿠란에 따라 무슬림은 "쿠파(kufaar, 이교도를 비하하는 저속어)"를 개종시키거나 복종시키기 위해 폭력을 행사하거나 속임수를 써도 된다고 주장했다. 2001년 당시만 해도 무슬림이 조직적으로 이교도 소녀들을 유인한다는 사실이 황당하게 들렸을지 모른다. 하지만 2014년 언론은 이라크, 시리아, 나이지리아에서 활동하는 지하디스트들이 이교도 여성과 소녀들을 성노예로 삼으면서 쿠란으로써 이런 행동을 정당화한다는 뉴스를 수없이 보도했다.

여러 지역에서 이런 똑같은 사건들이 계속 발생하자 마침내 2003년에 브래드퍼드 문제가 전국적인 뉴스로 떠올랐다. 2003년 〈채널 4 뉴스(Channel 4 News)〉가 웨스트요크셔(West Yorkshire) 주의 키슬리(Keighly)에서 청년들이 소녀들을 유혹해 성매매를 시킨다는 내용을 경찰과 아동복지당국이 18개월 동안 조사해왔다고 보도하자 당시 이 지역구 노동당소속 의원 앤 크라이어(Ann Cryer)는 이는 명백히 "아시아 문화(Asian Culture)"와 관련된 문제이지 종교와는 아무 연관이 없다고 주장하면서 아시아 이민 지역사회에서 그 지역 청년들이 연관된 범죄 행위에 대해 적극적으로 대응해달라고 했다. 그러나 2012년 의회의 조사를 통해 밝혀진 바에 따르면 크라이어 의원은 범행을 저지르는 이들이 주로 무슬림이었다는 사실을 당시에 알고 있었고, 18개월 동안 자기 지역구에서 그런 조사가 진행되었는데 몰랐을 리가 없으며, 따라서 마치 여러 다양한 종교적 배경을 가진 아시아인들이 범행을 저지른다고 생각하도록 국민들을 호도한 셈이다.

브래드퍼드 지역의 무슬림 성매매 폭력단에 대한 다큐멘터리 〈도시의 변방(Edge of the City)〉을 만든 채널 4는 2004년 5월 이 다큐멘터리를 방송하려 했지만 선거를 3주 앞두고 선거 결과에 영향을 미칠까, 또 무슬림이 폭동을 일으킬까 두려워한 웨스트요크셔 경찰당국과 좌익과 흑인 시민단체들의 압력으로 방영을 취소했고 선거가 끝난 후에도 이들 단체들이 노동당 각료들에게 탄원서를 쓰는 등 압력을 넣어 방영을 금지하려 했다. 석 달 후 마침내 채널 4는 이 다큐멘터리를 방영하게 되었지만 심야에 편성되었고, 늦은 시간임에도 200만 명이 시청했지만 아무 소용이 없었다. 선거 전에 방송했다면 크게 선거 이슈가 되었을 테고 당선자는 사태를 해결할 조치를 취하게 되었을지도 모르지만 선거가 끝난 후라 소용이 없었다. 방송이 나가고 경찰당국과 브래드퍼드 지역위원회는 2년 동안 조사를 했지만 조직적인 착취의 증거는 발견되지 않았고 방송 내용 가운데 일부는 거의 2년 전에 촬영한 것으로 그 이후로 상황이 변했다고 얼버무렸다.

2005년 클라이브 그레스웰(Clive Gresswell)은 루튼(Luton) 지역신문에 이슬람 단체에서 무슬림 청년들에게 배포하는 편지의 내용을 보도했다. 약물을 이용해 비무슬림 여성을 유인하라고 부추기는 내용이었다. 이 무렵 여러 시크 단체들이 충격적인 주장을 했다. 독실한 무슬림 단체들이 무슬림 남성들에게 (다른 사람의 관심을 받는 데 익숙하지 않은 평범하거나 못 생긴) 소녀들을 주로 공략해서 연인관계를 넘어 결혼하고 싶다고 속이라면서 자기 신상에 대해 소녀에게 구체적으로 밝히지는 말고 그냥 '아시아인'이라고만 소개해야 성공할 확률이 높다고 했다는 주장이었다. 그러나 이번에도 역시 그 어떤 전국적인 언론도 이런 내용을 보도하지 않았다.

2008년 강력조직범죄국(Serious Organized Crime Agency, SOCA)은 성인 남성에게 성적으로 착취당하고 성매매까지 하게 된 소녀 이야기를 다룬 〈내 위험한 애인(My Dangerous Loverboy)〉이라는 영화를 만들었다. SOCA는 여학생들에게 성매매 폭력단에 대한 경각심을 불어넣기 위해 만든 영화라고 했고 일부 학교에서 시사회가 열려 호평을 받았지만 영국 전역의 학교에서 상영되지는 않았다. 그런데 2010년 무렵 SOCA는 말을 바꿔 이 영화는 교사, 경찰관, 사회복지사들을 대상으로 만든 영화라고 주장하기 시작했다. 영국과 마찬가지로 무슬림 성매매 폭력단 문제로 골치를 앓고 있던 네덜란드 당국이 '무슬림'이라는 단어 대신 완곡어법으로 쓴 '애인(loverboy)이라는 단어를 빌려와 제목을 붙인 이 영화도 범행 주체를 '아시아인'이라고 칭하고 있다. 네덜란드에서도 똑같은 범죄가 발생하고 있다는 사실을 알았다면 네덜란드에서 범행을 저지르는 남성들은 주로 모로코와 터키 무슬림들이며 이 범죄의 관련자는 모두 무슬림이라는 종교적 공통점이 있다는 사실도 틀림없이 알았을 텐데 여전히 '아시아인'이라고 칭하고 있었다. 여학생들을 대상으로 만든 이 영화가 1년 넘게 묵혀 있다가 아동보호당국과 경찰인력에게만 배포되었다는 점은 사실을 은폐하려는 의도라고 밖에는 설명할 수가 없다.

2008년 BBC는 무슬림 성매매 폭력단을 다룬 다큐멘터리를 만들었다. 이 다큐멘터리에는 훗날 2013년 의회조사에서 밝혀진 내용들이 고스란히 들어있다. 무슬림 폭력단 남성들이 어린 백인 소녀들을 조직적으로 유혹하고 길들인 후 매춘을 시켜 엄청난 수익을 올리고 있었다. 이들은 그동안 마약관련 범죄를 통해 벌어들였던 수입이 급감하자 백인소녀들을 이용해 수입을 충당했다. 이들은 한 번에

200~300파운드를 받고 소녀에게 성매매를 시켰고 어릴수록 가격을 높게 불렀다. 피해자인 소녀들은 마치 '컨베이어 벨트'처럼 쉴 새 없이 연달아 손님을 받았고 돈은 한 푼도 그들 수중에 들어오지 않았으며 하라는 대로 하지 않으면 시키는 대로 하겠다고 할 때까지 감금당했다고 털어놓았다. 탁자에 혀를 못 박히거나 끓는 물세례를 받은 소녀도 있었다. 성매매라기보다는 성노예에 가까웠다. 영국 경찰은 해외에서 영국으로 젊은 여성들을 들여오는 인신매매조직이나 인터넷 포르노에 신경 쓰면서 정작 영국 내에서 인신매매를 당하는 어린 소녀들을 외면했으며, 비슷한 문제가 터질 때마다 특정 지역에 국한된 지엽적이고 단발적인 문제로 취급했다. 이 다큐멘터리에 등장하는 한 남성은 피해자인 소녀들을 밖으로 나돌아 다니게 내버려두는 부모들 책임이라면서 "그런 계집애들은 집에 가둬놓아야 한다. 내 여동생 같았으면 두들겨 팬 후 당장 고국으로 돌려보냈을 거다. 그렇게 하는 게 당연하다"라고 말한다. 그는 여자는 집에나 처박혀있어야 하고 나돌아 다니면 당해도 싸며, 말을 듣지 않으면 폭력을 행사해서라도 집안에 주저앉혀야 한다는 가치관을 지니고 있었다. 관용과 자유와 개방성을 내세우는 영국 사회는 '다문화주의'라는 비겁한 정책을 바탕으로 이들이 영국적인 가치와 정면으로 배치되는 전통적인 문화적 가치를 따르도록 내버려두었다.

그런데 이 다큐멘터리 내용이 편집되고 요약되고 평가된 방식을 보면 어떻게 해서든 현실을 애써 감추려한 흔적이 역력하다. 폭력단을 묘사할 때 '아시아인'이나 '무슬림'이라는 단어를 한 번도 언급하지 않았고 피해자는 '백인 소녀'가 압도적으로 많다는 사실도 언급하지 않았다. 이 다큐멘터리가 방영된 후 상원에서 토론이 있었지만 다른 문제에 대해 토론을 하는 맥락에서 부분적으로 언급되었을 뿐이다. BBC는 정부에서 성매매에 대해 경각심을 불러일으키기 위해 전국의 학교에 보급할 경고성 비디오를 만들기로 했다고 보도했다. 이 비디오는 아마도 〈내 위험한 애인〉을 말하는 게 틀림없는데 앞서 언급했듯이 정작 이 비디오를 봐야 할 학생들에게는 보여주지도 않았다. 이 다큐멘터리와 관련해 BBC는 자녀가 폭력단에게 길들여지고 있다고 볼만한 징후들을 소개했는데 '갑자기 성적이 하락'하고 '거친 말투'를 쓴다는 등의 징후를 열거했지만 정작 가장 중요한 징후는 소개하지 않았다. 백인 소녀가 '아시아인' 남자성인들을 친구삼아 어울려 다니는 징후 말이다. PC 문화에 매몰되어 정작 정말 필요한 이러한 정보를 언론이 묵살하는 바람에 수천 명의 백인소녀들을 폭력단의 꼬임에 넘어가지 않도록 방지할 기회를 놓쳤다.

2009년 초 루튼(Luton)에서 가두행렬을 하던 영국 군인들에게 무슬림들이 침을 뱉고 욕설을 하자 이에 격분한 시민들은 루튼시민연합(United People of Luton)을 결성했고 이 단체는 곧 영국방어연맹(English Defence League, EDL)이라는 전국적인 조직으로 확대되었다. EDL은 처음에는 국제적인 이슬람 조직에 충성하는 영국의 무슬림 급진주의자들에게 맞서는 데 집중했지만 곧 영국 내에서 무슬림 성매매 폭력단과 이들의 만행을 수수방관하는 경찰과 아동복지 당국에 맞서는 일에 집중하게 되었다. 블랙풀(Blackpool) 지역에서 샬린 다운즈(Charlene Downes)라는 여학생을 살해한 혐의로 재판을 받던 무슬림 2명이 경찰이 증거를 제대로 관리하지 못하는 바람에 제대로 처벌을 받지 않게 된 사건이 계기가 되었다. EDL은 2010년 내내 무슬림 성매매 폭력단의 만행과 샬린 다운즈 사건에서 경찰이 보여준 무능함을 규탄했고 전국적으로 시위를 확대해나갔다.

2011년 1월 〈타임스(The Times)〉 기자 앤드루 노퍽(Andrew Norfolk)은 여학생을 길들여 성매매를 시킨 혐의로 유죄선고를 받은 조직들과 관련된 판결문들을 조사한 결과 1990년부터 2010년 사이의 기간 동안 유죄선고를 받은 56명 가운데 91퍼센트인 51명이 무슬림이라는 기사를 발표했다. 당시 영국의 무슬림 인구는 총인구의 5퍼센트에 불과했다. 이 기사가 발표되자 성매매 폭력단에 대한 조사를 할 특별위원회(Select Committee)가 의회에 설치되었고 의회는 이 문제에 대한 관심을 환기시킨 노퍽의 공을 치하했다. 하지만 노퍽은 1990년대 중반 무렵 폭력단 문제가 공공연한 비밀이었던 요크셔에 살고 있었으므로 이미 이 문제에 대해 알고 있었을 가능성이 높다. 〈도시의 변방〉이 방송된 2004년부터 2010년 사이에 노퍽은 성매매 폭력단에 대한 기사를 보도한 적이 없고 2010년 11월에 가서야 이 문제를 보도하기 시작했다. 성매매 폭력단 문제에 전국적인 관심을 집중시키게 된 공을 EDL에게 돌리고 싶지 않은 의회의 농간이었다. 물론

2011년 법정 판결문을 분석한 노퍽의 보도가 결정적인 역할을 하긴 했지만 모든 언론이 못 본 척하던 이 문제에 대해 전국적으로 관심을 환기시킨 EDL의 공이 훨씬 크다.

노퍽의 기사가 발표되자 마치 그동안 재판 판결문의 세부사항에 대한 보도금지 지침이라도 있었던 듯, 그러한 보도지침이 갑자기 풀리기라도 한 듯 주류언론은 한동안 호들갑을 떨었지만 곧 다시 수그러들기 시작했다. 그러더니 2014년부터 주류 언론들은 로더럼(Rotherham) 지역에 관해 집중적으로 보도하기 시작했다. 같은 해에 브리스톨(Bristol)지역에서 열린 재판에 관심이 집중되지 않도록 대중의 시선을 돌리기 위해서였다. 로더럼 지역에서 기소된 피고인들은 대부분 파키스탄인이었지만, 브리스톨 재판에 나온 피고들은 언론에서 '아시아인'이라고 표현하는 파키스탄 출신인 아니라 소말리아 출신의 무슬림들이었다. 따라서 그동안 성매매 폭력단 범행의 뿌리는 '아시아 문화'라는 언론의 보도가 거짓말이며 범행의 진짜 뿌리는 '이슬람 문화'라는 사실이 입증되는 셈이었기 때문이다.

알렉시스 제이(Alexis Jay) 교수가 1997년부터 2013년까지 로더럼에서 발생한 아동대상 성착취 사건들을 조사한 보고서를 보면 무슬림 성매매 폭력단들이 오랜 세월 동안 아무런 처벌도 받지 않고 종횡무진으로 활동했고 로더럼 한 지역에서만 아무리 적게 잡아도 1,400명의 여학생들이 희생되었다. 영국의 총인구는 6,400만이고 무슬림 인구는 총인구의 5퍼센트인 300만 명 정도다. 로더럼은 전체 인구가 25만 명으로 백인 92퍼센트, 유색인종 가운데 가장 많은 비율을 차지하는 인구가 파키스탄/캐시미르 출신으로 3퍼센트다. 그런 로더럼 내에 있는, 인구가 86,000명인 한 구역(borough)에서만 1,400명의 희생자가 나왔다면 로더럼 전체로 볼 때, 또 무슬림 인구비율이 훨씬 높은 영국의 다른 지역들에서는 얼마나 많은 희생자가 있을지 모를 일이다.

로더럼 지역 전체에서 피해자가 1,400명이라고 쳐도 전국적으로 피해자가 적게는 30여만 명에서 많게는 50만 명에 이른다고 보는 사람도 있다. 게다가 피해자는 압도적 다수가 백인여학생, 가해자는 압도적 다수가 무슬림이었다. 남성의 성범죄 연령을 17세에서 43세로 쳤을 때 이 연령대의 무슬림 남성은 전체 무슬림 인구의 6분의 1 정도, 즉 50만 명이다. 가장 최소한으로 친 피해자 숫자인 30만 명과 잠재적인 가해자 50만 명이라는 두 숫자를 나란히 놓고 보면, 또 피해자 한 명이 여러 명의 '고객'을 상대한다고 보면 이는 극소수 무슬림이 관여한 범죄라고 보기가 어렵다. 게다가 직접 범행을 한 가해자뿐만 아니라 간접적으로 돕거나 협조한 택시회사, 성매매로 벌어들인 돈세탁 담당자, 이들의 행동을 묵인한 무슬림 지역사회까지 고려하면 이 사태에서 자유로운 무슬림은 거의 없다고 해도 과언이 아니다.

로더럼은 성매매 폭력단의 문제가 불거졌을 때 무슬림 지역사회의 종교적 정치적 지도자들에게 도움을 요청했지만 외면당했다. 제이 교수의 보고서 덕분에 언론의 관심이 로더럼 지역에 집중되었고 로더럼 지역의 경찰과 아동복지사들은 대거 조사를 받았으며 많은 지역 정치인들이 자리에서 물러났다. 하지만 지역 정치인들과 경찰과 아동복지사들, 지역 언론들의 은폐와 묵인, 무슬림 지역사회 지도자들의 협조 거부는 로더럼 뿐만 아니라 성매매 폭력단 문제가 발생한 지역마다 나타나는 현상이었다.

2015년부터는 성매매 폭력단에 대한 언론의 보도가 새로운 양상을 띠기 시작했다. 전국 언론은 로더럼에 대한 공식적인 조사와 더불어 마치 성매매 폭력단 문제가 마무리 된 듯이 행동하면서 지역에서 재판이 일어나면 재판의 결과만 짤막하게 보도하고 있으며 '아시아인(즉, 파키스탄인)'이 아닌 무슬림이 범인인 경우에는 사건을 애써 축소시키거나 보도를 하지 않고 있다. 영국에만 국한 된 문제가 아니라 네덜란드에서도 발생한 국제적인 문제라는 사실도 덮였고, 나이지리아, 이라크, 시리아에서 비무슬림 소녀들을 납치해 성노예로 삼는 무슬림 테러리스트들의 만행과 비교해 분석하지도 않았다. 영국 백인 소녀들은 파키스탄 무슬림 성매매폭력단에게는 만만한 고깃덩어리(easy meat)에 불과했다.

영국 근대 저널리즘의 아버지로 불리는 W. T. 스테드(W. T. Stead)는 1885년 아동 매춘에 대한 탐사보도 기사를 작성하는 과정에서 아동 인신매매 조직이 있다는 사실을 입증하기 위해 굴뚝청소부의 열 세 살짜리 딸을 "매입"했고 그 덕분에 형법이 수정되었다. 그러나 그는 아동 납치로 유죄 선고를 받고 석 달을 복역했다. 소녀의 아버지로부터 허락을 받지 않고 소녀를 "매입"했다는 게 죄목이었다. 21세기 영국 언론인들은 다문화주의와 PC라는 이념과 그들이 '약자'로 여기는 무슬림들을 '인종차별주의자'들의 위협으로 보호하기 위해 어린 소녀들을 제물로 바치고 있다. 19세기 빅토리아 시대의 언론인 스테드가 무덤에서 돌아누울 일이다.

2) 영국의 PC문화

1980년대 까지만 해도 영국 일부 좌익과 학계에서나 거론되던 PC 문화가 이제는 사회 전체에 만연하게 되었다. 우익은 좌익이 설정한 PC 담론으로 끌려들어갔고 표현의 자유를 지지하던 진영은 사람들이 두려워 진실을 말하지 못하게 하는 법을 만들기 시작했다. 영국의 좌익이 표현의 자유를 억압하기 위해 공격적으로 나선 계기는 2001년 9/11 테러공격이었다. 당시 좌익이 집권하고 있던 영국정부는 공개적으로 이슬람을 비판하는 행위를 불법화하기로 하고 세 번의 시도 끝에 2005년 영국 상원에서 마침내 이 법을 통과시켰다.

그동안 이슬람의 본질과 이슬람이 표방하는 가치가 영국 국민들이 지닌 가치와 충돌하는지 여부에 대해 국민들을 대상으로 공론화 과정도 거치지 않고 무슬림 이민을 적극적으로 추진해온 좌익 정부는 이슬람 테러 공격이 발생하자 이슬람에 대한 비판을 금지하는 법을 제정하기로 결정했고 그 과정에서 '증오(hatred) 발언'과 '이견(dissention)이나 정당한 비판'을 뭉뚱그리고 '인종'과 '종교' 개념을 한데 섞어버렸으며, 이슬람이나 무슬림을 비판하는 사람은 무조건 '인종차별주의자'로 낙인찍었다. 2014년 선거유세 과정에서는 윈스턴 처칠의 저서에 나온 이슬람에 대한 발언을 인용했다는 이유로 정치인이 체포되기도 했다. 하물며 정치인도 전직 총리의 책에 나온 구절을 자유롭게 인용하지 못하는데 평범한 시민, 아동복지가, 경찰이 백인 소녀를 성노리개로 길들이는 범인들이 대부분 이슬람을 추종하는 남성들이라는 객관적인 사실을 거론할 수 있겠는가?

더욱 경악스러운 사실은 이 법을 추진하기 훨씬 전부터 좌우 정치진영 모두 무슬림 성매매단의 존재를 알고 있었다는 점이다. 1997년 좌익 정권이 들어서기 전부터 우익 정부는 웨스트요크셔와 사우스요크셔(둘 다 좌익 정당의 강력한 텃밭이다) 지역에서 활동하는 성매매단의 피해자들을 치료하는 프로젝트에 재정적 지원을 하고 있었고, 훗날 정보자유법에 따라 공개된 자료에서도 1997년 집권한 좌익 정권도 집권 기간 내내 무슬림 성매매단의 활동을 알고 있었다는 사실이 드러났다.

지난 30여 년 동안 인종차별이라는 담론이 영국을 완전히 지배하면서 어린이들을 착취하는 범죄자들이 활개를 쳤다. 언론과 정부는 성매매 폭력단을 '아시아인'이라고 호도함으로써 대중의 관심을 다른 데로 돌려버렸고 결과적으로 사건의 수습을 방해했다. 더군다나 '아시아인'이라고 범죄자들을 지칭함으로써 준법시민인 시크교도, 힌두교도, 중국인, 일본인, 한국인 등 아시아인들을 가해자 집단과 싸잡아 엮어버렸다. 그들의 딸과 자매가 피해자인데도 말이다. 이 때문에 시크 지역사회와 힌두 지역사회는 언론에서 무슬림 성매매 폭력단을 지칭할 때 '아시아인'이라는 단어를 쓰지 말라는 성명서까지 발표했다. 더군다나 본질적으로 성매매 폭력단 사건의 핵심은 인종차별이 아니다. 좌익이 신봉하는 다문화주의와 PC라는 신앙과 무슬림의 범죄 행동을 용인하는 이슬람의 문화적 종교적 가치관이 함께 만들어 낸 사건이다. 이 범죄는 본질적으로 무슬림 문화와 이슬람 교리와 관련되어 있는데 그 사실을 영국 사회는 은폐해버렸다.

또 한 가지 중요한 사실은 가해자들이 '인종차별'이라는 담론을 역이용해 피해자인 백인 소녀들과 그들을 보호하려고 발버둥치는 가족 사이를 갈라놓았다는 점이다. 범인들은 부모에게 반항하는 사춘기를 겪는 십대 소녀들의 심리를 이용해서 소녀들에게 너희 부모는 인종차별주의자고 무지하기 때문에 너를 이해 못한다며 소녀들로 하여금 부모를 불신하게 만들었고, 교사들은 교문 밖에 차를 대기시켜 놓고 여학생을 기다리는 여러 명의 무슬림 성인남성들을 보고도 아무 조치도 취하지 않았으며, 경찰과 사회복지사들도 인종차별주의자라는 소리를 들을까봐 못 본 척 했고 전국 주류언론과 지역 언론들은 대부분 '무슬림'이 가해자라는 사실을 기사에서 빼버리는 자기 검열을 했다. 경찰 당국은 일선 경찰들에게 무슬림 가정을 불시에 수색할 때 신발을 벗고 들어가고 기도중이면 방해하지 않도록 하라는 어처구니없는 지침까지 내리고 있다. 재판정에 선 범인들조차 법정에서 자신들의 범행을 뉘우치기는커녕 경찰과 사법부와 정부가 인종차별을 한다는 적반하장의 태도를 보였다. 이 사건에서 인종차별을 받은 피해자가 있다면 백인소녀들이지 무슬림이 아니다.

이 사건에서 비롯된 수없이 많은 비극 가운데 하나는 영국 사회 전체가 정당한 비판과 객관적 사실까지도 억누름으로써 이 사건이 드러나기 전까지만 해도 파키스탄인들에 대해 아무런 편견 없던 백인들이 파키스탄인들을 불신하게 만들었다는 점이다. 피해자인 딸을 둔 한 어머니는 자기 딸의 인생이 파멸되기 전까지만 해도 '아시아인' 지역사회에 대한 반감은 전혀 없었지만 이제는 다르다면서 이제는 택시를 부를 때 전화번호부를 한 참 뒤져서 '백인이 운영하는 회사'를 찾는다고 했다. 피해자인 백인 소녀들을 실어 나르는 등 무슬림 성매매 폭력단의 범죄에 연루된 택시회사들도 있기 때문이다. 딸이 무슬림에게 무참히 짓밟힌 이 어머니조차 언론에서 호도한 대로 '아시아인'라는 단어를 쓰고 있다. PC가 휘두르는 위력은 막강하다.

무슬림 성매매 폭력단에 대한 정당한 비판을 억압하고 정보 확산을 차단하고 낙인찍힐까봐 두려워 아무도 입을 열지 않으면 결국 이 이슈를 전면에 내세우는 정치세력이 국민의 지지를 받게 된다. 불행하게도 그런 정치세력이 급진적인 성향인 경우 결국 좌익은 부지불식간에 급진적인 우익의 부상을 돕는 셈이 된다. EDL은 전국적으로 수십여 차례 시위를 하고 인터넷으로 정보를 전파하면서 무슬림 성매매 폭력단의 만행을 영국 국민들에게 알렸고 결국 정부 당국으로 하여금 사태를 파악하고 조치를 취하게 만들었지만 그 과정에서 좌익과 무슬림 단체들로부터 '인종차별주의자'이고 '파시스트'라는 집요한 공격에 시달려야 했다. 영국 내의 급진주의 세력을 담당하는 경찰국 책임자인 존 밀링튼(John Millington)이 2010년 EDL은 극우 단체가 아니라고 공식적으로 발표했다. EDL의 주요 인물인 토미 로빈슨(Tommy Robinson)도 사촌 여동생이 무슬림 성매매 폭력단에게 당했는데 그는 EDL 운동을 했다는 이유로 나치, 극우, 인종차별주의자로 매도당하고 "국가의 적(the enemy of the state)"[30]이라는 낙인까지

30) 2015년 토미 로빈슨은 급진주의 이슬람에 맞선 자신의 경험을 담은 책 《국가의 적(Enemy of the State)》을 출판했다. 2년 전 그가 옥스퍼드 대학에 초청받아 강연을 하러 갔을 때 아무도 그에게 말을 걸거나 상대하려 하지 않았다. 그러나 그가 1시간 15분에 달하는 연설을 마치고 나자 수많은 사람들이 그에게 다가와 사실을 알려줘서 고맙다고 말하고 같이 사진을 찍었다. 현재 그가 페이스북에 올리는 동영상이나 글을 보고 읽는 사람은 수백만에서 수천만 명에 달하고 주류언론의 주장만 믿고 그를 극우 나치라고 여겼던 수많은 사람들이 그에게 그동안 언론의 주장만 믿고 그를 증오해서 미안하다며 그의 주장이 옳다는 사실을 깨닫게 되었다는 메시지를 보내고 있다. 영국 내 이슬람에 대해 사실을 폭로해온 토미 로빈슨과 그의 가족은 그동안 영국 공권력으로부터 끊임없이 괴롭힘과 협박을 당해왔지만 로빈슨은 그 덕분에 자신이 더 강하게 단련되었다며 몇 년 전만해도 가족까지도 제발 그만하라면서 말리

찍혔으며 지금도 여전히 주류언론에게 인신공격을 당하고 있다.

2013년 EDL을 탈퇴하고 현재 캐나다 대안언론 〈레블 미디어〉의 영국현지 취재기자로 일하는 토미 로빈슨은 2017년 5월 10일, 16세 백인소녀를 집단 강간한 무슬림 네 명의 재판이 실시된 캔터베리 크라운 법원(Canterbury Crown Court) 밖에서 강간범들을 촬영하려다가 피고의 신변보호라는 명분으로 저지당했다. 그런데 이틀 후 경찰이 새벽 4시에 로빈슨의 자택에 들이닥쳐 부인과 아이들이 지켜보는 가운데 로빈슨을 체포해 끌고 나갔다. 독일 나치나 소련 스탈린 정권 같은 전체주의가 써먹은 수법이 21세기 영국에서 버젓이 자행되고 있다. 법정모독죄라는 황당한 죄목으로. 이 네 명의 무슬림은 자신들이 운영하는 포장전문 음식점에 길을 물어보려고 들어온 소녀를 가게 위층에 있는 집으로 끌고 올라가 집단 강간했다. 네 명 가운데 세 명은 과거에도 강간으로 유죄선고를 받았지만 2016년 9월에 보석으로 풀려나와 음식점을 계속 운영해왔다. 로빈슨은 시민들이 기부한 2만 파운드로 변호사를 선임했고 징역 3월 집행유예 18월 선고를 받고 풀려나왔다. 2012년에 로빈슨이 소송에 휘말렸을 때도 로빈슨을 지지하는 한 시민이 기금모금 운동을 펼쳐 일주일 만에 3만 5천 달러를 모금하는 등 과거에도 로빈슨은 수차례에 걸쳐 사법 당국의 괴롭힘을 당했다. 영국 경찰, 언론, 사법부는 이슬람의 사악한 문화적 관

던 외로운 투쟁이었지만 지금은 가족을 포함해 거의 대부분의 사람들이 사실에 눈을 뜨고 자신을 지지해준다며 감사를 표한다.

행에 대해 비판하면 어떤 대가를 치르게 되는지 로빈슨을 본보기로 삼아 국민들의 입을 막으려 하고 있다.

정부 당국의 조치가 미흡하고 언론이 계속 진실을 은폐하면 처음에는 정당한 목적으로 결성된 조직이 급진적으로 변질되고 폭력이라는 최후의 수단을 쓰게 된다. 이 모든 사태에서 두드러지게 눈에 띄지 않는 단체가 있다. 바로 여성단체들이다. 무슬림 성매매 폭력단의 가장 큰 피해자는 백인 소녀들, 그것도 집안 형편이 그다지 넉넉하지 않은 가정 출신으로 정붙일 곳이 없어 방황하는 십대 소녀들이었다. 사회적 약자 중의 약자다. 그런데도 그 어떤 여성단체도 공개적으로 분노하지 않았다. 그리고 지금도 영국 주류 언론은 가해자를 "아시아인"이라고 하지 절대로 무슬림이라고 칭하지 않는다. 가해자들이 지닌 가장 큰 공통점이 무슬림인데도 말이다.

영국에서 가장 영향력 있는 모스크인 런던 센트럴 모스크는 관용과 서로 다른 종교들 간의 교류를 지향한다며 극단주의를 주장하는 자들을 엄단한다고 한다. 매일 수백 명이 이 모스크를 찾는다. 한 기자가 몰래 그 모스크 안에서 벌어지는 일을 촬영했다. 설교자는 메디나의 권위 있는 모스크에서 3년 동안 공부한 무슬림으로서 사우디 종교적 권위자의 가르침을 전파한다. 이슬람을 저버리는 자는 죽이고, 불륜을 저지르는 기혼자는 죽을 때까지 돌팔매질을 하고 미혼자는 채찍으로 100대를 친다고 가르친다. 또 동성애자와 남자처럼 행동하는 여성을 잔인하게 살해하라는 설교도 한다. 많은 어린이들과 십대들이 이곳에서 사우디아라비아가 해석한 샤리아 법을 배운다. 쿠란을 급진적으로 해석한 가르침이 런던 한복판에 있는 온건한 성향이라는 모스크에서 버젓이 전파된다.

버밍엄에 있는 다룰 울룸(Darul Uloom) 무슬림 학교는 정부 지침에 따라 관용과 다른 종교를 존중하도록 가르치도록 되어있다. 영국 정부는 다른 종교를 존중하는 이 학교를 다른 무슬림 학교들이 본받아야 할 본보기로 내세우며 찬사를 퍼부었다. 그러나 이 학교 교사는 힌두교도들은 소를 숭배하는 지능이 떨어지는 이들이라며 조롱하고 턱수염을 기르지 않은 무슬림은 뱀을 피하듯 상종하지 말아야 한다고 가르친다. 또 쿠파(Kufaar)의 옷차림새를 따라하지 말라며 나머지 영국 사회를 샤탄(Shaytan, 악마)이라고 칭하면서 이들은 마인드컨트롤을 하니 물들지 말라고 가르친다. 이런 학교에서 차세대 이맘과 무슬림 지도자들을 양성한다. 영국 주요도시 한복판에서 이런 일이 버젓이 벌어지고 있다.

〈스펙테이터(The Spectator)〉에 실린 이네스 보웬(Innes Bowen)의 기고문에 따르면, 오늘날 영국에 있는 1,700여 개의 모스크 가운데 이슬람을 근대적으로 해석하는 모스크는 겨우 두 군데 뿐이고, 코란을 엄격하게 해석하는 와하브파(Wahhabi)가 6퍼센트, 근본주의자 데오반디(Deobandi)가 45퍼센트를 차지하고 있다. 지식 센터(The

Knowledge Center)의 조사에 따르면 영국 무슬림들 가운데 자신은 영국 문화에 속하지 않는다고 답한 사람이 3분의 1이나 되었다.

영국 중재 법안(The British Arbitration Act)과 대안적 분쟁 해결(Alternative Dispute Resolution) 체제에 따라 생긴 병행 사법체계인 샤리아 법정(Sharia Council)이 런던에만 100여 개에 이른다. 그런데 영국의 사회지도층 인사들이 앞장서서 샤리아를 영국에 확산시키고 있다. 판사 제임스 문비(James Munby)는 그리스도교는 더 이상 영국의 법정에 영향을 미치지 않으며 영국 법정도 다문화를 수용해야 다고 말한다. 전 캔터베리 주교 로원 윌리엄스(Rowan Williams)와 대법관 로드 필립스(Lord Phillips)도 영국의 법이 샤리아 법의 요소들을 통합해야한다고 주장한다. 문제는 샤리아 법정은 영국 관습법(Common Law)의 근본인 자유와 평등이라는 불가침 인권들을 존중하지 않으며 일일이 열거할 수 없을 정도로 여성과 아동에게 매우 가혹하고 불리한 조항들이 많다는 데 있다.

샤리아 법에 따라 할랄(Halal) 식품을 제조하기 위해 가축을 도살하는 방법도 영국의 법과 상충된다. 샤리아 법에 따라 도축하려면 가축이 의식이 명료한 상태에서 목을 딴 다음 신체 기능이 제대로 작동하는 상태에서 출혈로 죽게 내버려 두어야 하므로 동물은 매우 고통스러운 죽음을 맞게 된다. 또한 오직 무슬림이 도축한 가축만 할랄 인증을 받을 수 있다(유대교 율법에 따라 코셔(kosher) 식품을 제조하기 위해 도축하는 방법도 비슷하다). 영국 법은 동물의 고통을 최소화하기 위해 가축을 도살하기 전에 전기충격(stunning)으로 의식을 잃게 하도록 하고 있지만 할랄 식품에 대해서는 종교의 자유를 존중한다는 이유로 이러한 법 적용을 면제해주고 있다. 그런데 동물의 권익을 옹호한다는 단체들은 입을 다물고 있다. 영국에서 할랄 식품은 각종 단체, 병원, 학교 급식 식자재로 대량 공급되고 있는 거대한 사업으로서, 할랄 식품이라는 표시도 되어있지 않기 때문에 영국인들은 부지불식간에 할랄식품을 섭취하고 있다. 일부 학교에서는 학교급식 메뉴를 완전히 할랄 식품으로 대체하겠다고 발표해 학부모들의 강력한 반발을 사기도 했고, 종교가 다른 학생들에게까지 할랄 식품인지 알려주지도 않고 일상적으로 할랄 음식을 급식으로 제공하고 있으며, 심지어 할랄 식품이 아닌 고기를 급식으로 제공했다는 이유로 급식도우미를 해고하기까지 했다.

할랄 식품 제조는 세계적으로 거대한 산업으로서 할랄 식품 인증을 해주는 일부 단체들이 테러 관련 단체들과 연관되어있는 것으로 드러나 할랄 식품 판매로 창출된 수익이 테러 단체로 흘러들어간다는 주장도 제기되고 있다. 미국과 캐나다의 식료품 업체들에 할랄 인증을 해주는 북미 이슬람 협회(Islamic Society of North America)는 팔레스타인 지하드 지도자 사미 알 아리안(Sami al-Arian)이 공동창립한 단체로서 2007년 미국정부는 하마스에 수백만 달러의 자금이 흘러들어간 사건에서 이 단체를 공동정범으로 지목했다. 프랑스에서 할랄 식품 인증을 하는 프랑스 이슬람기구연맹(Union of the Islamic Organizations in France)은 무슬림 형제단과 긴밀한 연관이 있다. 프랑스 언론인 알렉상드르 델 발(Alexandre del Valle)에 따르면 프랑스에서 유통되는 할랄 식품의 60퍼센트를 무슬림 형제단 소속 기구들이 장악하고 있다.

8. 스웨덴

1) 지상 낙원(?)

역사학자 유발 하라리(Yuval Harari)는 공산주의를 종교로 분류한다. 절대적인 신념을 강제한다는 점에서 타당한 분류다. 또 공산 전체주의는 국가보다 강한 권력은 인정할 수 없기 때문에 경쟁자인 종교를 인민의 아편이라고 규정하고 금지했는지도 모른다. 레닌, 호치민, 김일성, 김정일 등 공산 전체주의 독재자들이 사망했을 때 거대한 신전을 방불케 하는 기념관을 건축하고 방부 처리한 시신을 안치하는 이유도 공산주의 독재자를 불멸의 신으로 격상하기 위해서다. 사회심리학자 아라 노렌자얀(Ara Norenzayan)은 북유럽 복지국가들 국민이 대부분 무신론자인 이유는 신을 국가로 대체했기 때문이라고 본다. 틀린 말이 아니다. 북유럽 복지국가, 특히 스웨덴 국민들은 정부를 거의 절대적으로 신뢰하고 의지하며 정부의 간섭이 국민의 삶 전반에 깊이 스며들어 있다. 사회민주주의는 그들의 신앙이다. 공산주의는 철권통치를 한 폭력적인 전체주의 체제였다면 북유럽 사회민주주의 복지국가들은 물리적 폭력만 쓰지 않을 뿐이지 푹신한 벨벳 장갑을 끼고 주먹을 휘두르는 자비로운 독재자나 마찬가지다. 미셸 푸코는 미국과 같은 민주주의체제의 권력은 눈에 보이지 않기 때문에 독재국가의 권력보다 훨씬 막강한 통제력을 발휘한다고 했다. 그의 말에서 미국을 빼고 스웨덴을 넣으면 딱 맞는 말이다.

오바마가 한국의 교육제도를 칭찬했을 때 한국인들은 오바마가 뭘 몰라도 한참 모른다고 황당해했다. 본래 외부인은 속사정을 잘 모르는 법이다. 세계 여러 나라들은 북유럽 복지국가를 지상의 낙원으로 여긴다. 그러나 그 속을 들여다보면 현실은 다르다. 외부의 인식과 내부의 현실간의 간극은 특히 스웨덴의 경우 가장 심하다. 북유럽에서도 특히 스웨덴은 사회를 공학적으로 설계하는(social engineering) 거대한 실험실 같다. 마치 영화 〈트루먼 쇼(Truman Show)〉의 무대 같다. 스웨덴의 주류 기득권 세력은 영화 속에서 트루먼 쇼를 연출하는 역할을 하는 에드 헤리스(Ed Harris)이고 국민은 트루먼 역할을 하는 짐 케리(Jim Carrey)다.

스웨덴은 부를 재분배하는 대대적인 복지정책 덕분에 경제적으로 성공하고 국민들 간의 신뢰도 높다고 주장하는 이들이 있지만 사실은 정 반대다. 스웨덴은 역사적 문화적 동질성과 국민들의 높은 근면

성과 서로에 대한 신뢰를 바탕으로 자유 시장경제 정책을 추진해 엄청난 부를 축적했기에 대대적인 복지정책 추진이 가능했다. 스웨덴 사회민주주의 복지국가 건설의 대부 구나르 미르달(Gunnar Myrdal)은 1930년대에 스웨덴이 복지정책을 시행할 최적 조건을 갖추었다고 했다. 그 조건들 가운데 세 가지만 알아보자. 첫째, 인구가 동질적이고 소규모다. 둘째, 역사적으로 큰 외부침략을 겪지 않았고 봉건제도가 없었기 때문에 대부분 지주 자영농이었으며 이들의 이익을 대표하는 의회가 있었기에 국민들 간의 상호신뢰와 정부에 대한 신뢰가 매우 높았다. 따라서 스웨덴 국민은 통치자와 관료를 권력을 남용해 국민을 약탈할 침략자나 외부인으로 보지 않고 가족친지처럼 신뢰했다. 또 행정문서는 18세기 후기부터 늘 공개되었으므로 공직자가 부패를 숨길 수가 없었다. 셋째, 전통적인 청교도적 노동윤리와 개인의 책임의식이 강했다. 미르달은 스웨덴에서 복지국가가 성공하지 못하면 그 어디서도 성공하지 못한다고 했다. 정당한 이유 없이 절대로 정부의 복지지원을 받아서는 안 된다는 강한 자립정신이 스웨덴 국민들 사이에 굳게 자리잡고 있었다. 이 모든 전제조건들이 1932년 사회민주당이 집권하기 전부터 존재했다. 스웨덴은 1860년대에 농업국가에서 산업국가로 전환한 후 1960년대까지 작은 정부, 낮은 세율, 자유 시장경제, 자유무역으로 눈부신 경제성장을 이루면서 엄청난 부를 축적했다. 주위에 안보를 위협하는 이웃나라가 없기 때문에 안보에 크게 걱정할 필요가 없이 복지정책에 국가 재정을 집중할 수 있었던 이유도 있다. 〈글로벌시큐리티(Global Security)〉에 따르면, 스웨덴의 국방비는 1960년대 중반부터 꾸준히 하락해 2016년에는 GDP의 1.1퍼센트에 불과했다. 즉, 스웨덴의 복지정책은 자유시장경제를 통해 축적한 물리적 자본(physical capital)과 개인의 책임과 근면을 중요시 여기는 문화적 자본(cultural capital)과 사회구성원들이 서로 신뢰하는 사회적 자본(social capital)이 있었기에 가능했다.

경제적으로 평등할수록 구성원들 간의 신뢰도도 높고 사회도 더 잘 기능한다고 주장하는 이들이 흔히 거론하는 연구가 1992년에 출간된 로버트 퍼트넘(Robert Putnam)의 《제대로 작동하는 민주주의(Making Democracy Work)》이다. 그러나 이 책의 내용은 오히려 이들의 주장을 반박한다. 이 책에서 퍼트넘은 미국 50개 주를 대상으로 한 조사를 바탕으로 구성원들 간에 신뢰가 높은 주가 훨씬 잘 기능한다는 결론을 내리는데 두 가지 연구결과가 눈에 띈다. 첫째, 신뢰수준을 가장 잘 예측해주는 지표는 북유럽 이민(이민 당시 매우 가난한 사람들이었다) 자손이 해당 주의 인구에서 차지하는 비율이었다. 이 비율이 높을수록 신뢰 수준이 높았다. 이는 공동체의 문화적 동질성이 높을수록 구성원들 사이에 신뢰가 높다는 뜻이다. 좌익이 그토록 부르짖는 다문화주의에 정면으로 배치되는 결과다. 좌익 성향인 퍼트넘도 다문화주의에 반하는 연구 결과가 나오자 연구 결과를 한동안 발표하지 않았다. 둘째, 미국에 거주하는 북유럽 이민 후손들이 현재 북유럽 국민보다 소득이 높고 빈곤율은 낮으며 사회적 경제적으로 훨씬 성공적인 삶을 누린다. 본래 지닌 북유럽 문화적 가치에 수세대에 걸쳐 노동에 대한 강력한 보상을 하는 미국의 문화가 복합적으로 작용한 결과다. 한편 북유럽 복지정책은 많은 가정들, 특히 이민자 가정을 복지 의존이라는 덫에 묶어버린다. 소득계층의 상향이동이라는 아메리칸 드림이 북유럽 복지국가체제보다 그래도 자본주의 미국에서 훨씬 살아 숨 쉬고 있다.

스웨덴 사회민주주의 정권은 축적한 부를 바탕으로 1970년대부터 1990년대 초까지 대대적인 복지를 시행했다. 이 기간 동안 공공부문은 거의 두 배로 확대되었고 세율이 높아지고 노동시장은 엄격히 규제되었으며 경제성장률도 하락했다. 1970년대에 세계 4위였던 스웨덴의 1인당 GDP는 1990년대에 14위로 하락했다. 이 시기에 시행된 대대적인 복지정책은 지속 불가능했다. 그리고 경제적 유인책이 변하면 문화도 변한다. 젊은 세대로 갈수록 근로윤리가 점점 잠식되고 복지 혜택을 남용해도 괜찮다는 생각도 크게 늘었으며 세계에서 가장 건강한 국민임에도 불구하고 근로자들의 병가 일수가 증가하고 질병과 장애를 이유로 조기 은퇴해 연금으로 생활하는 풍조가 확산 되었다. 예컨대, "자신이 받을 자격이 없는 복지혜택을 정부에 신청하는 행동은 절대로 정당화될 수 없다"라는 질문에 대해 그렇다고 대답한 사람은 복지정책 초기에는 거의 100퍼센트였지만 1981~1984년에는 82퍼센트, 2010~2013년에는 55퍼센트로 줄었다. 2001년 설문조사에서는, 직장이 마음에 들지 않을 경우 질병수당을 신청해도 된다고 한 응답자는 44퍼센트나 되었다. 과도한 복지로 도덕적으로 해이해졌기 때문이다. 이처럼 경제적 유인책이 왜곡되면 바람직한 문화적 가치도 훼손된다. 또 기업가정신도 실종되어 2000년 현재 매출 규모 50대 기업 가운데 1970년대 이후에 설립된 기업은 하나밖에 없었고 1950년대 이후로 인구는 7백만 명에서 9백만 명 이상으로 늘었지만 민간부문에서 창출된 일자리는 거의 없다. 이케아(IKEA), 테트라 팩(Tetra Pak), H&M 등 세계적으로 유명한 스웨덴 기업의 기업주들은 높은 세율을 피해 다른 나라로 이주했다. 1990년대 초 지나친 복지의 부작용이 표면화되면서 스웨덴 정부가 공공부문을 축소하고, 복지혜택을 줄이고, 규제를 완화하고, 부분적으로 연금을 민영화하고, 과세율을 낮추고, 재산세와 상속세를 폐지하는 등 정책적인 선회를 하기 시작하면서 다시 경제는 회복되기 시작했다. 노동조합이 위세를 떨쳤던 1970년대부터 1990년대까지의 기간 동안에 오히려 실질임금은 하락했고 복지정책을 개혁하기 시작한 1990년대부터 실질임금은 평균 70퍼센트 상승했다.

그러나 여전히 스웨덴의 공공부문은 상당히 규모가 크다. 처음에는 혜택이었던 것은 세월이 지나면서 권리가 되고 한 번 준 권리를 빼앗기는 지극히 힘들기 때문이다. 게다가 개방적인 이민정책으로 꾸준히 늘어난 이민자들과 최근 들어 대거 유입된 난민들은 경제활동인구로 유입되기 보다는 복지수혜인구로 유입되면서 복지재정의 부담은 커지고 있다. 그리고 새로 창업되는 기업이 없기 때문에 기존의 대기업들의 시장 독점은 더욱 심해지고 정부 조달 수주도 대기업에 돌아간다. 또한 복지정책의 주된 재원은 고소득자와 대기업으로부터 빈곤층에게로의 소득이전이 아니다. 고소득자와 대기업에게 중과세하면 개인은 국적을 바꾸고 기업은 사업을 해외로 이전하거나 기업의 생산성이 떨어져 경제가 무너진다는 사실을 사회민주당 정치인들은 잘 알고 있다. 따라서 스웨덴은 법인세를 미국보다 낮은 22퍼센트로 책정하고 있고 고소득자와 기업에게 세액공제 등 다양한 혜택도 준다. 또 해외에서 온 전문직종사자들에게도 중산층에게 적용되는 세율보다 낮은 특별 세율을 적용한다. 또 상장회사 대주주인 개인이나 가족에게 특별세를 면제해 준다. 한편 스웨덴 정부는 높은 세율을 적용해도 해외로 이주할 능력이 없는 중산층과 빈곤층의 소비에 과세하는데 그 가운데 하나가 바로 부가가치세 25퍼센트다. 이는 소득과 상관없이 똑같은 비율로 내므로 역진세(regressive tax) 성격을 띤다. 중산층과 빈곤층은 자신들이 받는 복지혜택의 85퍼센트를 자신이 낸 세금으로 충당하는 셈이다. 왜곡된 경제적 유인책, 경직된 노동시장으로 인한 구직난, 손쉽게 받을 수 있는 복지혜택, 비숙련기술자라는 사실이 복합적으로 작용해 이민자의 실업률은 스웨덴인의 두 배가 넘고 다문화정책으로 국민의 동질성도 약화되고 있다.

스웨덴 정부는 의료서비스의 가격을 거의 무료로 책정했기 때문에 수요는 무한정 늘어나게 된다. 그런데 무한한 수요를 충족시킬 서비스와 재원은 한정되어있으므로 서비스를 받기 까지는 오랜 시간 대기해야 하고 간단한 수술을 받으려면 몇 달에서 몇 년까지 기다려야 한다. 그래서 대기시간을 줄이거나 질 높은 서비스를 받기 위해서 스웨덴 바깥에서 의료서비스를 받는 사람들도 늘고 있다. 또한 스웨덴 병원이 이용하는 의약품과 의료기술은 모두 의료산업이 경쟁체제인 미국에서 도입되므로 미국에서 활발하게 작동하는 기업가정신이 낳은 결과물에 무임승차하는 셈이다. 스웨덴 인들은 매우 건강하고 기대수명도 높다. 그런데 그 이유는 건강한 식습관과 생활습관을 지니고 있기 때문이지 의료체계가 잘 되어있어서가 아니다.

지나친 복지는 국민을 국가에 전적으로 의존하게 만들고 가족의 결속력을 약화시킨다. 개인이 자신의 삶을 국가에 의존하게 되면 달리 의지할 곳 없는 개인은 고분고분 국가에서 하라는 대로 하게 된다. 자신의 삶을 책임져주는 국가에 감히 저항할 생각을 하지 못하기 때문이다. 따라서 개인의 차이와 다양성이 파괴되고 획일적인 집단주의가 팽배하게 된다. 스웨덴에서는 생후 18개월부터 5세까지의 아동 93퍼센트가 국가에서 운영하는 육아원에 맡겨지는데 불안장애나 우울증 등 정신건강에 문제가 있는 아동들이 증가하고 있다. 예컨대 스웨덴 아동 가운데 여아는 6퍼센트 남아는 12퍼센트가 주의력결핍과잉행동장애(ADHD) 진단을 받는다. 스웨덴 정부는 2010년부터 부모가 자녀를 홈스쿨링하기가 사실상 불가능하게 법을 바꿨다. 국가가 아동들을 더 잘 돌볼 수 있다는 이유를 내세우지만 사실은 부모가 자녀교육에 개입하면 국가가 원하는 이념으로 아이들을 세뇌시킬 수 없기 때문이다. 법이 바뀌고 나서 그동안 홈스쿨링을 하던 부모들은 엄청난 벌금을 추징당하거나 아동보호국이 자녀들을 빼앗아 위탁가정에 맡기거나 법적 소송에 휘말렸고 스웨덴을 떠나는 사람들도 생겼다. 전업주부를 경멸하는 사회분위기도 팽배하다. 아이를 국가가 운영하는 기관에 맡기고 일하라는 압력이다. 스웨덴의 학교에서는 학생들에게 자기 스스로 문제를 해결하는 방법을 가르치지 않고 어떻게 하면 정부를 이용해 문제를 해결할지 생각하는 법을 가르친다.

스웨덴 정부는 경제적으로 평등한 지상 낙원인 스웨덴을 모든 나라가 부러워하고 본받으려 한다고 국민들을 세뇌시키고 스웨덴 인들은 평범함을 미덕으로 여기고 성공을 탐욕적 이기주의와 동일시한다. 스웨덴 정부는 또한 국민들에게 스웨덴은 평화를 사랑하는 인도주의적 초강대국(Humanitarian Superpower)으로서 모든 나라가 존경한다는 자부심을 불어넣어준다. 그런데 스웨덴은 국민 1인당 무기 수출액에서 세계 1, 2위를 다투고 대표적인 스웨덴 기업 사브(Saab)는 스웨덴 무기 수출액의 50퍼센트를 차지한다. 스웨덴 정부는 제 2차 세계대전에서 중립국이라는 명분으로 참전하지 않았고, 나치 독일이 우세할 때는 친독일 성향을 보이다가 세가 미국을 비롯한 연합군 쪽으로 기울자 친미 성향으로 전환했으며, 나치독일과 연합군 양쪽에 모두 무기를 팔아 막대한 경제적 이득을 보았고 1970년대와 1980년대에는 북한에 대량으로 사치품 수출했다. 스웨덴 정부는 국제적인 갈등에서 중립적인 입장을 취하면서 유엔의 평화유지활동을 지원하고 막대한 해외원조를 하면서도 사우디아라비아, 바레인, 이집트 등 인권 침해로 비난받는 정권들에게 군사 장비를 제공하는 이중성을 보인다.

2) PC와 다문화주의 탄광에 던져진 카나리아

권력을 감시하고 비판해야 할 스웨덴의 주류 언론은 정부로부터 엄청난 보조금 받기 때문에 감히 정부를 비판할 엄두도 내지 못하는 정부 선전도구에 불과하다. 스웨덴 국민은 정부와 언론을 높이 신뢰하고 나라 전체가 극단적으로 획일적이고 집단주의적인 성향이 팽배해있다. 독재체제에서는 국민들끼리 뒤에서 정권에 대해 욕이라도 하는데 스웨덴 국민들이나 주류언론은 절대 체제를 비판하지 않으며 외국인들이 스웨덴의 체제를 비판하거나 사회적 문제를 지적하면 개인적인 모욕으로 여기고 매우 분개한다. 스웨덴인은 자신들은 누구보다도 진보적이고 전 세계가 자신들의 선례를 따르려고 한다는 오만에 빠져있고 사람들의 생각은 다양하다는 생각 자체를 하지 못하며 자기 나라의 평판에 극도로 민감하게 반응한다. 스웨덴인은 자신이 관용적이고 개방적이며 자신만의 독특한 문화가 없다는 사실에 오히려 자부심을 느끼는 기이한 성향을 보인다. 포용, 대화 등을 중요시 여기고 어떻게 해서든 갈등을 피하기 때문에 민감한 이슈를 논해야하는 경우에는 토론 자체를 하지 않고 덮어버리며 문제가 곪아 터질 때까지 문제가 있다는 사실을 외면하며 극단적 상대주의를 내세워 모든 것을 허용하고 모든 사안에 중립적인 입장을 취한다. 모두가 똑같아야 직성이 풀리고 결과의 평등에 무섭게 집착하며 개인 간에 조금의 차이도 인정하지 않는 정서 때문에 "밀리미터 정의(millimeter justice)"라는 표현도 있다.

이렇게 정부와 정부의 나팔수인 주류언론을 전적으로 신뢰하고 이들에 의해 세뇌되어 획일적인 사고를 하고 정부에 저항할 생각조차 하지 못하는 국민들이 있는 사회는 권력을 휘두르고 싶은 정치가들이 꿈에서나 그릴 이상향이다. 정치가들은 항상 더 많은 권력을 행사하기를 원하기 때문이다. 스웨덴에는 이른바 "의견통로(opinion corridor)"라는 표현이 있는데 이 통로를 벗어나는 의견은 절대로 용납되지 않으며 통로는 점점 좁아지고 있다. 그리고 스웨덴의 공직자는 세계적으로 청렴도가 높다고 알려져 있지만 실제로는 중앙과 지방 정치인들이 자기 친척이나 지인에게 자문을 받는다는 명목으로 특혜를 주는 일이 비일비재한데 정부로부터 보조금을 받는 주류언론은 감히 정부의 부정부패를 보도할 엄두를 내지 못하고 따라서 국민들은 정치인들이 부정부패를 저지르고 있는지 인식조차 하지 못한다.

스웨덴 정부는 10년 전부터 범죄자의 출신 국가, 인종, 종교 등 신상정보의 통계를 내지 않고 나이와 성별만 집계해왔고 주류언론들 사이에서도 범죄자의 인종이나 종교, 출신 국가를 보도하지 말자는 암묵적 합의가 이루어져 있다. 범죄사건에 대한 구체적인 정보를 제공해야 국민들이 스스로를 방어할 수 있을 텐데 사실을 알림으로써 공공의 안전을 도모하기보다 PC를 우선시 하는 셈이다. 지금 스웨덴이 직면한 가장 큰 문제는 서구가치와 동떨어진 가치를 고수하는 이민 인구의 급격한 증가와 이에 따른 온갖 사회문제들이다. 그런데도 여론조사에서는 스웨덴인이 가장 우려하는 문제는 1위가 기후변화이고 2위가 신나치주의자들의 부상이라는 결과가 나온다. 정부와 언론이 세뇌한 결과이다. 시리아 난민이 급증한 이후로 정치권과 주류언론의 시각과 국민들이 피부로 느끼는 위기감의 간극이 심해지면서 스웨덴 국민들도 소수이긴 하나 소셜 미디어에서 현실을 털어놓기 시작했다. 물론 이들은 주류언론과 좌익에 의해 '극우 나치'나 '인종차별주의자'라고 매도당한다.

1965년 미국에서 인종갈등으로 폭동이 일어났을 때 당시 사회민주당 소속 스웨덴 총리 타게 엘란더(Tage Erlander)는 스웨덴 국민들은 인종뿐만 아니라 다른 여러 가지 면에서 동질적이어서 다행이라면서 사회민주주의는 곧 동질성이라고 했다. 그가 말한 동질성이란 인종보다는 규범, 문화, 가치의 동질성이었다. 어떤 사회가 좋은 사회인지에 대해 국민들이 같은 생각을 지니고 있었다는 뜻이다. 스웨덴은 60~70년대에 그리스, 이탈리아 같은 유럽국가로부터 이민을 받아들였고 이 시기에 스웨덴에 정착한 이민자들은 스웨덴의 문화적 가치를 내면화하고 동화되었으며 스웨덴인보다 더 열심히 일했다.

그러나 후임인 올로프 팔메(Olof Palme) 총리는 이민자들이 모국의 가치와 문화를 그대로 유지하도록 권장하는 다문화주의 정책으로 전환하고 제3세계, 주로 아프리카와 중동의 이슬람국가에서 이민을 대거 받아들이기 시작했다. 그러면서 스웨덴 정치인들은 좌우를 막론하고 스웨덴 문화라는 것은 없으며 진짜 문화와 전통을 지닌 사람들이 스웨덴으로 이주하고 싶어한다는 사실에 감사해야 한다고 국민들에게 말했다. 2002년 사회민주당의 지도자 모나 살린(Mona Sahlin)은 한 잡지와의 인터뷰에서 무엇이 스웨덴 문화냐는 질문을 받고 이렇게 답했다. "스웨덴 문화는 아무 특징도 없다. 그래서 스웨덴인들은 이민자들을 무척 부러워한다. 문화나 정체성은 결속력을 다져주는데 우리는 유치한 관습밖에 없다. 스웨덴은 다문화주의적인 새로운 스웨덴으로 동화되어야 한다. 예전의 스웨덴은 다시 돌아오지 않는다."

스웨덴은 1988년부터 2010년 사이에 한 해에 대략 25,000명의 이민을 받아들였고 2015년에는 시리아 난민 16만 명을 받아 들였다. 이민 3세대 가운데 경제활동 비율은 유럽이민은 85퍼센트인 반면 비유럽이민은 55퍼센트에 불과하고, 고등학교 중퇴비율은 유럽이민은 20퍼센트인 반면 비유럽이민은 그 두 배인 40퍼센트에 달한다. 지난 6~7년 사이에 인구가 900만에서 1,000만으로 10퍼센트 이상 급증했는데 증가분은 모두 이민이다. 최근에 유입된 시리아 난민 가운데 50퍼센트는 고등학교도 나오지 않았고 이 가운데 30퍼센트는 교육받은 연수가 9년이 채 되지 않으며 문맹률도 높다. 스웨덴 좌익 정치인들은 난민 급증에 따른 국민들의 우려나 불만을 무마하기 위해서 시리아 난민은 고학력이라며 스웨덴은 고학력자 이민이 필요하다고 속이고 있다. 그러나 시리아 인구 전체의 대졸 비율이 4퍼센트가 채 되지 않는다. 스웨덴으로 유입되는 시리아 난민들이 고학력이라는 주장은 새빨간 거짓말이다. 스웨덴과 같은 복지국가들은 숙련노동이 필요한 사회이기 때문에 이렇게 문맹률도 높고 의사소통도 되지 않는 이민들은 대다수가 경제활동 인구가 아니라 복지수혜 인구로 유입된다.

영국의 리즈 켈리(Liz Kelly) 교수가 조사한 바에 따르면, 2010년 스웨덴의 강간 신고율은 레소토에 이어 세계 2위였다. 레소토는 10만 명당 92건, 스웨덴은 53건, 미국 29건, 노르웨이 20건, 덴마크 7건이었다. 이에 대해 스웨덴 당국은 강간에 대한 정의가 점점 넓어졌기 때문이라고 변명한다. 하지만 가장 최근에 강간의 형법상 정의를 수정한 해가 2013년이었는데 2014년까지 강간이 약간 줄었다가 2015년부터 다시 급격히 증가했고 성범죄를 경찰에 신고하기 꺼리는 여성들이 급격히 늘어나고 있는 통계도 있으며, 대부분의 강력 성범죄는 이민자들이 저지른다는 사실로 미루어볼 때 강간 신고율의 급격한 증가는 단순히 강간의 정의가 확대됐다는 이유만으로는 설명되지 않는다.

무슬림의 성추행과 성폭행이 급증하자 경찰은 여성들에게 "내게 손대지 마시오"라는 글귀가 인쇄된 팔찌를 나누어 주었다. 그것도 스웨덴어로 쓰인 팔지를! 스웨덴에 유입된 무슬림은 스웨덴어는 고사하고 아랍어도 못 읽는 문맹자가 수두룩한데! 최근에는 스웨덴에 타하루쉬(Taharrush)라는 신종 범죄가 등장했다. 최근에 프랑스 니스나 독일 콜론에서 음악회나 연말연시 행사 등 사람들이 많이 모이는 장소에서 발생한 범죄인데 이제 스웨덴에도 상륙했다. 여성 한 명을 무슬림들이 둘러싸고 성폭행 하는 동안 그 무슬림들 주위를 또 한 무리의 무슬림이 둘러싸 주위의 시선을 차단하거나 주의를 다른 쪽으로 돌리는 방법으로 성폭행하는 수법이다.

스웨덴 정부 당국과 언론이 범죄 통계와 관련해 구체적인 정보를 제공하지 않자 최근 집단강간(gang rape) 통계자료를 제공하는 인터넷 사이트(gangrapesweden.com)가 생겼다. 이 사이트는 집단강간 사건의 재판 판결문(법정 판결문은 공공기록물이기 때문에 요청하면 열람할 수 있다.)을 바탕으로 통계를 내고 있는데 집단 강간사건의 가해자, 사건번호, 가해자의 출신국가 등 자세한 정보를 제공한다. 이 사이트에 따르면 2011년부터 2015년까지의 기간 동안 유죄판결이 확정된 125명의 범죄자 가운데 41명의 국적은 스웨덴은 아니나 국적불명이었고 아프가니스탄 출신이 23명, 스웨덴 인이 20명 등으로, 스웨덴 인이 아닌 범죄자는 총 105명, 비율로 치면 85퍼센트에 달했다. 가해자의 압도적 다수가 무슬림 이름이고 피해자는 압도적 다수가 스웨덴 여성이다. 특히 미성년자를 강간한 혐의로 유죄판결을 받은 범죄자 가운데 스웨덴 인은 한 명도 없었고 대부분이 아프가니스탄 인이었다.

1990년대에 스웨덴에 우범지대인 진입금지 구역(No Go Zone)은 3개 지역(거주자가 대부분 이민자이고 대부분 무직으로 복지수당에 의존해 살며 자녀들은 학교를 중퇴하는 비율이 높다)에 불과했지만 2002년에는 122개 지역, 2006년 156개 지역으로 폭증한 후 더 이상 집계를 하지 않고 있다. 이질적인 문화권에서 온 이민자들이 급격하게 증가하면서 범죄율도 급격하게 늘어났지만 정치인들은 교도소가 이민자로 넘쳐나도 이는 빈곤과 같은 사회경제학적 원인 때문이지 이질적인 문화가 원인이 아니라고 주장한다.

스웨덴은 다문화정책을 표방하지만 속을 들여다보면 은근한 인종차별주의가 깔려있다. 스웨덴 인들은 매우 내성적이고 차갑다. 80퍼센트에 달하는 스웨덴인들은 비유럽 이민자와 어울리지 않으며 정치인, 언론인 등 사회 지도층은 이민자와 마주칠 기회도 없고 주민의 압도적 다수가 백인인 지역에 거주하며, 자녀도 비유럽 이민자는 거의 볼 수 없는 학교에 보낸다. 예컨대, 스톡홀름 중심부에 가면 백인 일색이지만, 거기서 50분 거리에 있는 링크비(Rinkeby)는 무슬림 인구가 하도 많아 바그다드라고 불릴 정도다. 스웨덴에서 세 번째로 큰 도시 말뫼(Malmö)는 주민의 대다수가 무슬림인 지역으로 변했고 긴급구호차가 경찰의 에스코트를 받아야 들어갈 수 있는 우범지대가 55구역에 달하며 툭하면 거리에서 수류탄이 터진다. 현재 북유럽에서 발생하는 범죄의 70퍼센트는 총인구의 5~10퍼센트에 불과한 이슬람국가 출신 이민자들이 저지르고 있다.

스웨덴에서 지난 10여 년 동안 가장 급격히 증가한 난민 집단이 "보호자를 동반하지 않은 미성년자 난민(unaccompanied refugee children)"인데 미성년자는 성인보다 망명허가가 쉽게 나오고 일단 영주권을 얻게 되면 가족 전체를 스웨덴으로 초청할 수 있다. 그러나 주로 시리아, 에리트레아, 아프가니스탄, 소말리아에서 오는 이들이 실제 미성년인지는 확인할 길도 없고 스웨덴 당국에서 확인 하려하지도 않으며 주류언론은 무슨 짓을 해서라도 "미성년자 난민"의 이미지를 훼손하지 않으려고 안간힘을 쓴다. 미성년자 난민 수용 시설에서 일하는 직원이 성인으로 의심되는 난민이 있어서 이민국을 접촉하면 직업윤리를 저버린 행동으로 취급받는다. 하지만 육안으로 보아도 20~30세 사이인 청년들이 대부분이다. 성인인 이들은 학교에 입학해 미성년자들과 나란히 앉아서 수업을 받고 있고, 이들이 학교에서 아동들을 성추행해 심각한 문제를 일으키고 있다. 인터넷에는 서른은 족히 되어 보이는 무슬림 청년이 이민국에서 준 곰 인형을 안고 환하게 웃는 사진이 떠돌아다닌다. 난민 수용소에서의 삶이 불만스러워 어디론가 사라지는 '미성년자 난민'들도 있는데 일단 사라진 이들은 어디로 갔는지 추적할 길이 없다.

스웨덴은 이민자의 급격한 증가로 극심한 주택난에 시달리고 있는데 스웨덴 당국은 빈곤층인 자국민은 몇 년을 기다려야 얻을 수 있는 거주지를 이민자들에게는 몇 주 만에 제공하면서 오히려 자국민을 차별하고 있다. 이민자들은 일일이 거론하기도 어려울 만큼 스웨덴 정부로부터 각종 수당을 받으면서도 스웨덴 사회에 동화하려고 노력할 필요도 없는 반면, 스웨덴 인들은 세금으로 이들의 생계를 뒷받침해야할 뿐만 아니라 다문화주의라는 이름하에 (아무리 자유민주주의 가치에 위배되는 관습이라고 해도) 이들의 문화를 존중해야 한다. 나라가 노후를 책임져 주리라는 약속을 믿고 평생 세금을 내고 열심히 살다가 은퇴한 연금 수령자들은 연금이 깎이고 있다. 최근 시리아에서 온 한 난민은 세 명의 부인과 열여섯 명의 자녀를 데리고 왔는데 이들은 스웨덴 국민들이 낸 세금 175만 달러로 마련한 콘도 세 채에 나누어 살고 있다.

난민의 대거 유입으로 횡재를 하는 이들도 있다. 2015년 스웨덴의 ICA 은행은 난민들에게 선불카드(prepaid card)를 발행하고 스웨덴 이민국에 800만 달러를 지급 청구했다. ICA 은행은 난민이 선불카드를 처음 작동시킬 때 21달러를 부과하고 한번 현금을 인출할 때마다 2달러를 부과한다. 이 은행이 스웨덴 이민국과 맺은 이 계약은 경쟁 입찰이 아니라 수의계약으로 이루어졌다. 난민 수용 시설들을 운영하는 민간업자들도 떼돈을 번다. 2015년 난민 수용시설을 운영하는 30대 기업들은 스웨덴 이민국에 1억 9백만 달러를 청구했다. 이들이 시설운영을 통해 얻는 수익률은 50퍼센트에서 68퍼센트에 달한다. 난민 수용시설을 운영하는 가장 큰 규모의 민간기업인 요카르요 AB(Jorkarjo AB)의 소유주인 베르트 칼슨(Bert Karlsson)은 1990년대 초 신민주당이라는 정당을 창당했던 정치인으로서 당시에 스웨덴 이민을 축소하겠다는 공약을 내세웠고 1994년까지 의회에 몸을 담았다. 2015년 그의 회사는 스웨덴 이민국에 2억 3천 9백만 달러를 청구했다.

최근 부상한 새로운 난민 사업은 "보호자를 동반하지 않은 미성년자 난민"을 위한 위탁가정(foster home)인데 스웨덴 이민국의 고위관리가 이런 난민들에게 위탁가정을 알선해주는 민간기업을 운영한다는 사실이 보도되었다. 민간기업 뿐만 아니라 정부 고위관리도 난민 사업으로 한몫을 챙기고 있는 셈이다. 또 미성년자 난민에게는 법적 후견인(legal guardian)이 지정되는데 난민 29명의 법적 후견인이 되는 대가로 한 달에 7,000달러를 받는다. 물론 한 사람이 29명을 돌보기란 불가능하다. 스웨덴 정부가 자랑스럽게 내세우는 "인도주의적 초강대국"은 국가 이미지 마케팅일 뿐이다.

스웨덴 주류언론들은 이민으로 발생하는 각종 사회 문제를 절대로 언급하지 않고 이민의 높은 범죄율이나 복지에 대한 지나친 의존 등 이민 정책에 내재된 문제를 지적하는 사람을 인종차별주의자로 매도한다. 그리고 언론에 매도당한 사람은 친구나 이웃으로부터 외면당하고 일자리를 잃고 사회적으로 거의 매장당하기 때문에 국민들은 하고 싶은 말이 있어도 입을 닫고 자기검열을 한다. 또 스웨덴의 증오발언 금지법(hate speech law)에 따르면 특정 종교, 인종, 국가를 바탕으로 특정 집단을 무시하거나 경멸하는 발언을 하는 사람은 최고 2년 형에 처해진다. 스웨덴은 최근에 출간된 《대 도전(MassutManing)》이라는 책을 다양성을 해치고 인종차별적 내용을 담았다는 이유로 도서관에 배치하지 않기로 했다. 이란에서 스웨덴으로 이민 온 쿠르드 족 출신 경제학자 티노 사난다지(Tino Sanandaji)가 쓴 책이다. 스웨덴 정부의 비현실적인 이민정책을 비난하는 그를 당연히 주류언론은 "극우(right-wing extremist)"라고 매도한다.

2011년 말뫼의 언론인협회는 《절대국가 스웨덴-침묵의 나라 여행기(Absolute Sweden-a Journey in the Country of Silence)》를 출간한 덴마크 언론인 미카엘 얄빙(Mikael Jalving)을 초대해 강연회를 하기로 했는데 협회 회장이 갑자기 강연회를 취소하라고 했다. 얄빙이 〈내셔널 투데이(National Today)〉라는 신문이 주관하는 모임에서 강연을 하기로 했는데, 그런 모임에서 강연을 하면 민족주의 이념에 오염되어 나치가 된다는 게 이유였다. 당시 협회회장의 결정에 분노한 협회 부회장 잉그리드 칼크비스트(Ingrid Carlqvist)는 협회를 떠났다. 스웨덴 최대 신문인 〈아프톤블라뎃(Aftonbladet)〉에서 오랫동안 기자생활을 한 칼크비스트는 정부의 홍보기관지 노릇을 하는 스웨덴 언론에 대한 믿음을 완전히 잃고 자유언론협회(Free Press Society) 스웨덴 지부를 창립한 다음 덴마크 기자 라스 헤더가르(Lars Hedegaard)와 〈디스패치 인터내셔널(Dispatch International)〉이라는 신문을 창간해 주류언론에서 은폐해왔고 지금도 은폐하고 있는 문제들을 보도하고 있다. 스웨덴 이민 정책을 비판하는 그녀도 스웨덴 주류 언론과 언론인

노조 신문에 의해 극우로 매도당하고 있다. 스웨덴은 주류 생각에서 벗어나는 사람은 모조리 인종차별주의자나 극우 나치 취급한다.

덴마크에 거주하는 라스 헤드가르는 자택으로 찾아온 이민자의 총에 목숨을 잃을 뻔했다. 〈디스패치 인터내셔널〉는 온라인으로만 발간되고 전적으로 기부에 의존해 운영된다. 오프라인 신문으로 배달하면 스웨덴 우편배달부나 이웃들이 이 신문을 구독하는 스웨덴인들을 밀고해서 사회적으로 매장시킬까봐 우려해서다. 스웨덴 신문 〈엑스프레센(Expressen)〉은 실제로 좌익 해커의 도움을 받아 정부의 이민정책과 관련한 기사에 익명으로 부정적인 댓글을 단 교수와 정치인 등 여러 명의 주소를 알아내 직접 찾아가 사진을 찍었고 이들의 신상과 사진을 신문에 실어 인종차별주의자들이라고 대서특필했으며 이 때문에 직장에서 해고당한 사람도 있다. 이 신문은 사생활침해로 소송을 당하기도 했지만 재판부는 신문사 측의 손을 들어주었다. 이제 스웨덴인들은 익명으로 댓글을 달기도 주저하고 있다. 스웨덴인은 정부의 이민 정책에 반대하는 적대적인 인물이라고 '판명'되는 순간 인종차별주의자라고 낙인찍히고 직장, 친구, 심지어 가족도 잃고 인생이 끝장난다. 스웨덴 정당, 언론, 기득권계층은 스웨덴 인들에게 이민자들에게 동화하라고 요구하고 이민자들을 스웨덴에 '동화(assimilation)'시키는 것은 나치나 할 만행이라고 여긴다. 요즘 스웨덴 부모들은 자녀들에게 공개적인 토론에 관여하지 말고 이런 저런 '과격한 의견' 표명은 삼가라고 조언한다. 자녀들의 장래를 망칠까 두렵기 때문이다. 사회문제를 거론하지도 못하는 분위기에서는 해결책을 찾기도 어렵다.

2015년 한 이케아 매장에서 북아프리카의 에리트레아 출신 난민 두 명이 매장에 전시되어 있던 부엌칼로 스웨덴 여성과 어린 아들을 난자해 살해했다. 그런데 이케아와 경찰의 반응이 가관이다. 이케아는 부엌칼을 매장에서 철수시켰고 정복을 한 경찰서장이 매장에 들어오자 총을 경찰차에 두고 매장에 들어오든지 매장에서 나가라고 했다. 경찰은 매장 주위에 경찰력을 대거 배치했는데 이케아나 시민을 보호하기 위해서가 아니라 이 사건으로 "인종차별주의자"들의 반격의 대상이 될 이민자들을 보호하기 위해서였다. 사법부도 범죄를 저지른 이민자들에게 황당할 정도로 관대한 형량을 내린다. "스웨덴 문화에 익숙하지 않다"면서 정상을 참작해서 판결하기 때문이다. 예컨대, 2017년 2월 13세 미성년 아동을 강간한 소말리아 출신 청년에게 스웨덴 법원은 "스웨덴 문화에 익숙하지 않아서"라면서 정상을 참작해 2달을 선고했다. 범인이 스웨덴 남성이었다면 중형을 받았을 범죄다. 병적인 문화적 상대주의다.

2016년 고틀란드(Gotland)에서 식당을 나선 장애인 여성이 이민자 다섯 명과 택시를 합승했다. 여성은 화장실에 가고 싶다는 동승자들을 자기 집으로 들였고 이 이민자들은 여성의 휠체어를 빼앗고 화장실에서 집단으로 강간했다. 경찰은 피해자의 신고를 받고 가해자들을 체포했지만 가해자와 피해자의 진술이 일치하지 않는다며 훈방했고 검찰은 여성이 있는 힘을 다해 저항하지 않았고 진술에 신빙성이 떨어져 훈방했다는 황당한 변명을 해댔다. 이에 분노한 스웨덴 시민 백여 명이 피해자인 여성을 지지하는 비폭력 평화 시위를 했다. 그러자 지역 언론들은 일제히 인종차별주의에 대한 논평을 쏟아내면서 스웨덴이 나치국가로 향하고 있다고 선동하기 시작했고 정치인들은 증오와 오해와 무지에서 비롯된 행동이라며 오히려 시위를 한 시민들을 비난했다. 페미니스트 당은 피해자인 여성의 인권을 옹호하기는커녕 "강간범이 인종차별주의자보다 낫다"라고 쓴 플래카드를 들고 인종차별주의에 반대하는 시위를 벌였다. 이 당은 이전에도 이민자가 스웨덴 여성을 강간한 사건이 일어났을 때 인종차별주의에 반대하는 시위를 벌였다. 스웨덴 페미니스트와 좌익은 유색인종 남성이 저지른 강간 통계치를 축소하고 변명하느라 바쁘고 미국 페미니스트와 좌익은 백인남성이 저지른 강간 통계치를 부풀리느라 바쁘다. 참 여러 가지로 바쁜 족속들이다.

스웨덴은 이제 이슬람 극단주의를 해외로 수출까지 하고 있다. 300명이 스웨덴을 떠나 ISIS를 비롯해 여러 지하디스트 집단에 합류했다. 머릿수로 볼 때 유럽에서 가장 높은 수치다. 스웨덴의 도시와 마을의 외곽지역, 인구 5만의 앙그레드(Angered)같은 교외지역에 거주하는 이민자들이 주로 ISIS에 가담한다. 앙그레드는 주택난이 극심해 이민자들이 거대한 공공주거 건물에 거주하는데 65퍼센트가 학교를 중퇴한다. 경찰은 이 지역의 통제권을 잃었고 툭하면 이민자들은 경찰을 공격하며, 깡패집단의 폭력과 마약범죄가 만연해있다. ISIS의 단원 모집책은 폭력과 마약을 끊고 알라를 위해 싸우자고 젊은이들을 꼬드겨 시리아와 이라크로 데리고 가는데 이들 가운데 많은 이들이 스웨덴 내의 대규모 모스크와 연관되어 있고 심지어 ISIS 전투원이 스웨덴의 모스크에 초청되어 설교를 한다. 스웨덴 남부의 룬드(lund) 지역은 ISIS에 가담했다가 돌아온 이들을 형사처벌하기는 커녕 주거비를 지원하고 직업을 알선하고 무료로 운전면허증을 지급하는 등 재활을 돕는 정신 나간 짓까지 하고 있다.

1992년 스웨덴 말뫼에서 태어난 오사마 크라옘(Osama Krayem)은 2014년 시리아로 건너가 ISIS에 합류했다가 가짜 여권을 가지고 난민으로 위장해 유럽으로 돌아온 다음 파리 학살 사건의 범인인 살라 압데슬람(Salah Abdeslam)과 접선해 테러를 모의했다. 크라옘은 브뤼셀 폭탄테러 모의에도 가담했다. 크라옘은 스웨덴 사회와 "성공적으로 통합하는 방법"을 알려준다는 〈국경 없이(Without Borders)〉라는 다큐멘터리 제작에도 참여했다. "동화(assimilation)"가 아니라 "통합(integration)"라고 한 점을 주목하라. 스웨덴인들이 이민자의 문화를 받아들여야 한다는 뜻이다.

스웨덴에서 규모가 작은 지역사회에서는 경찰력이 사라지고 급진적인 무슬림들이 직접 지역을 순찰하고 통제한다. 유럽에서 가장 많은 이슬람 극단주의 전투원을 시리아와 이라크로 수출하고 있는 스웨덴의 도시 고텐버그(Gothenberg)에는 자칭 샤리아 경찰대라는 무슬림들이 돌아다니면서 무슬림으로 보이는 여성에게 히잡을 쓰지 않으면 지옥에 간다고 위협하고, 스웨덴 남자를 비롯해 남자와 카페에 함께 있는 무슬림 여성에게 어떤 사이냐고 꼬치꼬치 캐묻기도 하고 왜 청바지를 입느냐고 간섭하기까지 한다. 자유를 찾아 스웨덴에 이민 온 무슬림들은 이런 이들 때문에 삶에 위협을 느끼고 있다.

19세에 소말리아에서 스웨덴으로 이민 온 무슬림 여성 모나 월터(Mona Walter)는 소말리아보다 스웨덴의 모스크가 훨씬 급진적인 이슬람 교리를 가르친다고 말한다. 월터가 스웨덴에서 다니던 모스크에서 이교도를 경계하라고 하고 유대교도와 그리스도교도는 돼지이고 원숭이라고 가르치기에 스웨덴 경찰에게 신고했더니 종교의 자유라며 조사도 하지 않고 아무런 조치도 취하지 않았다. 월터는 스웨덴 남성과 결혼하면서 이슬람을 떠났고 가족친지와 소말리아 지역사회로부터 축출 당했다. 그들은 월터를 다른 무슬림들을 잘못된 사상으로 오염시키는 "피트나(Fitna, 해악)"라고 불렀다. 월터는 자기처럼 무슬림으로서 직접 겪은 끔찍한 경험에 대해 얘기하려면 스웨덴 인들은 귀를 막고 쉬쉬하며 이슬람에 대해 절대로 부정적인 얘기를 하지 않으려 한다고 말한다. 월터는 스웨덴 신문 〈아프톤블라트(Aftonblat)〉에 기고한 글에서 쿠란을 인용하면서 히잡을 쓰지 않으면 성추행을 당하는 문제를 지적하자 신문사측에서 쿠란을 인용하지 말라는 경고를 받았다. 또 월터가 운영하는 웹사이트를 인터넷 회사가 폐쇄시켜 회사 측에 폐쇄한 이유를 묻자 규정을 어겼기 때문이라면서 무슨 규정을 어겼는지도 말해주지 않았다.

월터는 어느 날 스웨덴 국영방송 직원들과 함께 주민의 다수가 무슬림인 교외 지역에 있는 커피숍에 갔는데 누군가가 그녀를 알아보고 사진을 찍었다. 곧 군중이 모여들었고, 무슬림 청년 남녀 30여 명이 그녀에게 "꺼져, 창녀, 그리스도교도야, 여긴 스웨덴이 아니야!"라고 소리를 지르며 계란을 던지고 자동차 위에 올라가서 발을 구르고 난리를 피웠다. 월터가 그들에게 스웨덴에는 표현의 자유가 있고 여기는 스웨덴이라고 하자 그들은 스웨덴이 아니라고 반박했다. 스웨덴 국영방송 직원들은 이런 장면을 촬영했으면서도 편집해서 잘라내고 뉴스에 내보내지 않았다. 다행히 월터에게는 몰래 찍어둔 파괴된 자동차 사진이 있었고 이 사진을 페이스북에 올렸다. 월터는 그 사건 후 신변에 위협을 느껴서 다른 지역으로 이주했고 지금은 경호원의 보호를 받으며 비공개 거주지에 살고 있다. 월터는 자기 같은 무슬림들이 많지만 이슬람을 혐오하는 인종차별주의자라는 소리 들을까봐 두려워서 공개적으로 나서지 않는다고 한다. 그녀는 무슬림은 이슬람이라는 이념을 믿는 사람들이지 인종이 아닌데 무슬림을 비판하는 사람을 인종차별주의자라고 한다며 어처구니없어 하면서 앞으로 무슬림 인구가 점점 늘어나면 상황은 더 악화되리라고 예측한다.

2017년 2월 초 한 경찰관이 페이스북에 장문의 글을 올렸다. 대충 이런 내용이었다. "이제 넌더리가 나서 더 이상 못 참겠다. 내가 지금부터 쓰려는 글은 PC에 어긋난다. 하지만 이제는 될 대로 되라는 심정이다. 국가 공무원으로서 납세자인 국민들에게 절대로 공개하지 못하게 되어있는 사실을 공개하겠다. 이 때문에 나는 직장에서 쫓겨나고 연금도 잃을지 모른다. 내가 하려는 말이 사실이라고 해도 말이다…그래도 나는 강력범죄 부서에서 형사로 일해 오면서 나를 짓눌러온 사실을 매주 털어놓겠다… 월요일부터 금요일까지, 강간, 강간, 강력 강간, 폭행강간, 갈취, 갈취, 협박, 경찰폭행, 경찰협박, 살인미수, 강간, 대학가 범죄, 또 갈취, 폭행… 혐의자는 알리, 무하마드, 마흐무드, 무하마드, 무하마드, 알리, 또 알리, 또 알리, 크리스토퍼, 아, 대학가 범죄와 관련해 스웨덴 이름이 하나 있네. 무하마드, 알리, 또 알리, 또 알리. 이 주에 발생한 모든 범죄 혐의자의 출신국가는 이라크, 이라크, 터키, 시리아, 아프가니스탄, 소말리아, 소말리아, 시리아, 또 시리아, 소말리아, 국적불명, 국적불명, 스웨덴이다. 혐의자들 가운데 절반은 법적인 서류가 없어서 출신국가를 알 수가 없는데 이런 이들은 보통 국적과 신분에 대해 거짓말을 한다. 이런 범죄에 우리 부서 수사력을 100퍼센트 쏟아 부어야 한다. 지난 10년에서 15년 동안 쭉 이랬다…"

이 글을 쓴 주인공은 스웨덴 경찰로 47년을 봉직한 피터 스프링아레(Peter Springare)다. 그의 페이스북 포스팅은 들불처럼 번져나갔고,

글을 올린 지 24시간 만에 그를 지지하는 사람이 27,000명으로 폭증했으며, 그를 지지하는 조직이 결성되었고 회원 수는 22만 명을 넘어섰다. 총인구 9백만 명인 스웨덴에서는 엄청난 회원 수다. 그가 근무하는 경찰서에는 수십 다발의 꽃다발이 답지했고 같은 경찰인 토마스 오센뢰프(Tomas Åsenlöv)도 그의 말이 사실이라면서 지지를 표했다. 덴마크 코펜하겐에서 일하는 형사 라르스 스카르(Lars Skar)는 자신의 페이스북에 다음과 같이 밝혔다. "스프링아레를 전폭적으로 지지한다. 덴마크도 스웨덴과 똑같은 심각한 문제가 있으며, 경찰의 범죄보고서를 보면 덴마크인 이름은 눈을 씻고 봐도 찾기 힘들고 경찰 인력은 100퍼센트 이민자들이 저지르는 범죄 해결에 투입된다. 이제 서로 터놓고 이 문제를 논의해야 한다. 이는 인종차별과는 상관없는 문제다." 국경 경비를 하는 비외른 누메(Björn Numé)라는 경찰관도 자기도 날마다 겪는 일인데 아무도 거론하려 하지 않는다며 스프링아레를 전폭적으로 지지한다고 밝혔다. 그러나 스프링아레의 상관들은 그를 소수자에 대한 증오를 부추기고 범죄혐의자의 이름을 공개했다며 증오 발언(hate speech)을 한 혐의로 그를 형사고발했고 주류언론은 그를 인종차별주의자라고 매도하면서 그를 인격살인하고 사회적으로 매장하는 수순에 들어갔다.

2017년 2월 스웨덴 언론인 실리아 파버(Celia Farber)는 피터 스프링아레는 국민의 영웅이라며 모두가 이민 문제의 심각성을 인식하고 있지만 두려워서 아무도 말을 꺼내지 않는다며 스웨덴 언론과 국민의 침묵은 소름끼칠 정도라고 했다. 파버는 웁살라(Uppsala)에 있는 한 주스 바에서 일하는 직원과 나눈 얘기를 들려준다. 12살 때 터키에서 스웨덴으로 이민 온 이 직원은 경찰이 피터 스프링아레를 해고하면 자신이 팔 걷고 나서 그를 위해 기금모금을 하겠다면서 성실한 준법시민인 이민자들이야말로 이민 문제로 고통 받고 있다며 황당하고 사악한 PC 문화를 버려야 한다고 말했다.

2017년 2월 이바 아피(Ivar Arpi)라는 스웨덴 방송인도 인종차별주의자라는 낙인이 찍힐까봐 두려워서 할 말을 못하는 사람이 많다면서 정부의 이민 정책이나 이민으로 발생하는 문제를 거론하는 사람은 숨은 의도(인종차별)가 있다고 의심받는다고 말했다. 그는 스웨덴인들은 방송을 비롯한 주류언론, 정치인, 공직자들을 놀라울 정도로 신뢰한다면서 하지만 이민 문제와 관련해서는 60퍼센트가 언론이 사실을 보도하지 않는다고 생각하고 있다고 말했다.

무슬림 이민자에게 한없이 관대한 스웨덴이지만 난민이 그리스도교도인 경우는 얘기가 다르다. 한 파키스탄출신 무슬림 남성은 스웨덴에 온 이후로 그루지아 출신 여성을 만나 그리스도교로 개종하고 결혼해 딸을 두었다. 그런데 스웨덴 이민국은 이 남성과 그의 가족에 대해 국외추방 명령을 내렸다. 이 남성은 파키스탄으로 돌아가면 변절자로 여겨져 목숨이 위험해진다. 또 한 파키스탄인 그리스도교도 남성은 파키스탄의 학교에서 서구의 이념을 가르치다가 무슬림들로부터 쿠파(Kufaar)의 주장을 가르친다며 죽이겠다는 협박을 당했고 2011년 동료 두 명과 함께 납치되어 동료들이 참수 당하는 광경을 목격했으며 가까스로 탈출 한 후 스웨덴으로 왔다. 하지만 스웨덴 이민국은 그의 망명신청을 거부했다. 스웨덴의 스톡홀름에 있는 천주교성당 주교인 동성애자 에바 브룬(Eva Brune)은 성당의 십자가를 없애고 메카의 방향을 가리키는 구조물을 설치하겠다고 했다. 이슬람 국가가 여성을 어떻게 대우하고 동성애자에게 어떤 잔인한 짓을 하며 그리스도교도들을 어떻게 대하는지 정말 몰라서 이럴까? 스웨덴에서 영향력 있는 그리스도교 목사 스테판 스베르드(Stefan Swärd)는 《예수도 난민이었다(Jesus Was Also a Refugee)》라는 책까지 내고 부유한 나라는 국경을 개방해야 한다며 정부의 무제한적인 이민 정책을 지지하고 나섰다. 스웨덴의 그리스도교가 숭배하는 대상은 예수 그리스도가 아니라 다문화주의다.

스웨덴에는 반유대인 정서도 만연하고 있다. 스웨덴 의회는 볼보(Volvo)와 이스라엘 버스회사 간의 계약에 대한 토론을 벌였다. 볼보는 테러위험지역 유대인 아동들이 안전하게 등하교하도록 방탄차량을 이스라엘 버스회사에 판매하고 있는데 의회 외교위원회 의장은 볼보의 버스가 보장해주는 이들의 생존권이 "국제법 위반"이라고 주장했고 스웨덴 항만노동자들은 이스라엘 화물 선적을 거부하는 시위를 벌였다. 스웨덴의 전직 주택도시개발부 장관은 이스라엘을 나치에 비유하며 이스라엘에 대한 하마스의 공격을 지지하는 시위에 참가했다. 스웨덴 신문 〈다겐스 니히터(Dagens Nyheter)〉는 "유대인은 증오해도 된다(It is allowed to hate the Jews)"라는 제목의 사설을 싣고 이스라엘이 영토 "점거(occupy)"를 포기할 때 까지 유대인 국가를 증오해도 된다고 주장했다. 그런데 이슬람과 중동지역 이민 유입에 공개적으로 반대하고 이스라엘과 스웨덴에 거주하는 유대인에 대해 우호적인 태도를 보이는 유일한 정당이 오히려 주류 언론과 좌익에 의해 인종차별주의자이고 나치라고 매도당한다. 누가 정말로 나치인가?

몇 년 전 스웨덴 국영방송(Swedish State Television)은 국민 세금으로 이종혼합(Miscegenation)을 홍보하는 동영상을 만들어 내보냈다. 이 동영상에는 엑스트라(Extra)라는 래퍼가 등장해 〈섞어(Mix It Up)〉라는 노래를 부르는데 가사는 다음과 같다.

스웨덴, 통합이 잘 안 돼? 엑스트라가 한 수 가르쳐주지.

금발의 자매들이여, 흑인 남자에게 가랑이를 벌리고 그냥 섞으면 돼.

라티노 아가씨, 나치 청년의 몸에 대고 밤새도록 문질러 자기 인종을 배반하게 만들어.

이스라엘 족속들도 매일 밤 숫양처럼 비명을 질러대고 있어 "얄라, 인샬라, 씨발!"

아프간 출신 자매들, 한 다리 끼고 싶으면, 어둑해진 다음 시내로 나가서 섞어!

유서 깊고 자유롭고 웅장한 그대 북쪽의 나라여, 고요하고 기쁨이 넘치는 아름다운 그대여!

마지막 줄은 스웨덴 국가의 한 구절이다. 동영상을 보면 흰 속옷을 걸친 금발의 백인 여성이 팔꿈치를 땅에 대고 반쯤 누운 흑인 남자 위에 걸터앉아 마치 오르가즘에 흥분해 비명을 지르듯이 노래의 마지막 대목을 부른다. 이게 스웨덴 국영방송이 국민 세금으로 만든 홍보영상이다. 역겨워서 봐 줄 수가 없다.

최근 스웨덴 총리는 국가 재정과 관련해 이민 정책에 쓸 재정적 여유밖에 없다는 황당하고 무책임한 발언을 했다. 스웨덴 국민들이 뭐라고 하든 말든 그들이 땀 흘려 벌어 꼬박꼬박 낸 세금을 자국민의 복지를 위해 쓰지 않고 다문화주의라는 이상을 추구하는 데 쏟아 붓겠다는 뜻이다. 자유에는 책임이 따르고 권리에는 의무가 따른다. 자기 삶에 대한 경제적 책임을 국가에 떠넘기고도 정치적 자유를 누릴 수 있다고 생각한다면 대단한 착각이다. 자녀가 부모로부터 경제적으로 독립해야 심리적 정신적으로도 독립할 수 있듯이 국민도 경제적 삶에 대해 책임을 지지 않으면 결국 정치적 자유도 빼앗기게 된다. 인간의 삶에서 다른 목표들과 별개인 순수한 경제적 목표는 존재하지 않는다. 경제적 자유는 다른 목표들을 달성하는 수단이며 달성하고자 하는 목표의 우선 순위는 개인마다 다르다. 그런데 경제적 선택권을 국가가 쥐게 되면 개인의 의사와 관계없이 국가가 추구하는 목표를 달성하는 데 재원이 집중된다. 그리고 바로 스웨덴의 이민정책의 경우가 보여주듯이 개인과 국가가 추구하는 목표가 다를 때 국가는 개인의 자유를 억압하게 된다.

경제적 자유는 다른 자유를 누리기 위한 전제조건이라는 이 논리를 좌익은 결핍으로부터의 자유로 비틀어 해석해 국가가 개입해 개인을 결핍에서 해방시켜야 한다고 주장한다. 그러나 좌익이 약속하는 결핍으로부터의 자유를 누리려면 개인은 선택의 자유를 포기해야 한다. 반면 선택의 권리와 더불어 경제활동의 자유를 누리려면 그에 따르는 위험과 책임을 감수해야 한다. 세상에 완벽한 해결책이란 없다. 경제적 안정을 보장받는 대신 자유를 포기하느냐, 자유를 누리는 대신 경제적 위험을 감수하느냐 둘 중 하나다. 레온 트로츠키(Leon Trotsky)가 다음과 같은 말을 했다. "국가가 유일한 고용주인 나라에서 국가에 맞서는 자는 천천히 굶어죽는다. '일하지 않는 자 먹지도 말라'는 옛 원칙은 '복종하지 않는 자 먹지도 말라'는 새 원칙으로 대체되었다." 오랜 세월 동안 사회민주주의 세력이 집권해 보편적 복지체제를 표방해온 서유럽과 북유럽 복지국가들에는 사실상 작은 정부를 표방하는 정치적 우익 세력은 존재하지 않는다. 그 이유가 뭔지 곰곰이 생각해볼 일이다.

스웨덴은 자신의 삶을 책임지지 않고 다른 사람의 보살핌을 받으며 안전하게 살고 싶은 사람에게는 천국이지만 자유를 소중히 생각하고 삶에서 맞닥뜨리는 도전과 위험을 기꺼이 감수하려는 사람에게는 지옥이다. 위험으로부터 자유로운 안전한 삶을 원한다면 위험에 직면할 일은 없겠지만 자유로울 수 없고, 자유롭지 않은 삶은 진정으로 인간다운 삶이 아니다. 안전을 위해 자유를 희생하는 사람은 자유를 누릴 자격도 안전한 삶을 누릴 자격도 없다. 개인이 스스로를 속이고 정직하게 행동하지 않고, 이념적이고 전체주의적인 해결책을 개인이 기꺼이 책임을 지는 삶의 대안으로 여기고, 독자적으로 생각하고 비판하고 자기 의견을 표현하지 못하게 되면, 그 국가는 병들게 된다. 스웨덴은 진정한 자유민주주의 국가가 아니다. 한 스웨덴인은 중간에 몇 년을 제외하고 지난 80년 동안 사회민주당 일당이 정치권력을 독점해온 스웨덴의 정치체제를 "민주독재(democratorship)" 또는 "자발적 파시즘(voluntary fascism)"이라고 비꼰다. 밀턴은 《복락원(復樂園, Paradise Regained)》에서 다음과 같이 말했다. "자비로운 독재자를 섬기느니 차라리 지옥에서 살겠다(I'd rather be in hell than serving the benevolent dictator)." 아인 랜드(Ayn Rand)는 이렇게 말했다. "공산주의와 사회주의 간에 차이는 없다. 둘 다 궁극적으로 추구하는 목표는 같다. 다만 달성하는 수단이 다를 뿐이다. 공산주의는 인간을 무력으로 예속시키지만 사회주의는 투표로 예속시킨다. 타살과 자살의 차이일 뿐이다."

정글에서 살던 동물을 동물원에 넣으면 잘 적응하지 못한다. 그러나 동물원에서 나고 자란 동물은 아무 문제없이 잘 산다. 동물원에서의 삶 밖에 모르기 때문이다. "정말로 효율적인 전체주의 국가는 무소불위의 통치력을 휘두르는 정치 권력층과 대규모 관료들이 국민을 완벽하게 조종해 예속상태를 즐기게 만듦으로써 복종을 강요할 필요도 없는 국가다." 올더스 헉슬리(Aldous Huxley)가 한 말이다. 스웨덴을 두고 한 말 같다.

전 세계에 스웨덴을 홍보하는 일을 담당하는 정부기관인 스웨덴 연구소(The Swedish Institute)는 2017년 5월, "표현의 자유를 신장"하기 위해서 연구소의 트위터 계정을 통해 해로운 트위터 계정을 차단하는 캠페인을 벌이겠다고 발표했다. 연구소 측은 보도 자료에서 스웨덴 국내외 12,000개의 트위터 계정을 이미 차단 대상으로 지목해 명단을 만들었으며 이들은 "이민자, 여성, 성소수자에 대한 증오를 부추기고 이들을 위협하는 내용을 퍼뜨리는 극우 인사들의 계정"이라고 발표했다. 표현의 자유를 억압하고 정보유통을 차단함으로써 표현의 자유를 촉진한다는 발상은 《1984》의 빅브라더나 할 만한 기발한 발상이다. 이렇게 서로 모순되고 양립 불가능한 두 가지 생각을 동시에 하는 능력을 《1984》의 새 말(Newspeak)로 "이중사고(doublethink)"라고 한다. 용감한 신세계를 지구상에 실현해가는, 스칸디나비아 반도의 빅브라더 스웨덴, 브라보, 브라보.

나가는 말

2016년 미국 대통령 선거에서는 언론계, 학계, 연예계, 재계가 똘똘 뭉쳐 트럼프에 맞섰고, 정치계에서도 민주당은 말할 것도 없고 심지어 공화당에도 "트럼프만은 절대로 안 돼(Never Trump)"라는 정서가 팽배했다. 대표적인 우익 성향 시사 잡지 〈내셔널 리뷰(National Review)〉는 "트럼프에 반대한다(Against Trump)"라는 특집호까지 냈다. 우익 성향이라는 폭스뉴스도 한두 진행자를 빼면 트럼프에게 호의적이지 않았다. 이번 선거 과정에서 언론이 트럼프에 대해 얼마나 왜곡된 보도를 했는지는 이 책에서 다루지 않았다. 그 내용만으로도 책 한 권 분량은 족히 된다. 그보다도 트럼프가 당선되는 데 기여한 외부적인 요인에 초점을 맞췄다. 이 책을 쓴 또 다른 이유도 있다. 서구사회에서 맹렬한 기세를 떨치고 있는 포스트모더니즘의 광풍이 우리나라에도 불고 있다는 생각이 들어 섬뜩해서다. 요즘 우리나라에서도 '다문화주의' '젠더유동성' '교차성' '억압적 관용' 같은 용어들이 심심치 않게 들리고 있다. 후발주자라면 선발주자의 시행착오를 반면교사 삼아 같은 실수를 되풀이하지 않아야 한다.

우리나라도 출산율 하락과 인구감소 때문에 노동인력이 필요하다며 외국인 근로자(guest worker)를 유입하고 무비자 관광으로 입국했다가 눌러앉는 불법체류자들이 점점 늘어나고 있다고 알고 있다. 유럽도 그런 식으로 시작되어 지금 이렇게 이민이 사회문제가 되었다는 사실을 우리 정부는 알고 있는가. 우리나라도 경비가 철저한 고급 주택가에 모여 사는 좌우 기득권층이 공모해서 인도주의, 노동력 충원이라는 명분으로 이민을 받아들여 자기 정당을 지지하는 유권자 수를 늘리고, 값싼 노동력으로 사업을 하고, 불법체류자를 가사도우미와 자녀를 돌볼 보모로 고용하고, 이런 상황이 사회적 문제를 야기하기 시작하면 그 뒷감당과 뒤처리는 나머지 국민들이 해야 하는 지경에 이르게 되는 건 아닌가. 유럽과 미국을 비롯해 서구사회에서 대대적인 복지정책과 다문화주의와 개방적인 이민정책의 조합이 참사(慘事)를 낳고 있다는 사실을 우리사회 지도층은 알고 있는가. 지난해 우리나라 정부는 전북 익산에 할랄 식품 단지를 만든다는 계획을 발표했다가 지역 사회의 강력한 반발에 부딪혀 보류했다고 알고 있다. 정부가 지금 유럽을 비롯한 서구사회에서 일어나고 있는 서구문화와 이슬람의 문화적 충돌을 제대로 파악은 하고 이런 정책을 추진하려 했는가. 그 할랄 식품 단지가 동북아시아에 급진적인 이슬람을 확산하는 교두보가 되지 않는다는 보장은 있는가. 정부가 평택에 세계 최대 규모의 차이나타운을 건설한다고 한다. 국제 텡그리 연구소(International Tengri Institute)의 김정민 국제관계학 박사에 따르면, 미군기지와 대기업의 첨단기술공단이 들어서는 평택에 차이나타운이 조성되면 중국 공안첩보원, 산업첩보원, 불법체류자, 인신매매와 장기매매를 하는 중국범죄조직들의 아지트가 되고 전쟁 시에는 북한을 지원하는 중국의 교두보가 될 가능성이 높다. 또 유럽에서 샤리아 법이 적용되는 무슬림 공동체처럼 치외법권 지역으로 전락할 가능성도 배제할 수 없다. 우리 영해에서 불법조업을 하는 중국 어선도 제대로 단속하지 못하면서 땅위에선들 제대로 법 집행을 할 수 있을까? 또 동일한 국가 출신 이민자들이 한 지역에 집중적으로 거주하면 나머지 사회에 동화되지 못한다. 한국보다 중국에의 충성도가 강한 집단이 한국 안보와 경제에 중요한 지역에 모여 살도록 한국 정부가 나서서 정책적으로 지원하는 게 국익에 합당한가. 현재 제주도, 인천, 평창, 여수 등 여러 지방자치단체는 일정액 이상 투자하는 외국인에게 영주권을 주는 투자이민제를 실시하고 있고 외국인 영주권자는 지방자치단체 선거에도 참여할 수 있다. 가장 급격히 증가하고 있는 외국인 영주권자는 중국인이다. 이들이 한국의 민주주의 절차를 중국의 국익을 추구하는 데 이용하지 말라는 보장이 있는가. 중국이 한국에 행사하는 영향력을 왜 한국정부가 발 벗고 나서서 키워주는지 이해가 가지 않는다. 중국과 한국의 이익이 일치하는가?

김정민 박사에 따르면, 일본 오키나와에서는 미군기지 철수여부를 두고 주민투표를 실시할 무렵 외부에서 유입된 인구가 급격히 늘었고 미군기지 철수를 지지하는 도지사 후보(일본으로 귀화한 중국인)가 약 3,000표 차이로 선거에서 승리했는데 외부에서 유입된 주민의 수가 그 정도 되었다. 또 중국인들이 일본에서 원자력발전소, 자위대, 미군기지 주변의 토지를 매입해 일본의 국가안보를 위협하는 문제로 떠올랐다. 홋카이도에서는 중국 화교와 조총련 계열 단체가 함께 토지를 매입해 벼농사를 지어 북한에 쌀을 수출한다고 한다. 제주도에서 중국인은 강정마을 미국해군기지 주변과 제주항 주변의 토지를 집중적으로 매입하고 있다. 과연 숨은 의도가 없을까. 우리나라 정부는 중국인들이 어느 지역에 얼마나 많은 토지를 매입했는지 그 실태를 제대로 파악은 하고 있는가.

내가 대학에 다니던 시절 셰익스피어 희곡을 수강하는 강의실은 원형경기장처럼 계단식 구조였다. 강단에 선 풍채 좋은 교수님은《햄릿》의 그 유명한 독백을 굵직하고 쩌렁쩌렁한 바리톤 음성으로 읊었다. 무대에서 열연하는 특급 연극배우 같았다. 나는 그 날 졸업논문 주제를 햄릿으로 하겠다고 마음먹었다. 너무 오래전이라 자세히 기억은 나지 않지만 논문 내용은 대충 이러했다. '햄릿을 우유부단하고 결단력 없는 인물로 여기지만 그렇지 않다. 극의 시대적 배경은 미신이 난무하고 과학이 발달하지 않은 시대였다. 여느 사람 같으면 아버지의 유령이 나타나 억울한 죽음을 호소하면 무조건 믿고 곧바로 복수에 돌입했을 것이다. 그러나 햄릿은 유령의 주장이 사실인지 입증할 주도면밀한 계획을 세워 실행한 후 보복에 착수했다. 매우 용의주도하고 집요하며 시대를 앞선 인물이다.' 인문학이 포스트모더니즘으로 온통 오염되기 전에 대학을 다녔다는 사실이 얼마나 감사한지 모르겠다.

대문호 셰익스피어는 오늘날 미국 대학가에서 그저 가부장적이고 억압적인 서구문명의 편견으로 가득한 글을 쓴 한낱 '죽은 백인 남성(Dead White Male)'으로 전락했다. 카밀 팔리아는 인문학을 전공해 학계에 진출하려는 학생들 가운데 프랑크푸르트학파와 포스트모더니즘을 바탕으로 한 작품해석 외에 그 어떤 의견도 발을 들여놓을 틈이 없는 경직된 학계 분위기를 견디지 못하고 중도에서 학업을 포기하는 재능 있는 학생들이 많다며 통탄한다. 1979년에 세상을 떠난 마르쿠제는 생전에 한 인터뷰에서 신좌익에 대해 "당신이 창설한 신좌익 운동을 계승한 이들이 지적으로 편협하고 새로운 개념과 비판을 증오하는 집단으로 전락했는데 어떻게 생각하느냐?"라는 질문을 받자 "예, 사실이오"라고 인정했다. 이미 70년대에 그런 현상이 나타나고 있었다는 뜻이다. 그로부터 거의 40년이 흐른 지금 마르쿠제가 미국의 대학가에 다시 나타난다면 자신이 이룬 업적(?)을 보고 만면에 미소를 지을까, 아니면 땅을 치고 후회할까. 궁금하다.

도널드 트럼프는 저서 《거래의 기술(The Art of the Deal)》에서 다음과 같이 말한다. "내가 언론에 대해 터득한 게 한 가지 있는데, 그들은 늘 흥미진진한 이야기를 찾느라 혈안이 되어있다는 사실이다. 선정적인 이야기일수록 좋아한다. 그들이 하는 일의 성격이 그렇다. 난 그 점을 잘 알고 있다. 약간 특이하거나 약간 도발적이거나 대담하고 논란거리가 될 만한 행동을 하면 언론은 기사를 써준다. 나는 항상 일을 약간 특이하게 한다. 논란이 되도 상관없다. 나는 거창한 거래를 하는 경향이 있다. 그러면 언론은 틀림없이 앞 다퉈 나에 대한 기사를 쓴다." 주류언론은 트럼프가 대선출마를 선언한 이후부터 대선 선거 기간 내내 트럼프의 일거수일투족을 대서특필했다. 물론 거의 전부 부정적이고 사실을 왜곡한 내용이었지만 결국 트럼프는 광고비 한 푼 들이지 않고 언론에 자기광고를 한 셈이다. 그리고 주류언론의 왜곡 선동 조작 보도는 우익 성향 유튜버들과 대안 언론들이 분석하고 반박하고 비판했다.

네덜란드 의회 의원을 지낸 아얀 히르시 알리는 네덜란드에 우익 정당은 없다고 말한다. 정치 스펙트럼에서 오른쪽 절반은 존재하지 않고 나머지 왼쪽 절반만 존재하며, 그 왼쪽 절반이 강경좌파, 중도좌파, 온건좌파 등으로 분류된다고 보는 게 맞다. 북유럽과 서유럽의 다른 나라들도 사정은 비슷하다. 따라서 유럽 주류언론이 극우, 나치라고 매도하는 이들은 대부분 정치 성향으로 볼 때 기껏해야 중도우익 정도 되는 셈이다. 왼쪽 끝에 서있는 사람에게는 중도가 오른쪽 끝으로 보일 테니까. 이 책을 쓰기 위해 여러 가지 자료를 조사하면서 유럽 주류언론이 규정하는 특정 단체나 개인의 정치적 성향은 액면 그대로 받아들이면 안 된다는 사실을 깨달았다. 앞서 살펴보았듯이, 영국, 스웨덴, 미국 등의 주류언론은 좌익 기득권층이 추진하는 의제와 이념을 전파하는 홍보기관지에 불과하다.

가짜보도로 트럼프 당선에 큰 기여를 한 미국 주류언론은 벌써 트럼프 재선 운동에 돌입했다. 트럼프가 대통령에 취임하는 첫날부터 선동 조작 왜곡 보도의 2막을 열었다. 주류언론은 군중이 가득 들어찬 오바마 취임식 사진과 널찍한 빈 공간이 보이는 트럼프 취임식 사진을 나란히 실었다. 마치 발모제를 바른 후와 바르기 전을 비교하는 두 장의 사진 같았다. 하지만 서로 다른 시간대에 찍은 사진이라 공정한 비교가 아니었다. 주류언론은 트럼프가 집무실에 있던 마틴 루터 킹 목사의 흉상을 치워버렸다고 보도했다. 아니다. 또 흑백갈등을 조장하려는 거짓말이었다. 트럼프는 오바마가 8년 전에 취임하면서 집무실에서 치워버린 윈스턴 처칠 전 영국총리의 흉상을 다시 제자리에 돌려놓았다. 신임 대통령이 취임하면 보통 언론은 여섯 달 정도 밀월기간을 두고 비판을 자제한다. 하지만 언론은 트럼프에게는 단 1분도 숨 쉴 틈을 주지 않고 공격을 시작했다. 지난 대선에서 주류언론이 그런 행태를 보였기 때문에 트럼프가 당선되었다는 사실을 까맣게 잊었다.

평생 민주당 선거 전략가로 일했고 TV 드라마 〈웨스트 윙(The West Wing)〉 제작에도 관여한 패트릭 카델(Patrick Caddell)은 언론의 부패와 편파보도가 가장 큰 문제라고 지적한다. 그는 토머스 제퍼슨이 언론 없는 정부보다 정부 없는 언론을 택하겠다며 헌법으로 언론의 자유를 보호하고 언론을 견제할 장치를 두지 않은 이유는 언론이 권력으로부터 국민을 보호하는 사명에 충실하도록 하기 위해서였는데 미국 언론은 그 사명을 완전히 폐기했다고 비판한다. 그는 이번 선거에서 언론은 여론을 충실히 반영하기는커녕 여론을 조작하고 국민의 알권리를 철저히 훼손한, "미국 국민의 적(Enemy of the American People)"이라고 통렬히 비판했다. 그는 또한 언론이 선거가 끝난 후에도 정신을 차리지 못하고 계속 민주당의 대리인 역할을 하고 있다고 지적하면서, 표현 규정 등 PC 문화로 표현의 자유를 침해하는 모든 교육기관과 단체들에 대한 연방정부 보조금 지급을 중단해야한다고 강조했다.

요즘 주류언론과 소셜 미디어가 합동으로 '가짜뉴스' 유포를 막겠다고 나서는 꼴도 심상치가 않다. 이번 미국 대선에서 완전히 신뢰가 땅에 떨어진 주류언론의 막강한 상대로 부상한 소셜미디어 이용자들과 대안언론들을 억압하겠다는 시도로 밖에는 해석되지 않는다. 미국의 주류언론과 페이스북, 유튜브, 트위터 등 소셜 미디어 CEO들, 그리고 시리아 난민을 포함해 무슬림 이민의 대거 유입으로 심각한 사회문제가 발생하고 있는 서유럽과 북유럽 여러 나라 정부들은 '가짜뉴스'의 확산을 막는다면서 오웰의 《1984》에 나온 진실부를 자처하고 나서서 대안 언론과 인기 있는 소셜 미디어 사용자들을 검열하겠다고 으름장을 놓고 있다.

2015년 유엔에서 열린 한 회의에서 나란히 앉은 독일 메르켈 총리와 저커버그 페이스북 CEO가 나눈 대화가 보도됐다. 좌석에 설치된 마이크가 꺼져있는 줄 알고 나눈 은밀한 대화였다. 메르켈이 시리아 난민의 유입에 반대하는 여론에 대해 어떻게 좀 해보라고 하자 저커버그가 조치를 강구하고 있다고 말했다. 트위터(트위터의 제2대 주주는 사우디아라비아 왕자다)도 우익 성향의 트위터리언은 "증오발언"을 했다는 명분으로 영구퇴출하고, 유튜브도 소수자나 이슬람에 대해 비판적인 내용의 동영상은 광고를 박탈(demonetization)하거나 시청연령을 제한하거나 합당한 이유 없이 아예 삭제해버리는 등 다양한 방식으로 제재를 가하고 있다. 이에 대항하기 위해 자신의 유튜브 동영상을 '비드닷미(vid.me)'나 '마인즈닷컴(minds.com)'이라는 사이트에 함께 올리는 유튜버들과 표현의 자유를 최우선 가치로 내세우는 '갭(gab.ai)'을 함께 사용하는 트위터리안들이 늘고 있다.

독일 메르켈 정부는 2015년 말 증오발언을 비롯해 가짜뉴스가 포스팅된 후 24시간 내에 제거하지 않으면 한 건 당 50만 유로의 벌금을 트위터와 페이스북에 부과하겠다고 위협하고 나섰고 2017년 3월 14일 마침내 이를 공식적으로 법제화하겠다며 초안을 공개했다. 이 법안에 따르면, 간단한 내용은 24시간 이내, 복잡한 내용은 7일 이내에 삭제해야 하고 이를 어기는 소셜미디어 회사에 최고 5천만 유로의 벌금을 물릴 수 있다. 그러나 이 법은 자의적으로 해석되고 악용될 여지가 매우 높고 EU가 회원국들에게 이민 수용 할당량을 강제하는 정책이나 메르켈 총리의 이민정책에 대한 비판도 "이슬라모포비아"라고 판단하거나 페이스북이 자체적으로 만든 "공동체 규범(community standards)"을 위반한다고 자의적으로 해석될 가능성이 높다. 2017년 6월, 독일 검찰은 독일 전역에서 합동단속을 벌여 소셜미디어에 "증오 발언"을 포스팅했다는 이유로 서른여섯 명의 자택을 급습해 수색함으로써 빅브라더가 되는 길에 들어섰다. 제 버릇 개 못주는 법(Old habits die hard)이다. 과거 동독의 슈타지(Stasi)가 했던 짓이 부활하고 있다.

EU도 2016년에 이미 페이스북, 트위터, 유튜브, 마이크로소프트와 협력해 유럽에서 온라인 상 유포되는 "불법적 증오 발언"을 규제하겠다고 선언했고, 선언을 한 바로 다음날 페이스북은 "스웨덴에 만연한 이민자 강간 범죄"라는 제목의 동영상을 포스팅한 스웨덴 언론인 잉그리드 칼크비스트의 페이스북 계정을 중지시켰다. EU가 온라인 행동규정(Code of Conduct)에서 제시한 "증오 발언"과 "폭력 교사"라는 단어의 정의는 매우 모호해서 EU 당국이 대량 이민정책, 이슬람, EU 자체에 대한 비판 등 무엇이든 규정에 위배된다고 자의적으로 판단할 소지가 매우 높다.

그런데 소셜 미디어가 이 기준을 적용하려면 적어도 공정하게 적용해야 하는데 문제는 이 기준이 이슬람을 비판하는 내용에만 자의

적으로 적용된다는 데 있다. 예컨대 실제로 폭력과 유대인 살해를 부추기는 아랍 테러조직 파타(Fatah)의 페이스북 페이지는 내용이 삭제되지 않은 채 버젓이 그대로 운영되고 있고 있다. 그리고 인신매매단, 마약밀매 조직폭력단, 테러집단 등 온갖 반사회적인 집단들은 페이스북에서 활개를 치고 있다. 한편 팔레스타인 지도부의 부패에 대해 글을 쓴 칼레드 아부 토아메(Khaled Abu Toameh)의 계정을 페이스북은 아무런 해명 없이 정지시키고 포스팅 2개를 삭제했고. 24시간 후에 계정에 대한 접속을 다시 허용하는 등, 이슬람을 비판하는 포스팅에는 제재를 가하고 있다.

주로 이슬람 근본주의자들과 이들에게 동조하는 세력이 페이스북의 신고체계(reporting system)에 내재된 결함을 악용하고 있다. 이들은 무신론자와 불가지론자들로 구성된 단체들의 페이스북 계정에 대해 집중적으로 신고를 하는데 그렇게 되면 페이스북이 설정해 놓은 알고리즘에 따라 이들의 계정이 삭제되거나 툭하면 차단된다. 이슬람을 떠난 무슬림들로 결성된 〈북미 전 무슬림(Ex-Muslims of North America)〉과 〈무신론자 공화국(Atheist Republic)〉을 비롯해 개인과 단체들은 2017년 3월 페이스북 담당자에게 보낸 서신에서 자신들의 계정이 아무런 이유 없이 툭하면 삭제되거나 접속을 차단당하고 있다면서 페이스북은 악의적인 공격에 취약한 단체들의 계정을 대상으로 화이트리스트(whitelist)를 만들어 보호하고, 페이스북의 신고체계(reporting system)를 악용하는 이들을 처벌할 대책을 마련하라고 요구하고 있다. 〈북미 전 무슬림〉 단체의 회장인 무하마드 사예드(Muhammad Syed)는 이슬람 세계에 수백만 명 이상의 자유사상가들이 있지만 처형당할 위험 때문에 그동안 조직을 결성하기가 사실상 불가능했지만 인터넷과 소셜 미디어 덕분에 가능해졌다면서 세계에서 가장 탄압받는 이슬람 세계의 무신론자 단체들을 지지해달라고 호소한다.

풀뿌리 민주주의의 상징처럼 여겨지는 위키피디아도 신뢰할만한 정보원이 아니다. 탐사보도 기자 셰릴 앳키슨(Sharyl Attkisson)은 소셜 미디어를 통해 풀뿌리(grassroot) 민중으로 가장하고 정보나 역정보를 퍼뜨리는 인공잔디(astroturf) 집단이 존재한다고 말한다. 이 집단은 자기 마음에 안 드는 보도를 하는 매체, 바른 말하는 정치인, 사실을 보도하는 언론인을 무자비하게 공격하는데 이 인공잔디가 암약하는 사이트 가운데 하나가 위키피디아다. 누구든 편집가능하다는 원칙을 내세우는 위키피디아는 사실은 고도로 중앙집권적인 구조로서 익명의 편집자들이 특수이익집단에 영합하면서 이들의 이익에 반하는 내용의 입력을 차단하고 매우 이념적으로 편향되어있다. 일반인이 사실을 정정하기 위해 편집을 하거나 각주를 달아도 어느새 원상 복구되어 있는 경우가 비일비재하다.

2012년 미국의 유명한 작가 필립 로스(Philip Roth)는 위키피디아에 수록된 자신의 신상 정보 가운데 오류가 있어서 바로 잡았는데 매번 기존의 정보로 원상복구 되자 마침내 위키피디아 담당자를 어렵게 접촉해 항의했다. 그러자 위키피디아로부터 로스가 신뢰할만한 정보원이 아니라서 정보 정정을 허용하지 못한다는 답변이 돌아왔다. 또 위키피디아 직원이 고객에게 홍보서비스를 하고 그 고객에게 유리하게 내용을 편집을 하다가 적발된 사례도 있다. 위키피디아에 나온 정보와 실제 공개된 메디컬 리서치 결과를 비교해보면 90퍼센트가 실제 결과에 반하는 주장을 하고 있다. 이러한 위키피디아에 대응하기 위해 게임 디자이너 복스 데이(Vox Day)는 "인포갈락틱(Infogalactic)"이라는 사이트를 새로 만들었다. 인포갈락틱은 위키피디아가 이른바 "발표된 신뢰할만한 정보원(published reliable source)"을 인용해 내용을 채우고 있는데 이러한 정보원을 편집자나 운영자들이 얼마나 쉽게 조작할 수 있는지가 증명되었기 때문에 이를 지양한다고 주장한다.

하버드, 스탠포드 같은 명문대학도 '가짜뉴스' 유포를 막겠다고 소매를 걷어붙이고 나섰다. 얼마 전 하버드는 '가짜뉴스' 명단까지 발표했다. 물론 주류언론은 하나도 포함되지 않았다. 하버드의 명성은 지리적으로 하버드에서 멀어질수록 높다. 거기도 한심한 인간들 투성이다. 하버드 동문이라고 뻐기는 사람들 앞에서 주눅들 이유가 전혀 없다. 오히려 명문대 나왔답시고 거들먹거리면서 아는 척하는 인간들이 더 사회에 해악을 끼치고 더 위험한 인간들이다. 게다가 똑똑함(intelligence)과 지혜로움(wisdom)은 아무런 상관관계가 없다. 나는 하버드 출신 국내 언론인, 정치인, 학자 등 사회지도층 인사가 마치 하버드 졸업이 대단한 업적인 양 떠들거나 "세계 각국에서 온 인재들과 선의의 경쟁" 어쩌고저쩌고 쓴 글을 보면 코웃음이 나온다. 물론 하버드를 졸업한 뛰어난 인재들도 있다. 그러나 그런 이들은 하버드 졸업장을 대단한 업적이랍시고 내세우면서 떠벌이지 않고 자기 전문 분야에서 묵묵히 최선을 다한다. 하버드가 '가짜뉴스' 명단을 발표했다는 기사에 달린 댓글이 촌철살인이다. "신난다. 하버드가 추천 사이트 목록을 손수 만들어줬다. 이제 이 명단에 있는 사이트만 보면 되겠다."

매사추세츠주 케임브리지에 살 때 토요일 아침마다 한 일이 있다. 집 앞에 있는 가판대에서 두툼한 주말 판 〈뉴욕타임스〉를 사서 아담한 정원이 있는 가정집을 개조해 만든 카페에서 향긋한 커피와 함께 갓 구워 말랑말랑하고 따뜻한 큼직한 쿠키를 손으로 조금씩 떼어 먹으며 몇 시간이고 신문을 읽었다. 참 행복한 주말 일과였다. 한국에 돌아와서도 인터넷으로 〈뉴욕타임스〉의 기사를 가끔 검색하곤 했다. 한 달에 기사 10건 정도는 무료로 볼 수 있다. 하지만 이번 미국 대선에서 하는 행태를 보고 언론으로서의 책무를 완전히 포기한 신문이라는 결론에 도달했다.

올 1월에 〈뉴욕타임스〉가 "언론의 자유를 지켜 달라. 언론인으로서의 사명을 다하도록 지원을 해 달라"라며 디지털 유료 구독을 요청하는 이메일을 보냈기에 다음과 같은 답장을 보냈다. "너희들이 언론이라고? 이번 선거 기간 동안 그런 짓을 하고도? 소가 웃겠다! (You call yourself journalism? After all you have done during this election cycle? LMFAO!)"[31] 그런데 〈뉴욕타임스〉가 사흘 만에 또 이메일을 보냈다. "진짜 뉴스는 진짜 언론이 보도한다. 사실에 근거해서 오직 진실만을 보도한다. 객관적인 보도와 명료한 분석으로 세계에서 신뢰받는 신문, 1년 동안 반값에 모시겠다." 그래서 또 답장을 보냈다. "너희 같은 쓰레기를 누가 구독하니? 너희 신문으로는 밑도 안 닦는다(Who would subscribe to your garbage? I wouldn't even wipe my ass with you)." 그런데 보내놓고 나서 아차 실수했다는 생각이 들었다. 디지털 신문으로는 밑을 닦을 수 없다.

2017년 4월 발표된 퓰리처상 수상자 명단에 〈뉴욕타임스〉도 이름을 올렸다. 국제보도 부문 수상자다. 퓰리처 웹사이트에 따르면, "암살, 댓글과 해킹 등 사이버공격, 정적들에게 불리한 증거 조작 등의 수법을 통해 해외에서 러시아의 힘을 확장하려한 블라디미르 푸틴 관련 보도에서 의제를 설정"하는 데 기여한 공로를 높이 산다는 게 〈뉴욕타임스〉의 수상 이유다. 〈뉴욕타임스〉는 러시아가 미국 민주당 전국위원회 이메일을 해킹했고 이 이메일을 폭로한 위키리크스의 줄리언 어산지의 배후에 러시아가 있다고 주장했지만, 이 두 가지 주장을 뒷받침해주는 증거는 어디에도 없다. 2016년 11월 줄리안 어산지는 영국 언론인 존 필저(John Pilger)와의 인터뷰에서 정보원에 대해

---

31) 'Laughing My Fucking Ass Off'의 앞글자만 딴 단어.

시인도 부인도 하지 않는 원칙을 이례적으로 깨고, 힐러리 관련 이메일의 정보원은 러시아가 아니라고 말했다. 줄리언 어산지의 말은 무슨 근거로 믿느냐고? 근거 없다. 하지만 〈뉴욕타임스〉의 주장과 줄리언 어산지의 주장 가운데 양자택일을 해야 한다면 나는 기꺼이 줄리언 어산지의 주장을 택하겠다. 소설 부문이라면 모를까 국제보도 부문 수상 자격은 없다. 〈뉴욕타임스〉는 오래전에도 가짜뉴스를 보도해 수상한 이력이 있다. 이번에는 러시아와 트럼프를 엮어서 비방하는 소설을 써서 퓰리처상을 받았지만, 과거에는 소련 공산 전체주의를 찬양하는 가짜기사를 써서 퓰리처상을 받았다.

1922년부터 1936년까지 〈뉴욕타임스〉 모스크바 지국장으로 일한 월터 듀랜티(Walter Duranty)는 1932년에 소련에 대한 일련의 보도로 퓰리처상을 받았다. 1932년에서 1933년 스탈린은 우크라이나 독립운동을 탄압하기 위해서 외부원조를 끊고 각 가구에서 보유한 식량을 몰수하고 거주이전을 금지하는 등 일부러 기근을 유발해 인류 역사상 최악의 대량아사 사태인 홀로도모르(The Holodomor, '아사(餓死)'라는 뜻의 우크라이나어)를 자행했다. 하지만 듀랜티는 이 사실을 은폐했을 뿐만 아니라 "기근도 굶주림도 없고 그런 일이 일어날 가능성도 없다"라며 적극적으로 부인했고 그 밖에도 수많은 가짜뉴스로 소련 공산 전체주의의 긍정적인 이미지를 전 세계에 홍보하는 데 부역했다. 훗날 〈뉴욕타임스〉는 소련에 대한 듀랜티의 일련의 보도를 "〈뉴욕타임스〉 역사상 최악의 보도"라고 인정했지만 언론사 차원에서 공식적으로 듀랜티를 규탄하지도 않았고 아직까지도 듀랜티를 스탈린의 막강하고 전방위적인 선전선동에 속아 넘어간 피해자라고 주장한다. 매우 부정직하고 어설픈 변명이다. 퓰리처상 심사위원회도 아직까지 듀랜티의 수상을 철회하지 않고 있다. 당시 영국 신문 〈맨체스터 가디언(The Manchester Guardian)〉의 모스크바 특파원으로 파견된 맬컴 머거리지(Malcolm Muggeridge)는 우크라이나 기근의 실상을 직접 취재했고 소련 당국의 검열을 피하기 위해 기사를 외교행낭에 담아 밀반출했다. 머거리지의 눈에는 보인 참사가 듀랜티의 눈에는 안 보였을 리가 없다.

나는 이제 〈뉴욕타임스〉는 픽션으로 분류한다. 창의적인 소설이 읽고 싶으면 가끔 들여다볼 생각이다. 이번 미국 대선 전만 해도 기껏해야 한 달에 한 번 정도 〈뉴욕타임스〉로부터 디지털 유료 구독하라는 이메일을 받았는데 요즘은 이틀이 멀다하고 받는다. 〈뉴욕타임스〉 본부 건물 여덟 층을 비워 임대하기로 했다는 소식도 들린다. 미루어 짐작컨대 많이 쪼들리는 모양이다. 자업자득이다. "증거가 없다고 해서 없다는 증거는 아니다(The absence of evidence is not the evidence of absence)." 흔히 종교인들이 신의 존재 여부와 관련해 내세우는 논리다. 그런데 이제는 〈뉴욕타임스〉를 비롯한 주류언론이 추구하는 새로운 보도원칙이 되었다. 증거가 없다는 게 없다는 증거는 아니지만 있다는 증거는 더더욱 아니다. 그리고 입증의 책임은 있다고 주장하는 사람에게 있다. 이제는 창작한 허구도 뉴스로 취급되는 세상이 되었다.

얼마 전 국내 한 종합편성채널의 대표이사가 자사 창립 기념식에서 청중들을 대상으로 입에 침도 안 바르고 뻔뻔스럽게 "확인되지 않은 사실도 가치 있는 정보다"라고 말하는 모습이 보도되었다. 확인되지 않은 정보라도 보도하라는 얘기다. 첫째, "확인되지 않은 사실"이라는 표현은 형용모순이다. 확인되지 않은 내용은 "사실"이라고 하면 안 된다. 따라서 '사실로 확인되지 않은 정보도 잠정적으로 가치 있는 정보로 간주해야 한다'라고 해야 맞다. 둘째, 이런 정보가 가치 있다고 잠정적으로 판단을 내렸더라도 실제로 보도하려면 사실인지 확인하고 보도해야 한다. 사실 확인은 언론이 지켜야 할 기본 중의 기본이다. 이러한 기본을 지키지 않으면 언론이 아니라 증권가에 떠도는 정보지를 뜻하는 이른바 "지라시"와 다르지 않다. 언론도 아니면서 언론이라는 간판을 내걸고 A라는 상품을 팔면서 B라고 사기를 치는 셈이다. 사실로 확인되지도 않은 정보를 유통시키려면 언론보도가 아니라 모둠지라시라고 부르든가. 문장 한 줄도 제대로 구사하지 못하는 이런 자가 언론사 대표이사라니 그 밑에서 일하는 기자들 수준은 안 봐도 비디오다. 전 세계적으로 주류언론에 대한 대중의 신뢰가 급격히 하락하는 이유는 바로 이런 자가 언론인 행세를 하기 때문이다. 미국 주류언론이 가짜뉴스 보도하는 걸 보고 배운 모양이다. 미국 물 잘못 들면 이렇게 된다.

앞에 소개한 전 KGB요원 유리 베즈메노프는 1984년에 그리핀과

한 인터뷰를 다음과 같이 마무리한다.

“인식혼란 다음 단계는 동요(destabilization) 단계다. 이 단계에서 체제전복 주체가 주로 공략하는 대상은 핵심적인 경제, 외교, 국방체계다. 현재 미국의 국방이나 경제 같은 민감한 분야에서 마르크스-레닌주의는 막강한 영향력을 발휘하고 있다. 내가 14년 전 망명했을 때만 해도 이 단계가 이렇게 빨리 진행되리라고는 상상도 못했다. 세 번째 단계는 위기(Crisis) 조성이다. 네 번째 단계에서는 대대적인 권력구조와 경제체제의 변화에 이어 정상화(normalization) 기간에 들어서는데 이 과정은 무기한 계속 된다. 미국의 머저리들이 국민들에게 온갖 혜택을 주겠다며 지상낙원을 약속해 자유 시장경제 체제를 훼손하고 빅브라더 정부를 구축해 나라를 위기상황으로 몰고 가도록 하는 게 정상화다.

온갖 복지혜택을 약속하는 자비로운 독재자는 자국민들에게 상황을 장악하고 있다는 착각을 하게 만들지만 실제로는 통제 불가능한 상황에 처한 셈이다. 대부분의 미국 정치인, 언론계, 교육계는 신세대를 세뇌시켜 평화로운 시대에 산다고 착각하게 만들지만 전쟁선포만 안했다 뿐이지 사실은 미국의 기본적인 원칙과 체제의 토대에 맞서는 전면전을 치르고 있다. 이 전쟁을 주도한 장본인은 소련 공산당서기장이 아니라 국제 공산주의 체제, 국제 공산주의 음모세력이다. 내 말이 황당하다고 어쩔 수 없다. 이렇게 얘기해주는데도 두렵지 않다면 할 말 없다.

미국은 자유를 지키는 최후의 보루다. 국가적 차원에서 애국심을 고취시키고 사회주의, 공산주의, 복지국가, 빅브라더 정부가 얼마나 위험한지에 대해 신세대를 교육시키는 데 혼신의 노력을 쏟아야 한다. 국민이 닥쳐오는 위험을 파악하지 못하면 구제불능의 상황이 된다. 개인의 소중한 생명과 자유는 순식간에 사라진다. 미국인들은 정부가 공산주의 체제를 돕지 못하게 막아야 한다. 국민들이 정치인들에게 편지 보내고 서명 운동하는 그런 고상한 활동을 하라는 게 아니라 정부를 강력히 압박해서 중단시켜야 한다. 차관 제공, 금전적 지원, 기술 지원, 정치적 외교적 승인 등 모두 중단해야 한다.

너무 단순하다고 생각할지 모르지만 이 방법 밖에 없다. 여러분은 평화로운 시대가 아니라 전시 상태에 처해있다. 스스로를 구할 소중한 시간이 얼마 남지 않았다. 젊은 세대를 생각해보면 시간이 그리 많지 않다. 내 얘기가 달갑지 않겠지만 나는 〈제임스 본드〉 같은 멍청한 첩보영화 얘기를 들려주려고 망명한 게 아니다. 그런 얘기는 완전 쓰레기다. 나는 체제 생존에 관한 얘기를 해주려고 망명했다. 이런 얘기를 해서 내가 얻는 이익은 뭐냐고? 물론 내 생존이다. 이제 나도 여러분과 한 배를 탔으니까. 정신 차리지 않으면 우리 모두 장렬히 가라앉는다. 지구상에 기댈 나라는 이 나라(미국) 뿐이다."

《1984》에서 윈스턴 스미스는 마지막에 빅브라더에게 굴복하고 만다. 스미스는 심문을 받는 과정에서 "2+2=5"(경제 개발 5개년 계획을 4년 안에 달성하자는 실제 소련 공산당 구호를 바탕으로 한 표현이다)라는 명제를 참으로 인정하면서 그 어떤 저항이나 독자적인 사고도 할 수 없게 된다. 《1984》에 등장한 "2+2=5"라는 표현은 합리적인 진실이나 사실을 무시하고 이념에 복종한다는 뜻으로 쓰인다. 《1984》에 등장하는 독재국가 오세아니아에는 단어의 본래 뜻과 정 반대의 뜻으로 쓰이는 단어들이 많다. 풍요부(The Ministry of Plenty)는 국내 생산과 배급품이 줄어드는데도 늘어나는 것처럼 통계를 조작한다. 앞서 언급한 진실부(The Ministry of Truth)는 정보를 통제, 검열하고, 진실을 은폐하고 역사를 조작한다. 애정부(The Ministry of Love)는 반동분자들을 색출, 감시, 체포, 교화하는 일을 담당한다. PC 문화에서도 단어는 본래 의미를 잃고 엉뚱한 뜻이 된다. 합리적 분석과 사실은 편협과 편견이고 성공은 억압과 착취이며 실패는 차별이다. 정당한 비판은 증오 발언이고 다수가 베푸는 관용은 소수의 투쟁력을 억누르려는 꼼수이며, 범죄자는 사회적 억압의 피해자가 된다. 그리고 무슬림 범죄자는 영국에서는 '아시아인,' 프랑스에서는 '청년(Youth),' 네덜란드에서는 '애인(loverboy),' 미국에서는 '외로운 늑대(lone wolf) 또는 극단주의자(extremist)'로 완곡하게 표현된다. 현실 속의 윈스턴 스미스 유리 베즈메노프는 1993년에 사망했다고 알려졌는데 사망진단서에는 구체적인 사인이 명시되지 않았다. 그래서 암살당했거나 죽음을 위장하고 잠적했다는 주장이 제기되기도 했다.

도널드 트럼프가 당선되고 나서 《1984》 판매가 폭증했다는 소식이 들린다. 트럼프가 독재자 히틀러라고 믿는 사람들이 주요 구매자다. 바로 《1984》에 등장하는 독재자 행태를 보이는 좌익 때문에 트럼프가 당선되었는데 말이다. 트럼프가 히틀러라고 믿는 이들은 독재자의 참모습을 보려면 거울을 들여다보면 된다. 지금 서구 사회에서 누가 누구를 억압하고 누가 누구의 입을 틀어막고 있는가. 미국 대선 기간 동안 트럼프 지지자들에게 온갖 욕설을 퍼붓고 주먹을 날린 이들, 트럼프 선거 유세마다 나타나서 폭력을 휘두른 이들, 여전히 선거 결과를 인정하지 않고 곳곳에서 폭력시위를 벌이는 이들은 누구인가. 여전히 트럼프 대통령과 부인과 그 딸들, 심지어 열 살짜리 어린 아들에 대해 입에 담지 못할 저주와 욕설을 퍼붓고 있는 이들과 그들의 이런 행태를 못 본 척 하거나 암묵적으로 지지하는 이들은 누구인가.

2017년 2월 8일, 마이클 J. 노울스(Michael J. Knowles)가 쓴 《민주당에 투표해야하는 이유(Reasons To Vote For Democrats)》가 아마존닷컴 베스트셀러에 올랐다. 2017년 10월 13일 현재 2,712명 가운데 89퍼센트가 별 다섯 개 평점을 주었다. 그런데 우익 성향의 인사들로부터 다음과 같이 극찬에 가까운 서평이 쏟아졌다. "빈틈없다", "민주당 지지자들의 마음을 완벽하게 읽었다", "두 번 읽었다", "자유주의를 변호한 논리로 이보다 뛰어난 논리는 없었다", "심오한 내용인데도 술술 읽힌다", "민주당 지지자들이 정말 중요하게 생각하는 이슈들이 무엇인지 쉽게 알 수 있다", "민주당에 투표해야 하는 이유들은 매우 미묘하고 복잡한데 노울스가 핵심만 뽑아 잘 정리했다." 곧이어 3월 9일에는 차 데일리(Char Daley)가 쓴 《공화당에 투표해야 하는 이유(Reasons To Vote For Republicans)》가 출간되었는데 10월 13일 현재 아마존닷컴에서 겨우 144명이 평점을 매겼고 이 가운데 90퍼센트가 별 한 개를 주었다. 제목은 정 반대이고 목차는 다르지만 본문 내용은 똑같다. 아무 내용도 없는 백지다.

2016년 미국 대선에서 유럽의 유튜버들과 미국 유튜버들은 활발하게 서로의 프로그램에 출연하면서 대중과 접촉하는 저변을 확대했다. 유럽의 유튜버들은 다문화정책과 PC 문화로 인해 발생하고 있는 사회 문제들과 이러한 문제들을 기득권층과 주류언론과 좌익이 묵살하고 있다는 사실을 미국 유튜버들과 공유했고 유럽의 전철을 밟지 말라고 미국 유튜버들에게 당부했다. 유럽의 유튜버들은 다문화주의로 파괴되어가는 서구문명을 구할 마지막 기회가 미국 대선이라고 보고 미국의 유튜버들에게 현명한 선택을 해달라고 호소했다. 힐러리는 시리아 난민을 받아들이고 개방적인 국경 정책을 지속하겠다고 공언했다. 따라서 이들이 말한 현명한 선택은 물론 힐러리가 아니다.

다문화주의 정책은 이미 유럽과 미국에서 실패해 온갖 사회적 문제를 낳고 있다. 이 책에서 다루지 않았지만 프랑스, 독일, 벨기에, 노르웨이, 핀란드, 캐나다, 오스트레일리아, 캐나다 등 거의 모든 서구 사회가 PC 문화와 다문화주의 정책의 실패로 심각한 사회문제를 겪고 있다. 이 책에 소개한 유럽 국가들 못지않게, 아니 훨씬 문제가 심각한 나라도 있다. 오히려 냉전시대 공산주의 정권 치하에서 전체주의를 뼈저리게 겪었던 동유럽 국가들이 PC 문화에서 비교적 자유롭고 이슬람의 세력 확장을 저지하는 데 훨씬 적극적으로 대응하고 있다. 특히 체코공화국, 폴란드, 헝가리는 EU가 강제로 할당한 난민을 받아들이지 않고 있으며 난민을 수용하지 않으면 강력히 제제하겠다고 위협하는 EU에 할 테면 해보라며 결연히 맞서고 있고 국민들도 그런 정부를 전폭적으로 지지하고 있다.

사람들이 모국을 뒤로하고 타국으로 이주하는 이유는 타국에서 더 나은 삶을 누리기 위해서다. 이민 정책이 성공하려면 이민 수용국이 자국 문화와 역사에 대해 자부심을 지녀야 한다. 이민 수용국이 자국 문화와 역사를 증오하면 이민자들은 현지 문화에 동화하고 싶어도 동화할 문화도 가치체계도 없다. 자국민도 혐오하는 문화를 이민자가 무엇 때문에 존중하겠는가. 게다가 대대적인 복지정책 때문에 이민자는 현지사회에 동화할 경제적 유인책마저 박탈당한다. 자기혐오와 다문화정책과 복지정책이 복합적으로 작용하면 나라는 발칸반도처럼 사분오열되고 애초에 그 나라를 살고 싶은 나라로 만들었던 매력적인 장점들은 파괴된다. 이민자는 모국의 문화를 그대로 간직한 채 타국에 정착하려는 생각을 버려야 한다. 문화는 구성원들이 공유하는 게임의 규칙이다. 구성원들이 게임의 규칙을 공유하지 않으면 하나의 사회로 존재하기 불가능하다. 그런데 지금 서구사회는 자기혐오에 빠진 채 이민자를 무분별하게 받아들이고 대대적인 복지와 다문화정책, 그리고 PC 문화를 바탕으로 한 정체성정치로 애써 이룩한 문화적 공동체를 해체시키고 있다.

2017년 7월 6일 G20 정상회의 참석차 유럽에 간 트럼프 대통령은 다른 나라들을 제쳐놓고 가장 먼저 폴란드를 방문해 군중 앞에서 다음과 같이 말했다. "서구사회를 지키기 위한 투쟁은 전쟁터에서 시작되지 않는다. 우리의 정신, 우리의 의지, 우리의 영혼에서 시작된다…우리의 자유, 우리 문명, 우리의 생존은 우리를 하나로 묶어주는 역사와 문화와 기억을 바탕으로 한 결속력에 달렸다…폴란드 국민은 절망이나 굴복을 모르며 자신의 정체성을 결코 잊은 적이 없다. 자유와 자국의 문명을 수호하는 폴란드는 서구사회의 귀감이다. 미국과 폴란드, 그리고 유럽 국가들은 개인의 자유와 주권을 소중히 여긴다. 지금 사방에, 그리고 나라 안팎에 이런 가치를 지키려는 이들의 용기를 꺾고 정신력을 약화시키는 세력이 도사리고 있다. 우리 모두 힘을 합해 우리 문화와 전통과 신념을 제거하려는 세력들에 결연히 맞서 싸워야 한다. 선조로부터 물려받은 소중한 가치는 한 번 잃으면 다시는 되찾지 못한다. 서구사회는 생존을 위해 싸울 의지가 있는가. 어떤 대가를 치르더라도 지킬 만큼 우리의 가치에 대해 강한 확신을 지니고 있는가. 국경을 지킬 만큼 국민을 존중하는가. 우리 문명을 전복하고 파괴하려는 세력으로부터 문명을 지킬 열의와 용기가 있는가. 강인한 폴란드 국민처럼 서구사회도 절대로 굴복하지 않는다. 우리의 가치가 결국 승리한다. 우리 국민은 번영하고 우리 문명은 승리한다. 우리 모두 폴란드 국민처럼 용감히 싸워 우리 가족과 자유와 나라를 지키자." 트럼프 대통령이 무분별한 이민정책과 다문화주의, 그리고 새로운 전체주의 위협인 이슬람에 맞서 실존적 투쟁을 할 의지를 보이라고 서구사회에 촉구하기 위해 폴란드를 택한 이유가 있다. 폴란드는 과거에 독일 나치와 소련 공산주의 두 전체주의 하에서 시련을 겪었고 지금도 사실상 독일이 주도하는 EU와 러시아의 영향에서 자유롭지 못하다. 폴란드는 EU로부터는 EU가 수립한 난민정책을 실행하라는 협박을 받고 있고 러시아에 거의 전적으로 에너지를 의존하고 있기 때문에 러시아의 위협에도 취약하다. 2017년 6월 액화천연가스를 실은 유조선이 미국을 떠나 폴란드에 입항했다.

20세기 말, 프랜시스 후쿠야마(Francis Fukuyama)는 《역사의 종말(The End of History and the Last Man)》에서 자본주의와 자유민주주의가 인류 역사의 종착역이라며 서구문명의 손을 들어주었다. 너무 성급한 판단이었다. 오히려 비슷한 시기에 출간된 새뮤얼 P. 헌팅턴(Samuel P. Huntington)의 《문명의 충돌(The Clash of Civilizations and the Remaking of World Order)》이 오늘날의 세계를 훨씬 정확히 예측했다. 헌팅턴은 이슬람이 다른 문명과 접촉하는 곳에서는 반드시 폭력이 발생한다며 이슬람의 경계(境界)는 피로 그려진다는 유명한 말을 남겼다. 냉전(冷戰)은 오래전에 끝났다. 표면적으로는. 그러나 서구 진영 내의 좌익은 냉전이 시작되기도 전부터, 하부구조인 경제영토를 공략하는 지상전(地上戰)에서는 승산이 없다고 보고 작전상 후퇴한 뒤, 상부구조인 학계와 문화계 영공을 공략하는 공중전(空中戰)으로 전략을 수정했으며, 결국 거의 난공불락(難攻不落)의 정신적 요새를 구축했다. 그리고 제공권을 장악한 좌익은 이제 지상전을 재개했다. 한편 서구진영의 우익은 좌익이 이미 퇴각한 지상전에서 부전승(不戰勝)한 기쁨에 도취되어 그들이 또 다른 전쟁을 준비하고 있다는 사실을 간과했고 이제는 재개된 지상전에서도 밀리고 있다. 그리고 서구진영의 좌익은 이번에는 극좌 전체주의가 아니라 극우 전체주의와 손을 잡고 무차별적으로 제3세계 이민을 받아들임으로써 서구문명을 맹렬히 공격하고 있다. 서구문명이 문화적 자살로 생을 마감할지, 아니면 이 문화전쟁이 열전(熱戰)으로 확대될지, 열전으로 확대된다면 어느 쪽이 승리할지는 미지수다.

영국 잡지 〈이코노미스트(The Economist)〉는 이번 미국 대통령 선거 전에 발간한 호의 표지에 다음과 같은 사진을 실었다. 셋째 손가락을 집게손가락 위에 걸치고(소원이 이루어지기를 빈다는 뜻이다) 손가락 끝에 힐러리의 얼굴이 그려져 있는 손이었다. 독일 잡지 〈데르 슈피겔(Der Spiegel)〉은 미국 대선이 끝나고 발간한 호의 표지에 다음과 같은 그림을 실었다. 트럼프가 한 손에 피가 흐르는 자유의 여신상 머리를 들고 다른 손에 칼을 들고 서있는 그림이었다. 그들에게는 힐러리가 자유를 수호할 마지막 희망이었고 트럼프의 당선은 자유의 사망을 뜻했다. "이번 미국 대선투표는 러시안 룰렛이다. 트럼프에게 투표하면 탄창 절반만 총알이 장전된 총으로 하는 러시안 룰렛이고 힐러리에게 투표하면 탄창 전체에 총알이 장전된 총으로 하는 러시안 룰렛이다." 한 미국 네티즌의 댓글이다. 영국 보수주의 철학자 로저 스크루튼 경은 영국 브렉시트 표결과 미국 대선 결과를 다음과 같이 분석한다. "토착민 노동자계층은 오래 전부터 사회의 관심 밖으로 밀려났고 심지어 언론과 정치기득권층은 이들을 노골적으로 경멸해왔다. 불법이민, 무분별한 이민정책, 그리고 세계화가 그들의 삶에 미치는 영향, 성, 결혼, 가족에 대한 좌익의 개념이 확산되는 현상에 대해 우려하는 그들의 목소리는 완전히 묵살되었다. 언론을 비롯해 좌익 기득권세력은 말로는 평범한 국민을 대변한다면서 실제로는 평범한 국민 근처에만 가도 혐오감을 느끼는 오만하고 허영으로 가득한 집단으로 변질되었다. 그리고 우익 기득권세력은 자신의 지지 세력을 대변하지 못하고 좌익에게 끌려 다니기 바빴다." 어쩌면 브렉시트 가결와 트럼프 당선은 좌익이 그토록 꿈꾸던 프롤레타리아 계급혁명의 성공사례인지도 모른다. 단, 목표는 좌익이 원하는 프롤레타리아 독재가 아니라 자유민주주의 수호였다. 이번 미국 대통령 선거는 좌우 진영 정치계, 재계, 언론계, 연예계 등 기득권층 전체의 위선과 이중성에 넌더리가 난 국민들이, 그들의 숭고한 포용적, 인도주의적 정책, 국경 없는 유토피아 정책에 우려를 표하자 인종차별주의자라고 매도당한 국민들이, 그들의 비현실적인 이상주의가 초래한 후유증을 겪고 뒷감당을 해야 하는 국민들이, 이슬람 앞에 앞 다퉈 무릎을 꿇고 서구 문명의 가치와 피 흘려 얻은 자유를 헌신짝처럼 던져버리는 서구진영의 모든 기득권세력에게 보란 듯이 하늘을 향해 찌른 커다란 가운데 손가락이라고 본다. '엿 먹어, PC도(Fuck you, fuck PC too)'라고.

〈유튜브 검색 인명〉

Andreas Bergh
Andrew Breitbart
Angry Foreigner
Angry Swede News
Anke Van Dermeersch
Anne Marie Waters
Äron Flam
Ayaan Hirsi Ali
Bosch Fawstin
Brigitte Gabriel
Bruce Bawer
Camille Paglia
Carol M. Swain
Cassie Jaye
Celia Farber
Christina Hoff Sommers
Daniel Hammarberg
Darío Fernández-Morera
David Clarke
David Rubin
Dinesh D'Souza
Douglas Murray
Duke Pesta
Flemming Rose
Gad Saad
Geert Wilders
George Carlin
Göran Adamson
Greg Lukianoff
Hazem Farraj
Helena Cronin
Henrik Rönnquist
Ibn Warraq
Ingrid Carlqvist
Ingunn Sigursdatter
International Tengri Institute
Ivar Arpi
Janet Albrechtsen
Janice Fiamengo
Jason L. Riley
Jason Mattera
Jessica Andreasson
Johan Norberg
John Pilger
Jonathan Haidt
Jordan B. Peterson
Julian Asange
Karen Straughan
Katie Hopkins
Larry Elders
Mark Latham
Mikael Jalving

Mona Walter
Nick Cohen
Nigel Farage
Nima Gholam Ali Pour
Nima Sanandaji
Patrick Caddell
Peter Schweizer
Peter Springare
PragerU
Project Veritas Action
Raheel Raza
Raymond Ibrahim
Rebel Media
Red Ice TV
Sargon of Akkad
Sharyl Attkisson
Shelby Steele
Scott Adams
Stefan Molyneux
Steve Bannon
Steven Pinker
Stuart Taylor
Taleeb Starkes
Tarek Fatah
Thomas Sowell
Tino Sanandaji
Tomas Åsenlöv
Tommy Sotomayor
Usama Dakdok
Veritasvisuals
Victor Davis Hanson
Wafa Sultan
Walter E. Williams
Yalda Hakim
Yasmine Mohammed
Yuri Bezmenov

〈참고한 웹사이트〉

http://www.actforamerica.org/

http://www.theahafoundation.org/

https://clarionproject.org/

https://www.gatestoneinstitute.org/

http://heterodoxacademy.org/

https://www.thefire.org/

https://wikileaks.org/

https://infogalactic.com/info/Main_Page

https://www.shariawatch.org.uk

https://minds.com

https://vid.me

https://gab.ai

https://jordanbpeterson.com

http://www.campusreform.org

http://projectveritas.com

〈참고문헌〉

Adam Bonica, Adam Chilton, Kyle Rozema, & Maya Sen, *"The Legal Academy's Ideological Uniformity,"* (April 17, 2017), https://ssrn.com/abstract=2953087.

Aleksandr I. Solzhenitsyn, The Gulag Archipelago Volume 1, 2, 3: An Experiment in Literary Investigation, (Harper Perennial Modern Classics, 2007).

Allan Bloom, Closing of the American Mind: How Higher Education Has Failed Democracy and Impoverished the Souls of Today's Students, (Simon & Schuster, 2012).

Allan H. Ryskind, Hollywood Traitors: Blacklisted Screenwriters-Agents of Stalin, Allies of Hitler, (Regnery History, 2015).

Andrew Breitbart, Righteous Indignation: Excuse Me While I Save the World, (Grand Central Publishing, 2011).

Andrew C. McCarthy, The Grand Jihad: How Islam and the Left Sabotage America, (Encounter Books, 2010).

Ann Coulter, Adios America: The Left's Plan to Turn Our Country into a Third World Hellhole, (Regnery Publishing, 2016).

Ara Norenzayan, Big Gods: How Religion Transformed Cooperation and Conflict, (Princeton University Press, 2015).

Ayaan Hirsi Ali, The Caged Virgin: An Emancipation Proclamation for Women and Islam, (Atria Books, 2008)

Ayaan Hirsi Ali, Infidel, (Atria Books, 2008).

Bruce Bawer, The Victims' Revolution: The Rise of Identity Studies and the Closing of the Liberal Mind, (Broadside Books, 2012)

Bruce Bawer, While Europe Slept: How Radical Islam is Destroying the West from Within, (Anchor, 2007).

Camille Paglia, Sexual Personae: Art and Decadence from Nefertiti to Emily Dickinson, (Vintage Books, 1991).

Camille Paglia, Free Women Free Men: Sex, Gender, Feminism, (Pantheon Books, 2017).

Christopher Hitchens, No One Left to Lie To: The Values of the Worst Family, (Verso, 2000).

Dinesh D'Souza, Hillary's America: The Secret History of Democratic Party, (Regnery Publishing, 2016).

Edward Said, Orientalism, (Vintage, 1979).

Flemming Rose, The Tyranny of Silence, (Cato Institute, 2014).

Frank Ellis, "Political Correctness and the Ideological Struggle: From Lenin and Mao to Marcuse and Foucault," *The Journal of Social, Political and Economic Studies,* Vol. 27 No. 4 (Winter 2002), pp.409-444.

Friedrich A. von Hayek, The Road to Serfdom, (University of Chicago Press, 1994).

George Orwell, 1984, (Signet Classic, 1961).

Greg Lukianoff, Unlearning Liberty: Campus Censorship and the End of American Debate, (Encounter Books, 2014).

Jamie Glazov, United in Hate: The Left's Romance with Tyranny and Terror, (WND Books, 2009).

Jason L. Riley, Please Stop Helping Us: How Liberals Make It Harder for Blacks to Succeed, (Encounter Books, 2014).

John Heilemann and Mark Halperin, Game Change: Obama and the Clintons, McCain and Palin, and the Race of a Lifetime, (Harper Perennial, 2010).

Nick Cohen, What's Left: How the Left Lost Its Way, (Harper Perennial, 2007).

Nima Sanandaji, Debunking Utopia: Exposing the Myth of Nordic Socialism, (WND Books, 2016).

Per Molander, The Anatomy of Inequality: Its Social and Economic Origins and Solutions, (Melville House, 2016).

Paul R. Gross and Norman Levitt, Higher Superstition: The Academic Left and Its Quarrels with Science, (Johns Hopkins University Press, 1997).

Peter McLoughlin, Easy Meat: Inside Britain's Grooming Gang Scandal, (New English Review Press, 2016).

Ralph Reiland, *"National Socialism,"* (September 28, 1998), https://mises.org/library/national-socialism

Robert Paul Wolff, Barrington Moore, Jr., Herbert Marcuse, A Critique of Pure Tolerance, (Beacon Press, 1965).

Roger Scruton, Fools, Frauds, and Firebrands: Thinkers of the New Left, (Bloomsbury Continuum, 2016).

Roland G. Fryer, Jr., *"An Empirical Analysis Of Racial Differences in Police Use of Force,"* NBER Working Paper 22399.

Roland Huntford, The New Totalitarians: A Terrifying Portrait of an "Ideal" Society That Has Destroyed Democracy, (Allen Lane, 1971).

Thomas Sowell, Black Rednecks and White Liberals, (Encounter Books, 2006).

Thomas Sowell, Wealth, Poverty and Politics, (Basic Books, 2016).

Yuval Noah Harari, Sapiens: A Brief History of Mankind, (Harper, 2015).

트럼프를 당선시킨 PC의 정체

초판 1쇄 인쇄 2017년 10월 20일
초판 6쇄 발행 2020년 05월 20일

지은이 | 홍지수

펴낸곳 | 북앤피플
대 표 | 김진술
펴낸이 | 김혜숙
디자인 | 박원섭
마케팅 | 박광규

등 록 | 제2016-000006호(2012. 4. 13)
주 소 | 서울시 송파구 성내천로39길 22-3
전 화 | 82-2-2277-0220
팩 스 | 82-2-2277-0280
이메일 | jujucc@naver.com

ISBN 978-89-97871-32-2 03340